RUDOLF STEINER GESAMTAUSGABE
VORTRÄGE

VORTRÄGE VOR MITGLIEDERN
DER ANTHROPOSOPHISCHEN GESELLSCHAFT

RUDOLF STEINER

Aus der Akasha-Forschung
Das Fünfte Evangelium

Achtzehn Vorträge, gehalten 1913 und 1914
in verschiedenen Städten

1975

RUDOLF STEINER VERLAG
DORNACH/SCHWEIZ

Nach vom Vortragenden nicht durchgesehenen Nachschriften
herausgegeben von der Rudolf Steiner-Nachlaßverwaltung

Die Herausgabe besorgten Ernst Weidmann † und Hella Wiesberger

1. Auflage in dieser Zusammenstellung,
Gesamtausgabe Dornach 1963

2., neu durchgesehene und ergänzte Auflage,
Gesamtausgabe Dornach 1975 (vgl. Seite 331)

Als Einzelausgaben sind früher erschienen:

Kristiania (Oslo), 1.–6. Oktober 1913, «Aus der
Akasha-Forschung. Das Fünfte Evangelium».
Dornach 1948 und 1955

Berlin, 21. Oktober 1913, in «Die Tatsache
und die Bedeutung des Christus-Ereignisses».
Freiburg i.Br. 1954

Köln, 17., 18. Dezember 1913, «Das Mysterium
von Golgatha». Berlin 1923, Dornach 1954

Bibliographie-Nr. 148

ISBN 3-7274-1480-4

Über den Charakter dieser Privatdrucke äußert sich Rudolf Steiner in seiner Selbstbiographie «Mein Lebensgang» (35. und 36. Kapitel, März 1925) folgendermaßen:

«Als mündliche, nicht zum Druck bestimmte Mitteilungen waren die Inhalte dieser Drucke gemeint...

Es ist nirgends auch nur in geringstem Maße etwas gesagt, was nicht reinstes Ergebnis der sich aufbauenden Anthroposophie wäre... Wer diese Privatdrucke liest, kann sie im vollsten Sinne eben als das nehmen, was Anthroposophie zu sagen hat. Deshalb konnte ja auch ohne Bedenken... von der Einrichtung abgegangen werden, diese Drucke nur im Kreise der Mitgliedschaft zu verbreiten. Es wird eben nur hingenommen werden müssen, daß in den von mir nicht nachgesehenen Vorlagen sich Fehlerhaftes findet.

Ein Urteil über den Inhalt eines solchen Privatdruckes wird ja allerdings nur demjenigen zugestanden werden können, der kennt, was als Urteils-Voraussetzung angenommen wird. Und das ist für die allermeisten dieser Drucke *mindestens* die anthroposophische Erkenntnis des Menschen, des Kosmos, insofern sein Wesen in der Anthroposophie dargestellt wird, und dessen, was als ‹anthroposophische Geschichte› in den Mitteilungen aus der Geist-Welt sich findet.»

Die in den Jahren 1913 und 1914 an verschiedenen Orten gehaltenen Vorträge über das Fünfte Evangelium nehmen unter den Mitteilungen des Geistesforschers eine ganz besondere Stelle ein. Rudolf Steiner selber spricht aus, welche Überwindung es ihn gekostet hat, über diese Inhalte zu sprechen. Er tat es aus einer tiefsten Verantwortung und Verpflichtung heraus gegenüber demjenigen, was sich in unserer Zeit vorbereiten muß und im Bewußtsein der größten Notwendigkeit, daß solche Tatsachen gerade jetzt in die Erdenentwickelung einfließen.

Rudolf Steiner verschweigt nicht die Mühe und die besonderen Schwierigkeiten, Bilder, die sich auf das Christentum beziehen, aus der Akasha-Chronik zu erschließen. Die geistige Forschung über das Fünfte Evangelium ist ihm besonders teuer. Er hat das schwere Opfer dieser Mitteilungen gebracht, obwohl ihm bereits der Haß der Gegner entgegenschlug, als etwas von dem Geheimnis der beiden Jesus-knaben – das ja auch zum Fünften Evangelium gehört – in die Öffentlichkeit gedrungen war.

Als am 20. September 1913, in entscheidender Weltenstunde, der Grundstein zum ersten Goetheanum gelegt wurde, gab Rudolf Steiner den Inhalten dieser Vorträge die Bezeichnung des Fünften Evangeliums. Auf die Grundsteinlegung folgten Mitteilungen über das Fünfte Evangelium in Oslo und in mehreren anderen Städten. Die zwei darüber in Köln gehaltenen Vorträge erschienen noch zu Lebzeiten Rudolf Steiners in Zyklenform unter dem Titel «Das Mysterium von Golgatha».

Frau Marie Steiner hatte sich kurz vor ihrem Tode entschlossen, den in Kristiania gehaltenen Zyklus in ihrem Selbstverlag herauszugeben. Dies entsprang ihrer Einsicht und Überzeugung, daß die heutige Zeit geradezu herausfordert, diese Mitteilungen einem weiteren Kreise suchender Menschen zugänglich zu machen und anzuvertrauen. Mögen sie die Geheimnisse des Fünften Evangeliums in der richtigen Weise behandeln, wie es Rudolf Steiner seinen Hörern ans Herz gelegt hat! *E. W.*

Handwritten at top: ✱ Jesus - Leben von ungefähr 12 bis zum Ende der Zwanziger Jahre

INHALT

Handwritten: ✝ Esoterische Stunde (24.11.) → Chr. Mor.

S.43 die sieben Einweihungsstufen der persischen /
Mithrasmysterien –

S.48 Christus hat kein Karma mitgebracht und kein
Karma geschaffen –

S.61 der Kultus der katholischen Kirche ist in
vieler Beziehung eine Fortsetzung des alten
Mithraskultus –

Kristiania (Oslo), 1. Oktober 1913
Erster Vortrag

Z 10/84
29.8.03

Das Thema, über das ich in diesen Tagen zu sprechen gedenke, erscheint mir in bezug auf die heutige Zeit und auf die heutigen Verhältnisse als ein ganz besonders wichtiges. Ich möchte von vornherein
betonen, daß es nicht etwa irgendeiner Sensationslust oder ähnlichen
Dingen entspringt, daß das Thema gerade den Inhalt hat: Das Fünfte
Evangelium. Denn ich hoffe zeigen zu können, daß in der Tat von
einem solchen Fünften Evangelium in einem gewissen Sinne, und
zwar in einem solchen Sinne, der uns besonders wichtig sein muß in
unserer Gegenwart, gesprochen werden kann, und daß sich für dasjenige, was damit gemeint ist, in der Tat kein anderer Name besser
eignet als der Name «Das Fünfte Evangelium». Dieses Fünfte Evangelium ist ja, wie Sie hören werden, in einer Niederschrift heute noch
nicht vorhanden. Aber es wird gewiß in Zukunftstagen der Menschheit auch in ganz bestimmter Niederschrift vorhanden sein. In einem
gewissen Sinne aber könnte man sagen, es ist dieses Fünfte Evangelium so alt wie die vier anderen Evangelien.

Damit ich aber von diesem Fünften Evangelium sprechen kann, ist
es notwendig, daß wir uns heute in einer Art Einleitung verständigen
über einige wichtige Punkte, die zum völligen Begreifen dessen, was
wir nunmehr nennen wollen das Fünfte Evangelium, notwendig sind.
Und zwar möchte ich ausgehen davon, daß ganz gewiß die Zeit nicht
mehr fernliegen wird, in welcher schon in den niedrigsten Schulen,
schon im primitivsten Unterricht die Wissenschaft, die man gewöhnlich die Geschichte nennt, sich etwas anders anhören wird, als sie sich
bisher angehört hat. Es wird nämlich ganz gewiß – und die nächsten
Tage sollen es uns gewissermaßen beweisen –, es wird ganz gewiß der
Christus-Begriff, die Christus-Vorstellung, in der Geschichtsbetrachtung der Zukunft eine ganz andere, wichtigere Rolle spielen, auch
schon in der elementarsten Geschichtsbetrachtung, als sie bisher ge-
spielt hat. Ich weiß, daß ich mit diesem Satze eigentlich etwas unge-

heuer Paradoxes ausspreche. Bedenken wir doch, daß wir ja zurückgehen können auf gar nicht so weit zurückliegende Zeiten, in denen unzählige Herzen in einer viel intensiveren Weise ihre Gefühle und Empfindungen zu dem Christus hinrichteten unter den einfachsten wie unter den gebildetsten Bewohnern der westlichen Länder Europas, mehr als dies heute der Fall ist. In einem ungeheuer erheblicheren Maße war das in früherer Zeit der Fall. Wer Umschau hält im Schrifttum der Gegenwart, wer nachdenkt über das, was den gegenwärtigen Menschen hauptsächlich interessiert, woran er sein Herz hängt, der wird den Eindruck haben, daß der Enthusiasmus, die Ergriffenheit der Empfindung für die Christus-Vorstellung im Abnehmen ist, insbesondere im Abnehmen da, wo man auf eine gewisse, aus der Zeit heraus folgende Bildung Anspruch macht. Da erscheint es wohl paradox, wenn, wie ich eben betont habe, diese unsere Zeit darauf hinarbeitet, daß die Christus-Vorstellung in der Betrachtung der Geschichte der Menschheit in einer nicht fernen Zukunft eine viel bedeutendere Rolle spielt, als es bisher der Fall war. Scheint das nicht ein vollkommener Widerspruch zu sein?

Nun wollen wir uns einmal von einer anderen Seite diesem Gedanken nähern. Ich habe auch hier in dieser Stadt schon öfter über die Bedeutung und den Inhalt der Christus-Vorstellung sprechen dürfen. Und in Büchern und Zyklen, die hier aufliegen, finden Sie mannigfache Ausführungen aus den Tiefen der Geisteswissenschaft heraus über die Geheimnisse der Christus-Wesenheit und der Christus-Vorstellung. Jeder muß da die Meinung bekommen, wenn er das, was in Vorträgen, Zyklen und in unserem Schrifttum überhaupt gesagt worden ist, in sich aufnimmt, daß zu dem völligen Verstehen der Christus-Wesenheit ein starkes, großes Rüstzeug gehört, daß man die tiefsten Begriffe, Vorstellungen und Ideen zu Rate ziehen muß, wenn man sich hinaufschwingen will zum völligen Verständnis dessen, was der Christus ist und was der Impuls ist, der als Christus-Impuls durch die Jahrhunderte gegangen ist. Man könnte vielleicht sogar, wenn nicht anderes dagegen spräche, zu der Vorstellung kommen, daß man erst die ganze Theosophie oder Anthroposophie kennen muß, um sich aufzuschwingen zu einer richtigen Vorstellung von dem Christus.

10

Wenn wir aber absehen von dem und auf die Geistesentwickelung der verflossenen Jahrhunderte blicken, da tritt uns entgegen von Jahrhundert zu Jahrhundert dasjenige, was vorhanden ist an ausführlicher, tiefgründiger Wissenschaft, die bestimmt sein sollte, den Christus und seine Erscheinung zu begreifen. Durch Jahrhunderte hindurch haben die Menschen ihre höchsten und bedeutsamsten Ideen aufgewendet, um den Christus zu begreifen. Auch hier könnte es daraus nun scheinen, als ob nur die bedeutsamsten intellektuellen Tätigkeiten des Menschen hinreichend sein würden, um den Christus zu verstehen. Ist das in der Tat so? Daß es nicht so ist, davon kann uns eine ganz einfache Erwägung den Beweis liefern.

Legen wir einmal gleichsam auf eine geistige Waage alles dasjenige, was bisher an Gelehrsamkeit, Wissenschaft, auch an anthroposophischem Verständnis des Christus-Begriffes dazu beigetragen hat, den Christus zu begreifen. Legen wir das alles auf die eine Waagschale einer geistigen Waage und legen wir auf die andere Schale in unseren Gedanken alle die tiefen Gefühle, alle die Innigkeit in den Seelen der Menschen, die durch die Jahrhunderte zu dem sich gelenkt haben, was man den Christus nennt, und man wird finden, daß all die Wissenschaft, alle Gelehrsamkeit, selbst alle Anthroposophie, die wir aufbringen können zur Erklärung des Christus, in der Waagschale überraschend aufschnellt, und alle die tiefen Gefühle und Empfindungen, welche die Menschen hingelenkt haben zur Christus-Wesenheit, zur Erscheinung des Christus, die andere Waagschale tief, tief hinunterdrucken. Man sagt nicht zuviel, wenn man behauptet, daß eine ungeheure Wirkung von dem Christus ausgegangen ist, und daß das Allergeringste zu dieser Wirkung das Wissen von dem Christus beigetragen hat. Es hätte um das Christentum wahrhaftig recht schlecht gestanden, wenn die Menschen, um an dem Christus zu hängen, alle gelehrten Auseinandersetzungen des Mittelalters, der Scholastik und der Kirchenväter gebraucht hätten, oder wenn die Menschen nur bedürftig gewesen wären auch alles dessen, was wir heute durch die Anthroposophie aufbringen können zum Begreifen der Christus-Idee. Was man damit vermöchte, wäre wahrhaftig recht wenig. Ich glaube nicht, daß irgend jemand, der unbefangen den Gang des Christentums durch die Jahrhunderte hindurch betrachtet, gegen diese Gedanken etwas Ernstes einwenden könnte. Aber wir können uns diesem Gedanken noch von einer anderen Seite genauer nähern.

Lassen wir den Blick zurückschweifen auf die Zeiten, in denen es noch kein Christentum gegeben hat. Ich brauche nur zu erinnern an dasjenige, was gewiß den meisten der hier befindlichen Seelen voll gegenwärtig ist. Ich brauche nur zu erinnern, wie im alten Griechenland die griechische Tragödie, insbesondere in ihren älteren Formen, wenn sie den kämpfenden Gott oder den Menschen, in dessen Seele der kämpfende Gott wirkte, darstellte, gleichsam wie von der Bühne herunter das göttliche Walten und Weben unmittelbar anschaulich machte. Ich brauche nur hinzuweisen, wie *Homer* seine bedeutsame ✳ Dichtung ganz durchwoben hat mit dem Wirken des Geistigen, ich brauche nur hinzuweisen auf die großen Gestalten des *Sokrates*, des ✳ *Plato*, des *Aristoteles*. Mit diesen Namen tritt vor unsere Seelen ein ✳ geistiges Leben höchster Art auf einem gewissen Gebiete. Wenn wir von allem übrigen absehen und nur zu der einen Gestalt des Aristoteles hinsehen, der Jahrhunderte vor der Begründung des Christentums gewirkt hat, so tritt uns entgegen, was in gewisser Weise keine Steigerung, keine Fortbildung bis in unsere Zeit erfahren hat. Das Denken, die Ausbildung der menschlichen Logik durch Aristoteles ist etwas so ungeheuer Vollkommenes auch heute noch, daß man sagen kann, es war etwas Höchstes erreicht im menschlichen Denken, so daß eine Steigerung bisher nicht geschehen ist.

Und nun wollen wir für einen Augenblick eine merkwürdige Hypothese aufstellen, die notwendig ist für die nächsten Tage. Wir wollen uns einmal vorstellen, daß es gar keine Evangelien gäbe, aus denen wir irgend etwas erfahren könnten über die Gestalt Christi. Wir wollen einmal annehmen, daß die ersten Urkunden, die der Mensch heute als Neues Testament in die Hand nimmt, gar nicht vorhanden wären, wollen uns denken, es gäbe gar keine Evangelien. Wir wollen gewissermaßen absehen von dem, was über die Gründung des Christentums gesagt ist, wollen nur den Gang des Christentums als eine geschichtliche Tatsache betrachten, wollen sehen, was geschehen ist unter den Menschen durch die nachchristlichen Jahrhunderte hindurch; also ohne die Evangelien, Apostelgeschichte, Paulusbriefe und so weiter wollen wir nur betrachten, was tatsächlich geschehen ist. Das ist natürlich nur eine Hypothese, aber sie wird uns helfen zu dem, was wir erreichen wollen. Was ist nun geschehen in den Zeiten, die verflossen sind vor und seit der Begründung des Christentums?

Wenn wir zunächst den Blick auf den Süden Europas werfen, so haben wir in einem gewissen Zeitpunkte höchste menschliche Geistesbildung, wie wir sie eben in ihrem Repräsentanten Aristoteles vor die Seele gerufen haben, hochentwickeltes geistiges Leben, das in den nachfolgenden Jahrhunderten noch eine besondere Ausbildung erfahren hatte. Ja, es gab in der Zeit, in der das Christentum seinen Weg durch die Welt zu machen begann, im Süden Europas zahlreiche griechisch gebildete Menschen, Menschen, die das griechische Geistesleben aufgenommen hatten. Wenn man bis zu jenem merkwürdigen Manne, der ein so heftiger Gegner des Christentums war, *Celsus,* und später noch die Entwickelung des Christentums verfolgt, so findet man im Süden Europas auf der griechischen und italienischen Halbinsel bis ins 2., 3. nachchristliche Jahrhundert Menschen mit höchster Geistesbildung, zahlreiche Menschen, die sich angeeignet haben die hohen Ideen, die wir bei Plato finden, deren Scharfsinn wirklich sich ausnimmt wie eine Fortsetzung des Scharfsinnes des Aristoteles, feine und starke Geister mit griechischer Bildung, Römer mit griechischer Bildung, die zu einer Feingeistigkeit des Griechentums das Aggressive, Persönliche des Römertums hinzufügten.

In diese Welt hinein stößt der christliche Impuls. Dazumal lebte der christliche Impuls so, daß wir sagen können, die Vertreter dieses christlichen Impulses nehmen sich wahrhaftig wie ungebildete Leute aus in bezug auf die Intellektualität, in bezug auf Wissen von der Welt, gegenüber demjenigen, was zahlreiche gebildete römisch-griechische Menschen in sich trugen. Mitten in eine Welt reifster Intellektualität schieben sich Menschen ohne Bildung hinein. Und nun erleben wir ein merkwürdiges Schauspiel: Es breiten diese einfachen, primitiven Naturen, welche die Träger des ersten Christentums sind, dieses Christentum mit einer verhältnismäßig großen Schnelligkeit im Süden Europas aus. Und wenn wir heute mit dem, was wir, sagen wir durch

die Anthroposophie, über das Wesen des Christentums verstehen können, herantreten an diese einfachen, primitiven Naturen, die dazumal
das Christentum ausbreiteten, so dürfen wir uns sagen: Diese primitiven Naturen verstanden von dem Wesen des Christus – wir brauchen
gar nicht einmal zu denken an den großen kosmischen Christus-
Gedanken, der heute durch die Anthroposophie aufgehen soll, wir
können an viel einfachere Christus-Gedanken denken –, die damaligen
Träger des christlichen Impulses, die sich hineinschieben in die griechische hochentwickelte Bildung, verstanden von alldem nichts. Sie
hatten nichts auf den Markt des griechisch-römischen Lebens zu tragen als ihre persönliche Innerlichkeit, die sie sich als ihr persönliches
Verhältnis zu dem geliebten Christus herausgebildet hatten; denn sie
liebten wie ein Glied einer geliebten Familie eben dieses Verhältnis.
Diejenigen, die hereintrugen in das damalige Griechen- und Römertum das Christentum, das sich bis in unsere Zeit fortgebildet hat, das
waren nicht gebildete Theologen oder Theosophen, das waren nicht
Gebildete. Die gebildeten Theosophen der damaligen Zeit, die Gnostiker, haben zwar zu hohen Ideen über den Christus sich erhoben,
aber sie haben auch nur geben können, was wir auf die emporschnel-
lende Waagschale legen müssen. Wäre es auf die Gnostiker angekommen, das Christentum hätte gewiß nicht seinen Siegeszug durch die
Welt genommen. Es war keine besonders ausgebildete Intellektualität,
die sich vom Osten hereinschob und in verhältnismäßiger Schnelligkeit das alte Griechentum und Römertum zum Sinken brachte. Das ist
die Sache von der einen Seite betrachtet.

Von der anderen Seite betrachtet, sehen wir uns die intellektuell
hochstehenden Menschen an, von Celsus, dem Feinde des Christentums, der damals schon alles das aufgebracht hat, was man heute noch
dagegen sagen kann, bis zu dem Philosophen auf dem Throne, Mark
Aurel. Sehen wir uns die feingebildeten Neuplatoniker an, die damals
Ideen aufbrachten, gegen die heute die Philosophie ein Kinderspiel
ist, und die unsere heutigen Ideen weit übertrafen an Höhe, an Weite
des Gesichtskreises. Und sehen wir alles, was diese Geister gegen das
Christentum vorzubringen hatten, und durchdringen wir uns mit dem,
was diese intellektuell Hochstehenden im griechischen und römischen

14

Geist gegen das Christentum vorzubringen hatten von dem Standpunkte der griechischen Philosophie aus, so bekommen wir den Eindruck: die alle haben den Christus-Impuls nicht verstanden. Wir sehen, das Christentum breitet sich aus durch Träger, die von dem Wesen des Christentums nichts verstehen; es wird bekämpft von einer hohen Kultur, die nichts begreifen kann von dem, was der Christus-Impuls bedeutet. Merkwürdig tritt das Christentum in die Welt, so, daß Anhänger und Gegner von seinem eigentlichen Geiste nichts verstehen. Und doch: die Kraft haben Menschen in der Seele getragen, diesen Christus-Impuls zum Siegeszuge durch die Welt zu bringen.

Und sehen wir uns diejenigen an, die selbst mit einer gewissen Größe für das Christentum eintreten, wie der berühmte Kirchenvater _Tertullian._ Wir sehen in ihm einen Römer, der in der Tat, wenn wir seine Sprache ins Auge fassen, fast ein Neuschöpfer der römischen Sprache ist, der mit einer Treffsicherheit neue Worte prägte, die uns eine bedeutende Persönlichkeit erkennen lassen. Wenn wir uns aber fragen: Wie steht es mit der Christus-Idee des Tertullian? – da wird die Sache anders. Da finden wir, daß er eigentlich recht wenig Intellektualität, geistige Höhe zeigt. Auch die Verteidiger des Christentums bringen nicht viel zustande. Und dennoch, sie sind wirksam, als Persönlichkeiten wirksam, solche Geister wie Tertullian, auf dessen Gründe gebildete Griechen wirklich nicht viel geben konnten. Trotzdem wirkt er hinreißend; aber durch was? Das ist es, worauf es ankommt! Fühlen wir, daß hier sich wirklich eine Frage vor die Seele stellt! Durch was wirken die Träger des Christus-Impulses denn, die selbst von dem, was der Christus-Impuls eigentlich ist, nicht viel verstehen? Durch was wirken die christlichen Kirchenväter, selbst bis auf _Origenes,_ denen man die Ungeschicklichkeit in bezug auf das Verständnis des Christus-Impulses ansieht? Was ist es, was selbst die bis zu einer solchen Höhe gestiegene griechisch-römische Bildung nicht verstehen konnte an dem Wesen des Christus-Impulses? Was ist das alles?

Aber gehen wir weiter. Dieselbe Erscheinung tritt uns bald in einer noch schärferen Weise entgegen, wenn wir das geschichtliche Leben betrachten. Wir sehen, wie die Jahrhunderte kommen, in denen das Christentum sich ausbreitet innerhalb der europäischen Welt unter

Völkern, die wie die germanischen von ganz anderen Religionsvorstellungen herkommen, welche als Völker eins sind oder wenigstens eins zu sein scheinen mit ihren religiösen Vorstellungen, und die dennoch mit voller Kraft diesen Christus-Impuls aufnahmen, wie wenn er ihr eigentliches Leben wäre. Und wenn wir uns die wirksamsten Glaubensboten in den germanischen Völkern betrachten, waren das scholastisch-theologisch gebildete Leute? Ganz und gar nicht! Es waren diejenigen, die mit verhältnismäßig primitiver Seele unter den Leuten einherzogen und in primitiver Weise, mit den allernächsten, alltäglichsten Vorstellungen zu den Leuten sprachen, aber unmittelbar ihre Herzen ergriffen. Sie verstanden die Worte so zu setzen, daß sie die tiefsten Saiten derjenigen berühren konnten, zu denen sie sprachen. Einfache Leute zogen hinaus in alle Gegenden, und gerade die wirkten am bedeutsamsten.

So sehen wir die Verbreitung des Christentums durch die Jahrhunderte hindurch. Dann aber bewundern wir, wie eben dasselbe Christentum zum Anlaß wird bedeutsamer Gelehrsamkeit, Wissenschaft und Philosophie. Wir unterschätzen nicht diese Philosophie, aber heute wollen wir einmal den Blick hinwenden auf jene eigentümliche Erscheinung, daß das Christentum bis in das Mittelalter unter Völkern sich ausbreitet, die bis dahin ganz andere Vorstellungsformen in ihrem Gemüte getragen haben, so daß es bald zu ihrer Seele gehörte. Und in nicht allzu ferner Zukunft wird man noch manches andere betonen, wenn man von der Ausbreitung des Christentums spricht. Wenn man von der Wirkung des christlichen Impulses spricht, kann man leicht verstanden werden dann, wenn man davon spricht, daß in einer bestimmten Zeit gleichsam die Früchte der Ausbreitung des Christentums sich so gezeigt haben, daß man sagen kann: es ging Begeisterung aus dieser Verbreitung des Christus-Impulses hervor. Aber wenn wir in die neueren Zeiten heraufkommen, da scheint abgedämpft zu werden, was wir durch das Mittelalter hindurch als sich ausbreitendes Christentum betrachten können.

Betrachten wir die Zeit des *Kopernikus,* die Zeit der aufkeimenden Naturwissenschaft bis in das 19. Jahrhundert hinein. Es könnte so scheinen, als ob diese Naturwissenschaft, dasjenige was seit Kopernikus in das abendländische Geistesleben sich hineingearbeitet hat, dem Christentum entgegengearbeitet hätte. Äußere Tatsachen könnten das erhärten. Die katholische Kirche zum Beispiel hatte Kopernikus bis in die zwanziger Jahre des 19. Jahrhunderts hinein auf dem sogenannten Index stehen. Sie hat Kopernikus als ihren Feind angesehen. Aber das sind äußere Dinge. Das hinderte doch nicht, daß Kopernikus ein Domherr war. Und wenn die katholische Kirche

✳ Giordano Bruno auch verbrannt hat, so hinderte das nicht, daß er ein Dominikaner war. Sie beide sind eben aus dem Christentum heraus zu ihren Ideen gekommen. Sie haben aus dem christlichen Impulse heraus gehandelt. Derjenige versteht die Sache schlecht, der sich auf dem Boden der Kirche halten und glauben wollte, daß das nicht Früchte des Christentums gewesen wären. Es wird durch die angeführten Tatsachen nur bewiesen, daß die Kirche die Früchte des Christentums sehr schlecht verstanden hat; sie brauchte bis ins 19. Jahrhundert hinein Zeit, um einzusehen, daß man die Ideen des Kopernikus nicht durch den Index unterdrücken kann. Derjenige, der die Dinge tiefer sieht, wird doch anerkennen müssen, daß alles, was die Völker getan haben auch in den neueren Jahrhunderten, ein Resultat, ein Ergebnis des Christentums ist, daß sich durch das Christentum der Blick der Menschen hinausgewendet hat von der Erde in die Himmelsweiten, wie es durch Kopernikus und Giordano Bruno geschehen ist. Das war nur innerhalb der christlichen Kultur und durch den christlichen Impuls möglich.

Und für denjenigen, der das geistige Leben nicht an der Oberfläche, sondern in den Tiefen betrachtet, für den ergibt sich etwas, das, wenn ich es jetzt ausspreche, recht paradox erscheinen wird, aber dennoch richtig ist. Für eine solche tiefere Betrachtung erscheint es nämlich

✳ unmöglich, daß ein Haeckel entstanden wäre so, wie er dasteht in aller seiner Christus-Gegnerschaft, ohne daß er entstanden wäre aus dem Christentum heraus. Ernst Haeckel ist ohne die Voraussetzung der christlichen Kultur gar nicht möglich. Und die ganze neuere naturwissenschaftliche Entwickelung, wenn sie sich auch noch so sehr bemüht, Gegnerschaft des Christentums zu entwickeln, alle diese neuere Naturwissenschaft ist ein Kind des Christentums, eine direkte

Fortsetzung des christlichen Impulses. Die Menschheit wird, wenn erst die Kinderkrankheiten der neueren Naturwissenschaft ganz abgestreift sind, schon einsehen, was das bedeutet, daß der Ausgangspunkt der neueren Naturwissenschaft, konsequent verfolgt, wirklich in die Geisteswissenschaft hineinführt, daß es einen ganz konsequenten Weg gibt von Haeckel in die Geisteswissenschaft hinein. Wenn man das begreifen wird, wird man auch einsehen, daß Haeckel ein durch und durch christlicher Kopf ist, wenn er auch selber nichts davon weiß. Die christlichen Impulse haben nicht nur hervorgebracht, was sich christlich nennt und nannte, sondern auch dasjenige, was wie eine Gegnerschaft gegen das Christentum sich geriert. Man muß die Dinge nicht nur auf ihre Begriffe hin untersuchen, sondern auf ihre Realität hin, dann kommt man schon zu dieser Erkenntnis. Aus der darwinistischen Entwickelungslehre führt, wie Sie in dem kleinen Schriftchen von mir über «Reinkarnation und Karma» sehen können, ein gerader Weg zu der Lehre der wiederholten Erdenleben.

Um aber auf dem richtigen Boden zu stehen in bezug auf diese Dinge, muß man in einer gewissen Weise das Walten der christlichen Impulse unbefangen beobachten können. Derjenige, der den Darwinismus, den Haeckelismus versteht, und der selber ein wenig durchdrungen ist von dem, wovon Haeckel noch gar nichts weiß – *Darwin* aber wußte noch manches –, daß diese beiden Bewegungen nur als christliche Bewegungen möglich waren, wer das versteht, kommt ganz konsequent zu der Reinkarnationsidee. Und wer zu Hilfe ziehen kann eine gewisse hellseherische Kraft, der kommt auf diesem Wege ganz konsequent zu dem geistigen Ursprung des Menschengeschlechts. Es ist zwar ein Umweg, aber, wenn Hellsichtigkeit hinzukommt, ein richtiger Weg von dem Haeckelismus zu der geistigen Auffassung des Erdenursprungs. Aber auch der Fall ist denkbar, daß man den Darwinismus nimmt, wie er heute sich darbietet, ohne aber durchdrungen zu sein von den Lebensprinzipien des Darwinismus selbst; mit anderen Worten: wenn man den Darwinismus aufnimmt als einen Impuls und nichts in sich fühlt von einem tieferen Verständnis des Christentums, das doch im Darwinismus liegt, dann kommt man zu etwas sehr Eigentümlichem. Dazu kann man kommen, daß man durch solche geistige Beschaffenheit der Seele gleich wenig vom Christentum und vom Darwinismus versteht. Man kann dann von dem guten Geiste des Christentums ebenso verlassen sein wie von dem guten Geiste des Darwinismus. Hat man aber den guten Geist des Darwinismus, dann mag man noch so materialistisch sein, dann kommt man immer weiter zurück in der Erdengeschichte bis auf den Punkt, wo man erkennt, daß der Mensch niemals aus niederen Tierformen sich herausentwickelt hat, daß er einen geistigen Ursprung haben muß. Man kommt zurück auf den Punkt, wo man den Menschen als geistiges Wesen gleichsam schwebend über der Erdenwelt schaut. Der konsequente Darwinismus wird dazu führen. Ist man aber von seinem guten Geiste verlassen, dann kann man glauben, wenn man zurückgeht und ein Anhänger der Reinkarnationsidee ist, man habe einmal selber als Affe gelebt auf irgendeiner Inkarnation der Erde selbst. Wenn man das glauben kann, dann muß man sowohl von dem guten Geiste des Darwinismus als auch des Christentums verlassen sein, dann muß man von beiden nichts verstehen. Denn niemals könnte einem konsequenten Darwinismus passieren, das zu glauben. Das heißt, man muß in ganz äußerlicher Weise die Reinkarnationsidee übertragen auf diese materialistische Kultur. Denn man kann den modernen Darwinismus gewiß seiner Christlichkeit entkleiden. Tut man das nicht, so wird man finden, daß bis in unsere Zeit hinein die darwinistischen Impulse aus dem Christus-Impuls geboren worden sind, daß die christlichen Impulse auch da wirken, wo man sie verleugnet. So haben wir nicht nur die Erscheinung, daß das Christentum sich in den ersten Jahrhunderten abgesehen von der Gelehrsamkeit und dem Wissen der Anhänger und Bekenner ausbreitet, daß es sich ausbreitet im Mittelalter so, daß höchst wenig dazu beitragen können die gelehrten Kirchenväter und die Scholastiker, sondern wir haben in unserer Zeit die noch paradoxere Erscheinung, daß das Christentum wie in seinem Gegenbilde im Materialismus unserer heutigen Naturwissenschaft erscheint, und alle Größe, alle ihre Tatkraft doch aus den christlichen Impulsen hat. Die christlichen Impulse, die in ihr liegen, werden diese Wissenschaft von selbst über den Materialismus hinausführen.

Sonderbar ist es mit den christlichen Impulsen! Intellektualität, Wissen, Gelehrsamkeit, Erkenntnis scheinen gar nicht dabei zu sein bei der Ausbreitung dieser Impulse. Ganz etwas anderes scheint ihre Ausbreitung in der Welt zu bedingen. Man möchte sagen, das Christentum breitet sich aus, was auch die Menschen für oder dagegen denken, ja sogar so, daß es wie in ein Gegenteil verkehrt im modernen Materialismus erscheint. Was breitet sich denn da aus? Die christlichen Ideen sind es nicht, die christliche Wissenschaft ist es nicht. Man könnte noch sagen, das moralische Gefühl breitet sich aus, das durch das Christentum eingepflanzt worden ist. Aber man sehe nur an das Walten der Moral in diesen Zeiten, und man wird mancherlei berechtigt finden von dem, was aufgezählt werden kann an Wut der Vertreter des Christentums gegen wirkliche oder vermeintliche Gegner des Christentums. Auch die Moral, die walten konnte in den Seelen, die intellektuell nicht hoch gebildet sind, wird uns nicht sehr imponieren können, wenn wir sie ins Auge fassen auch da, wo sie wirklich am christlichsten denkt. Was breitet sich denn da aus? Was ist dieses Sonderbare? Was ist es, was im Siegeszuge durch die Welt geht? Fragen wir darüber nun die Geisteswissenschaft, das hellsichtige Bewußtsein! Was waltete in den ungebildeten Menschen, die sich von Osten nach Westen hineinschieben in das hochgebildete Griechen- und Römertum? Was waltet in den Menschen, die in die germanische, in die fremde Welt das Christentum hineingetragen haben? Was waltet in der modernen materialistischen Naturwissenschaft, wo die Lehre ihr Angesicht gleichsam noch verhüllt? Was waltet in all diesen Seelen, wenn es nicht intellektuelle, nicht einmal moralische Impulse sind? Was ist es denn? – Es ist der Christus selbst, der von Herz zu Herz, von Seele zu Seele zieht, der durch die Welt ziehen und wirken kann, gleichgültig, ob die Seelen ihn verstehen oder nicht durch diese Entwickelung im Laufe der Jahrhunderte!

Wir sind gezwungen, von unseren Begriffen, von aller Wissenschaft abzusehen und auf die Realität hinzuweisen, zu zeigen, wie geheimnisvoll der Christus selber wandelt in vielen tausenden Impulsen, Gestalt annehmend in den Seelen, in viele Tausende und aber Tausende untertauchend und die Menschen erfüllend durch die Jahrhunderte. In den einfachen Menschen ist es der Christus selbst, der über die griechische und italische Welt schreitet, der nach Westen und nach Norden hin immer mehr Menschenseelen ergreift. Bei den späteren Lehrern, die den germanischen Völkern das Christentum bringen, ist es der Christus selbst, der ihnen zur Seite wandelt. Er ist es, der wirkliche, wahrhaftige Christus, der auf der Erde waltet wie die Seele der Erde selber, der von Ort zu Ort, von Seele zu Seele zieht und, ganz gleichgültig was die Seelen über den Christus denken, in diese Seelen einzieht. Einen trivialen Vergleich möchte ich gebrauchen: Wie viele Menschen gibt es, die gar nichts verstehen von der Zusammensetzung der Nahrungsmittel und die sich doch nähren nach allen Regeln der Kunst. Es wäre doch eigentlich zum Verhungern, wenn man die Nahrungsmittel kennen müßte, bevor man sich nähren könnte. Das Sich-nähren-Können hat nichts zu tun mit dem Verständnis der Nahrungsmittel. So hatte die Ausbreitung des Christentums über die Erde hin nichts zu tun mit dem Verständnis, das man dem Christentum entgegenbrachte. Das ist das Eigentümliche. Da waltet ein Geheimnis, das nur dadurch aufgeklärt werden kann, daß man die Antwort gibt auf die Frage: Wie waltet der Christus selber in den menschlichen Gemütern? Und wenn nun die Geisteswissenschaft, die hellseherische Betrachtung, sich diese Frage stellt, dann wird sie zunächst auf ein Ereignis gelenkt, das im Grunde nur durch die hellseherische Betrachtung wirklich enthüllt werden kann, das äußerlich in der Tat in vollem Einklange steht mit allem, was ich heute gesprochen habe. Eines werden wir sehen, was in der Zukunft immer mehr wird verstanden werden müssen: Die Zeit ist vorüber, in welcher der Christus so gewirkt hat, wie ich eben charakterisiert habe, und die Zeit ist gekommen, wo die Menschen den Christus werden verstehen müssen, erkennen müssen.

Deshalb ist es notwendig, auch die Frage sich zu beantworten, warum unserer Zeit die andere vorausgegangen ist, in der sich der Christus-Impuls ausbreiten konnte, ohne daß das Verständnis dazu notwendig war, ohne daß die Menschen mit ihrem Bewußtsein dabei waren. Ein Ereignis war es, wodurch dieses möglich war! Und das Ereignis, zu dem das hellseherische Bewußtsein weist, ist das sogenannte Pfingstereignis, die Aussendung des Heiligen Geistes. Daher war es, daß zuerst der hellseherische Blick, der angeregt worden ist durch den wirklichen Christus-Impuls im anthroposophischen Sinne, hingelenkt wurde auf dieses Pfingstereignis, die Aussendung des Heiligen Geistes. Hellseherisch betrachtet ist es das Pfingstereignis, was sich zuerst der Untersuchung darbietet, die von einem gewissen Gesichtspunkte aus geführt wird.

Was geschah in jenem Augenblick der Weltentwickelung auf der Erde, der uns ziemlich unverständlich zunächst als das Herabkommen des Heiligen Geistes auf die Apostel dargestellt wird? Wenn man den hellseherischen Blick darauf hinwendet, untersucht, was da eigentlich geschehen ist, dann bekommt man eine geisteswissenschaftliche Antwort darauf, was gemeint ist damit, daß gesagt wird: Einfache Leute, wie ja auch die Apostel waren, fingen plötzlich an, in verschiedenen Zungen zu sprechen, was sie aus den Tiefen des geistigen Lebens heraus zu sagen hatten, und was man ihnen nicht zumutete. Ja, dazumal fingen das Christentum, die christlichen Impulse an, sich so auszubreiten, daß sie unabhängig wurden von dem Verständnis der Menschen, in deren Gemütern sie sich ausbreiteten.

Von dem Pfingstereignis aus ergießt sich dann der Strom der Christus-Kraft über die Erde hin, der charakterisiert worden ist. Was ist denn das Pfingstereignis gewesen? Diese Frage trat an die Geisteswissenschaft heran, und mit der Antwort auf diese Frage, mit der geisteswissenschaftlichen Antwort auf die Frage: Was war das Pfingstereignis? – beginnt das Fünfte Evangelium, und damit wollen wir morgen unsere Betrachtungen fortsetzen.

Von dem sogenannten Pfingstereignis ist bei dieser Betrachtung zu beginnen. Im ersten Vortrag habe ich bereits angedeutet, daß der Blick der hellsichtigen Forschung zuerst auf dieses Ereignis wenigstens hingelenkt werden kann. Denn dieses Ereignis stellt sich dem nach rückwärts gerichteten hellseherischen Blick so dar wie eine Art Erwachen, das diejenigen Persönlichkeiten an einem gewissen Tage, an den eben das Pfingstfest erinnern soll, empfunden haben, die Persönlichkeiten, welche man gewöhnlich die Apostel oder Jünger des Christus Jesus nennt. Es ist nicht leicht, eine genaue Vorstellung von all diesen ja zweifellos seltsamen Erscheinungen hervorzurufen, und wir werden uns schon an manches sozusagen in den Untergründen unserer Seele erinnern müssen, was sich uns aus den bisherigen anthroposophischen Betrachtungen hat ergeben können, wenn wir genaue Vorstellungen mit all dem verbinden wollen, was gerade über dieses Thema unseres Vortragszyklus heute zu sagen ist.

Wie erwachend kamen sich die Apostel vor, wie Menschen, welche in diesem Augenblick das Empfinden hatten, daß sie lange Zeit – viele Tage hindurch – in einem ihnen ungewohnten Bewußtseinszustand gelebt hätten. Es war tatsächlich etwas wie eine Art Aufwachen aus einem tiefen Schlaf, allerdings einem merkwürdigen, traumerfüllten Schlaf, wie aus einem Schlaf, der aber so ist – ich bemerke ausdrücklich, ich spreche immer von der Art, wie es dem Bewußtsein der Apostel erschienen ist –, daß man daneben alle äußeren Verrichtungen des Tages vollbringt, als leiblich gesunder Mensch herumgeht, so daß gewissermaßen auch die anderen Menschen, mit denen man umgeht, einem gar nicht ansehen, daß man in einem anderen Bewußtseinszustand ist. Dennoch trat der Zeitpunkt ein, wo es den Aposteln so vorkam, als ob sie eine lange, tagelang dauernde Zeit verlebt hätten wie in einem traumerfüllten Schlafe, aus dem sie nun mit diesem Pfingstereignis erwachten. Und dieses Erwachen, schon das fühlten sie

23

in einer eigentümlichen Weise: sie fühlten tatsächlich, wie wenn aus dem Weltenall niedergestiegen wäre auf sie etwas, was man nur nennen könnte die Substanz der allwaltenden Liebe. Wie gleichsam von oben herab befruchtet durch die allwaltende Liebe und wie auferweckt aus dem geschilderten traumhaften Lebenszustand, so fühlten sich die Apostel. Wie wenn durch alles dasjenige, was als die ursprüngliche Kraft der Liebe, die das Weltenall durchdringt und durchwärmt, sie auferweckt worden wären, wie wenn diese ursprüngliche Kraft der Liebe in die Seele eines jeden Einzelnen sich gesenkt hätte, so kamen sie sich vor. Und den anderen Menschen, die sie beobachten konnten, wie sie nun sprachen, kamen sie ganz fremdartig vor. Sie wußten, diese anderen Menschen, daß das Leute waren, die bisher in einer außerordentlich einfachen Weise gelebt hatten, von denen allerdings einige in den letzten Tagen sich etwas sonderbar, wie traumverloren, benommen hatten. Das wußte man. Jetzt aber kamen sie den Leuten wie verwandelt vor: wie Menschen, die in der Tat erlangt hatten eine ganz neue Verfassung, eine ganz neue Stimmung der Seele, wie Menschen, die alle Engigkeit des Lebens, alle Eigensüchtigkeit des Lebens verloren hatten, die ein unendlich weites Herz, eine umfassende Toleranz im Inneren gewonnen hatten, ein tiefes Herzensverständnis für alles, was menschlich auf der Erde ist, die sich so ausdrücken konnten, daß jeder, der da war, sie verstand. Man empfand gleichsam, daß sie in eines jeden Herz und Seele schauen konnten und aus dem tiefsten Inneren heraus Geheimnisse der Seele errieten, so daß sie einen jeden trösten konnten, dasjenige sagen konnten, was er gerade brauchte.

Es war natürlich im höchsten Grade verwunderlich für diese Beobachter, daß eine solche Umwandlung mit einer Anzahl von Menschen vorgehen konnte. Diese Menschen selber aber, die diese Umwandlung erfahren hatten, die gleichsam durch den Geist der Liebe des Kosmos auferweckt worden waren, diese Menschen fühlten jetzt in sich selber ein neues Verständnis, fühlten ein Verständnis für dasjenige, was sich allerdings in innigster Gemeinschaft mit ihren Seelen abgespielt hatte, das sie aber damals, als es sich abgespielt hatte, nicht begriffen hatten: Jetzt erst, in diesem Augenblick, da sie sich befruchtet fühlten mit der kosmischen Liebe, trat vor ihr Seelenauge ein Verständnis für das, was auf Golgatha eigentlich geschehen war. Und wenn wir in die Seele des einen dieser Apostel hineinsehen, desjenigen, der gewöhnlich in den anderen Evangelien Petrus genannt wird, so stellt sein Seeleninneres für den rückschauenden hellsichtigen Blick sich so dar, daß sein irdisches normales Bewußtsein in jenem Augenblicke gleichsam wie vollständig abgerissen war, von jenem Augenblicke an, der in den anderen Evangelien gewöhnlich bezeichnet wird als die Verleugnung. Er sah hin auf diese Verleugnungsszene, wie er gefragt worden war, ob er einen Zusammenhang habe mit dem Galiläer, und er wußte jetzt, daß er das dazumal abgeleugnet hatte, weil sein normales Bewußtsein begann sich herabzudämpfen, weil sich ausbreitete ein anomaler Zustand, eine Art Traumzustand, der eine Entrücktheit in eine ganz andere Welt bedeutete. Es war ihm jetzt an diesem Pfingstfest so zumute, wie einem zumute ist beim Aufwachen am Morgen und man sich da an die letzten Ereignisse am Abend vor dem Einschlafen erinnert; so erinnerte sich Petrus an die letzten Ereignisse, bevor dieser abnorme Zustand eintrat, an dasjenige, was man gewöhnlich die Verleugnung nennt, die dreimalige Verleugnung, bevor der Hahn zweimal gekräht hatte. Und dann erinnerte er sich, daß sich ausbreitete über seine Seele jener Zustand, so wie für den Schlafenden die Nacht sich ausbreitet. Aber er erinnerte sich auch, wie sich jener Zwischenzustand erfüllte nicht mit bloßen Traumbildern, sondern mit Gebilden, die eine Art höheren Bewußtseinszustand darstellten, die darstellten ein Miterleben von rein geistigen Angelegenheiten. Und alles, was geschehen war, was Petrus gleichsam verschlafen hatte seit jener Zeit, das trat wie aus einem hellschauenden Traum vor seine Seele. Vor allem lernte er jetzt schauen das Ereignis, von dem man wirklich sagen kann, er habe es verschlafen. Er hatte es nicht mit seinem Verständnis erlebt, weil zum vollen Verständnis für dieses Ereignis notwendig war die Befruchtung mit der allwaltenden kosmischen Liebe. Jetzt, wo diese erfolgt war, traten ihm vor Augen die Bilder des Mysteriums von Golgatha. So traten sie ihm vor Augen, wie wir sie wiederum erleben können, wenn wir sie wachrufen können mit rückschauendem hellsichtigem Bewußtsein, wenn wir die Bedingungen dazu herstellen.

Offen gestanden: mit einem Gefühl, das ganz eigenartig ist, entschließt man sich, in Worte zu prägen dasjenige, was sich da eröffnet dem hellsichtigen Bewußtsein, wenn man hineinschaut in das Bewußtsein des Petrus und der anderen, die bei jenem Pfingstfeste versammelt waren. Mit einer heiligen Scheu nur kann man sich entschließen, von diesen Dingen zu reden. Man möchte sagen, man ist fast überwältigt von dem Bewußtsein, man betrete heiligsten Boden des menschlichen Anschauens, wenn man in Worten auszudrücken versucht, was sich dem Seelenblicke da eröffnet. Dennoch erscheint es aus gewissen Vorbedingungen unserer Zeit heraus notwendig, über diese Dinge zu sprechen; allerdings mit dem vollen Bewußtsein, daß andere Zeiten kommen werden als die unsrigen sind, in denen man mehr Verständnis entgegenbringen wird demjenigen, was gesagt werden muß über das Fünfte Evangelium, als man es heute schon kann. Denn um vieles von dem zu verstehen, was bei dieser Gelegenheit gesagt werden muß, muß die Menschenseele sich noch befreien von mancherlei Dingen, die sie ganz notwendig aus der Zeitkultur heraus heute noch erfüllen müssen.

Zunächst stellt sich, wenn man hellsichtig zurückschaut auf das Ereignis von Golgatha, vor den hellsehenden Blick etwas hin, was – wenn man es in Worte faßt – sich ausnimmt wie eine Art Beleidigung des gegenwärtigen naturwissenschaftlichen Bewußtseins. Dennoch fühle ich mich gezwungen, so gut es geht, dasjenige in Worte zu prägen, was sich dem hellsichtigen Blick also darstellt. Ich kann nichts dafür, wenn das, was da gesagt werden muß, etwa hinausdringen sollte in weniger vorbereitete Gemüter und Seelen hinein und das Ganze aufgebauscht würde wie etwas, was gegenüber den wissenschaftlichen Anschauungen, welche die Gegenwart nun einmal beherrschen, nicht standhalten könnte. Es fällt der hellsehende Blick zunächst auf ein Bild, das eine Realität darstellt, das auch in den anderen Evangelien angedeutet ist, das aber doch einen ganz besonderen Anblick darbietet, wenn man es gleichsam heraustreten sieht aus der Fülle der Bilder, die der hellsehende Blick in der Rückschau erhalten kann. Es fällt dieser hellsehende Blick tatsächlich auf eine Art von Verfinsterung der Erde. Und man fühlt, wie in diesem bedeutungsvollen Augenblick, der durch Stunden hindurch anhält, wie da die physische Sonne verfinstert war über dem Lande Palästina, über der Stätte von Golgatha. Man hat denselben Eindruck, den der geisteswissenschaftlich geschulte Blick jetzt noch nachprüfen kann, wenn wirklich eine äußere physische Sonnenfinsternis durch das Land geht. Für den Seelenblick nimmt sich die ganze Umgebung des Menschen während einer solchen mehr oder weniger starken Sonnenfinsternis folgendermaßen aus. Da sieht alles ganz anders aus. Ich möchte absehen von jenem Anblick, der sich bei einer Sonnenfinsternis darbietet, von all den Dingen, welche Menschenkunst und Menschentechnik hervorgebracht haben, denn es bedarf eines gewissen starken Gemütes und eines Durchdrungenseins von dem Bewußtsein der Notwendigkeit, daß das alles entstehen mußte, um den dämonischen Anblick zu ertragen, den diejenigen Wesen darbieten, die sich während einer Sonnenfinsternis aus der äußeren kunstlosen Technik erheben. Aber ich will auf diese Schilderung nicht weiter eingehen, sondern nur darauf aufmerksam machen, daß in einer solchen Zeit dasjenige lichtvoll erscheint, was man sonst nur durch sehr schwierige Meditationen erreichen kann: Man sieht dann alles Pflanzliche und Tierische anders, jeder Vogel, jeder Schmetterling sieht dann anders aus. Man bemerkt eine Herabdämpfung des Lebensgefühles. Es ist etwas, was im tiefsten Sinne die Überzeugung hervorrufen kann, wie innig zusammenhängt im Kosmos ein gewisses geistiges Leben, das zur Sonne gehört und das in dem, was man in der Sonne sieht, gleichsam seinen physischen Leib hat, mit dem Leben auf der Erde. Und man bekommt das Gefühl, wenn dem physischen Leben das physische Leuchten der Sonne gewaltsam verdunkelt wird durch den davortretenden Mond, so ist das etwas ganz anderes, als wenn die Sonne bloß nicht scheint in der Nacht. Ganz anders ist für den beobachtenden Seelenblick der Anblick der uns umgebenden Erde während einer Sonnenfinsternis als während einer bloßen Nacht. Man fühlt während einer Sonnenfinsternis etwas wie ein Aufstehen der Gruppenseelen der Pflanzen, der Gruppenseelen der Tiere, dagegen wie ein Mattwerden aller physischen Leiblichkeit der Pflanzen und Tiere. Es tritt etwas ein wie ein Hellwerden alles dessen, was geistig ist, was Gruppenseelenhaftigkeit darstellt.

Das alles stellt sich in einem hohen Maße dar, wenn der hellsehende Blick in der Rückschau hinsieht auf den Augenblick der Erdenevolution, den wir bezeichnen als das Mysterium von Golgatha. Und dann taucht etwas auf, was man nennen könnte: man lernt lesen, was dieses merkwürdige Naturzeichen, diese plötzlich auftretende Verfinsterung der Sonne, die der nach rückwärts gewendete, hellseherische Blick im Kosmos erschaut, was das eigentlich bedeutet. Ich kann wirklich nichts dafür, wenn ich genötigt bin, ein reines Naturereignis, wie es natürlich früher und später auch stattgefunden hat, gerade an diesem Punkte der Erdenevolution in okkulter Schrift so zu lesen – in Widerspruch mit allem gegenwärtigen materialistischen Bewußtsein –, wie es eben unmittelbar den Eindruck macht. Wie wenn man ein Buch aufschlägt und die Schrift liest, so fühlt man sich, wenn man dieses Ereignis vor sich hat, so daß einem wie aus dem Schriftzeichen entgegenkommt, was man lesen soll. So kommt einem aus diesem Schriftzeichen des Kosmos die Notwendigkeit entgegen, man solle etwas lesen, was die Menschheit kennenlernen soll. Wie ein in den Kosmos geschriebenes Wort kommt das einem vor, wie ein Lautzeichen im Kosmos.

Und was liest man dann, wenn man ihm seine Seele öffnet? Ich habe gestern aufmerksam gemacht, wie in die Griechenzeit hinein die Menschheit sich so entwickelt hat, daß sie in Plato und Aristoteles aufgestiegen ist zu einer ganz besonders hohen Ausbildung der Intellektualität der menschlichen Seele. In vieler Beziehung konnte dasjenige Wissen, das von Plato oder Aristoteles erreicht worden ist, in der späteren Zeit gar nicht überholt werden, denn es war für die Intellektualität der Menschheit damit in gewisser Beziehung ein Höchstes herangekommen. Man kann viel erkennen, wenn man dies wirklich erkennt. Und wenn sich die hellsichtig beobachtende Seele, die die Zeit von Palästina beobachtet, anschaut, wie dieses intellektuelle Wissen, zu dem sich die Menschheit heraufentwickelt hatte, das gerade in der Zeit des Mysteriums von Golgatha auf der griechischen und italischen Halbinsel durch Wanderprediger ungeheuer populär geworden war, wenn man das alles ins Auge faßt, wie dieses Wissen verbreitet worden war in einer Art, wie man es sich heute gar nicht vorstellen kann, dann bekommt diese hellsichtig beobachtende Seele die Möglichkeit eines Eindruckes, der sich wie ein Lesen jenes genannten, in den Kosmos hineingestellten Schriftzeichens ausnimmt. Man sagt sich dann, wenn man das hellsichtige Bewußtsein so herangezogen hat: Das alles, was die Menschheit da an Wissen gesammelt hat, wozu sie sich erhoben hat in der vorchristlichen Zeit, dafür ist ein Zeichen der Mond, der für den Erdengesichtspunkt durch das Weltenall geht, und deshalb der Mond, weil sich für alles höhere Erkennen der Menschheit dieses Wissen nicht wie aufschließend, wie Rätsel lösend verhalten hat, sondern für das höhere Erkennen wie verdunkelnd, so wie der Mond die Sonne verfinstert bei einer Sonnenfinsternis. Das liest man, wenn man das okkulte Schriftzeichen der Sonne, die vom Mond verdunkelt wird, liest.

Man weiß dann: So trat alles Wissen damals nicht aufklärend, sondern das Welträtsel verdunkelnd auf, und man fühlt als Hellseher die Verfinsterung der höheren, eigentlich spirituellen Regionen der Welt durch das Wissen der alten Zeit, das sich vor die wirkliche Erkenntnis hingestellt hat wie der Mond vor die Sonne bei einer Sonnenfinsternis. Und das äußere Naturereignis wird ein Ausdruck dafür, daß die Menschheit eine Stufe erreicht hat, innerhalb welcher sich das aus der Menschheit selbst geschöpfte Wissen vor das höhere Erkennen hingestellt hat wie der Mond vor die Sonne bei einer Sonnenfinsternis. Der Menschheit Seelenverdunkelung innerhalb der Erdenevolution fühlt man hingeschrieben in einem ungeheuren Zeichen der okkulten Schrift in den Kosmos in jener Verfinsterung der Sonne im Momente des Mysteriums von Golgatha. Ich habe gesagt, daß das Gegenwartsbewußtsein es wie eine Beleidigung empfinden kann, wenn man so etwas ausspricht, weil es kein Verständnis mehr hat für das Walten spiritueller Kräfte im Weltenall, die im Zusammenhang stehen mit dem, was in der Menschenseele als Kräfte waltet. Ich will nicht im gewöhnlichen Sinne von Wundern sprechen, von einem Durchbrechen der Naturgesetze, aber ich kann nicht anders als Ihnen mitteilen, wie man jene Verfinsterung der Sonne lesen muß – wie man nicht anders kann, als sich mit seiner Seele vor diese Verfinsterung der Sonne hinzustellen gleichsam wie lesend, was durch dieses Naturereignis ausgedrückt wird: Mit dem Mondenwissen ist eine Verfinsterung eingetreten gegenüber der höheren Sonnenbotschaft.

Und dann – nachdem man diese okkulte Schrift gelesen hat – stellt sich in der Tat vor das hellsichtige Bewußtsein das Bild des erhöhten Kreuzes auf Golgatha, des an ihm hängenden Körpers des Jesus zwischen den beiden Räubern. Und es stellt sich ein – und ich darf wohl in Parenthese einfügen, je mehr man sich gegen dieses Bild wehrt, desto heftiger stellt es sich ein –, das Bild stellt sich ein der Kreuzabnahme und der Grablegung. Jetzt tritt ein zweites gewaltiges Zeichen ein, wodurch wieder wie in den Kosmos hineingeschrieben wird etwas, was man eben lesen muß, um es zu begreifen, als ein Symbolum dessen, was in der Evolution der Menschheit eigentlich geschehen ist: Man verfolgt das Bild des vom Kreuze herabgenommenen Jesus, der in das Grab gelegt wird, und man wird dann durchrüttelt, wenn man den Seelenblick darauf richtet, in der Seele von einem Erdbeben, das durch jene Gegend ging.

Vielleicht wird man einmal den Zusammenhang jener Verfinsterung der Sonne mit diesem Erdbeben auch naturwissenschaftlich besser einsehen, denn gewisse Lehren, die heute schon, aber zusammenhanglos, durch die Welt ziehen, zeigen einen Zusammenhang zwischen Sonnenfinsternis und Erdbeben und sogar schlagenden Wettern in Bergwerken. Jenes Erdbeben war eine Folge der Sonnenfinsternis. Jenes Erdbeben durchrüttelte das Grab, in das der Leichnam des Jesus gelegt war – und weggerissen wurde der Stein, der darauf gelegt worden war, und ein Spalt wurde aufgerissen in der Erde, und der Leichnam wurde aufgenommen von dem Spalt. Durch weitere Aufrüttelung wurde über dem Leichnam der Spalt wieder geschlossen. Und als die Leute am Morgen kamen, war das Grab leer, denn die Erde hatte aufgenommen den Leichnam des Jesus; nur der Stein lag noch da, hinweggeschleudert.

Verfolgen wir noch einmal die Bilderreihe! An dem Kreuze auf Golgatha verscheidet der Jesus. Finsternis bricht herein über die Erde. In das offene Grab wird der Leichnam des Jesus hineingelegt. Ein Beben durchrüttelt den Erdboden, und der Leichnam des Jesus wird aufgenommen von der Erde. Der durch das Beben entstandene Spalt schließt sich, der Stein wird danebengeschleudert. Das alles sind tatsächliche Ereignisse; ich kann nicht anders als sie so schildern. Mögen die Leute, die aus der Naturwissenschaft heraus solchen Dingen sich nähern wollen, urteilen wie sie wollen, alle möglichen Gründe dagegen vorbringen: Das, was der hellseherische Blick sieht, ist so, wie ich es geschildert habe. Und wenn jemand sagen wollte, so etwas könne nicht geschehen, daß aus dem Kosmos heraus wie in einer gewaltigen Zeichensprache ein Symbolum hingestellt wird dafür, daß etwas Neues eingezogen ist in die Menschheitsevolution, wenn jemand sagen wollte, so schreiben die göttlichen Gewalten dasjenige, was geschieht, nicht in die Erde hinein mit einer solchen Zeichensprache wie einer Verfinsterung der Sonne und einem Erdbeben, so könnte ich nur erwidern: Euer Glaube in allen Ehren, daß das nicht so sein kann! Aber es ist halt doch geschehen, es hat sich ereignet! – Ich kann mir denken, daß etwa ein _Ernest Renan,_ der ja das eigenartige «Leben Jesu» geschrieben hat, kommen und sagen würde: An solche Dinge glaubt man nicht, denn man glaubt nur an dasjenige, was sich jederzeit im Experimente wieder herstellen läßt. – Aber der Gedanke ist nicht durchführbar, denn würde zum Beispiel ein Renan nicht an die Eiszeit glauben, obschon es unmöglich ist, durch Experiment die Eiszeit wieder herzustellen? Das ist doch ganz gewiß unmöglich, die Eiszeit wieder über die Erde zu bringen, und dennoch glauben alle Naturforscher daran. So ist es unmöglich, daß dieses einmal geschehene kosmische Zeichen beim Ereignis von Golgatha jemals wieder vor die Menschen hintritt. Dennoch aber ist es geschehen.

Wir können zu diesem Ereignis nur vordringen, wenn wir hellseherisch den Weg einschlagen, den ich angedeutet habe, wenn wir uns zunächst etwa vertiefen in die Seele des Petrus oder eines der anderen Apostel, die beim Pfingstfeste sich befruchtet fühlten von der allwaltenden kosmischen Liebe. Nur, wenn wir in die Seelen jener Leute schauen und da sehen, was diese Seelen erlebt haben, finden wir auf diesem Umwege die Möglichkeit, hinzuschauen auf das auf Golgatha erhöhte Kreuz, auf die Verfinsterung der Erde zu jener Zeit und auf das Beben der Erde, das darauf folgte. Daß im äußeren Sinne diese Verfinsterung und dieses Beben ganz gewöhnliche Naturereignisse waren, das wird durchaus nicht geleugnet; daß aber für denjenigen, der diese Ereignisse hellseherisch verfolgt, sich diese Ereignisse so lesen, wie ich sie geschildert habe als gewaltige Zeichen der okkulten Schrift, das muß entschieden gesagt werden von demjenigen, der in seiner Seele die Bedingungen dazu hergestellt hat. Denn in der Tat war, was ich jetzt geschildert habe, für das Bewußtsein des Petrus etwas, das auf dem Felde des langen Schlafes sich herauskristallisierte. Auf dem Felde des durch mancherlei Bilder durchkreuzten Bewußtseins des Petrus hoben sich zum Beispiel heraus: das auf Golgatha erhöhte Kreuz, die Verfinsterung und das Beben. Das waren für den Petrus die ersten Früchte der Befruchtung mit der allwaltenden kosmischen Liebe beim Pfingstereignis. Und jetzt wußte er etwas, was er früher mit seinem normalen Bewußtsein tatsächlich nicht gewußt hatte: daß das Ereignis von Golgatha stattgefunden hat, und daß der Leib, der am Kreuze hing, derselbe Leib war, mit dem er oftmals im Leben gewandelt war. Jetzt wußte er, daß Jesus am Kreuze gestorben ist und daß dieses Sterben eigentlich eine Geburt war, die Geburt desjenigen Geistes, der als allwaltende Liebe sich jetzt ausgegossen hatte in die Seelen der beim Pfingstfeste versammelten Apostel. Und wie einen Strahl der urewigen, äonischen Liebe fühlte er in seiner Seele aufwachen den Geist als denselben, welcher geboren worden war, als der Jesus am Kreuze verschied. Und die ungeheuere Wahrheit senkte sich in die Seele des Petrus: Es ist nur Schein, daß am Kreuze ein Tod sich vollzogen hat, in Wahrheit war dieser Tod, dem unendliches Leiden vorangegangen war, die Geburt desjenigen, was wie in einem Strahle jetzt in seine Seele hineingedrungen war, für die ganze Erde. Für die Erde war mit dem Tode des Jesus geboren dasjenige, was früher allseitig außerhalb der Erde vorhanden war: die allwaltende Liebe, die kosmische Liebe.

Solch ein Wort ist scheinbar abstrakt leicht auszusprechen, aber man muß sich einen Augenblick wirklich hineinversetzen in diese Petrus-Seele, wie sie empfunden hat, in diesem Moment zum allerersten Male empfunden hat: Der Erde ist etwas geboren worden, was früher nur im Kosmos vorhanden war, in dem Augenblick, als Jesus von

Nazareth verschied am Kreuze auf Golgatha. Der Tod des Jesus von Nazareth war die Geburt der allwaltenden kosmischen Liebe innerhalb der Erdensphäre.

Das ist gewissermaßen die erste Erkenntnis, die wir herauslesen können aus dem, was wir das Fünfte Evangelium nennen. Mit dem, was im Neuen Testamente die Herabkunft, die Ausgießung des Heiligen Geistes genannt wird, ist gemeint dasjenige, was ich jetzt geschildert habe. Die Apostel waren nicht geeignet durch ihre ganze damalige Seelenverfassung, dieses Ereignis des Todes des Jesus von Nazareth anders mitzumachen als in einem abnormen Bewußtseinszustande.

Noch eines anderen Momentes seines Lebens mußte Petrus, auch Johannes und Jakobus, gedenken, jenes Momentes, der auch in den anderen Evangelien geschildert wird, der uns aber nur durch das Fünfte Evangelium in seiner vollen Bedeutung erst verständlich werden kann. Derjenige, mit dem sie auf der Erde gewandelt waren, hatte sie herausgeführt zum Ölberge, zum Garten Gethsemane und hatte gesagt: Wachet und betet! – Sie aber waren eingeschlafen und jetzt wußten sie: Dazumal war schon gekommen jener Zustand, der sich immer mehr und mehr ausbreitete über ihre Seelen. Das normale Bewußtsein schlief ein, sie versanken in Schlaf, der andauerte während des Ereignisses von Golgatha, und aus dem herausstrahlte dasjenige, was ich in stammelnden Worten zu schildern versuchte. Und Petrus, Johannes und Jakobus mußten gedenken, wie sie in diesen Zustand verfallen waren und wie jetzt, als sie zurückblickten, heraufdämmerten die großen Ereignisse, die sich um den irdischen Leib Desjenigen abgespielt hatten, mit dem sie umhergewandelt waren. Und allmählich, wie versunkene Träume herauftauchen im Menschenbewußtsein, in der Menschenseele, so tauchten die verflossenen Tage in dem Bewußtsein und den Seelen der Apostel auf. Während dieser Tage hatten sie das alles nicht mit normalem Bewußtsein miterlebt. Jetzt tauchte das in ihr normales Bewußtsein herein, und dasjenige, was hereintauchte, das war die ganze Zeit, die sie miterlebt hatten seit dem Ereignis von Golgatha bis zu dem Pfingstereignis, in den Untergründen ihrer Seele versunken geblieben. Das fühlten sie, wie diese Zeit ihnen vorkam wie eine Zeit tiefsten Schlafes. Besonders die zehn Tage von der sogenannten Himmelfahrt bis zum Pfingstereignis kamen ihnen vor wie eine Zeit tiefsten Schlafes. Rückwärtsschauend aber kam ihnen Tag für Tag herauf die Zeit zwischen dem Mysterium von Golgatha und der sogenannten Himmelfahrt des Christus Jesus. Das hatten sie miterlebt, das kam aber erst jetzt herauf, und in einer ganz merkwürdigen Weise kam es herauf.

Verzeihen Sie, wenn ich hier eine persönliche Bemerkung einschalte. Ich muß gestehen, daß ich selbst in höchstem Maße erstaunt war, als ich gewahr wurde, wie das in den Seelen der Apostel heraufkam, was sie erlebt hatten in der Zeit zwischen dem Mysterium von Golgatha und der sogenannten Himmelfahrt. Es ist ganz merkwürdig, wie das heraufkam, auftauchte in den Seelen der Apostel. – Da tauchte auf in den Seelen der Apostel Bild nach Bild, und diese Bilder sagten ihnen: Ja, du warst ja beisammen mit dem, der am Kreuze gestorben oder geboren worden ist, du bist ihm ja begegnet. – So wie man am Morgen beim Aufwachen sich erinnert an Träume und da weiß, du warst ja in diesem Traum zusammen mit diesem oder jenem, so kamen wie Träume herauf in die Seelen der Apostel die Erinnerungen. Aber ganz eigenartig war, wie die einzelnen Ereignisse ins Bewußtsein heraufkamen. Immer mußten sie sich fragen: Ja, wer ist denn das, mit dem wir da zusammen waren? – Und sie erkannten ihn immer wiederum und wiederum nicht. Sie fühlten, das ist eine geistige Gestalt; sie wußten, sie sind sicher in diesem schlafartigen Zustand mit ihm herumgewandelt, aber sie erkannten ihn nicht in der Gestalt, in der er ihnen jetzt aufgegangen war, nach der Befruchtung mit der allwaltenden Liebe. Sie sahen sich wandelnd mit demjenigen, den wir Christus nennen, nach dem Mysterium von Golgatha. Und sie sahen auch, wie er tatsächlich dazumal ihnen Lehren gab vom Reiche des Geistes, wie er sie unterwies. Und sie lernten verstehen, wie sie vierzig Tage lang mit diesem Wesen, das am Kreuze geboren war, herumgegangen waren, wie dieses Wesen – die aus dem Kosmos in die Erde geborene allwaltende Liebe – ihr Lehrer war, wie sie aber mit ihrem normalen Bewußtsein nicht reif gewesen waren, zu verstehen, was dieses Wesen zu sagen hatte, wie sie mit unterbewußten

Kräften ihrer Seele das hatten aufnehmen müssen, wie sie wie Nachtwandler neben dem Christus gegangen waren und nicht hatten aufnehmen können mit dem gewöhnlichen Verstande, was dieses Wesen ihnen zu geben hatte. Und sie hörten auf ihn während dieser vierzig Tage, mit einem Bewußtsein, das sie nicht kannten, das jetzt erst in sie heraufdrang, nachdem sie das Pfingstereignis durchgemacht hatten. Wie Nachtwandler hatten sie zugehört. Als der geistige Lehrer war er ihnen erschienen und hatte sie unterwiesen in Geheimnissen, die sie nur verstehen konnten, indem er sie entrückte in einen ganz anderen Bewußtseinszustand. Und so sahen sie jetzt erst: Sie waren mit dem Christus, mit dem auferstandenen Christus gegangen. Jetzt aber erkannten sie erst, was mit ihnen geschehen war. Und wodurch erkannten sie, daß das wirklich Derjenige war, mit dem sie im Leibe vor dem Mysterium von Golgatha umhergegangen waren? Das geschah in der folgenden Weise.

Nehmen wir an, solch ein Bild träte jetzt nach dem Pfingstfest vor die Seele eines der Apostel. Er sah, wie er gewandelt war mit dem Auferstandenen, wie der Auferstandene ihn unterrichtet hatte. Aber er erkannte ihn nicht. Er sah zwar ein himmlisches, geistiges Wesen, aber er erkannte es nicht. Da mischte sich ein anderes Bild herein. Ein solches Bild vermischte sich mit dem rein geistigen Bilde, das ein Erlebnis der Apostel darstellte, das sie wirklich durchgemacht hatten mit dem Christus Jesus vor dem Mysterium von Golgatha. Da gab es eine Szene, wo sie sich fühlten wie unterrichtet von dem Geheimnis des Geistes, von dem Christus Jesus. Aber sie erkannten ihn nicht. Sie schauten sich gegenüberstehend diesem geistigen Wesen, das sie unterrichtete, und damit sie das erkannten, verwandelte sich dieses Bild, indem es sich zugleich aufrechthielt, in das Bild des Abendmahles, das sie miterlebt hatten mit dem Christus Jesus. Stellen Sie sich wirklich vor, daß solch ein Apostel vor sich hatte das übersinnliche Erlebnis mit dem Auferstandenen und, wie im Hintergrunde wirkend, das Bild des Abendmahles. Da erst erkannten sie, daß es Derselbe ist, mit dem sie einstmals gewandelt sind im Leibe, wie Derjenige, der sie jetzt unterrichtete in der ganz anderen Gestalt, die er angenommen hatte nach dem Mysterium von Golgatha. Es war ein vollständiges Zusammenfließen der Erinnerungen aus dem Bewußtseinszustand, der gleichsam ein Schlafzustand war, mit den Erinnerungsbildern, die vorangegangen waren. Wie zwei Bilder, die sich deckten, erlebten sie das: Ein Bild aus den Erlebnissen nach dem Mysterium von Golgatha, und eines vor demselben, wie hereinleuchtend aus der Zeit, bevor sich ihr Bewußtsein so getrübt hatte, daß sie nicht mehr miterlebten, was sich da abspielte. So erkannten sie, daß diese zwei Wesenheiten zusammengehören: der Auferstandene und Derjenige, mit dem sie einstmals, vor verhältnismäßig kurzer Zeit, im Leibe herumgewandelt waren. Und sie sagten sich jetzt: Bevor wir also aufgewacht sind durch die Befruchtung mit der allwaltenden kosmischen Liebe, waren wir wie hinweggenommen von unserem gewöhnlichen Bewußtseinszustand. Und der Christus, der Auferstandene war mit uns. Er hat uns gleichsam unwissend in sein Reich aufgenommen, wandelte mit uns und enthüllte uns die Geheimnisse seines Reiches, die jetzt, nach dem Pfingstmysterium, wie im Traume erlebt herauftauchen ins normale Bewußtsein.

Das ist dasjenige, was man als Staunen-Hervorrufendes erlebt: Dieses Zusammenfallen immer eines Bildes von einem Erlebnis der Apostel mit dem Christus *nach* dem Mysterium von Golgatha mit einem Bilde *vor* dem Mysterium von Golgatha, das sie wirklich normal wissend im physischen Leibe erlebt hatten mit dem Christus Jesus.

Wir haben den Anfang damit gemacht, mitzuteilen, was sich lesen läßt in dem sogenannten Fünften Evangelium, und ich darf am Ende dieser ersten Mitteilung, die ich heute zu machen hatte, vielleicht ein paar persönliche Worte zu Ihnen sprechen, die neben dieser Tatsache doch eben ausgesprochen werden müssen. Ich fühle mich gewissermaßen okkult verpflichtet, von diesen Dingen jetzt zu sprechen. Dasjenige aber, was ich sagen möchte, ist das Folgende: Ich weiß sehr wohl, daß wir gegenwärtig in einer solchen Zeit leben, in der sich mancherlei für die nächste Erdenzukunft der Menschheit vorbereitet, und daß wir innerhalb unserer – jetzt Anthroposophischen – Gesellschaft gleichsam als diejenigen uns fühlen müssen, denen eine Ahnung aufgeht, daß in den Seelen der Menschen etwas vorzubereiten ist für die Zukunft, was vorbereitet werden muß. Ich weiß, es werden Zeiten kommen, in denen man noch ganz anders, als es unsere heutige Zeit uns gestattet, wird über diese Dinge sprechen können. Denn wir alle sind ja Kinder der Zeit. Es wird aber eine nahe Zukunft kommen, in der man genauer, präziser wird sprechen können, in der vielleicht manches von dem, was heute nur andeutungsweise erkannt werden kann, viel, viel genauer wird erkannt werden können in der geistigen Chronik des Werdens. Solche Zeiten werden kommen, wenn es auch der heutigen Menschheit noch so unwahrscheinlich vorkommt. Dennoch liegt gerade aus diesem Grunde eine gewisse Verpflichtung vor, schon heute wie vorbereitend über diese Dinge zu sprechen. Und wenn es mich auch eine gewisse Überwindung gekostet hat, gerade über dieses Thema zu sprechen, so überwog denn doch die Verpflichtung gegenüber demjenigen, was sich in unserer Zeit vorbereiten muß. Das führte dazu, zum ersten Male gerade bei Ihnen hier über dieses Thema zu sprechen.

Wenn ich von Überwindung spreche, so fassen Sie dieses Wort wirklich so auf, wie es ausgesprochen wird. Ich bitte ausdrücklich, dasjenige, was ich gerade bei dieser Gelegenheit zu sagen habe, wirklich nur aufzufassen wie eine Art Anregung, wie etwas, was ganz gewiß in Zukunft viel besser und präziser wird ausgesprochen werden können. Und das Wort Überwindung werden Sie besser verstehen, wenn Sie mir gestatten, eine persönliche Bemerkung nicht zu unterdrücken: Es ist mir durchaus klar, daß für die Geistesforschung, der ich mich ergeben habe, zunächst manches außerordentlich schwierig und mühevoll herauszuholen ist aus der geistigen Schrift der Welt; gerade Dinge von dieser Art! Und ich würde mich gar nicht wundern, wenn das Wort «Andeutung», das ich gebrauchte, eine noch viel schwerere und weitere Bedeutung hätte, als es vielleicht jetzt aufgefaßt zu werden braucht. Ich will durchaus nicht sagen, daß ich heute schon imstande bin, alles das präzise zu sagen, was sich in der geistigen Schrift darstellt. Denn gerade ich fühle mancherlei Schwierigkeiten und Mühe, wenn es sich darum handelt, Bilder, die sich auf die Geheimnisse des Christentums beziehen, aus der Akasha-Chronik zu holen. Ich fühle Mühe, diese Bilder zu der nötigen Verdichtung zu bringen, sie festhalten zu können, und betrachte es gewissermaßen als mein Karma, daß mir die Pflicht auferlegt ist, dies zu sagen, was ich eben ausspreche. Denn ganz zweifellos würde ich weniger Mühe haben, wenn ich in der Lage gewesen wäre, in der mancher unserer Zeitgenossen ist, in meiner ersten Jugend eine wirklich christliche Erziehung erhalten zu haben. Das habe ich nicht gehabt; ich bin in einer vollständig freigeistigen Umgebung aufgewachsen, und auch mein Studium hat mich zum Freigeistigen geführt. Mein eigener Bildungsgang war ein rein wissenschaftlicher. Und das macht mir eine gewisse Mühe, diese Dinge jetzt zu finden, von denen ich zu sprechen verpflichtet bin.

Gerade diese persönliche Bemerkung darf ich vielleicht machen aus zwei Gründen: aus dem Grunde, weil ja gerade durch eine ganz eigenartige Gewissenlosigkeit ein törichtes, albernes Märchen über meine Zusammenhänge mit gewissen katholischen Strömungen durch ✳ die Welt gesendet worden ist. Von allen diesen Dingen ist nicht ein einziges Wort wahr. Und wohin es gekommen ist mit dem, was sich heute vielfach Theosophie nennt, das kann man einfach daran ermessen, daß auf dem Boden der Theosophie solche gewissenlose Aufstellungen und Gerüchte in die Welt geschickt werden. Da wir aber gezwungen sind, nicht in nachsichtiger Weise, phrasenhaft darüber hinwegzugehen, sondern demgegenüber die Wahrheit hinzustellen, so darf diese persönliche Bemerkung gemacht werden. – Auf der anderen Seite fühle ich mich gerade dadurch, daß ich in meiner Jugend dem Christentum fernstand, diesem um so unbefangener gegenüber und glaube, da ich erst durch den Geist zu dem Christentum und der Christus-Wesenheit geführt worden bin, gerade auf diesem Gebiete ein gewisses Recht zu haben auf Vorurteilslosigkeit und Unbefangenheit, um über diese Dinge Aussagen zu machen. Vielleicht wird man – gerade in dieser Stunde der Weltgeschichte – mehr geben können auf das Wort eines Menschen, der aus wissenschaftlicher Bildung kommt, der in seiner Jugend dem Christentum ferngestanden hat, als eines solchen, der seit der frühesten Jugend mit dem Christentum im Zusammenhang gewesen ist. Und ich glaube wahrhaftig nicht, daß das Christentum etwas verlieren kann, wenn es in seinen tieferen Elementen dargestellt wird von einem Bewußtsein, das erst aus dem

Geist selber sich zu dem Christentum hingefunden hat. Aber wenn Sie diese Worte ernst nehmen, so werden Sie wie angedeutet fühlen, was in mir selber lebt, wenn ich jetzt spreche von den Geheimnissen, die ich bezeichnen möchte als die Geheimnisse des sogenannten Fünften Evangeliums.

31.8.03

Wenn ich gestern davon gesprochen habe, daß diejenigen Persönlichkeiten, die man gewöhnlich die Apostel des Christus Jesus nennt, eine gewisse Auferweckung erlebt haben in dem Augenblick, der im sogenannten Pfingstfest seinen Ausgangspunkt hat, so ist damit durchaus nicht etwa behauptet, daß dasjenige, wovon ich zu sprechen habe als von dem Inhalt des sogenannten Fünften Evangeliums, gleich dazumal so, wie ich es jetzt erzähle, im Bewußtsein, im vollen Bewußtsein dieser Apostel gewesen sei. Allerdings, wenn sich das hellsichtige Bewußtsein in die Seelen dieser Apostel vertieft, dann erkennt es jene Bilder in diesen Seelen. Aber in den Aposteln selber lebte das dazumal schon weniger als Bild, sondern es lebte, nun, wenn ich sagen darf als Leben, als unmittelbares Erleben, als Gefühl und Macht der Seele. Und dasjenige, was die Apostel dann haben sprechen können, wodurch sie sogar die Griechen in der damaligen Zeit hingerissen haben, wodurch sie den Anstoß gegeben haben zu dem, was wir die christliche Entwickelung nennen, dasjenige, was sie so als Macht der Seele, als Macht des Gemütes in sich trugen, das erblühte aus dem, was in ihrer Seele lebte als lebendige Kraft des Fünften Evangeliums. Sie konnten so reden, wie sie redeten, sie konnten so wirken, wie sie wirkten, weil sie die Dinge, die wir jetzt als Fünftes Evangelium entziffern, lebendig in ihrer Seele trugen, auch wenn sie die Dinge nicht so in Worten erzählten, wie man jetzt dieses Fünfte Evangelium erzählen muß. Denn sie hatten ja empfangen, wie durch eine Auferweckung, die Befruchtung durch die allwaltende kosmische Liebe, und unter dem Eindruck dieser Befruchtung wirkten sie nun weiter. Was in ihnen wirkte, war dasjenige, wozu der Christus geworden ist nach dem Mysterium von Golgatha. Und hier stehen wir an einem Punkte, wo wir im Sinne des Fünften Evangeliums über das Erdenleben des Christus sprechen müssen.

Es ist für heutige Begriffe, für Begriffe der Gegenwart, nicht ganz leicht, das in Worte zu fassen, um was es sich dabei handelt. Aber wir können uns mit mancherlei Begriffen und Ideen, die wir schon gewonnen haben durch unsere geisteswissenschaftlichen Betrachtungen, diesem größten Erdengeheimnisse nähern. Wenn man das Christus-Wesen verstehen will, dann muß man manche Begriffe, die wir schon haben durch unsere geisteswissenschaftlichen Auseinandersetzungen, in etwas veränderter Form auf die Christus-Wesenheit anwenden.

Gehen wir einmal, um zu einiger Klarheit zu kommen, aus von demjenigen, was man gewöhnlich nennt die Johannestaufe im Jordan. Sie stellt sich im Fünften Evangelium dar in bezug auf das Erdenleben des Christus wie etwas, was gleich ist wie eine Empfängnis bei einem Erdenmenschen. Das Leben des Christus von da ab bis zu dem Mysterium von Golgatha verstehen wir, wenn wir es vergleichen mit demjenigen Leben, das der Menschenkeim im Leibe der Mutter durchmacht. Es ist also gewissermaßen ein Keimesleben der Christus-Wesenheit, das diese Wesenheit durchmacht von der Johannestaufe bis zum Mysterium von Golgatha. Das Mysterium von Golgatha selber müssen wir verstehen als die irdische Geburt, also den Tod des Jesus als die irdische Geburt des Christus. Und sein eigentliches Erdenleben müssen wir suchen *nach* dem Mysterium von Golgatha, da der Christus seinen Umgang gehabt hat, wie ich gestern angedeutet habe, mit den Aposteln, als diese Apostel in einer Art von anderem Bewußtseinszustand waren. Das war dasjenige, was der eigentlichen Geburt der Christus-Wesenheit folgte. Und was beschrieben wird als die Himmelfahrt und die darauf folgende Ausgießung des Geistes, das müssen wir bei der Christus-Wesenheit auffassen als dasjenige, was wir beim menschlichen Tode als das Eingehen in die geistigen Welten anzusehen gewohnt sind. Und das Weiterleben des Christus in der Erdensphäre seit der Himmelfahrt oder seit dem Pfingstereignis müssen wir vergleichen mit dem, was die Menschenseele durchlebt, wenn sie im sogenannten Devachan, im Geisterlande ist.

Wir sehen also, meine lieben Freunde, daß wir in der Christus-Wesenheit eine solche Wesenheit vor uns haben, gegenüber welcher wir alle Begriffe, die wir sonst uns angeeignet haben über die Aufeinanderfolge der Zustände des menschlichen Lebens, vollständig verändern müssen. Der Mensch geht nach der kurzen Zwischenzeit, die man gewöhnlich nennt Läuterungszeit, Kamalokazeit, in die geistige Welt über, um sich vorzubereiten zum nächsten Erdenleben. Der Mensch durchlebt also nach seinem Tode ein geistiges Leben. Vom Pfingstereignisse an erlebte die Christus-Wesenheit dasjenige, was für sie dasselbe bedeutete, wie für den Menschen der Übergang ins Geisterland: das Aufgehen in die Erdensphäre. Und anstatt in ein Devachan, anstatt in ein geistiges Gebiet zu kommen, wie der Mensch nach dem Tode, brachte die Christus-Wesenheit das Opfer, ihren Himmel gleichsam auf der Erde aufzuschlagen, auf der Erde zu suchen. Der Mensch verläßt die Erde, um, wenn wir mit den gebräuchlichen Ausdrücken sprechen, seinen Wohnplatz mit dem Himmel zu vertauschen. Der Christus verließ den Himmel, um diesen seinen Wohnplatz mit der Erde zu vertauschen. Das bitte ich Sie im rechten Lichte sich anzuschauen und daran zu knüpfen dann die Empfindung, das Gefühl, was geschehen ist durch das Mysterium von Golgatha, was geschehen ist durch die Christus-Wesenheit, worin das eigentliche Opfer der Christus-Wesenheit bestanden hat, nämlich im Verlassen der geistigen Sphären, um mit der Erde und mit den Menschen auf der Erde zu leben, und die Menschen, die Evolution auf der Erde durch den ihr so gegebenen Impuls weiterzuführen. Das besagt schon, daß vor der Johannestaufe im Jordan diese Wesenheit nicht der Erdensphäre angehörte. Sie ist also hereingewandert aus den überirdischen Sphären in die Erdensphäre. Und dasjenige, was erlebt wurde zwischen der Johannestaufe und dem Pfingstereignis, das mußte erlebt werden, um umzuwandeln die himmlische Wesenheit des Christus in die irdische Wesenheit des Christus.

Es ist unendlich viel gesagt, wenn dieses Geheimnis hier ausgesprochen wird mit den Worten: Seit dem Pfingstereignis ist die Christus-Wesenheit bei den menschlichen Seelen auf der Erde; vorher war sie nicht bei den menschlichen Seelen auf der Erde. Das, was die Christus-Wesenheit durchgemacht hat zwischen der Johannestaufe und dem Pfingstereignis, ist geschehen, damit der Wohnsitz eines Gottes in der geistigen Welt vertauscht werden konnte mit dem Wohnsitz in der irdischen Sphäre. Das ist geschehen, damit diese göttlich-geistige Christus-Wesenheit die Gestalt annehmen konnte, welche notwendig war für sie, um mit den menschlichen Seelen fortan Gemeinschaft zu haben. Warum sind also die Ereignisse von Palästina vollzogen worden? Damit die göttlich-geistige Wesenheit des Christus die Gestalt annehmen konnte, die sie brauchte, um mit den menschlichen Seelen auf der Erde Gemeinschaft zu haben.

Es ist damit zugleich darauf hingewiesen, daß dieses Ereignis von Palästina ein einzigartiges ist, worauf ich ja schon öfter aufmerksam gemacht habe: es ist das Herabsteigen einer höheren, nicht irdischen Wesenheit in die Erdensphäre und das Zusammenbleiben dieser nicht irdischen Wesenheit mit der Erdensphäre, bis unter ihrem Einfluß die Erdensphäre die entsprechende Umgestaltung erfahren haben wird. Seit jener Zeit ist also die Christus-Wesenheit auf der Erde wirksam.

20,8,06 Wollen wir nun das Pfingstereignis im Sinne des Fünften Evange- *Pfingsten* liums vollständig verstehen, so müssen wir die Begriffe zu Hilfe nehmen, die wir in der Geisteswissenschaft ausgearbeitet haben. Aufmerksam gemacht worden ist darauf, daß es in den alten Zeiten Mysterieneinweihungen gegeben hat, daß die Menschenseele durch diese Einweihung heraufgehoben worden ist zur Teilnahme am spirituellen Leben. Am anschaulichsten wird dieses vorchristliche Mysterienwesen, wenn man ins Auge faßt die sogenannten persischen oder Mithrasmysterien. Da gab es sieben Stufen der Einweihung. Da wurde derjenige, der heraufgeführt werden sollte in die höheren Grade des geistigen Erlebens, zuerst zu dem geführt, was man symbolisch einen 1 «Raben» nannte. Dann wurde er ein «Okkulter», ein «Verborgener». 2 3 Im dritten Grade wurde er ein «Streiter», im vierten ein «Löwe», im 4 fünften übertrug man ihm den Namen desjenigen Volkes, dem er angehörte. Im sechsten Grade wurde er ein «Sonnenheld», im sie- 6 7 benten Grade ein «Vater». Für die vier ersten Grade genügt es heute, wenn wir sagen, daß der Mensch allmählich immer tiefer und tiefer in das geistige Erleben hineingeführt wurde. Im fünften Grade erlangte der Mensch die Fähigkeit, ein erweitertes Bewußtsein zu haben, so daß dieses erweiterte Bewußtsein ihm die Fähigkeit gab, ein geistiger Behüter des ganzen Volkes zu werden, dem er angehörte. Deshalb übertrug man ihm auch den Namen des betreffenden Volkes.

Wenn jemand in diesen alten Mysterien in den fünften Grad eingeweiht war, dann hatte er eine bestimmte Art der Teilnahme an dem geistigen Leben.

Wir wissen gerade aus einem Vortragszyklus, den ich hier gehalten habe, daß die Erdenvölker geführt werden von dem, was wir in den Hierarchien der geistigen Wesenheiten die Archangeloi oder Erzengel nennen. In diese Sphäre wurde hinaufgehoben der in den fünften Grad Eingeweihte, so daß er teilnahm an dem Leben der Erzengel. Man brauchte solche Eingeweihte in den fünften Grad, man brauchte sie im Kosmos. Daher gab es auf Erden eine Einweihung in diesen fünften Grad. Wenn solch eine Persönlichkeit in die Mysterien eingeweiht wurde und alle die inneren Seelenerlebnisse durchmachte, den Seeleninhalt bekam, der dem fünften Grade entsprach, dann blickte gleichsam der Erzengel des betreffenden Volkes, dem diese Persönlichkeit angehörte, hinab auf diese Seele und las in dieser Seele, wie wir in einem Buche lesen, das uns gewisse Dinge mitteilt, die wir wissen müssen, damit wir diese oder jene Tat vollbringen können. Was einem Volke notwendig war, was ein Volk brauchte, das lasen die Archangeloi in den Seelen derjenigen, die in den fünften Grad eingeweiht worden waren. Man muß, damit die Archangeloi in der richtigen Weise führen können, auf der Erde Eingeweihte des fünften Grades schaffen. Diese Eingeweihten sind die Vermittler zwischen den eigentlichen Volksführern, den Archangeloi, und dem Volke selber. Sie tragen gleichsam hinauf in die Sphäre der Archangeloi dasjenige, was dort gebraucht wird, damit das Volk in der richtigen Weise geführt werden kann.

Wie konnte nun dieser fünfte Grad erlangt werden in alten vorchristlichen Zeiten? Nicht konnte er erlangt werden, wenn die Seele des Menschen im Leibe blieb. Die Seele des Menschen mußte aus dem Leibe herausgehoben werden. Die Einweihung bestand gerade darin, daß die Seele des Menschen aus dem Leibe herausgeholt worden ist. Und außerhalb des Leibes machte dann die Seele durch, was ihr den Inhalt gab, den ich soeben beschrieben habe. Die Seele mußte verlassen die Erde, mußte in die geistige Welt hinaufsteigen, um dasjenige zu erreichen, was sie erreichen sollte.

44

Wenn nun der sechste Grad der alten Einweihung erreicht wurde, der Grad des Sonnenhelden, dann wurde in der Seele eines solchen Sonnenhelden dasjenige rege, was nicht nur zur Führung, zur Leitung und Lenkung eines Volkes notwendig ist, sondern was höher ist als die bloße Lenkung und Leitung eines Volkes. Wenn Sie den Blick hinwenden auf die Entwickelung der ganzen Menschheit auf der Erde, so sehen Sie, wie Völker entstehen und wieder hinschwinden, wie Völker sich gleichsam verwandeln. Wie die einzelnen Menschen, so werden Völker geboren und sterben. Dasjenige aber, was ein Volk für die Erde geleistet hat, muß fortbewahrt werden für die ganze Entwickelung der Menschheit auf Erden. Es muß nicht nur ein Volk geleitet und gelenkt werden, sondern es muß dasjenige, was dieses Volk als irdische Arbeit leistet, weitergeführt werden über das Volk hinaus. Damit eine Volksleistung herausgeführt werden kann über das Volk hinaus von den Geistern, die höherstehen als die Erzengel, von den Zeitgeistern, waren notwendig die Eingeweihten des sechsten Grades, die Sonnenhelden. Denn in dem, was in der Seele eines Sonnenhelden lebte, konnten die Wesen der höheren Welten dasjenige lesen, was die Arbeit eines Volkes hinübertrug in die Arbeit des ganzen Menschengeschlechtes. So konnte man die Kräfte gewinnen, die in der richtigen Weise die Arbeit eines Volkes herübertragen in die Arbeit der ganzen Menschheit. Über die ganze Erde wurde hingetragen dasjenige, was in dem Sonnenhelden lebte. Und so wie derjenige, der in den fünften Grad in den alten Mysterien eingeweiht werden sollte, aus seinem Leibe herausgehen mußte, um das Notwendige durchzumachen, so mußte derjenige, der ein Sonnenheld werden sollte, herausgehen aus seinem Leibe und zum Wohnplatz während der Zeit seines Herausgegangenseins wirklich die Sonne haben.

Das sind allerdings Dinge, die für das heutige Zeitbewußtsein fast fabelhaft klingen, ja, vielleicht als eine Torheit gelten. Aber dafür gilt auch das Paulinische Wort, daß was Weisheit vor den Göttern, oftmals Torheit ist für die Menschen. Der Sonnenheld lebte also für diese Zeit seiner Einweihung mit dem ganzen Sonnensystem zusammen. Die Sonne ist sein Wohnplatz, wie der gewöhnliche Mensch auf der Erde als auf seinem Planeten lebt. Wie um uns Berge und

Flüsse sind, sind für den Sonnenhelden während seiner Einweihung um ihn die Planeten des Sonnensystems. Entrückt auf die Sonne mußte der Sonnenheld während der Einweihung sein. Das konnte man in den alten Mysterien nur außerhalb des Leibes erreichen. Und wenn man zurückkehrte in seinen Leib, erinnerte man sich daran, was man außerhalb seines Leibes erlebt hatte und konnte es verwenden als Wirkenskräfte für die Evolution der ganzen Menschheit, für das Heil der ganzen Menschheit. Die Sonnenhelden verließen also während der Einweihung ihren Leib; hatten sie sich mit diesen Kräften erfüllt, dann traten sie wiederum in ihren Leib zurück. Wenn sie zurückgekehrt waren, dann hatten sie die Kräfte in ihrer Seele, welche die Arbeit eines Volkes herausführen konnten in die ganze Entwickelung der Menschheit.

Und was erlebten diese Sonnenhelden während der dreieinhalb Tage ihrer Einweihung? Während sie – wir können es schon so nennen – wandelten nicht auf der Erde, sondern auf der Sonne, was erlebten sie? Die Gemeinsamkeit mit dem Christus, der vor dem Mysterium von Golgatha noch nicht auf der Erde war! Alle alten Sonnenhelden waren so in die Sonnensphäre hinaufgegangen, denn nur da konnte man in den alten Zeiten die Gemeinsamkeit mit dem Christus erleben. Aus dieser Welt, in die hinaufsteigen mußten während ihrer Einweihung die alten Eingeweihten, ist der Christus herabgestiegen auf die Erde. Wir können also sagen: Dasjenige, was durch die ganze Prozedur der Einweihung in alten Zeiten für einzelne Wenige hat erreicht werden können, das wurde erreicht wie durch ein naturgemäßes Ereignis in den Pfingsttagen von denjenigen, welche die Apostel des Christus waren. Während früher die Menschenseelen hatten hinaufsteigen müssen zu dem Christus, war jetzt der Christus zu den Aposteln herabgestiegen. Und die Apostel waren in gewisser Weise solche Seelen geworden, die in sich trugen jenen Inhalt, den die alten Sonnenhelden in ihren Seelen gehabt haben. Die geistige Kraft der Sonne hatte sich ausgegossen über die Seelen dieser Menschen und wirkte fortan weiter in der Menschheitsevolution. Damit dies geschehen konnte, damit das Wirken einer ganz neuen Kraft auf die Erde kommen konnte, mußte das Ereignis von Palästina, mußte das Mysterium von Golgatha sich vollziehen.

46

Aus was heraus aber ist das Erdensein des Christus erwachsen? Es ist erwachsen aus dem tiefsten Leiden, aus einem Leiden, das hinausgeht über alle menschliche Vorstellungsfähigkeit vom Leiden. Um an dieser Stelle richtige Begriffe über die Sache zu bekommen, sind auch wieder einige Widerstände des gegenwärtigen Bewußtseins hinwegzuräumen. Ich muß nun einmal manche Einschaltung machen in die Erklärung des Fünften Evangeliums.

Vor kurzem ist ein Buch erschienen, das ich recht sehr zur Lektüre empfehlen möchte, weil es von einem sehr geistreichen Manne herrührt und beweisen kann, welchen Unsinn geistreiche Menschen in bezug auf geistige Dinge aussprechen können. Ich meine das Buch *Maurice Maeterlincks* «Vom Tode». Unter mancherlei unsinnigen Dingen, die darin stehen, ist auch die Behauptung, daß wenn der Mensch einmal gestorben sei, er nicht mehr leiden könne, da er ja dann ein Geist sei, keinen physischen Leib mehr habe. Ein Geist aber könne nicht leiden. Der Leib sei es allein, der leide. – Maeterlinck, der geistvolle Mann, gibt sich also der Illusion hin, daß nur das Physische leiden könne und ein Toter deswegen nicht leiden könne. Er merkt gar nicht den phänomenalen, fast unglaublichen Unsinn, der darin liegt, zu behaupten, daß der physische Leib, der aus physischen Kräften und chemischen Stoffen besteht, allein leidet. Als ob Leiden an physische Stoffe und Kräfte gebunden sei! Stoffe und Kräfte leiden überhaupt nicht. Wenn diese leiden könnten, dann müßte auch ein Stein leiden können. Der physische Leib kann nicht leiden; was leidet, das ist doch eben der Geist, das Seelische. Es ist heute so weit gekommen, daß die Menschen über die einfachsten Dinge das Gegenteil von dem denken, was Sinn hat. Es gäbe kein Kamalokaleiden, wenn das geistige Leben nicht leiden könnte. Weil es entbehrt, wirklich entbehrt den physischen Leib, gerade darin besteht das Kamalokaleiden. Wer nun der Meinung ist, daß ein Geist nicht leiden könne, der wird auch nicht die richtige Vorstellung bekommen können von dem unendlichen Leiden, das der Christus-Geist durchmachte während der Jahre in Palästina.

Bevor ich aber von diesem Leiden spreche, muß ich Sie noch auf etwas anderes aufmerksam machen. Ins Auge fassen müssen wir, daß mit der Johannestaufe im Jordan ein Geist auf die Erde herabgekommen ist, fortan drei Jahre in einem irdischen Leib gelebt und in diesem dann den Tod auf Golgatha durchgemacht hat, ein Geist, der vor der Johannestaufe im Jordan in ganz anderen als irdischen Verhältnissen gelebt hat. Und was heißt das, dieser Geist habe in ganz anderen als irdischen Verhältnissen gelebt? Das heißt, anthroposophisch gesprochen, dieser Geist habe auch kein irdisches Karma gehabt. Was das bedeutet, bitte ich ins Auge zu fassen. Ein Geist lebte drei Jahre im Leibe des Jesus von Nazareth, der diese Laufbahn auf der Erde durchgemacht hat, ohne ein irdisches Karma in seiner Seele zu haben. Damit gewinnen alle irdischen Erfahrungen und Erlebnisse, die der Christus durchgemacht hat, eine ganz andere Bedeutung als die Erfahrungen, die etwa eine Menschenseele durchmacht. Leiden wir, haben wir diese oder jene Erfahrung, so wissen wir, daß Leiden im Karma begründet sind. Für den Christus-Geist aber war es nicht so. Er hatte eine dreijährige Erdenerfahrung durchzumachen, ohne daß ein Karma auf ihm lastete. Was war also das für ihn? Leiden ohne karmischen Sinn, wirklich unverdientes Leiden, ein unschuldiges Leiden! Das Fünfte Evangelium ist das anthroposophische Evangelium und zeigt uns, daß das dreijährige Christus-Leben das einzige Leben in einem menschlichen Leibe ist, das ohne Karma gelebt wurde, auf welches der Begriff von Karma im menschlichen Sinne nicht anwendbar ist.

Aber die weitere Betrachtung dieses Evangeliums lehrt uns noch etwas anders dieses dreijährige Leben erkennen. Dieses ganze dreijährige Leben auf der Erde, das wir betrachtet haben wie ein Embryonalleben, das erzeugte auch kein Karma, das lud auch keine Schuld auf sich. Es wurde also auf der Erde ein dreijähriges Leben gelebt, das nicht durch Karma bedingt war und auch kein Karma erzeugte. Man muß alle diese Begriffe und Ideen, die man damit empfängt, nur im ganz tiefen Sinne aufnehmen und man wird mancherlei gewinnen für ein richtiges Verständnis dieses außerordentlichen Ereignisses von Palästina, das sonst wirklich in mancher Hinsicht unerklärlich bleibt. Vieles muß man zusammentragen zu seinem Verständnis. Denn was alles hat es hervorgerufen an sich widersprechenden Erklärungen,

48

in welcher Weise ist es mißverstanden worden! Und dennoch, wie hat es Impuls auf Impuls bewirkt in der Menschheitsentwickelung! Man nimmt diese Dinge nur nicht immer in der richtigen tiefen Bedeutung. Man wird einmal über diese Dinge ganz anders reden, wenn man das in seiner ungeheuren Tiefe einsehen wird, was wir hier angedeutet haben, indem wir davon sprachen, daß wir hier ein dreijähriges Erdenleben vor uns haben, das ohne Karma gelebt wurde.

Wie gedankenlos geht vielfach der Mensch an Dingen vorbei, die eigentlich tief bedeutsam sind. Vielleicht hat mancher von Ihnen doch auch etwas gehört von dem im Jahre 1863 erschienenen Buche «Leben Jesu» von _Ernest Renan_. Man liest dieses Buch, ohne auf das Signifikante dieses Buches recht Rücksicht zu nehmen. Vielleicht werden sich später die Menschen wundern, daß unzählige Menschen bis heute dieses Buch gelesen haben, ohne zu empfinden, was eigentlich das Sonderbare, Merkwürdige an diesem Buche ist. Das Merkwürdige an diesem Buche ist, daß es ein Zwischending, ein Gemisch ist einer erhabenen Darstellung und eines Hintertreppenromans. Daß diese zwei Dinge zusammengemischt werden können, eine schöne Darstellung und eine richtige Hintertreppengeschichte, das wird man später einmal als höchste Absonderlichkeit ansehen. Lesen Sie mit diesem Bewußtsein einmal dieses «Leben Jesu» von Ernest Renan, lesen Sie, was er aus dem Christus macht, der für ihn natürlich hauptsächlich der Christus _Jesus_ ist. Er macht einen Helden daraus, der erst ganz gute Absichten hat, ein großer Wohltäter der Menschheit ist, der aber dann gleichsam von der Volksbegeisterung mitgerissen wird und nachgibt immer mehr und mehr dem, was das Volk will und wünscht, was es so gerne hört und so gerne gesagt bekommt.

Im großen Stile wendet Ernest Renan dasjenige auf den Christus an, was man im kleineren Stile oftmals auf uns angewendet findet. Denn es kommt schon vor, daß Leute, wenn sie irgend etwas sich ausbreiten sehen, wie zum Beispiel die Theosophie, dann an dem Lehrer die folgende Kritik üben: Anfangs hatte er ganz gute Absichten, dann kamen die bösen Anhänger, die ihm schmeichelten und ihn verdarben. Da verfiel er in den Fehler, das zu sagen, was die Zuhörer

4

gerne hören möchten. – So behandelt Renan das Christus-Leben. Er entblödet sich nicht, die Auferweckung des Lazarus wie eine Art Betrug darzustellen, den Christus Jesus hat geschehen lassen, damit ein gutes Agitationsmittel da sei! Er entblödet sich nicht, Christus Jesus in eine Arte Rage, eine Leidenschaft hineinzuführen und immer mehr und mehr dem Volksinstinkt verfallen zu lassen! Dadurch ist ein Hintertreppenromanhaftes hineingemischt in die erhabenen Darstellungen, die auch in diesem Buche enthalten sind. Und das Eigentümliche ist, daß eigentlich ein etwas gesundes Empfinden – ja, ich will nur wenig sagen – zurückgeschreckt werden müßte, wenn es geschildert bekommt eine Wesenheit, die anfangs die besten Absichten hat, schließlich aber den Volksinstinkten verfällt und allerlei Schwindeleien geschehen läßt. Renan aber fühlt sich gar nicht abgeschreckt davon, sondern hat schöne Worte, hinreißende Worte für diese Persönlichkeit. Kurios, nicht wahr! Aber es ist ein Beispiel dafür, wie groß die Hinneigung der menschlichen Seelen zu dem Christus ist, ganz unabhängig davon, ob sie Verständnis hat für den Christus oder nicht, wenn sie auch nichts von dem Christus verstehen. Es kann so weit gehen, daß ein solcher Mensch das Leben Christi zu einem Hintertreppenroman macht und dennoch nicht bewundernde Worte genug findet, um die Menschen hinzulenken auf diese Persönlichkeit. Solche Dinge sind nur möglich gegenüber einer solchen Wesenheit, die in die Erdenentwickelung so eintritt wie die Christus-Wesenheit. Oh, es wäre viel Karma geschaffen worden in dem dreijährigen Leben Christi auf der Erde, wenn Christus so gelebt hätte, wie Renan es schildert. Das aber wird man erkennen in künftigen Tagen, daß eine solche Schilderung einfach zerbrechen muß, weil man erkennen wird, daß das Christus-Leben kein Karma mit sich brachte und auch keines geschaffen hat. Das ist die Verkündigung des Fünften Evangeliums.

27.8.06 Es war also das Ereignis am Jordan, das wir als die Johannestaufe bezeichnen, etwas das man vergleichen kann einer Empfängnis beim Erdenmenschen. Das Fünfte Evangelium sagt uns, daß die Worte, so wie sie im Lukas-Evangelium stehen, eine richtige Wiedergabe sind dessen, was dazumal hätte gehört werden können, wenn ein entwikkeltes, hellsichtiges Bewußtsein zugehört hätte dem kosmischen Ausdruck dieses Geheimnisses, das sich da vollzog. Die Worte, die vom Himmel herabtönten, lauteten wirklich: «Dieser ist mein vielgeliebter Sohn, heute habe ich ihn gezeuget.» Das sind die Worte des Lukas-Evangeliums, und das ist auch die richtige Wiedergabe dessen, was damals geschehen ist: die Zeugung, die Empfängnis des Christus in die Erdenwesenheit. Das vollzog sich im Jordan.

Wollen wir vorläufig einmal davon absehen, auf welche irdische Persönlichkeit sich herabgesenkt hat dieser Geist des Christus in der Johannestaufe. Wir wollen in den nächsten Tagen davon sprechen. Halten wir uns heute zunächst nur daran, daß ein Jesus von Nazareth gekommen war, der den Leib gegeben hat der Christus-Wesenheit. Nun sagt uns das Fünfte Evangelium – und das ist, was wir lesen können durch den rückgewendeten hellsichtigen Blick –, daß sich nicht völlig mit dem Leibe des Jesus von Nazareth verbunden hatte, daß die Christus-Wesenheit vom ersten Augenblick an ihres irdischen Wandels zuerst nur eine lose Verbindung hatte mit dem Leibe des Jesus von Nazareth. Die Verbindung war nicht so, wie beim gewöhnlichen Menschen die Verbindung des Leiblichen und der Seele ist, so daß diese vollständig im Leibe wohnt, sondern so, daß jederzeit, zum Beispiel wenn es nötig war, die Christus-Wesenheit den Leib des Jesus von Nazareth wiederum verlassen konnte. Und während der Leib des Jesus von Nazareth irgendwo war wie schlafend, machte die Christus-Wesenheit geistig den Weg da- oder dorthin, wo es eben gerade nötig war.

Das Fünfte Evangelium zeigt uns, daß nicht immer, wenn die Christus-Wesenheit den Aposteln erschienen war, auch der Leib des Jesus von Nazareth dabei war, sondern daß oftmals die Sache so sich vollzogen hat, daß der Leib des Jesus von Nazareth irgendwo geblieben war und nur der Geist, eben der Christus-Geist, den Aposteln erschienen war. Aber er war dann so erschienen, daß sie die geistige Erscheinung verwechseln konnten mit dem Leibe des Jesus von Nazareth. Sie merkten wohl einen Unterschied, aber der Unterschied war zu gering, als daß sie ihn immer deutlich bemerkt hätten. In den vier Evangelien tritt das nicht so sehr hervor; das Fünfte

Evangelium sagt es uns klar. Die Apostel konnten nicht immer deutlich unterscheiden: Jetzt haben wir den Christus im Leibe des Jesus von Nazareth vor uns, oder jetzt haben wir den Christus als geistige Wesenheit allein. Der Unterschied war nicht immer klar, sie wußten nicht immer, ob das eine oder das andere der Fall war. Sie hielten diese Erscheinung – sie dachten eben nicht viel darüber nach – zumeist für den Christus Jesus, das heißt für den Christus-Geist, insofern sie ihn als solchen erkannten in dem Leibe des Jesus von Nazareth. Aber was sich nach und nach vollzog im dreijährigen Erdenleben, das war, daß gewissermaßen in den drei Jahren der Geist sich an den Leib des Jesus von Nazareth immer enger und enger band, daß die Christus-Wesenheit immer ähnlicher und ähnlicher wurde als ätherische Wesenheit dem physischen Leibe des Jesus von Nazareth.

Bemerken Sie, wie hier wieder anderes eintrat in bezug auf die Christus-Wesenheit als beim Leibe des gewöhnlichen Menschen. Wenn wir dieses verstehen wollen, sagen wir richtig: Der gewöhnliche Mensch ist ein Mikrokosmos gegenüber dem Makrokosmos, ein kleines Abbild des ganzen Makrokosmos, denn dasjenige, was sich im physischen Leibe des Menschen ausdrückt, was der Mensch auf Erden wird, das spiegelt den großen Kosmos ab. Das Umgekehrte ist bei der Christus-Wesenheit der Fall. Die makrokosmische Sonnenwesenheit formt sich nach der Gestalt des menschlichen Mikrokosmos, drängt sich und engt sich, preßt sich immer mehr und mehr zusammen, so daß sie immer ähnlicher wird dem menschlichen Mikrokosmos. Gerade das Umgekehrte als beim gewöhnlichen Menschen ist da der Fall.

Im Anfang des Erdenlebens des Christus, gleich nach der Taufe im Jordan, war die Verbindung mit dem Leibe des Jesus von Nazareth noch die am meisten lose. Noch ganz außer dem Leibe des Jesus von Nazareth war die Christus-Wesenheit. Da war dasjenige, was beim Herumwandeln auf Erden die Christus-Wesenheit wirkte, noch etwas ganz Überirdisches. Sie vollzog Heilungen, die mit keiner Menschenkraft zu vollziehen sind. Sie sprach mit einer Eindringlichkeit zu den Menschen, die eine göttliche Eindringlichkeit war. Die Christus-Wesenheit, wie nur sich selber fesselnd an den Leib des Jesus von

Nazareth, wirkte als überirdische Christus-Wesenheit. Aber immer mehr und mehr machte sie sich ähnlich dem Leibe des Jesus von Nazareth, preßte sich, zog sich immer mehr und mehr zusammen in irdische Verhältnisse hinein und machte das mit, daß immer mehr die göttliche Kraft hinschwand. Das alles machte die Christus-Wesenheit durch, indem sie sich dem Leibe des Jesus von Nazareth anähnlichte, eine Entwickelung, die in gewisser Beziehung eine absteigende Entwickelung war. Die Christus-Wesenheit mußte fühlen, wie Macht und Kraft des Gottes immer mehr und mehr entwich im Ähnlichwerden dem Leibe des Jesus von Nazareth. Aus dem Gotte wurde nach und nach ein Mensch.

Wie jemand, der unter unendlichen Qualen immer mehr und mehr seinen Leib dahinschwinden sieht, so sah schwinden ihren göttlichen Inhalt die Christus-Wesenheit, indem sie immer ähnlicher wurde als ätherische Wesenheit dem irdischen Leibe des Jesus von Nazareth, bis sie diesem so ähnlich geworden war, daß sie Angst fühlen konnte wie ein Mensch. Das ist dasjenige, was auch die anderen Evangelien schildern beim Herausgehen des Christus Jesus mit seinen Jüngern auf den Ölberg, wo die Christus-Wesenheit in dem Leibe des Jesus von Nazareth den Angstschweiß auf der Stirn hatte. Das war die Vermenschlichung, das immer Menschlicher-und-menschlicher-Werden des Christus, die Anähnlichung an den Leib des Jesus von Nazareth. In demselben Maße, in dem diese ätherische Christus-Wesenheit immer ähnlicher wurde dem Leibe des Jesus von Nazareth, in demselben Maße wurde der Christus Mensch. Es schwanden ihm die geistigen Wunderkräfte des Gottes dahin. Und da sehen wir den ganzen Passionsweg des Christus-Wesens, der begann von jenem Zeitpunkte an, wie er bald nach der Johannestaufe im Jordan kam, wo er die Kranken heilte und die Dämonen austrieb durch seine göttlichen Kräfte, wo die staunenden Menschen, die das gesehen hatten, was der Christus vermochte, sagten: Das habe noch nie ein Wesen auf Erden vollbracht. – Das war die Zeit, in der die Christus-Wesenheit noch wenig ähnlich war dem Leibe des Jesus von Nazareth. Von diesem staunenden Aufsehen der ringsherum befindlichen Bewunderer vollzieht sich in drei Jahren der Weg bis dahin, wo die

Christus-Wesenheit so ähnlich geworden ist dem Leibe des Jesus von Nazareth, daß sie in diesem siechen Leibe des Jesus von Nazareth, dem sie sich angeähnelt hatte, nicht mehr antworten konnte auf die Fragen des Pilatus, des Herodes und des Kaiphas. So ähnlich war sie geworden dem Leibe des Jesus von Nazareth, dem immer schwächer und schwächer werdenden, immer siecher und siecher werdenden Leibe, daß auf die Frage: Hast du gesagt, daß du den Tempel abbrechen und in drei Tagen wieder aufbauen werdest? – aus dem morschen Leibe des Jesus von Nazareth die Christus-Wesenheit nicht mehr sprach und stumm blieb vor dem Hohenpriester der Juden, daß sie stumm blieb vor Pilatus, der fragte: Hast du gesagt, du wärest der König der Juden? – Das war der Passionsweg von der Taufe im Jordan bis zur Machtlosigkeit. Und bald darauf stand die staunende Menge, die vorher die überirdischen Wunderkräfte der Christus-Wesenheit angestaunt hatte, nicht mehr bewundernd um ihn, sondern stand vor dem Kreuze, spottend über die Ohnmacht des Gottes, der Mensch geworden war, mit den Worten: Bist du ein Gott, so steige herab. Du hast anderen geholfen, jetzt hilf dir selber! – Von der göttlichen Machtfülle bis zur Machtlosigkeit, das war der Passionsweg des Gottes. Ein Weg unendlichen Leidens für den Mensch gewordenen Gott, zu dem hinzukam jenes Leid über die Menschheit, die sich so weit gebracht hatte, wie sie eben war zur Zeit des Mysteriums von Golgatha. Und das war zu der Zeit der hohen intellektuellen Entwickelung der Menschheit, wie es gestern angedeutet wurde.

Dieses Schmerz-Erleiden aber gebar jenen Geist, der beim Pfingstfeste ausgegossen worden ist auf die Apostel. Aus diesen Schmerzen herausgeboren ist die allwaltende kosmische Liebe, die herabgestiegen ist bei der Taufe im Jordan aus den außerirdischen, himmlischen Sphären in die irdische Sphäre hinein, die ähnlich geworden ist dem Menschen, ähnlich einem menschlichen Leibe, und die durchmachte das unendliche Leiden, das sich kein Menschendenken ausdenken kann, die durchmachte den Augenblick der höchsten, göttlichen Ohnmacht, um jenen Impuls zu gebären, den wir dann als den Christus-Impuls in der weiteren Evolution der Menschheit kennen.

Das sind die Dinge, die wir ins Auge fassen müssen, wenn wir den tiefen Sinn verstehen wollen, die ganze Bedeutung des Christus-Impulses, wie sie wird verstanden sein müssen in die Zukunft der Menschheit hinein, was die Menschenzukunft brauchen wird, um auf ihrem Kultur-, auf ihrem Entwickelungspfade weiterzukommen.

(7.9.03)

Eine Art Beruhigung, wenn ich überhaupt darangehe, von demjenigen zu sprechen, wovon als zum Fünften Evangelium gehörig heute gesprochen werden soll, gibt gewissermaßen der Schluß des Johannes-Evangeliums. Wir erinnern uns dieses Schlusses, wo da steht, daß ja in den Evangelien keineswegs aufgezeichnet sind alle Ereignisse, die geschehen sind um den Christus Jesus herum. Denn hätte man damals, so steht es da, alles aufzeichnen wollen, so hätte die Welt nicht genug Bücher aufweisen können, um alles das zu fassen. So also wird das eine nicht bezweifelt werden können: daß außer dem, was aufgezeichnet worden ist in den vier Evangelien, noch mancherlei anderes geschehen sein kann. Um mich verständlich zu machen in bezug auf alles dasjenige, was ich gerade in diesem Vortragszyklus aus dem Fünften Evangelium geben will, möchte ich heute beginnen mit Erzählungen aus dem Leben des Jesus von Nazareth, und zwar ungefähr von jenem Zeitpunkte an, auf den wir ja schon hingewiesen haben bei anderen Anlässen, wo kleine Teile aus dem Fünften ✳ Evangelium schon mitgeteilt worden sind.

Ungefähr von dem zwölften Jahre an des Jesus von Nazareth möchte ich heute einiges erzählen. Es war, wie Sie wissen, dasjenige Jahr, in dem das Ich des Zarathustra, das verkörpert war in dem einen der beiden Jesusknaben, die in der damaligen Zeit geboren sind und dessen Herkunft Matthäus beschreibt, hinübergegangen ist durch einen mystischen Akt in den anderen Jesusknaben, in jenen Jesusknaben, der insbesondere im Anfang des Lukas-Evangeliums geschildert wird. So daß wir also beginnen mit unserer Erzählung von demjenigen Jahre im Leben des Jesus von Nazareth, in dem aufgenommen hatte dieser Jesus des Lukas-Evangeliums das Ich des Zarathustra. Wir wissen, daß angedeutet wird im Evangelium dieser Augenblick im Leben des Jesus von Nazareth durch die Erzählung, daß verlorengegangen war auf einer Reise nach Jerusalem zum Feste der Jesusknabe des Lukas-Evangeliums und, als er wieder gefunden wurde, es sich zeigte, daß er im Tempel zu Jerusalem mitten unter den Schriftgelehrten saß und bei diesen und den Eltern Staunen hervorrief durch die gewaltigen Antworten, die er gab. Wir wissen jedoch, diese bedeutsamen, gewaltigen Antworten kamen daher, daß das Ich des Zarathustra wirklich jetzt bei diesem Knaben auftauchte und aus der tiefen Überfülle der Erinnerung seine Weisheit aus dieser Seele heraus wirkte, so daß der Jesus von Nazareth dazumal jene alle überraschenden Antworten geben konnte. Wir wissen auch, daß die beiden Familien durch den Tod der nathanischen Mutter einerseits und des salomonischen Vaters anderseits zusammengekommen sind und fortan eine Familie gebildet haben, und daß der mit dem Ich des Zarathustra befruchtete Jesusknabe in der gemeinsam gewordenen Familie heranwuchs.

nath.
Mutter
salom.
Vater

Es war aber nun – so läßt es sich erkennen aus dem Inhalt des Fünften Evangeliums – ein ganz sonderbares, merkwürdiges Heranwachsen in den nächsten Jahren. Zuerst hatte ja die nächste Umgebung des jungen Jesus von Nazareth eine große, gewaltige Meinung bekommen von ihm, eben durch jenes Ereignis im Tempel, durch jene gewaltigen Antworten, die er den Schriftgelehrten gegeben hatte. Die nächste Umgebung sah sozusagen den kommenden Schriftgelehrten selber in ihm, sie sah heranwachsen in ihm denjenigen, der eine ganz hohe, besondere Stufe der Schriftgelehrsamkeit erreichen werde. Mit großen, ungeheueren Hoffnungen trug sich die Umgebung des Jesus von Nazareth. Man fing sozusagen an, jedes Wort von ihm aufzufangen. Dabei aber wurde er, trotzdem man förmlich danach jagte, jedes Wort aufzufangen, nach und nach immer schweigsamer und schweigsamer. Er wurde so schweigsam, daß es seiner Umgebung im höchsten Grade oftmals unsympathisch war. Er aber kämpfte in seinem Inneren, kämpfte einen gewaltigen Kampf, einen Kampf, der ungefähr in dieser seiner Innerlichkeit hineinfiel zwischen das zwölfte und achtzehnte Jahr seines Lebens. Es war wirklich etwas in seiner Seele wie ein Aufgehen innerlich liegender Weisheitsschätze, etwas, wie wenn aufgeleuchtet hätte in der Form der jüdischen Gelehrsamkeit die Sonne des einstigen Zarathustra-Weisheitslichtes.

Zunächst äußerte sich das so, als ob dieser Knabe in der feinsten Weise alles, was die zahlreichen Schriftgelehrten, die in das Haus kamen, sprachen, mit größter Aufmerksamkeit aufnehmen sollte und wie durch eine ganz besondere Geistesgabe überall Antwort zu geben wüßte. So überraschte er auch noch anfangs zu Hause in Nazareth diejenigen, die als Schriftgelehrte da erschienen und ihn wie ein Wunderkind anstaunten. Dann aber wurde er immer schweigsamer und schweigsamer und hörte nur noch schweigend dem zu, was die anderen sprachen. Dabei gingen ihm aber immer große Ideen, Sittensprüche, namentlich bedeutsame, moralische Impulse in jenen Jahren in der eigenen Seele auf. Während er so schweigsam zuhörte, machte doch einen gewissen Eindruck, was er von den im Hause sich versammelnden Schriftgelehrten hörte, aber einen Eindruck, der ihm oftmals in der Seele Bitterkeit verursachte, weil er das Gefühl hatte – wohlgemerkt schon in jenen jungen Jahren –, daß vieles Unsichere, leicht zum Irrtum Neigende stecken müsse in dem, was da jene Schriftgelehrten sprachen von den alten Traditionen, von den alten Schriften, die in dem Alten Testamente vereinigt sind. Ganz besonders aber bedrückte es in einer gewissen Weise seine Seele, wenn er hörte, daß in alten Zeiten der Geist über die Propheten gekommen sei, daß Gott selber inspirierend gesprochen hätte zu den alten Propheten, und daß jetzt die Inspiration von dem nachgeborenen Geschlechte gewichen sei. Besonders aber bei einem horchte er immer tief auf, weil er fühlte, daß dies, wovon die Rede war, bei ihm selber kommen würde. Es sagten jene Schriftgelehrten oftmals: Ja, jener hohe Geist, jener gewaltige Geist, der zum Beispiel über den Elias gekommen ist, der spricht nicht mehr; aber wer doch noch immer spricht – was auch noch mancher von den Schriftgelehrten zu vernehmen glaubte als Inspiration aus den geistigen Höhen –, was doch noch immer spricht, das ist eine schwächere Stimme zwar, aber eine Stimme, die manche doch noch zu vernehmen glauben als etwas, was der Geist Jahves selber gibt. – Die Bath-Kol nannte man jene eigentümliche, inspirierende Stimme, zwar eine schwächere Stimme der Eingebung, eine Stimme minderer Art als der Geist, der die alten Propheten inspirierte, aber doch noch etwas Ähnliches stellte diese Stimme dar. So sprach mancher in der Umgebung des Jesus von der Bath-Kol. Von dieser Bath-Kol wird uns in späteren jüdischen Schriften manches erzählt.

Ich schiebe nun etwas ein in dieses Fünfte Evangelium, was nicht eigentlich dazugehört, was nur zur Erklärung der Bath-Kol führen soll. Es war in etwas späterer Zeit, nach der Entstehung des Christentums, ein Streit ausgebrochen zwischen zwei Rabbinatschulen. Denn es behauptete der berühmte _Rabbi Elieser ben Hirkano_ eine Lehre und führte zum Beweise dieser Lehre an – das erzählt auch der Talmud –, daß er Wunder wirken könne. Der Rabbi Elieser ben Hirkano ließ einen Karobbaum aus der Erde sich erheben – so erzählt der Talmud – und hundert Ellen weiter sich an einem anderen Orte wieder einpflanzen, er ließ einen Fluß rückwärts laufen, und als drittes berief er sich auf die Stimme vom Himmel, als Offenbarung, die er von Bath-Kol selber erhalte. Aber in der gegnerischen Rabbinatschule des _Rabbi Josua_ glaubte man diese Lehre trotzdem nicht, und Rabbi Josua erwiderte: Mag auch Rabbi Elieser zur Bekräftigung seiner Lehre Karobbäume von einem Orte zum anderen sich verpflanzen lassen, mag er auch Flüsse nach aufwärts fließen lassen, mag er sich selbst berufen auf die große Bath-Kol – es steht geschrieben im Gesetz, daß die ewigen Gesetze des Daseins gelegt sein müssen in der Menschen Mund und in der Menschen Herz. Und wenn uns überzeugen will von seiner Lehre der Rabbi Elieser, so darf er sich nicht berufen auf die Bath-Kol, sondern er muß uns überzeugen von dem, was des Menschen Herz fassen kann. – Ich erzähle diese Geschichte aus dem Talmud, weil wir sehen, daß die Bath-Kol bald nach der Einführung des Christentums in gewissen Rabbinerschulen nur noch von einem geringeren Ansehen war. Aber sie hat in einer gewissen Weise geblüht als inspirierende Stimme unter den Rabbinern und Schriftgelehrten.

Während in dem Hause des Jesus von Nazareth die dort versammelten Schriftgelehrten von dieser inspirierenden Stimme der Bath-Kol sprachen, und der junge Jesus das alles hörte, fühlte und empfing er in sich selber die Inspiration durch die Bath-Kol. Das war das Merkwürdige, daß durch die Befruchtung dieser Seele mit dem

Ich des Zarathustra in der Tat Jesus von Nazareth fähig war, rasch alles aufzunehmen, was die anderen um ihn herum wußten. Nicht nur, daß er den Schriftgelehrten in seinem zwölften Jahre die gewaltigen Antworten hatte geben können, sondern er konnte auch die Bath-Kol in der eigenen Brust vernehmen. Aber gerade dieser Umstand der Inspiration durch die Bath-Kol wirkte auf den Jesus von Nazareth, als er sechzehn, siebzehn Jahre alt war und er oftmals diese offenbarende Stimme der Bath-Kol fühlte, so daß er in bittere, schwere innere Seelenkämpfe dadurch geführt wurde. Denn ihm offenbarte die Bath-Kol – und das glaubte er alles sicher zu vernehmen –, daß nicht mehr fern wäre der Zeitpunkt, daß im Fortgang der alten Strömung des Alten Testamentes dieser Geist nicht mehr sprechen würde zu den alten jüdischen Lehrern, wie er früher zu ihnen gesprochen habe. Und eines Tages, und das war furchtbar für die Seele des Jesus, glaubte er, daß die Bath-Kol ihm offenbarte: Ich reiche jetzt nicht mehr hinauf zu den Höhen, wo mir wirklich der Geist offenbaren kann die Wahrheit über den Fortgang des jüdischen Volkes. – Das war ein furchtbarer Augenblick, ein furchtbarer Eindruck, den die Seele des jungen Jesus empfing, als die Bath-Kol ihm selber zu offenbaren schien, daß sie nicht Fortsetzer sein könne des alten Offenbarertums, daß sie sich selber sozusagen für unfähig erklärte, Fortsetzer der alten Offenbarungen des Judentums zu sein. So glaubte Jesus von Nazareth in seinem sechzehnten, siebzehnten Jahre, daß ihm aller Boden unter den Füßen entzogen wäre, und er hatte manche Tage, wo er sich sagen mußte: Alle Seelenkräfte, mit denen ich glaubte begnadet zu sein, sie bringen mich nur dazu, zu begreifen, wie in der Substanz der Evolution des Judentums kein Vermögen mehr besteht, heraufzureichen zu den Offenbarungen des Gottesgeistes.

Versetzen wir uns einen Augenblick in seinen Geist, in die Seele des jungen Jesus von Nazareth, der solche Erfahrungen in seiner Seele machte. Es war das in derselben Zeit, in der dann der junge Jesus von Nazareth im sechzehnten, siebzehnten, achtzehnten Jahre, teilweise veranlaßt durch sein Handwerk, teilweise durch andere Umstände, viele Reisen machte. Auf diesen Reisen lernte er mannigfache Gegenden Palästinas kennen, und auch wohl manche Orte außerhalb Palästinas. Nun verbreitete sich in jener Zeit – das kann man ganz genau sehen, wenn man die Akasha-Chronik hellseherisch durchdringt – über die Gegenden Vorderasiens, ja sogar auch des südlichen Europas, ein asiatischer Kultus, der aus mancherlei anderen Kulten zusammengemischt war, der aber namentlich den Mithraskultus darstellte. An vielen Orten der verschiedensten Gegenden waren Tempel für den Mithrasdienst. An manchen Orten hatte er mehr Ähnlichkeit mit dem Attisdienst, aber im wesentlichen war es Mithrasdienst, Tempel, Kultusstätten waren es, in denen man überall die Mithrasopfer und Attisopfer verrichtete. Es war gewissermaßen ein altes Heidentum, aber in einer gewissen Art durchdrungen von den Gebräuchen, Zeremonien des Mithras- oder Attisdienstes. Wie sehr sich das verbreitete auch über die italienische Halbinsel, geht zum Beispiel daraus hervor, daß die Peterskirche in Rom an derselben Stelle steht, wo einstmals eine solche Kultstätte war. Ja, man muß auch das für manche Katholiken lästerliche Wort aussprechen: Der Zeremoniendienst der Peterskirche und alles dessen, was sich davon ableitet, ist in bezug auf die äußere Form gar nicht unähnlich dem Kult des alten Attisdienstes, der verrichtet wurde in dem Tempel, der damals auf derselben Stelle stand, auf deren Stätte die Peterskirche steht. Und der Kultus der katholischen Kirche ist in vieler Beziehung nur eine Fortsetzung des alten Mithraskultus.

Was an solchen Kultstätten vorhanden war, das lernte Jesus von Nazareth kennen, als er jetzt in seinem sechzehnten, siebzehnten, achtzehnten Jahre begann herumzuwandern. Und er setzte das noch später fort. Er lernte, wenn wir so sagen dürfen, auf diese Weise durch äußere, physische Anschauung die Seele der Heiden kennen. Und es war dazumal in seiner Seele wie auf eine natürliche Weise durch den gewaltigen Vorgang des Überganges des Zarathustra-Ich in seine Seele dasjenige in einem hohen Grade ausgebildet, was andere sich nur mühsam aneignen konnten, was aber bei ihm naturgemäß ausgebildet war: eine hohe hellseherische Kraft. Daher erlebte er, wenn er bei solchen Kulten zuschaute, etwas ganz anderes als die anderen Zuschauer. Manches erschütternde Ereignis hat er dort erlebt.

Und wenn es auch fabelhaft erscheint, so muß ich doch hervorheben, daß, wenn an manchen heidnischen Altären der Priester den Kult verrichtete und sich Jesus von Nazareth dann mit seinen hellseherischen Kräften das Opfer anschaute, er sah, wie durch die Opferhandlung mancherlei dämonische Wesen herangezogen wurden. Er machte auch die Entdeckung, daß manches Götzenbild, das da angebetet wurde, das Abbild war nicht von guten geistigen Wesenheiten der höheren Hierarchien, sondern von bösen, dämonischen Mächten. Ja, er machte weiter die Entdeckung, daß diese bösen, dämonischen Mächte vielfach übergingen in die Glaubenden, in die Bekenner, die an solchen Kultushandlungen teilnahmen. Aus leicht begreiflichen Gründen sind diese Dinge nicht in die anderen Evangelien übergegangen. Und es ist im Grunde erst im Schoße unserer geistigen Bewegung möglich, über solche Dinge zu sprechen, weil die Menschenseele erst in unserer Zeit ein wirkliches Verständnis haben kann für jene ungeheueren, tiefen, gewaltigen Erlebnisse, wie sie sich schon in diesem jungen Jesus von Nazareth abspielten lange vor der Johannestaufe.

Diese Wanderungen dauerten fort bis ins zwanzigste, zweiundzwanzigste, vierundzwanzigste Jahr hinein. Es waren immer Bitternisse, die er in seiner Seele empfand, wenn er also das Walten sah der Dämonen, der gleichsam von Luzifer und Ahriman hervorgebrachten Dämonen, und sah, wie das Heidentum es in vieler Beziehung sogar so weit gebracht hatte, die Dämonen für Götter hinzunehmen, ja sogar in den Götzenabbildungen Bilder zu haben wilder dämonischer Mächte, die angezogen wurden von diesen Bildern, von diesen Kultushandlungen, und in die betenden Menschen übergingen, die betenden Menschen, die in gutem Glauben daran teilnahmen, von sich besessen machten. Es waren bittere Erfahrungen, die Jesus von Nazareth so machen mußte. Und diese Erfahrungen kamen zu einem bestimmten Abschluß etwa im vierundzwanzigsten Lebensjahre. Da hatte Jesus von Nazareth dasjenige Erlebnis, welches sich anschloß als ein neues, unendlich schweres Erlebnis an das andere von der Enttäuschung durch die Bath-Kol. Ich muß, da ich ja dieses Erlebnis des Jesus von Nazareth auch zu erzählen habe, sagen, daß ich heute noch nicht in der Lage bin anzugeben, an welchem Orte seiner Reisen sich dieses Ereignis zugetragen hat. Die Szene selbst in einem hohen Grade richtig zu entziffern war mir möglich. Allein den Ort gerade für diese Szene ist mir heute nicht möglich anzugeben. Es scheint mir aber, daß diese Szene sich zugetragen hat bei einer Wanderung des Jesus von Nazareth außerhalb Palästinas. Aber ich kann das nicht mit Bestimmtheit sagen, muß aber die Szene mitteilen.

An einen Ort also kam Jesus von Nazareth, im vierundzwanzigsten Jahre seines Lebens, wo eine heidnische Kultstätte war, an der einer bestimmten Gottheit geopfert wurde. Ringsherum aber war nur trauriges, von allerlei furchtbaren seelischen und bis ins Körperliche gehenden Krankheiten behaftetes Volk. Von den Priestern war die Kultstätte längst verlassen worden. Und Jesus hörte das Volk jammern: Die Priester haben uns verlassen, die Segnungen des Opfers kommen nicht auf uns hernieder und wir sind aussätzig und krank, wir sind mühselig und beladen, weil uns die Priester verlassen haben. – Jesus sah mit tiefem Schmerze diese armen Menschen; es jammerte ihn dieses bedrückte Volk und eine unendliche Liebe zu diesen Bedrückten flammte in seiner Seele auf. Es muß von dieser unendlichen Liebe, die auflebte in seiner Seele, das Volk ringsherum etwas gemerkt haben; das muß einen tiefen Eindruck gemacht haben auf das jammernde Volk, welches von seinen Priestern und, wie es glaubte, auch von seinen Göttern verlassen worden war. Und nun entstand, man möchte sagen wie auf einen Schlag, in den Herzen der meisten dieses Volkes etwas, was darin zum Ausdruck kam, daß die Leute sagten, erkennend den Ausdruck der unendlichen Liebe auf dem Antlitz des Jesus: Du bist der neue uns gesandte Priester. – Sie drängten ihn zum Opferaltar hin, sie stellten ihn auf den heidnischen Altar. Und er stand auf dem heidnischen Altar, und sie erwarteten, ja sie verlangten von ihm, daß er die Opfer verrichte, damit der Segen ihres Gottes wieder über sie komme.

Und während das geschah, während ihn das Volk auf den Opferaltar erhob, da fiel er wie tot hin, seine Seele wurde wie entrückt, und das Volk, das ringsherum glaubte seinen Gott wiedergekommen, sah das Furchtbare, daß derselbe, den es für den neuen, vom Himmel gesandten Priester gehalten hatte, wie tot hingefallen war.

Die entrückte Seele des Jesus von Nazareth aber, sie fühlte sich erhoben in die geistigen Reiche, sie fühlte sich wie hineinversetzt in den Bereich des Sonnendaseins. Und jetzt hörte sie, wie aus den Sphären des Sonnendaseins herausklingend, Worte, wie diese Seele sie früher durch die Bath-Kol oftmals vernommen hatte. Aber jetzt war die Bath-Kol verwandelt, zu etwas völlig anderem geworden. Die Stimme kam ihm auch von ganz anderer Richtung her, und dasjenige, was Jesus von Nazareth jetzt vernahm, das kann man, wenn man es in unsere Sprache übersetzt, zusammenfassen in die Worte, die ich zum ersten Male mitteilen durfte, als wir vor kurzer Zeit den Grundstein legten für unseren Dornacher Bau.

Es gibt ja okkulte Verpflichtungen! Und einer solchen okkulten Verpflichtung folgend hatte ich damals mitzuteilen, was durch die verwandelte Stimme der Bath-Kol Jesus von Nazareth vernahm dazumal, als dies geschah, was ich jetzt eben erzählt habe. Es vernahm Jesus von Nazareth die Worte:*

> Amen
> Es walten die Übel
> Zeugen sich lösender Ichheit
> Von andern erschuldete Selbstheitschuld
> Erlebet im täglichen Brote
> In dem nicht waltet der Himmel Wille
> Da der Mensch sich schied von Eurem Reich
> Und vergaß Euren Namen
> Ihr Väter in den Himmeln.

Nicht anders als so kann ich in die deutsche Sprache übersetzen dasjenige, was wie die verwandelte Stimme der Bath-Kol dazumal von Jesus von Nazareth vernommen worden ist. Nicht anders als so! Es waren diese Worte, welche die Seele des Jesus von Nazareth zurückbrachte, als sie aus der Betäubung wieder erwachte, durch die sie sich entrückt fühlte bei jener eben geschilderten Begebenheit. Und

---

* Siehe unter Hinweise Seite 331.

64

als Jesus von Nazareth wieder zu sich gekommen war, und die Augen rings herum richtete auf die Menge der Mühseligen und Beladenen, die ihn auf den Altar erhoben hatten, da war diese entflohen. Und als er den hellsichtigen Blick in die Ferne schweifen ließ, konnte er ihn nur richten auf eine Schar von dämonischen Gestalten, von dämonischen Wesen, die alle mit diesen Leuten verbunden waren.

Das war das zweite bedeutsame Ereignis, der zweite bedeutsame Abschluß in den verschiedenen Perioden der Seelenentwickelung, die Jesus von Nazareth durchgemacht hat seit seinem zwölften Jahre. Ja, meine lieben Freunde, Ereignisse, die sozusagen durch ihr gemütliches Wesen die Seele nur in selige Stimmung versetzen, die waren es nicht, welche auf die Seele des heranwachsenden Jesus von Nazareth den größten Eindruck machten. Kennenlernen mußte diese Seele die Abgründe der Menschennatur schon in so jungen Jahren, bevor das Ereignis vom Jordan eingetreten war.

Und von dieser Reise kam Jesus von Nazareth nach Hause. Es war um jene Zeit, als der Vater, der zu Hause geblieben war, starb, etwa im vierundzwanzigsten Lebensjahre des Jesus von Nazareth. Als Jesus nach Hause kam, da hatte er in der Seele lebendig den gewaltigen Eindruck der dämonischen Wirkungen, die sich hineingesenkt hatten in manches, was in der alten Heidenreligion lebte. Wie es aber immer so ist, daß man gewisse Stufen der höheren Erkenntnis nur dadurch erreicht, indem man die Abgründe des Lebens kennenlernt, so war es in gewisser Weise auch bei Jesus von Nazareth, daß er – an einer Stelle, die ich nicht weiß – um sein vierundzwanzigstes Lebensjahr herum dadurch, daß er so unendlich tief in die menschlichen Seelen hineingeschaut, in Seelen, in die wie hineinkonzentriert war aller Seelenjammer der Menschheit der damaligen Zeit, auch besonders vertieft worden war in der Weisheit, die allerdings wie glühendes Eisen die Seele durchzieht, aber auch die Seele so hellsichtig macht, daß sie durchschauen kann die lichten Geistesweiten. Und dadurch, daß er die umgewandelte Stimme der Bath-Kol vernommen hatte, war er auch wie umgewandelt. So war er in verhältnismäßig jungen Jahren behaftet mit dem ruhigen, eindringlichen Geistesleseblick. Jesus von Nazareth war zu einem Men-

schen geworden, der tief in die Geheimnisse des Lebens hinein-
schaute, der so in die Geheimnisse des Lebens schauen konnte, wie
bisher niemand auf der Erde, weil niemand vorher so wie er betrachten konnte, bis zu welchem Grade menschliches Elend sich
steigern kann. Zuerst hatte er gesehen, wie man den Boden unter
den Füßen verlieren kann durch bloße Gelehrsamkeit; dann hatte er
erlebt, wie die alten Inspirationen verlorengingen; dann hatte er
gesehen, wie die Kulte und Opferhandlungen, anstatt die Menschen
in Verbindung zu bringen mit den Göttern, herbeizauberten allerlei
dämonische Wesen, die die Menschen von sich besessen machten
und sie dadurch in seelische und körperliche Krankheiten und Elend
aller Art hineinbrachten. Gewiß hatte keiner auf der Erde all diesen
menschlichen Jammer so tief geschaut als Jesus von Nazareth, keiner jene unendlich tiefe Empfindung in seiner Seele gehabt wie er,
als er jenes von Dämonen besessene Volk geschaut hatte. Gewiß
war keiner auf der Erde so vorbereitet auf die Frage: Wie, wie
kann der Verbreitung dieses Jammers auf der Erde Einhalt getan
werden?

So war Jesus von Nazareth nicht nur ausgestattet mit dem Blick,
mit dem Wissen des Weisen, sondern in gewisser Weise durch das
Leben ein Eingeweihter geworden. Das lernten kennen Leute, die in
jener Zeit zusammengetreten waren in einen gewissen Orden, der ja
der Welt bekannt ist als der Essäerorden. Essäer waren Leute, welche
eine Art Geheimdienst und Geheimlehre pflegten an bestimmten
Orten Palästinas. Es war ein strenger Orden. Derjenige, der dem
Orden beitreten wollte, mußte mindestens ein Jahr, zumeist aber
mehrere Jahre strenge Probe durchmachen. Er mußte zeigen durch
seine Aufführung, durch seine Gesittung, durch seinen Dienst gegenüber den höchsten geistigen Mächten, durch seinen Sinn für Gerech-
tigkeit, Menschengleichheit, durch seinen Sinn des Nichtachtens
äußerer menschlicher Güter und dergleichen, daß er würdig war,
eingeweiht zu werden. Wenn er dann aufgenommen wurde in den
Orden, dann gab es verschiedene Grade, durch die man aufstieg zu
jenem Essäerleben, das bestimmt war, mit einer gewissen Aus- und
Absonderung von der übrigen Menschheit, in einer strengen klöster-

66

lichen Zucht und durch gewisse Reinheitsbestrebungen, durch die man alles Unwürdige körperlicher und seelischer Art beseitigen wollte, sich der geistigen Welt zu nähern. Das drückt sich schon in mancherlei symbolischen Gesetzen des Essäerordens aus. Die Entzifferung der Akasha-Chronik hat gezeigt, daß der Name Essäer kommt von oder jedenfalls zusammenhängt mit dem jüdischen Wort «Essin» oder «Assin». Und das bedeutet so etwas wie Schaufel, Schäufelchen, weil die Essäer als einziges symbolisches Zeichen stets eine kleine Schaufel als Abzeichen trugen, was sich in manchen Ordensgemeinschaften bis heute erhalten hat. In gewissen symbolischen Gepflogenheiten drückte sich auch das aus, was die Essäer wollten: daß sie keine Münzen bei sich tragen durften, daß sie nicht durch ein Tor gehen durften, das bemalt war oder in dessen Nähe Bilder waren. Und weil der Essäerorden in der damaligen Zeit in einer gewissen Weise auch äußerlich anerkannt war, hatte man in Jerusalem besondere Tore, unbemalte Tore gemacht, so daß auch sie in die Stadt gehen konnten. Denn wenn der Essäer an ein bemaltes Tor kam, mußte er immer wieder umkehren. Im Orden selbst gab es alte Urkunden und Traditionen, über deren Inhalt die Mitglieder des Ordens streng schwiegen. Sie durften lehren, aber nur, was sie innerhalb des Ordens gelernt hatten. Jeder, der in den Orden eintrat, mußte sein Vermögen dem Orden abgeben. Die Zahl der Essäer war damals zur Zeit des Jesus von Nazareth eine sehr große, etwa vier- bis fünftausend. Es waren von allen Orten der damaligen Welt Leute zusammengekommen, die sich den strengen Regeln widmeten. Sie schenkten jedesmal, wenn sie irgendwo weit weg, in Kleinasien oder noch weiter, ein Haus hatten, dasselbe dem Essäerorden, und der Orden bekam überall kleine Besitzungen, Häuser, Gärten, ja weite Äcker. Keiner wurde aufgenommen, der nicht alles schenkte, was den Essäern Gemeingut wurde. Alles gehörte allen, kein einzelner hatte Besitz. Ein für unsere heutigen Verhältnisse außerordentlich strenges Gesetz, das aber begreiflich ist, war dieses, daß ein Essäer unterstützen durfte mit dem Gute des Ordens alle bedürftigen und belasteten Leute, nur diejenigen nicht, die seiner eigenen Familie angehörten.

In Nazareth gab es durch Schenkung eine solche Niederlassung des Essäerordens, und dadurch war gerade in den Gesichtskreis des Jesus von Nazareth dasjenige gekommen, was der Essäerorden war. In dem Zentrum des Ordens bekam man Kunde von der tiefen Weisheit, die sich in der beschriebenen Art in die Seele des Jesus von Nazareth gesenkt hatte, und gerade unter den Bedeutendsten, Weisesten der Essäer entstand eine gewisse Stimmung. Es hatte unter ihnen sich herausgebildet eine gewisse prophetische Anschauung: Wenn die Welt ihren richtigen Fortgang nehmen sollte, dann müsse eine besonders weise Seele erstehen, die wie eine Art Messias wirken müsse. Deshalb hatten sie Umschau gehalten, wo besonders weise Seelen wären. Und sie waren tief berührt, als sie Kunde erhielten von jener tiefen Weisheit, die in der Seele des Jesus von Nazareth entstanden war. Daher war es kein Wunder, daß die Essäer, ohne daß Jesus von Nazareth die Erprobung der niederen Grade durchzumachen hatte, ihn aufnahmen wie einen Externisten in ihre Gemeinschaft – ich will nicht sagen in den Orden selber – und daß in einer gewissen Weise zutraulich, offenherzig wurden selbst die weisesten Essäer in bezug auf ihre Geheimnisse gegenüber diesem weisen, jungen Menschen. In der Tat hörte in diesem Essäerorden der junge Jesus von Nazareth viel, viel Tieferes über die Geheimnisse, die vom Hebräertum bewahrt worden waren, als von den Schriftgelehrten im Hause seines Vaters. Manches auch hörte er, was er schon selber früher durch die Bath-Kol wie durch eine Erleuchtung in seiner Seele aufglänzend vernommen hatte. Kurz, es entstand ein reger Ideenaustausch zwischen Jesus von Nazareth und den Essäern. Und Jesus von Nazareth lernte kennen in seinem Verkehr mit den Essäern, im fünfundzwanzigsten, sechsundzwanzigsten, siebenundzwanzigsten, achtundzwanzigsten Lebensjahr und noch darüber hinaus, fast alles, was der Essäerorden zu geben hatte. Denn was ihm nicht durch Worte mitgeteilt wurde, das stellte sich ihm dar durch allerlei hellsichtige Impressionen. Wichtige hellsichtige Impressionen hatte Jesus von Nazareth entweder innerhalb der Gemeinschaft der Essäer selber oder einige Zeit darauf in Nazareth zu Hause, wo er in einem mehr beschaulichen Leben auf sich wirken ließ, was in seine Seele sich hineindrängte aus Kräften, die ihm gekommen waren, von denen die Essäer nichts ahnten, die aber als Folge der mit den Essäern geführten bedeutsamen Gespräche in seiner Seele erlebt wurden.

Eines von diesen Erlebnissen, von diesen inneren Impressionen muß besonders hervorgehoben werden, weil es hineinleuchten kann in den ganzen geistigen Gang der Menschheitsentwickelung. Es war eine gewaltige, bedeutsame Vision, die wie in einer Art Entrückung Jesus von Nazareth hatte, in der ihm Buddha wie in unmittelbarer Gegenwart erschien. Ja, der Buddha erschien dem Jesus von Nazareth als Folge des Ideenaustausches mit den Essäern. Und man kann sagen, daß in jener Zeit zwischen Jesus und Buddha ein Geistgespräch stattgefunden hat. Es gehört zu meiner okkulten Verpflichtung, Ihnen den Inhalt dieses Geistgespräches mitzuteilen, denn wir dürfen, ja wir müssen heute diese bedeutsamen Geheimnisse der Menschheitsevolution berühren. In diesem bedeutsamen Geistgespräch erfuhr Jesus von Nazareth von dem Buddha, daß dieser etwa sagte: Wenn meine Lehre so, wie ich sie gelehrt habe, völlig in Erfüllung gehen würde, dann müßten alle Menschen den Essäern gleich werden. Das aber kann nicht sein. Das war der Irrtum in meiner Lehre. Auch die Essäer können sich nur weiter fortbringen, indem sie sich aussondern von der übrigen Menschheit; für sie müssen übrige Menschenseelen da sein. Durch die Erfüllung meiner Lehre müßten lauter Essäer entstehen. Das aber kann nicht sein. – Das war ein bedeutsames Erlebnis, das durch die Gemeinschaft mit den Essäern Jesus von Nazareth hatte.

Ein anderes Erlebnis war dieses, daß Jesus von Nazareth die Bekanntschaft machte mit einem auch noch jüngeren Manne, mit einem fast gleichaltrigen Manne, der nahegetreten war, allerdings in einer ganz anderen Weise als Jesus von Nazareth, dem Essäerorden, der aber trotzdem auch nicht ganz Essäer geworden ist. Es war der, man möchte sagen, wie ein Laienbruder innerhalb der Essäergemeinschaft lebende Johannes der Täufer. Er trug sich wie die Essäer, denn diese trugen im Winter Kleider von Kamelhaar. Aber er hatte niemals die Lehre des Judentums vollständig in sich auswechseln können mit der Lehre der Essäer. Da aber die Lehre der Essäer, das ganze Leben der Essäer auf ihn einen großen Eindruck machte, lebte er als Laienbruder das Essäerleben, ließ sich anregen, ließ sich allmählich inspirieren und kam nach und nach zu dem, was ja von Johannes dem Täufer in den Evangelien erzählt ist. Viele Gespräche fanden statt zwischen Jesus von Nazareth und Johannes dem Täufer. – Da geschah es eines Tages – ich weiß, was es heißt, diese Dinge so einfach zu erzählen, aber nichts kann mich abhalten; ich weiß trotzdem, daß diese Dinge jener okkulten Verpflichtung zufolge jetzt erzählt werden müssen –, es geschah eines Tages, daß Jesus von Nazareth, während er mit Johannes dem Täufer sprach, wie verschwunden vor sich sah die physische Leiblichkeit des Täufers und die Vision des Elias hatte. Das war das zweite wichtige Seelenerlebnis innerhalb der Gemeinschaft des Essäerordens.

Da gab es aber noch andere Erlebnisse. Schon seit längerer Zeit hatte Jesus von Nazareth etwas Besonderes beobachten können: Wenn er an Orte kam, wo Essäertore waren, wo bildlose Tore waren, da konnte Jesus von Nazareth durch solche Tore nicht schreiten, ohne wiederum eine bittere Erfahrung zu machen. Er sah diese bildlosen Tore, aber für ihn waren geistige Bilder an diesen Toren; für ihn erschien zu beiden Seiten eines solchen Tores immer dasjenige, was wir jetzt kennengelernt haben in den verschiedenen geisteswissenschaftlichen Auseinandersetzungen unter dem Namen Ahriman und Luzifer. Und allmählich hatte sich ihm das Gefühl, der Eindruck in der Seele gefestigt, daß die Abneigung der Essäer gegen die Torbilder etwas zu tun haben müsse mit dem Herbeizaubern solcher geistiger Wesenheiten, wie er sie an diesen Toren erschaute, daß Bilder an den Toren Abbilder von Luzifer und Ahriman seien. Und öfter hatte Jesus von Nazareth dieses bemerkt, öfter waren solche Gefühle in seiner Seele aufgestiegen.

Wer solches erlebt, der findet nicht, daß man über diese Dinge gleich viel grübeln sollte; denn diese Dinge wirken zu erschütternd auf die Seele. Man fühlt auch sehr bald, daß menschliche Gedanken nicht hinreichen, um sie tief genug zu ergründen. Die Gedanken hält man dann nicht für fähig, an diese Dinge heranzudringen. Aber die Eindrücke graben sich nicht nur tief in die Seele ein, sondern werden zu einem Teil des Seelenlebens selber. Man fühlt sich wie verbunden mit dem Teil seiner Seele, in dem man solche Erlebnisse gesammelt hat, wie verbunden mit den Erlebnissen selber, man trägt diese Erlebnisse weiter durchs Leben.

So hatte Jesus von Nazareth durchs Leben getragen die beiden Bilder von Luzifer und Ahriman, die er oftmals gesehen hatte an den Toren der Essäer. Es hatte zunächst nichts anderes bewirkt, als daß ihm bewußt wurde, daß ein Geheimnis walte zwischen diesen geistigen Wesenheiten und den Essäern. Und die Wirkung, die das auf seine Seele ausübte, trug sich hinein in die Verständigung mit den Essäern; man konnte sich seit diesen Erlebnissen in der Seele des Jesus von Nazareth nicht mehr so gut gegenseitig verstehen. Denn es lebte in seiner Seele etwas, von dem er nicht sprechen konnte gegenüber den Essäern, weil sich jedesmal etwas wie in der Rede verschlug, denn immer stellte sich dazwischen, was er an den Essäertoren erlebt hatte.

Eines Tages, als nach einer besonders wichtigen, bedeutsamen Unterredung, in der vieles Höchste, Geistige zur Sprache gekommen war, Jesus von Nazareth das Tor des Hauptgebäudes der Essäer verließ, da traf er, indem er durch das Tor ging, auf die Gestalten, von denen er wußte, daß sie Luzifer und Ahriman waren. Und er sah fliehen Luzifer und Ahriman von dem Tore des Essäerklosters. Und es senkte sich in seine Seele eine Frage. Aber nicht als ob er selber, nicht als ob er durch den Verstand früge, sondern mit tiefer elementarer Gewalt drängte sich herauf in seine Seele die Frage: Wohin fliehen diese, wohin fliehen Luzifer und Ahriman? – Denn er wußte, die Heiligkeit des Klosters der Essäer hatte sie zum Fliehen gebracht. Aber die Frage lebte sich in seine Seele ein: Wohin fliehen diese? – Und diese Frage brachte er nicht mehr los aus seiner Seele, diese Frage brannte wie Feuer in seiner Seele; mit dieser Frage ging er stündlich, ja minütlich sie erlebend in den nächsten Wochen umher. Als er nach dem geistigen Gespräch, das er geführt hatte, die Tore des Hauptgebäudes der Essäer verlassen hatte, da brannte in seiner Seele die Frage: Wohin fliehen Luzifer und Ahriman?

Was er unter dem Eindruck dieser in seiner Seele lebenden Frage weiter tat, nachdem er durchlebt hatte, daß die alten Inspirationen verlorengegangen waren, die Religionen und Kulte von dämonischen

Gewalten verdorben waren und als er hingefallen war an dem Altare des Heidenkultus, die umgewandelte Stimme der Bath-Kol vernommen hatte, und sich fragen mußte, was die Worte der Bath-Kol zu bedeuten haben, und was das eben von mir Erzählte zu bedeuten hatte, daß die Seele des Jesus von Nazareth sich jetzt fragte: <u>Wohin fliehen Luzifer und Ahriman</u>? – <u>davon wollen wir morgen weiter sprechen.</u>

2.9.03

2. 5. α/ Gestern haben wir einen Blick werfen können auf das Leben des Jesus von Nazareth in der Zeit, die für ihn verflossen war ungefähr seit seinem zwölften Lebensjahre bis etwa zum Ende seiner Zwanzigerjahre. Aus demjenigen, was ich erzählen durfte, konnten Sie gewiß die Empfindung haben, daß Tiefbedeutsames für die Seele des Jesus von Nazareth sich abgespielt hat in dieser Zeit, Tiefbedeutsames aber auch für die ganze Evolution der Menschheit. Denn Sie werden ja gewiß aus der Grundempfindung, die Sie sich durch ihre geisteswissenschaftlichen Studien haben bilden können, wissen, daß alles in der Menschheitsevolution zusammenhängt, und daß ein so bedeutsames Ereignis mit einem Menschen, in dessen Seelenleben so viel, so unendlich viel von den Angelegenheiten der ganzen Menschheit hineinspielt, eben auch von Bedeutung für die ganze Menschheitsevolution ist. Wir lernen dasjenige, was das Ereignis von Golgatha geworden ist für die Evolution der Menschheit, in der verschiedensten Weise kennen. In diesem Vortragszyklus handelt es sich darum, es erkennen zu lernen durch die Betrachtung des Christus Jesus-Lebens selber. Und so wenden wir den Blick, den wir gestern auf den charakterisierten Zeitraum gerichtet haben, der zwischen dem zwölften Jahre und der Johannestaufe liegt, heute noch einmal auf die Seele des Jesus von Nazareth hin und fragen uns: Was mag alles in dieser Seele gelebt haben, nachdem die bedeutsamen Ereignisse sich abgespielt hatten bis in das achtundzwanzigste, neunundzwanzigste Jahr hinein, von denen ich gestern gesprochen habe.

Was in dieser Seele lebte, man wird vielleicht eine Empfindung, ein Gefühl davon erhalten, wenn erzählt werden darf eine Szene, die sich am Ende seiner Zwanzigerjahre bei Jesus von Nazareth abspielte. Diese Szene, die ich da zu erzählen habe, betrifft ein Gespräch, das Jesus von Nazareth geführt hat mit seiner Mutter, mit derjenigen also, die durch das Zusammenziehen der beiden Familien durch lange Jahre hindurch seine Mutter geworden war. Er hatte sich ja die ganzen Jahre her mit dieser Mutter ganz innig und vorzüglich verstanden, viel besser, als er sich verstehen konnte mit den anderen Gliedern der Familie, die im Hause zu Nazareth lebten, das heißt, *er* hätte sich schon gut mit ihnen verstanden, aber *sie* konnten sich nicht gut mit ihm verstehen. Es war ja auch schon früher zwischen ihm und seiner Mutter mancherlei von den Eindrücken, die sich allmählich in seiner Seele gebildet hatten, besprochen worden. Aber in dem genannten Zeitraum spielte sich einmal ein recht bedeutsames Gespräch ab, das wir heute betrachten werden, das uns tief hineinblicken läßt in seine Seele.

Es war der Jesus von Nazareth nach und nach durch die gestern charakterisierten Erlebnisse allerdings umgewandelt worden, so daß unendliche Weisheit sich in seinem Antlitz ausprägte. Aber er war auch, wie das ja immer, wenn auch in geringerem Grade der Fall ist, wenn die Weisheit in einer Menschenseele zunimmt, zu einer gewissen inneren Traurigkeit gekommen. Die Weisheit hatte ihm zunächst die Frucht gebracht, daß der Blick, den er wenden konnte in seine menschliche Umgebung, ihn eigentlich recht traurig machte. Dazu kam noch, daß er in den letzten Zwanzigerjahren immer mehr in stillen Stunden an etwas ganz Bestimmtes hatte denken müssen: Immer wieder von neuem mußte er daran denken, wie in seinem zwölften Jahre ein solcher Umschwung, eine solche Revolution in seiner Seele stattgefunden hatte, wie sich das ergab durch das Herübertreten des Zarathustra-Ich in seine Seele. Er mußte daran denken, wie er in den ersten Zeiten nach seinem zwölften Jahre gewissermaßen nur den unendlichen Reichtum dieser Zarathustra-Seele in sich gefühlt hatte. Er wußte ja am Ende der Zwanzigerjahre noch nicht, daß er der wiederverkörperte Zarathustra war; aber er wußte, daß ein großer, gewaltiger Umschwung in seiner Seele in seinem zwölften Jahre vor sich gegangen war. Und jetzt hatte er oftmals das Gefühl: Ach, wie war es doch anders mit mir *vor* diesem Umschwung in meinem zwölften Jahre! – Er fühlte, wenn er jetzt zurückdachte an diese Zeit, wie unendlich warm es dazumal in seinem Gemüt war. Er war ja als Knabe ganz weltentrückt gewesen. Da hatte er zwar gehabt die lebhafteste Empfindung für alles, was aus der Natur heraus zum Menschen spricht, für alle Herrlichkeit und Größe der Natur, aber er hatte wenig Anlage für dasjenige, was menschliche Weisheit, menschliches Wissen sich angeeignet hatte. Er interessierte sich wenig für das, was man schulmäßig lernen konnte! Es wäre ein völliger Irrtum, wenn man glauben würde, daß dieser Jesusknabe, bevor der Zarathustra in seine Seele herübergezogen war, bis in sein zwölftes Jahr hinein etwa im äußeren Sinne eine besondere Begabung gehabt hätte, daß er besonders gescheit gewesen wäre. Dagegen hatte er besessen ein ungemein mildes, sanftmütiges Wesen, eine unendliche Liebefähigkeit, ein tiefes inneres Gemütsleben, ein umfassendes Verständnis für alles Menschliche, aber kein Interesse für alles dasjenige, was die Menschen an Wissen im Laufe der Jahrhunderte sich aufgespeichert haben. Und dann war es so, wie wenn nach diesem Moment im Tempel zu Jerusalem in seinem zwölften Jahre dies alles aus seiner Seele herausgestürmt und dafür alle Weisheit hineingeströmt wäre! Und jetzt mußte er oftmals denken und empfinden, wie so in ganz anderer Weise er mit allem tieferen Geiste der Welt früher vor seinem zwölften Jahre verbunden war, als ob da seine Seele offen gewesen wäre für die Tiefen der unendlichen Weiten! Und wie er seitdem gelebt hatte seit seinem zwölften Jahre, wie er da seine Seele geeignet fand für eine Art Aufnahme der hebräischen Gelehrsamkeit, die aber ganz ursprünglich wie aus sich heraus kam, wie er durchgemacht hatte die Erschütterung, daß die Bath-Kol nicht mehr in der alten Weise inspirierend wirken konnte; wie er dann auf seinen Reisen kennenlernte die heidnischen Kulte, wie ihm all das Wissen und die Religiosität des Heidentums in seinen verschiedenen Nuancierungen durch die Seele gezogen war. Er dachte daran, wie er da zwischen seinem achtzehnten und vierundzwanzigsten Jahre gelebt hatte in alledem, was die Menschheit sich äußerlich errungen hatte, und wie er dann eingetreten war in die Gemeinschaft der Essäer ungefähr um das vierundzwanzigste Jahr und dort eine Geheimlehre kennengelernt hatte und Menschen, die einer solchen Geheimlehre sich hingaben. Daran mußte er oftmals denken. Aber er wußte auch, daß im Grunde genommen nur dasjenige in seiner Seele aufgegangen war, was seit dem Altertum her Menschen an Wissen in sich aufgespeichert hatten; er lebte in dem, was Menschenschätze an Weisheit, Menschenschätze an Kultur, Menschenschätze an moralischen Errungenschaften darboten. Er fühlte, in dem Menschlichen auf Erden hatte er gelebt seit seinem zwölften Jahre. Und jetzt mußte er oftmals zurückdenken, wie er war vor diesem zwölften Jahre, wo er gleichsam sich mit den göttlichen Urgründen des Daseins verbunden fühlte, wo alles in ihm elementar und ursprünglich war, wo alles aus einem aufsprudelnden Leben, aus einem warmen, liebenden Gemüte kam und ihn innig zusammenschloß mit anderen Menschenseelen, während er jetzt vereinsamt und allein und schweigsam geworden war.

Alle diese Gefühle waren es, die zustande brachten, daß ein ganz bestimmtes Gespräch stattgefunden hat zwischen ihm und der Persönlichkeit, die ihm Mutter geworden war. Die Mutter liebte ihn ungeheuer, und sie hatte öfters mit ihm gesprochen über all das Schöne und Große, das sich seit seinem zwölften Jahre in ihm gezeigt hatte. Ein immer intimeres, edleres, schöneres Verhältnis hatte sich herausgebildet zu dieser Stiefmutter. Aber seinen inneren Zwiespalt hatte er bisher auch dieser Mutter verschwiegen, so daß sie nur das Schöne und Große gesehen hatte. Sie hatte nur gesehen, wie er immer weiser und weiser wurde, wie er immer tiefer eindrang in die ganze Menschheitsevolution. Deshalb war von demjenigen, was wie eine Art Generalbeichte mit diesem Gespräch stattfand, vieles neu für sie, aber sie nahm es auf mit innigem, warmem Herzen. Es war in ihr wie ein unmittelbares Verstehen für seine Traurigkeit, seine Gefühlsstimmung, dessen, daß er sich zurücksehnte zu dem, was er in sich hatte vor seinem zwölften Jahre. Deshalb suchte sie ihn zu erheben und zu trösten, indem sie anfing zu sprechen von allem, was seitdem in ihm so schön und herrlich zutage getreten sei. Sie erinnerte ihn an all das, was ihr durch ihn bekanntgeworden war von der Wiedererneuerung der großen Lehren, Weisheitssprüche und Gesetzesschätze des Judentums. Was alles durch ihn zutage getreten ist, davon sprach sie mit ihm. Es wurde ihm aber nur immer schwerer ums Herz, wenn er so die Mutter sprechen hörte, so schätzend das, was er innerlich doch eigentlich als überwunden fühlte. Und endlich erwiderte er: Ja, das mag alles sein. Aber ob durch mich oder durch einen anderen heute erneuert werden können all die alten, herrlichen Weisheitsschätze des Judentums, was hätte das alles für eine Bedeutung für die Menschheit? Es ist im Grunde doch alles bedeutungslos, was in solcher Art zutage tritt. Ja, wenn es heute eine Menschheit gäbe um uns herum, die Ohren hätte, den alten Propheten noch zuzuhören, dann wäre es für diese Menschheit nützlich, wenn erneuert werden könnten die Weisheitsschätze des alten Prophetentums. Aber selbst wenn jemand so sprechen könnte, wie die alten Propheten gesprochen haben, selbst wenn Elias heute käme – so sagte Jesus von Nazareth – und unserer Menschheit verkünden wollte dasjenige, was er als Bestes erfahren hat in den Himmelsweiten: es sind ja nicht die Menschen da, die Ohren hätten zu hören die Weisheit des Elias, der älteren Propheten, auch des Moses, ja bis Abraham hinauf. Alles was diese Propheten verkündeten, wäre heute zu künden unmöglich. Ihre Worte würden ungehört im Winde verhallen! Und so ist ja alles, was ich in meiner Seele halte, wertlos.

So sprach Jesus von Nazareth und er wies darauf hin, wie vor kurzem erst eines wahrhaft großen Lehrers Worte im Grunde genommen verklungen seien, ohne eine große Wirkung zu hinterlassen. Denn, so sagte er, war das auch kein Lehrer, der heranreichte an die alten Propheten, so war er doch ein großer, bedeutsamer Lehrer, der gute alte *Hillel*. Jesus wußte genau, was dieser alte Hillel, der selbst in den so schweren Zeiten des Herodes als Geisteslehrer ein großes Ansehen zu gewinnen wußte, für viele bedeutet hatte innerhalb des Judentums. Er war ein Mann, der große Weisheitsschätze in seiner Seele gehabt hatte. Und Jesus wußte, wie wenig die innigen Worte, die der alte Hillel gesprochen hatte, Eingang gefunden hatten in die Herzen und Seelen. Dennoch hatte man von dem alten Hillel gesagt: die Thora, die Summe der ältesten, bedeutsamsten Gesetze des Judentums, ist verschwunden und Hillel hat sie wiederum hergestellt. – Wie ein Erneuerer der ursprünglichen Judenweisheit erschien Hillel für diejenigen seiner Zeitgenossen, die ihn verstanden. Er war ein Lehrer, der auch herumwandelte wie ein wahrer Weisheitslehrer. Sanftmut war sein Grundcharakter, eine Art Messias war er. Das alles erzählt selbst der Talmud, und es läßt sich nachprüfen durch äußere Gelehrsamkeit. Die Leute waren des Lobes voll über Hillel und erzählten viel Gutes von ihm. Ich kann nur einzelnes herausgreifen, um hinzudeuten auf die Art, wie Jesus von Nazareth von Hillel zu seiner Mutter sprach, um seine Seelenstimmung anzudeuten.

Hillel wird als ein sanfter, milder Charakter geschildert, der Ungeheueres durch Milde und Liebe wirkte. Eine Erzählung hat sich erhalten, die besonders bedeutsam ist, um zu zeigen, wie Hillel der Mann der Geduld und Sanftmut war, der jedem entgegenkam. Zwei Menschen wetteten einstmals um die Möglichkeit, Hillel zum Zorn zu reizen, denn bekannt war, daß Hillel überhaupt nicht in Zorn geraten könne. Da wetteten nun zwei Männer, von denen der eine sagte: Ich will alles tun, um Hillel dennoch in Zorn zu bringen. – Er wollte dann seine Wette gewonnen haben. Als für Hillel die Zeit gerade am allerbesetztesten war, als er am meisten zu tun hatte mit der Vorbereitung für den Sabbat, wo ein solcher Mann am wenigsten gestört werden kann, da klopfte jener Mann, der die Wette eingegangen war, an die Türe Hillels und sagte nicht etwa in einem höflichen Ton oder mit irgendeiner Anrede – und Hillel war der Vorsitzende der obersten geistlichen Behörde, der gewohnt war, höflich angeredet zu werden –, sondern der Mann rief bloß: Hillel, komm heraus, komm schnell heraus! – Hillel warf sich seinen Mantel um und kam heraus. Der Mann sagte in scharfem Tone, wiederum ohne die geringste Höflichkeit: Hillel, ich habe dich etwas zu fragen. – Und gütig antwortete Hillel: Mein Lieber, was hast du denn zu fragen? – Ich habe dich zu fragen, warum die Babylonier so dünne Köpfe haben? – Da sagte Hillel mit dem sanftesten Tone: Nun, mein Lieber, die Babylonier haben so dünne Köpfe, weil sie so ungeschickte Hebammen haben. – Da ging der Mann fort und dachte, diesmal war Hillel sanftmütig geblieben. Hillel setzte sich wiederum an seine Arbeit. Nach ein paar Minuten kam der Mann zurück und rief wiederum barsch Hillel mitten aus seiner Arbeit heraus: Hillel, komm heraus, ich habe dich etwas Wichtiges zu fragen! – Hillel warf sich wieder seinen Mantel um, kam heraus und sprach: Nun, mein Lieber, was hast du wieder zu fragen? – Ich habe dich zu fragen, warum die Araber so kleine Augen haben? – Sanftmütig sagte Hillel: Weil die Wüste so groß ist, das macht die Augen klein, die Augen werden klein beim Betrachten der großen Wüste, deshalb haben die Araber so kleine Augen. – Wieder war Hillel sanftmütig geblieben. Da war der Mann recht ängstlich um seine Wette, und er kam wiederum und rief zum dritten Male in barschem Tone: Hillel, komm heraus, ich habe dich etwas Wichtiges zu fragen! – Hillel legte seinen Mantel um, kam heraus und fragte mit immer gleicher Sanftmut: Nun, mein Lieber, was hast du mich nun zu fragen? – Ich habe dich zu fragen, warum haben die Ägypter so platte Füße? – Weil die Gegenden da so sumpfig sind, deshalb haben die Ägypter so platte Füße. – Und ruhig und gelassen ging Hillel wieder an seine Arbeit. Nach ein paar Minuten kam der Mann wieder und erzählte Hillel, er wolle ihn jetzt nichts fragen; er habe eine Wette gemacht, daß er ihn in Zorn bringen wolle, aber er wüßte nicht, wie er ihn in Zorn bringen könnte. Da sagte Hillel sanftmütig: Mein Lieber, es ist besser, daß du deine Wette verlierst, als daß Hillel in Zorn gerate!

Diese Legende wird erzählt zum Beweis dafür, wie sanftmütig und lieb Hillel selbst mit jedem war, der ihn quälte. Solch ein Mann ist – so meinte Jesus von Nazareth zu seiner Mutter –, in vieler Beziehung etwas wie ein alter Prophet. Und kennen wir nicht viele Aussprüche Hillels, die wie eine Erneuerung des alten Prophetentums klingen? Manche schöne Aussprüche Hillels führte er an und dann sagte er: Siehe, liebe Mutter, von Hillel wird gesagt, daß er wie ein wiedererstandener alter Prophet ist. Ich habe noch ein besonderes Interesse an ihm, denn merkwürdig dämmert etwas auf in mir, als wenn noch ein besonderer Zusammenhang da sei zwischen Hillel und mir; mir dämmert etwas auf, wie wenn dasjenige, was ich weiß und was in mir lebt als große Offenbarung des Geistigen, nicht allein vom Judentum kommen würde. – Und ebenso war es ja auch bei Hillel; denn dieser war ja der äußeren Geburt nach ein Babylonier und war erst später in das Judentum hineingekommen. Aber auch er stammte aus dem Geschlechte Davids, war aus uralten Zeiten verwandt mit dem Davidsgeschlechte, von dem sich Jesus von Nazareth und die Seinigen selber auch herzuleiten hatten. Und Jesus sagte: Wenn ich auch so wie Hillel als Sohn aus dem Geschlechte Davids aussprechen wollte die hohen

Offenbarungen, die wie eine Erleuchtung in meine Seele hineingegossen sind und die dieselben hohen Offenbarungen sind, die in alten Zeiten dem jüdischen Volke gegeben waren, heute sind die Ohren nicht da, sie zu hören!

Tief hatten sich in seiner Seele abgeladen Schmerz und Leid darüber, daß ja einstmals dem hebräischen Volke die größten Wahrheiten der Welt gegeben waren, daß einstmals auch die Leiber dieses Volkes so waren, daß sie verstehen konnten diese Offenbarungen, daß aber jetzt die Zeiten anders geworden waren, daß auch die Leiber des hebräischen Volkes anders geworden waren, so daß sie nicht mehr verstehen konnten die alten Offenbarungen der Urväter.

Ein ungeheuer einschneidendes, schmerzlichstes Erlebnis war das für Jesus, daß er sich sagen mußte: Einstmals ist verstanden worden, was die Propheten lehrten, verstanden worden ist vom hebräischen Volke die Sprache des Gottes, heute aber ist niemand da, der sie versteht; tauben Ohren würde man predigen. Solche Worte sind heute nicht mehr am Platze; es sind nicht mehr die Ohren da, sie zu verstehen! Wertlos und nutzlos ist alles, was man in solcher Weise sagen könnte. – Und wie zusammenfassend das, was er in dieser Richtung zu sagen hatte, sprach Jesus von Nazareth zu seiner Mutter: Es ist nicht mehr für diese Erde möglich die Offenbarung des alten Judentums, denn die alten Juden sind nicht mehr da, um sie aufzunehmen. Das muß als etwas Wertloses auf unserer Erde angesehen werden.

Und merkwürdigerweise hörte ihm die Mutter ruhig zu, wie er sprach von der Wertlosigkeit dessen, was ihr das Heiligste war. Aber sie hatte ihn innig lieb und fühlte nur ihre unendliche Liebe. Daher ging etwas über in sie von tiefem Gefühlsverständnis dessen, was er ihr zu sagen hatte. Und dann setzte er das Gespräch fort und kam darauf, von dem zu berichten, wie er gewandert war in die heidnischen Kultstätten und was er dort erlebt hatte. Es dämmerte herauf in seinem Geiste, wie er niedergefallen war am heidnischen Altar, wie er die veränderte Bath-Kol gehört hatte. Und da leuchtete ihm auf etwas wie eine Erinnerung der alten Zarathustra-Lehre. Er wußte noch nicht genau, daß er die Zarathustra-Seele in sich trug, aber die alte Zarathustra-Lehre, die Zarathustra-Weisheit, der alte Zarathustra-Impuls stiegen während des Gespräches in ihm auf. In Gemeinschaft mit seiner Mutter erlebte er diesen großen Zarathustra-Impuls. All das Schöne und Große der alten Sonnenlehre kam in seiner Seele herauf. Und er erinnerte sich: Als ich am heidnischen Altar lag, da hörte ich etwas wie eine Offenbarung! – Und jetzt kamen in seine Erinnerung die Worte der umgewandelten Bath-Kol, die ich ja gestern gesprochen habe, und er sprach sie zur Mutter:

Amen
Es walten die Übel
Zeugen sich lösender Ichheit
Von andern erschuldete Selbstheitschuld
Erlebet im täglichen Brote
In dem nicht waltet der Himmel Wille
Da der Mensch sich schied von Eurem Reich
Und vergaß Euren Namen
Ihr Väter in den Himmeln.

Und all die Größe auch des Mithrasdienstes lebte mit ihnen in seiner Seele auf und stellte sich wie durch innere Genialität ihm dar. Viel sprach er mit seiner Mutter über die Größe und Glorie des alten Heidentums. Viel sprach er von dem, was in den alten Mysterien der Völker lebte, wie zusammengeflossen waren die einzelnen Mysteriendienste Vorderasiens und Südeuropas in diesem Mithrasdienst. Aber zugleich trug er in seiner Seele die furchtbare Empfindung: wie sich nach und nach dieser Dienst gewandelt hatte und gekommen war unter dämonische Gewalten, die er selber erlebt hatte ungefähr in seinem vierundzwanzigsten Lebensjahre. Es kam ihm alles in den Sinn, was er damals erlebt hatte. Und da erschien ihm auch die alte Zarathustra-Lehre wie etwas, wofür die Menschen der heutigen Zeit nicht mehr empfänglich sind. Und unter diesem Eindruck sprach er zu seiner Mutter das zweite bedeutsame Wort: Wenn auch erneuert würden alle die alten Mysterien und Kulte, und alles das hineinflösse, was einstmals groß war in den Mysterien des Heidentums, es sind, dies zu vernehmen, die Menschen nicht mehr da! All das ist nutzlos. Und würde ich herausgehen und den Menschen dasjenige verkünden, was ich als die veränderte Stimme der alten Bath-Kol gehört habe, würde ich das Geheimnis kund tun, warum die Menschen in ihrem physischen Leben nicht mehr in Gemeinschaft mit den Mysterien leben können, oder würde ich verkündigen die alte Sonnenweisheit des Zarathustra, heute sind die Menschen nicht da, die dies verstehen würden. Heute würde sich alles das in den Menschen verkehren in dämonisches Wesen, denn es würde so hineinklingen in die Menschenseelen, daß die Ohren nicht da sind, solches zu verstehen! Die Menschen haben aufgehört, hören zu können auf dasjenige, was einstmals verkündet und gehört worden ist.

Denn es wußte jetzt Jesus von Nazareth, daß dasjenige, was er damals gehört hatte als die veränderte Stimme der Bath-Kol, die ihm zugerufen hatte die Worte: «Amen, es walten die Übel» – eine uralt heilige Lehre war, ein allwaltendes Gebet war überall in den Mysterien, welches man in den Mysterienstätten gebetet hatte, daß es aber heute vergessen war. Er wußte jetzt, daß das, was ihm gegeben worden war, ein Hinweis war auf alte Mysterienweisheit, die über ihn gekommen war, als er am heidnischen Altar entrückt war. Aber er sah zugleich und drückte es auch in jenem Gespräch aus, daß es keine Möglichkeit gibt, das heute wiederum zum Verständnis zu bringen.

Und dann führte er dies Gespräch mit der Mutter weiter und sprach von dem, was er im Kreise der Essäer in sich aufgenommen hatte. Er sprach von der Schönheit, Größe und Glorie der Essäerlehre, gedachte der großen Milde und des Sanftmutes der Essäer. Dann sagte er das <u>dritte bedeutsame Wort,</u> das ihm aufgegangen war in seinem visionären Gespräch mit dem Buddha: <u>Es können doch nicht alle Menschen Essäer werden! Wie recht hatte doch Hillel, als er die Worte sprach: Sondere dich nicht von der Gesamtheit ab, sondern schaffe und wirke in der Gesamtheit,</u> trage deine Liebe hin zu deinen Nebenmenschen, denn wenn du allein bist, was bist du dann? So machen es aber <u>die Essäer; sie sondern sich ab, sie ziehen sich mit ihrem heiligen Lebenswandel zurück und bringen dadurch Unglück über die anderen Menschen.</u> Denn die Menschen *müssen* dadurch unglücklich sein, daß sie sich von ihnen absondern. – Und dann sagte er zu der

Mutter das bedeutsame Wort, indem er ihr das Erlebnis erzählte, das ich gestern besprochen habe: Als ich einstmals nach einem intimen, wichtigsten Gespräch mit den Essäern wegging, da sah ich am Haupttore, wie Luzifer und Ahriman davonliefen. Seit jener Zeit, liebe Mutter, weiß ich, daß die Essäer durch ihre Lebensweise, durch ihre Geheimlehre sich selber vor ihnen schützen, so daß Luzifer und Ahriman vor ihren Toren fliehen müssen. Aber sie schicken dadurch Luzifer und Ahriman weg von sich zu den anderen Menschen hin. Die Essäer werden glücklich in ihren Seelen auf Kosten der anderen Menschen; sie werden glücklich, weil sie sich selber vor Luzifer und Ahriman retten! – Er wußte jetzt durch das Leben bei den Essäern: Ja, eine Möglichkeit gibt es noch, hinaufzusteigen dahin, wo man sich vereint mit dem Göttlich-Geistigen, aber nur Einzelne können es auf Kosten der großen Menge erreichen. Er wußte jetzt: Weder auf Juden- noch auf Heidenweise noch auf Essäerweise war der allgemeinen Menschheit der Zusammenhang mit der göttlich-geistigen Welt zu bringen.

Dies Wort schlug furchtbar ein in die Seele der liebenden Mutter. Er war während dieses ganzen Gespräches vereint mit ihr, wie eins mit ihr. Die ganze Seele, das ganze Ich des Jesus von Nazareth lag in diesen Worten. Und hier möchte ich anknüpfen an ein Geheimnis, welches stattfand vor der Johannestaufe in diesem Gespräch mit der Mutter: Es ging etwas weg von Jesus zu dieser Mutter hinüber. Nicht nur in Worten rang sich das alles los von seiner Seele, sondern weil er so innig mit ihr vereint war seit seinem zwölften Jahre, ging mit seinen Worten sein ganzes Wesen zu ihr über, und er wurde jetzt so, daß er wie außer sich gekommen war, wie wenn ihm sein Ich weggekommen war. Die Mutter aber hatte ein neues Ich, das sich in sie hineinversenkt hatte, erlangt: sie war eine neue Persönlichkeit geworden. Und forscht man nach, versucht man herauszubekommen, was da geschah, so stellt sich folgendes Merkwürdige heraus.

Der ganze furchtbare Schmerz, das furchtbare Leid des Jesus, das aus seiner Seele sich losrang, ergoß sich hinein in die Seele der Mutter und sie fühlte sich wie eins mit ihm. Jesus aber fühlte, als ob alles, was seit seinem zwölften Jahre in ihm lebte, fortgegangen wäre während dieses Gespräches. Je mehr er davon sprach, desto mehr wurde die Mutter voll von all der Weisheit, die in ihm lebte. Und alle die Erlebnisse, die seit seinem zwölften Jahre in ihm gelebt hatten, sie lebten jetzt auf in der Seele der liebenden Mutter! Aber von ihm waren sie wie hingeschwunden; er hatte gleichsam in die Seele, in das Herz der Mutter dasjenige hineingelegt, was er selber erlebt hatte seit seinem zwölften Jahre. Dadurch wandelte sich die Seele der Mutter um.

Wie verwandelt war auch er seit jenem Gespräche, so verwandelt, daß die Brüder oder Stiefbrüder und die anderen Verwandten, die in seiner Umgebung waren, die Meinung bekamen, er hätte den Verstand verloren. Wie schade, sagten sie, er wußte so viel; er war ja immer sehr schweigsam, jetzt aber ist er völlig von Sinnen gekommen, jetzt hat er den Verstand verloren! – Man sah ihn als einen Verlorenen an. Er ging in der Tat auch tagelang wie traumhaft im Hause umher. Das Zarathustra-Ich war eben dabei, diesen Leib des Jesus von Nazareth zu verlassen und in die geistige Welt überzugehen. Und ein letzter Entschluß entwand sich ihm: Wie durch einen inneren Drang, wie durch eine innere Notwendigkeit getrieben, bewegte er sich nach einigen Tagen wie mechanisch aus dem Hause fort, zu dem ihm schon bekannten Johannes dem Täufer hin, um von ihm die Taufe zu erlangen.

Und dann fand jenes Ereignis statt, das ich öfter beschrieben habe als die Johannestaufe im Jordan: das Christus-Wesen senkte sich hinab in seinen Leib.

So waren die Vorgänge. Jesus war jetzt durchdrungen von dem Christus-Wesen. Seit jenem Gespräche mit seiner Mutter war gewichen das Ich des Zarathustra und dasjenige, was vorher gewesen war, was er bis zum zwölften Jahre war, das war wiederum da, nur gewachsen, noch größer geworden. Und hinein in diesen Leib, der jetzt nur in sich trug die unendliche Tiefe des Gemütes, das Gefühl des Offenseins für unendliche Weiten, senkte sich der Christus. Der Jesus war jetzt durchdrungen vom Christus; die Mutter aber hatte auch ein neues Ich, das sich in sie hineinversenkt hatte, erlangt; sie war eine neue Persönlichkeit geworden.

Es stellt sich dem Geistesforscher folgendes dar: In demselben Augenblicke, als diese Taufe im Jordan geschah, fühlte auch die Mutter etwas wie das Ende ihrer Verwandlung. Sie fühlte – sie war damals im fünfundvierzigsten, sechsundvierzigsten Lebensjahre –, sie fühlte sich mit einem Male wie durchdrungen von der Seele jener Mutter, welche die Mutter des Jesusknaben war, der in seinem zwölften Jahre das Zarathustra-Ich empfangen hatte, und die gestorben war. So wie der Christus-Geist auf Jesus von Nazareth herabgekommen war, so war der Geist der anderen Mutter, die mittlerweile in der geistigen Welt weilte, herniedergekommen auf die Ziehmutter, mit der Jesus jenes Gespräch hatte. Sie fühlte sich seitdem wie jene junge Mutter, die einstmals den Lukas-Jesusknaben geboren hatte.

Stellen wir uns in der richtigen Weise vor, was das für ein unendlich bedeutsames Ereignis ist! Versuchen wir das zu fühlen, aber auch zu fühlen, daß jetzt ein ganz besonderes Wesen auf der Erde lebte: die Christus-Wesenheit in einem Menschenleibe, eine Wesenheit, die noch nicht in einem Menschenleibe gelebt hatte, die bisher nur war in geistigen Reichen, die vorher kein Erdenleben hatte, die die geistigen Welten kannte, nicht die Erdenwelt! Von der Erdenwelt erfuhr diese Wesenheit nur dasjenige, was gleichsam aufgespeichert war in den drei Leibern, im physischen Leib, Ätherleib und Astralleib des Jesus von Nazareth. Sie senkte sich nieder in diese drei Leiber, wie sie geworden waren unter dem Einfluß des dreißigjährigen Lebens, das ich ja geschildert habe. So erlebte diese Christus-Wesenheit ganz unbefangen dasjenige, was sie zunächst auf Erden erlebte.

Diese Christus-Wesenheit wurde zunächst geführt – das zeigt uns auch die Akasha-Chronik des Fünften Evangeliums – in die Einsamkeit. Der Jesus von Nazareth, in dessen Leib die Christus-Wesenheit war, hatte ja dahingegeben alles, was ihn früher mit der übrigen Welt verbunden hatte. Die Christus-Wesenheit war eben angekommen auf der Erde. Zunächst zog es diese Christus-Wesenheit zu dem hin, was durch die Eindrücke des Leibes, die wie im Gedächtnis geblieben waren, im Astralleibe am heftigsten sich eingegraben hatte. Gleichsam sagte sich die Christus-Wesenheit: Ja, das ist der Leib, der den fliehenden Ahriman und Luzifer erlebt hat, der gespürt hat, daß die strebenden Essäer Ahriman und Luzifer zu den anderen Menschen hinstoßen. – Zu ihnen fühlte der Christus sich hingezogen, zu Ahriman und Luzifer, denn er sagte sich: Das sind die geistigen Wesen, mit denen die Menschen auf Erden zu kämpfen haben. – So zog es die Christus-Wesenheit, die zum ersten Male in einem Menschenleibe, in einem Erdenleibe wohnte, zunächst hin zum Kampf mit Luzifer und Ahriman in der Einsamkeit der Wüste.

Ich glaube, daß die Szene von der Versuchung, so wie ich sie nun erzählen werde, durchaus richtig ist. Aber es ist sehr schwierig, solche Dinge in der Akasha-Chronik zu lesen. Deshalb bemerke ich ausdrücklich, daß das eine oder andere unbeträchtlich modifiziert werden könnte bei einer weiteren okkulten Untersuchung. Aber das Wesentliche ist da, und dieses Wesentliche habe ich Ihnen zu erzählen. Die Versuchungsszene steht ja in verschiedenen Evangelien. Aber diese erzählen von verschiedenen Seiten her. Das habe ich ja öfters hervorgehoben. Ich habe mich bemüht, diese Versuchungsszene so zu gewinnen, wie sie wirklich war und ich möchte unbefangen erzählen, wie sie wirklich war.

Zuerst begegnete die Christus-Wesenheit im Leibe des Jesus von Nazareth in der Einsamkeit Luzifer, Luzifer, wie er waltet und wirkt und an die Menschen versuchend herankommt, wenn sie sich selbst überschätzen, wenn sie zu wenig Selbsterkenntnis und Demut haben. Herantreten an den falschen Stolz, den Hochmut, an die Selbstvergrößerung der Menschen: das will Luzifer ja immer versuchen. Jetzt trat Luzifer dem Christus Jesus entgegen und sagte zu ihm ungefähr die Worte, die ja auch in den anderen Evangelien stehen: Sieh mich an! Die anderen Reiche, in welche der Mensch versetzt ist, die von den anderen Göttern und Geistern gegründet worden sind, die sind alt. Ich aber will ein neues Reich gründen; ich habe mich losgelöst von der Weltordnung; ich will dir alles geben, was an Schönheit und Herrlichkeit in den alten Reichen ist, wenn du in mein Reich eintrittst. Aber abtrennen sollst du dich von den anderen Göttern und mich anerkennen! – Und alle Schönheit und Herrlichkeit der luziferischen Welt schilderte Luzifer, alles, was zur Menschenseele sprechen müßte, wenn sie auch nur ein wenig Hochmut in sich hätte. Aber die Christus-Wesenheit kam eben aus den geistigen Welten; sie wußte, wer Luzifer ist und wie das Verhalten der Seele zu den Göttern ist, die nicht auf Erden von Luzifer verführt werden will. Die Christus-Wesenheit kannte zwar nichts von der luziferischen Verführung in der Welt, aus der sie kam; sie wußte aber, wie man den Göttern dient, und sie war so stark, um Luzifer zurückzuweisen.

Da machte Luzifer eine zweite Attacke, aber jetzt holte er sich Ahriman zu seiner Unterstützung heran, und sie sprachen jetzt beide zum Christus. Der eine wollte seinen Hochmut aufstacheln: Luzifer; der andere wollte zu seiner Furcht sprechen: Ahriman. Dadurch kam zustande, daß ihm der eine sagte: Durch meine Geistigkeit, durch das, was ich dir zu geben vermag, wenn du mich anerkennst, wirst du nicht bedürfen dessen, wessen du jetzt bedarfst, weil du als Christus in einen menschlichen Leib getreten bist. Dieser physische Leib unterwirft dich, du mußt in ihm das Gesetz der Schwere anerkennen. Er hindert dich, das Gesetz der Schwere zu übertreten, ich aber werde dich erheben über die Gesetze der Schwere. Wenn du mich anerkennst, werde ich die Folgen des Sturzes aufheben und es wird dir nichts geschehen. Stürze dich hinunter von der Zinne! Es steht ja geschrieben: Ich will den Engeln befehlen, daß sie dich behüten, daß du deinen Fuß nicht an einen Stein stoßest. – Ahriman, der wirken wollte auf seine Furcht, sprach: Ich werde dich behüten vor der Furcht! Stürze dich hinunter!

Und beide drangen auf ihn ein. Aber da sie beide auf ihn einstürmten und sich gleichsam in ihrem Drängen die Waage hielten, konnte er sich vor ihnen retten. Und er fand die Kraft, die der Mensch finden muß auf Erden, um sich über Luzifer und Ahriman zu erheben.

Da sagte Ahriman: Luzifer, ich kann dich nicht brauchen, du hemmst mich nur, du hast meine Kräfte nicht vermehrt, sondern vermindert, ich werde ihn allein versuchen. Du hast verhindert, daß diese Seele uns verfällt. – Da schickte Ahriman den Luzifer weg und machte die letzte Attacke, als er allein war, und er sagte dasjenige, was ja nachklingt im Matthäus-Evangelium: Wenn du dich göttlicher Kräfte rühmen willst, dann mache das Mineralische zu Brot, oder wie es im Evangelium steht: Mache die Steine zu Brot! – Da sagte die Christus-

Wesenheit zu Ahriman: Die Menschen leben nicht von Brot allein, sondern von dem, was als Geistiges aus den geistigen Welten kommt. – Das wußte die Christus-Wesenheit am besten, denn sie war ja eben erst herabgestiegen aus den geistigen Welten. Da antwortete Ahriman: Wohl magst du recht haben. Aber daß du recht hast und inwiefern du recht hast, das kann mich eigentlich nicht hindern, dich doch in einer gewissen Weise zu halten. Du weißt nur, was der Geist tut, der aus den Höhen heruntersteigt. Du warst aber noch nicht in der menschlichen Welt. Da unten in der menschlichen Welt gibt es noch ganz andere Menschen, die haben wahrhaftig nötig, Steine zu Brot zu machen, die können unmöglich sich bloß vom Geiste nähren.

Das war der Moment, wo Ahriman zu Christus etwas sprach, was man zwar auf der Erde wissen konnte, was aber der Gott, der eben erst die Erde betreten hatte, noch nicht wissen konnte. Er wußte nicht, daß es unten auf der Erde notwendig ist, das Mineralische, das Metall zu Geld zu machen, damit die Menschen Brot haben. Da sagte Ahriman, daß die armen Menschen da unten auf der Erde gezwungen sind, mit dem Gelde sich zu ernähren. Das war der Punkt, an dem Ahriman noch eine Gewalt hatte. Und ich werde – sagte Ahriman – diese Gewalt gebrauchen!

Dies ist die wirkliche Darstellung der Versuchungsgeschichte. Es war also ein Rest geblieben bei der Versuchung. Nicht endgültig waren die Fragen gelöst; wohl die Fragen Luzifers, aber nicht die Fragen Ahrimans. Um diese zu lösen, war noch etwas anderes notwendig.

Als der Christus Jesus die Einsamkeit verließ, da fühlte er sich hinausgerückt über all das, was er durchlebt und gelernt hatte von seinem zwölften Jahre ab; er fühlte den Christus-Geist verbunden mit dem, was in ihm gelebt hatte vor seinem zwölften Jahre. Er fühlte sich eigentlich mit all dem, was alt und dürr geworden war im Menschheitswerden, nicht mehr verbunden. Selbst die Sprache, die in seiner Umgebung gesprochen wurde, war ihm gleichgültig geworden, und zunächst schwieg er auch. Er wanderte um Nazareth herum und noch weiter hinaus, immer weiter und weiter. Er besuchte viele derjenigen Orte, die er schon als Jesus von Nazareth berührt hatte, und da zeigte sich etwas höchst Eigentümliches. Ich bitte wohl zu beachten, ich erzähle die Geschichte des Fünften Evangeliums, und es würde nichts taugen, wenn irgend jemand sogleich Widersprüche aufsuchen wollte zwischen diesem und den vier anderen Evangelien. Ich erzähle so, wie die Dinge im Fünften Evangelium stehen.

In rechter Schweigsamkeit, wie nichts gemein habend mit der Umgebung, wanderte zunächst der Christus Jesus von Herberge zu Herberge, überall bei den Leuten und mit den Leuten arbeitend. Und tiefen Eindruck hatte zurückgelassen auf ihn, was er durchlebt hatte mit dem Spruche des Ahriman vom Brote. Überall fand er die Menschen, die ihn schon kannten, bei denen er früher schon gearbeitet hatte. Die Menschen erkannten ihn wieder, und er fand unter diesen Menschen wirklich das Volk, diejenigen, bei denen Ahriman Zutritt haben muß, weil sie nötig haben, Steine, Mineralisches zu Brot zu machen, oder was dasselbe ist, Geld, Metall zu Brot zu machen. Bei denjenigen, die Hillels oder anderer Sittensprüche beachteten, brauchte er ja nicht einzukehren. Aber bei denen, welche die anderen Evangelien die Zöllner und Sünder nennen, kehrte er ein, denn das waren diejenigen, die darauf angewiesen waren, Steine zu Brot zu machen. Besonders bei diesen ging er viel herum.

Aber jetzt war das Eigentümliche eingetreten: Viele von diesen Menschen kannten ihn schon aus der Zeit vor seinem dreißigsten Jahre, da er schon ein-, zwei- oder dreimal als Jesus von Nazareth bei ihnen gewesen war. Dazumal lernten sie kennen sein mildes, liebes, weises Wesen. Denn solch große Schmerzen, solch tiefes Leid, die er durchlebte seit seinem zwölften Jahre, wandelt sich zuletzt um in die Zauberkraft der Liebe, die in jedem Worte so ausströmt, wie wenn in seinen Worten noch eine geheimnisvolle Kraft waltete, die sich ausgoß über die Umstehenden. Wohin er kam, überall, in jedem Hause, in jeder Herberge, war er tief geliebt. Und diese Liebe blieb zurück, wenn er wiederum die Häuser verlassen hatte und weitergezogen war.

Viel sprach man in diesen Häusern von dem lieben Menschen, dem Jesus von Nazareth, der durchwandert hatte diese Häuser, diese Orte. Und wie durch das Hineinwirken kosmischer Gesetzmäßigkeit geschah das Folgende. Ich erzähle hier Szenen, die sich zahlreich wiederholten und die uns die hellsichtige Forschung oft und oft zeigen kann. Da war er in den Familien, bei denen Jesus von Nazareth gearbeitet hatte, die nach der Arbeit zusammensaßen und gerne redeten, wenn die Sonne untergegangen war, noch wie gegenwärtig! Da redeten sie von dem lieben Menschen, der als Jesus von Nazareth bei ihnen gewesen war. Vieles erzählten sie von seiner Liebe und Milde, vieles von ihren schönen, warmen Empfindungen, die durch ihre Seelen gezogen waren, wenn dieser Mensch unter ihrem Dache gelebt hatte. Und da geschah es – es war eine Nachwirkung jener Liebe, die da ausströmte –, in manchen dieser Häuser, wenn sie so stundenlang von diesem Gast gesprochen hatten, daß in die Stube hereintrat wie in einer gemeinsamen Vision für alle Familienmitglieder, das Bild dieses Jesus von Nazareth. Ja, er besuchte sie im Geiste, oder auch, sie schufen sich sein geistiges Bild.

Nun können Sie sich denken, wie es in solchen Familien empfunden wurde, wenn er ihnen in der gemeinsamen Vision erschienen war, und was es für sie bedeutete, wenn er jetzt wiederkam, nach der Johannestaufe im Jordan, und sie sein Äußeres wiedererkannten, nur war sein Auge leuchtender geworden. Sie sahen das verklärte Antlitz, das einstmals sie so lieb angeschaut hatte, diesen ganzen Menschen, den sie im Geiste bei sich sitzend gesehen hatten. Was da Außerordentliches geschah in solchen Familien, was da geschah bei den Sündern und Zöllnern, die wegen ihres Karma von all den dämonischen Wesen jener Zeit umgeben, geplagt waren, die da krank und beladen und besessen waren, wie diese Leute diese Wiederkehr empfunden haben, das können wir uns wohl denken!

Jetzt zeigte sich die umgewandelte Natur des Jesus; es zeigte sich besonders an solchen Menschen, was durch die Einwohnung des Christus aus Jesus von Nazareth geworden war. Früher hatten sie nur seine Liebe, Güte und Milde empfunden, so daß sie nachher die Vision von ihm hatten; jetzt aber ging etwas von ihm aus wie eine Zauberkraft! Hatten sie sich früher nur getröstet gefühlt durch seine Gegenwart, so fühlten sie sich jetzt geheilt durch ihn. Und sie gingen zu ihren Nachbarn, holten sie herbei, wenn sie ebenso bedrückt und von dämonischen Gewalten geplagt waren, und brachten sie dem Jesus Christus. Und so geschah es, daß der Christus Jesus, nachdem er Luzifer besiegt und nur einen Stachel zurückbehalten hatte von Ahriman, bei den Menschen, die unter Ahrimans Herrschaft waren, dasjenige bewirken konnte, was immer geschildert wird in der Bibel als die Austreibung der Dämonen und Heilung der Kranken. Viele von jenen Dämonen, die er gesehen hatte, als er wie tot auf dem heidnischen Opferaltar gelegen hatte, wichen jetzt von den Leuten, wenn er als Christus Jesus den Menschen gegenübertrat. Denn so wie Luzifer und Ahriman in ihm ihren Gegner sahen, so sahen auch die Dämonen in ihm ihren Gegner. Und als er so durch das Land zog, da mußte er durch das Verhalten der Dämonen in den Menschenseelen oft und oft an dazumal denken, wie er dort am alten Opferaltar gelegen hatte, wo statt der Götter die Dämonen waren, und wo er nicht den Dienst verrichten konnte. Er mußte gedenken der Bath-Kol, die ihm das alte Mysteriengebet verkündet hatte, von dem ich Ihnen gesprochen habe. Und insbesondere kam ihm immer wieder und wieder in den Sinn die mittlere Zeile dieses Gebetes: «Erlebet im täglichen Brote.» – Jetzt sah er es: Diese Menschen, bei denen er eingekehrt war, mußten Steine zu Brot machen. Er sah: Unter diesen Menschen, bei denen er so gelebt hatte, sind viele, die nur vom Brot allein leben müssen. Und das Wort aus jenem urheidnischen Gebete: «Erlebet im täglichen Brote», senkte sich tief in seine Seele. Er fühlte die ganze Einkörperung des Menschen in die physische Welt. Er fühlte, daß es in der Menschheitsevolution wegen dieser Notwendigkeit so weit gekommen war, daß durch diese physische Einkörperung die Menschen vergessen konnten die Namen der Väter in den Himmeln, die Namen der Geister der höheren Hierarchien. Und er fühlte, wie jetzt keine Menschen mehr da waren, die hören konnten die Stimmen der alten Propheten und die Botschaft der Zarathustra-Weisheit. Jetzt wußte er, daß das Leben im täglichen Brote es ist, das die Menschen von den Himmeln getrennt hat, das die Menschen in den Egoismus treiben und Ahriman zuführen muß.

Als er mit solchen Gedanken durch die Lande ging, da stellte sich heraus, daß diejenigen, die am tiefsten gefühlt hatten, wie Jesus von Nazareth verwandelt war, seine Jünger wurden und ihm folgten. Aus mancherlei Herbergen nahm er diesen oder jenen mit, der ihm jetzt folgte, folgte, weil er im höchsten Maße jene Empfindung hatte, die ich eben schilderte. So geschah es, daß bald eine Schar von solchen Jüngern schon zusammen kam. Da hatte er in diesen Jüngern Leute um sich herum, die nun in einer Grundseelenstimmung waren, die gewissermaßen ganz neu war, die durch ihn anders geworden waren als diejenigen Menschen, von denen er einstmals seiner Mutter hatte erzählen müssen, daß sie nicht mehr das Alte hören könnten. Und da leuchtete in ihm die Erdenerfahrung des Gottes auf: Ich habe den Menschen zu sagen, nicht wie die Götter den Weg herunterbahnten vom Geist zur Erde, sondern wie die Menschen hinauffinden können den Weg von der Erde zum Geist.

Und jetzt kam ihm die Stimme der Bath-Kol wieder in den Sinn, und er wußte, daß erneuert werden müßten die urältesten Formeln und Gebete; er wußte, daß nun der Mensch von unten hinauf suchen mußte den Weg in die geistigen Welten, daß er durch dieses Gebet den göttlichen Geist suchen konnte. Da nahm er die letzte Zeile des alten Gebetes:

«Ihr Väter in den Himmeln»

und kehrte sie um, weil sie so jetzt angemessen ist für den Menschen der neuen Zeit und weil er sie nicht auf die vielen geistigen Wesenheiten der Hierarchien, sondern auf das eine Geistwesen zu beziehen hatte:

«Unser Vater im Himmel.»

Und die zweite Zeile, die er gehört hatte als die vorletzte Mysterienzeile:

«Und vergaß Euren Namen»,

er kehrte sie um, wie sie jetzt lauten mußte für die Menschen der neuen Zeit:

«Geheiliget werde dein Name.»

Und so wie die Menschen, die von unten hinaufsteigen müssen, sich fühlen müssen, wenn sie sich der Gottheit nahen wollen, so wandelte er um die drittletzte Zeile, die da hieß:

in: «Da der Mensch sich schied von eurem Reich»

«Zu uns komme dein Reich!»

Und die folgende Zeile:

«In dem nicht waltet der Himmel Wille»,

er kehrte sie um, wie sie die Menschen jetzt allein hören konnten, denn die alte Wortstellung konnte kein Mensch mehr hören. Er kehrte sie um, denn eine völlige Umkehrung des Weges in die geistigen Welten sollte geschehen; er kehrte sie um in:

«Dein Wille geschehe wie im Himmel also auch auf Erden.»

Und das Geheimnis vom Brote, von der Einkörperung im physischen Leibe, das Geheimnis von alledem, was ihm jetzt durch den Stachel Ahrimans voll erschienen war, das wandelte er so um, daß der Mensch empfinden sollte, wie auch diese physische Welt aus der geistigen Welt kommt, wenn es der Mensch auch nicht unmittelbar erkennt. So wandelte er diese Zeile vom täglichen Brote um in eine Bitte:

«Gib uns heute unser täglich Brot.»

Und die Worte:

«Von andern erschuldete Selbstheitschuld»

kehrte er um in die Worte:

«Vergib uns unsere Schuld, wie wir vergeben unsern Schuldigern.»

Und diejenige Zeile, welche die zweite war in dem alten Gebet der Mysterien:

«Zeugen sich lösender Ichheit»,

er kehrte sie um, indem er sagte:

«Sondern erlöse uns»,

und die erste Zeile:

«Es walten die Übel»,

machte er zu:

«Von dem Übel. Amen.»

Und so wurde denn dasjenige, was das Christentum als das Vaterunser kennenlernte durch die Umkehrung dessen, was Jesus einstmals als die umgewandelte Stimme der Bath-Kol vernommen hatte bei seinem Fall am heidnischen Altar, zu dem, was Christus Jesus als das neue Mysteriengebet, das neue Vaterunser lehrte. In einer ähnlichen Weise – und es wird ja noch manches zu sagen sein – entstand auch die Verkündigung der Bergpredigt und andere Dinge, die der Christus Jesus seine Jünger lehrte.

In einer merkwürdigen Weise wirkte der Christus Jesus gerade auf seine Jünger. Ich bitte, wenn ich Ihnen, meine lieben Freunde, hiervon erzähle, immer im Auge zu behalten, daß ich einfach erzähle, was zu lesen ist in diesem Fünften Evangelium. Als er so durch die Lande zog, da war seine Wirkung auf die Umgebung eine ganz eigentümliche. Er war zwar mit den Aposteln, mit den Jüngern in Gemeinschaft, aber es war, weil er die Christus-Wesenheit war, so, als wenn er gar nicht bloß in seinem Leibe wäre. Wenn er so mit den Jüngern im Lande umherging, dann fühlte dieser oder jener manchmal, als ob er in ihm, in der eigenen Seele wäre, wenn er auch neben ihm ging. Mancher fühlte, wie wenn jene Wesenheit, die zu dem Christus Jesus gehörte, in der eigenen Seele wäre, und er fing dann an zu sprechen die Worte, die eigentlich der Christus Jesus selber nur sprechen konnte. Und da ging diese Schar herum und traf Leute, es wurde zu ihnen gesprochen und derjenige, der da sprach, war durchaus nicht immer Christus Jesus selber, sondern es sprach auch mancher der Jünger; denn er hatte alles gemeinsam mit den Jüngern, auch seine Weisheit.

Ich muß gestehen, ich war in hohem Maße erstaunt, als ich gewahr wurde, daß zum Beispiel das Gespräch mit dem Sadduzäer, von dem das Markus-Evangelium erzählt, gar nicht von dem Christus Jesus aus dem Jesusleibe gesprochen wurde, sondern aus einem der Jünger; aber natürlich sprach es der Christus. Und auch diese Erscheinung war häufig, daß wenn Christus Jesus einmal seine Schar verließ – er trennte sich zuweilen von ihnen –, er doch unter ihnen war. Entweder wandelte er geistig mit ihnen, während er weit weg war, oder er war auch nur in seinem ätherischen Leibe bei ihnen. Sein Ätherleib war unter ihnen, sein Ätherleib wandelte auch mit ihnen im Lande umher, und man konnte oftmals nicht unterscheiden, ob er sozusagen den physischen Leib mithatte, oder ob es nur die Erscheinung des Ätherleibes war.

So war der Verkehr mit den Jüngern und mit mancherlei Menschen aus dem Volke, als der Jesus von Nazareth zum Christus Jesus geworden war. Er selber erlebte allerdings das, was ich schon angedeutet habe: Während die Christus-Wesenheit in den ersten Zeiten verhältnismäßig unabhängig war von dem Leibe des Jesus von Nazareth, mußte sie sich ihm später immer mehr und mehr anähneln. Und je mehr das Leben vorrückte, desto mehr war er gebunden an den Leib des Jesus von Nazareth, und ein tiefster Schmerz kam in dem letzten Jahre über ihn von dem Gebundensein an den dazu noch sich gewordenen Leib des Jesus von Nazareth. Aber doch kam es immer noch vor, daß Christus, der jetzt schon mit einer großen Schar umherzog, wiederum hinausging aus seinem Leibe. Da und dort wurde gesprochen, hier sprach dieser, dort jener aus der Apostelschar, und man konnte glauben, daß der, der da sprach, der Christus Jesus sei, oder daß es nicht der Christus Jesus sei: der Christus sprach durch sie alle, so lange sie in inniger Gemeinschaft mit ihm herumzogen.

Man kann belauschen einmal ein Gespräch, wie die Pharisäer und jüdischen Schriftgelehrten miteinander sprachen und zueinander sagten: Zum Abschrecken für das Volk könnte man allerdings einen beliebigen aus dieser Schar herausgreifen und ihn töten; aber es könnte ebensogut ein falscher sein, denn alle sprechen sie gleich. Damit ist uns also nicht gedient, denn dann ist der wirkliche Christus Jesus vielleicht noch da. Wir müssen aber den wirklichen haben! – Nur die Jünger selber, diejenigen, die ihm schon nähergetreten waren, konnten ihn unterscheiden. Sie sagten aber ganz gewiß nicht dem Feinde, welcher der richtige sei.

Da war aber Ahriman stark genug geworden in bezug auf die Frage, die übriggeblieben war, die der Christus nicht in den geistigen Welten abmachen konnte, sondern nur auf Erden. Er mußte durch die schwerste Tat erfahren, was die Frage bedeutet, Steine zu Brot zu machen, oder was dasselbe ist, Geld zu Brot zu machen, denn Ahriman bediente sich des Judas aus Karioth.

So wie der Christus wirkte – kein geistiges Mittel hätte es gegeben, um ausfindig zu machen, welcher unter der Schar seiner Jünger, die ihn verehrten, der Christus war. Denn da, wo der Geist wirkte, wo auch noch das letzte von überzeugender Kraft wirkte, konnte man dem Christus nicht beikommen. Nur da, wo der war, der das Mittel anwendete, das der Christus nicht kannte, das er erst durch die schwerste Tat auf Erden kennenlernte, wo der Judas wirkte, konnte man ihm beikommen. Man hätte ihn nicht erkennen können durch etwas anderes als dadurch, daß sich einer fand, der sich in den Dienst des Ahriman stellte, der tatsächlich durch das Geld allein zu dem Verrat gekommen ist! Dadurch war Christus Jesus mit dem Judas verbunden, daß sich zugetragen hatte bei der Versuchungsgeschichte, was bei dem Gott begreiflich ist: daß der Christus, der eben herabgekommen war auf die Erde, nicht wußte, wie es nur für den Himmel richtig ist, daß man keine Steine zum Brot braucht. Weil Ahriman das als seinen Stachel behalten hatte, geschah der Verrat. Und dann mußte der Christus noch in die Herrschaft des Herrn des Todes kommen, insofern Ahriman der Herr des Todes ist. So ist der Zusammenhang von der Versuchungsgeschichte und dem Mysterium von Golgatha mit dem Verrat des Judas.

Viel mehr wäre zu sagen aus diesem Fünften Evangelium als das, was gesagt worden ist. Aber im Laufe der Menschheitsentwickelung werden ganz gewiß auch noch die anderen Teile dieses Fünften Evangeliums zutage treten. Mehr von der Art, *wie* es ist, versuchte ich durch die herausgerissenen Erzählungen Ihnen eine Vorstellung zu geben von diesem Fünften Evangelium. Es tritt mir auch am Ende dieser Vorträge dasjenige vor das Seelenauge, was ich am Schlusse der ersten Stunde gesagt habe, daß es ja nur herausgefordert ist durch die Notwendigkeiten unserer Zeit, in der Gegenwart schon von diesem Fünften Evangelium zu sprechen. Und ich möchte es Ihnen, meine lieben Freunde, ganz besonders ans Herz legen, dasjenige was vom Fünften Evangelium gesagt werden durfte, in der entsprechenden pietätvollen Weise zu behandeln.

Sehen Sie, wir haben heute schon gründlich genug Feinde, und die Art, wie sie vorgehen, ist ja eine ganz eigentümliche. Ich will über diesen Punkt nicht sprechen, Sie kennen ihn vielleicht aus den «Mitteilungen». Sie kennen ja auch die merkwürdige Tatsache, daß es seit längerer Zeit Menschen gibt, die davon sprechen, wie infiziert von allem möglichen engherzigen Christentum, ja sogar von Jesuitismus die Lehre ist, die von mir verkündet wird. Insbesondere sind es gewisse Anhänger der sogenannten Adyar-Theosophie, welche in der schlimmsten Weise eben diesen Jesuitismus verkünden und lauter gehässiges, gewissenloses Zeug reden. Aber dabei tritt auch noch das zutage, daß von einer Stelle aus, wo man recht sehr gewütet hat gegen das Engherzige, Verkehrte, Verwerfliche, unsere Lehre bodenlos gefälscht worden ist. Es hat unsere Lehre ein Mann, der aus Amerika kam, durch viele Wochen und Monate kennengelernt, aufgeschrieben und dann in verwässerter Gestalt nach Amerika getragen und dort eine Rosenkreuzer-Theosophie herausgegeben, die er von uns übernommen hat. Er sagt zwar, daß er von uns hier manches gelernt habe, daß er aber dann erst zu den Meistern gerufen wurde und von ihnen mehr gelernt habe. Das Tiefere aber, was er aus den damals unveröffentlichten Zyklen gelernt hatte, verschwieg er als von uns gelernt. Daß so etwas in Amerika geschah – man könnte ja, wie der alte Hillel, in Sanftmut bleiben; man brauchte sich diese auch nicht nehmen lassen, wenn das auch nach Europa herüberspielt. Es wurde an der Stelle, wo man am meisten gegen uns gewütet hat, eine Übersetzung gemacht dessen, was über uns nach Amerika geliefert worden ist, und diese Übersetzung wurde eingeleitet damit, daß man sagte: Zwar träte eine rosenkreuzerische Weltanschauung auch in Europa zutage, aber in engherziger, jesuitischer Weise. Und erst in der reinen Luft Kaliforniens konnte sie weiter gedeihen. – Nun, ich mache Punkte ... ! Das ist die Methode unserer Gegner. Wir können nicht nur mit Milde, sondern sogar mit Mitleid diese Dinge ansehen, aber wir dürfen den Blick nicht davor schließen. Wenn solche Dinge geschehen, dann sollten auch diejenigen vorsichtig sein, die ja die Jahre her immer eine merkwürdige Nachsicht hatten mit denen, die in so gewissenloser Weise handelten. Vielleicht werden allen einmal die Augen aufgehen. Ich möchte wahrhaftig nicht über diese Dinge sprechen, wenn es nicht eben notwendig wäre im Dienste der Wahrheit. Man muß doch das alles ganz klar sehen.

Wenn auch einerseits diese Dinge von anderen verbreitet werden, dann schützt uns das nicht davor, daß andrerseits diejenigen, denen in etwas ehrlicherer Weise diese Dinge unangenehm sind – denn es gibt ja auch solche Menschen –, den Kampf ausführen. Mit all dem törichten Zeug, was zwischen diesen beiden Parteien geschrieben wird, will ich Sie nicht behelligen. Denn all diese sonderbare Literatur, die in Deutschland jetzt erscheint von Freimark, Schalk, Maack und so weiter, wäre gar nicht notwendig zu beachten, weil die Inferiorität denn doch zu groß ist. Aber es gibt Leute, die gerade dasjenige nicht vertragen können, was von der Art ist wie dieses Fünfte Evangelium. Und vielleicht war kein Haß so ehrlich als derjenige, der hervorgetreten ist in den Kritiken, die gleich aufgetreten sind, als etwas von dem Geheimnis der beiden Jesusknaben, das ja auch schon zum Fünften Evangelium gehört, in die Öffentlichkeit gedrungen ist. Wirkliche Anthroposophen werden dieses Fünfte Evangelium, das in gutem Glauben gegeben ist, richtig behandeln. Nehmen Sie es mit, erzählen Sie davon in den Zweigen, aber sagen Sie den Leuten, wie es behandelt werden muß! Machen Sie, daß es nicht pietätlos hingeworfen wird unter diejenigen, die es vielleicht verhöhnen.

Man steht mit solchen Dingen, die auf der für unsere Zeit schon notwendigen hellsichtigen Forschung beruhen, unserer ganzen Zeit gegenüber, und vor allem der tonangebenden Bildung unserer Zeit. Wir versuchten, uns das ja auch zu Herzen zu führen. Diejenigen, die wir beisammen waren bei der Grundsteinlegung unseres Baues, wissen, wie wir versuchten, uns vor die Seele zu rufen, wie notwendig die Verkündigung spiritueller Lehren ist mit treuem Einhalten der Wahrheit. Wir versuchten es uns vor die Seele zu führen, wie weitab unsere Zeitkultur von diesem Suchen nach der Wahrheit liegt. Man kann sagen, daß der Schrei nach dem Geiste durch unsere Zeit geht, daß aber die Menschen zu hochmütig oder beschränkt sind, um wirklich von wahrem Geiste etwas wissen zu wollen. Jener Grad von Wahrhaftigkeit, der notwendig ist, um die Verkündigung des Geistes zu vernehmen, der muß erst heranerzogen werden. Denn in dem, was heute Geistesbildung ist, ist dieser Grad von Wahrhaftigkeit nicht vorhanden und, was schlimmer ist, man merkt es nicht, daß er nicht vorhanden ist. Behandeln Sie das, was hier mit dem Fünften Evangelium gegeben worden ist, so, daß es in den Zweigen pietätvoll behandelt wird. Nicht aus Egoismus beanspruchen wir das, sondern aus einem ganz anderen Grunde, denn der Geist der Wahrheit muß in uns leben und der Geist muß in Wahrheit vor uns stehen.

M.06 Die Menschen reden heute vom Geiste, aber sie ahnen, selbst wenn sie das tun, nichts vom Geiste. Da gibt es einen Mann – und warum soll man nicht Namen nennen –, der zu einem großen Ansehen gekommen ist, gerade weil er immer und immer vom Geiste spricht, *Rudolf Eucken*. Er redet immer vom Geiste, aber wenn man alle seine Bücher durchliest – versuchen Sie es nur einmal –, wird immer gesagt: Den Geist gibt es, man muß ihn erleben, man muß mit ihm zusammensein, man muß ihn empfinden – und so weiter. In unendlichen Phrasen geht es durch alle diese Bücher, wo man immer wieder schreibt: Geist, Geist, Geist! So redet man heute vom Geiste, weil man zu bequem oder zu hochmütig ist, zu den Quellen des Geistes selbst zu gehen. Und diese Menschen haben heute großes Ansehen. Dennoch wird es schwierig sein in der heutigen Zeit, mit dem, was so konkret aus dem Geiste geholt ist, wie es bei der Schilderung des Fünften Evangeliums geschehen mußte, durchzudringen. Dazu gehören Ernst und innere Wahrhaftigkeit. Eine der neuesten Schriften Euckens ist diese: «Können wir noch Christen sein?» Da lesen wir auf einer der Seiten, die nichts anderes sind als einzelne Glieder, die sich bandwurmartig aneinanderstücken aus Seele und Geist, und Geist und Seele, und durch viele Bände hindurch geschieht das, denn damit erwirbt man ungeheures Ansehen, Ruhm und Ruf, wenn man den Leuten erklärt, vom Geiste etwas zu wissen, denn die Leute merken heute nicht beim Lesen, was alles an innerer Unwahrhaftigkeit geleistet wird, und man möchte glauben, die Menschen müßten doch endlich lesen lernen – da lesen wir auf einer Seite den Satz: Die Menschheit ist heute darüber hinaus, an Dämonen zu glauben; an Dämonen zu glauben kann man den Menschen nicht mehr zumuten! – Aber an einer anderen Stelle liest man in demselben Buche den merkwürdigen Satz: «Die Berührung von Göttlichem und Menschlichem erzeugt dämonische Mächte.» Da spricht doch der Mann ernsthaft jetzt von Dämonen, der so, wie ich vorher gesagt habe, auf einer anderen Seite desselben Buches spricht. Ist das nicht tiefste innere Unwahrheit? Es müßte die Zeit endlich kommen, wo zurückgewiesen werden solche Lehren vom Geiste, die voll innerster Unwahrheit sind. Aber ich merke nichts davon, daß viele unserer Zeitgenossen diese innere Unwahrheit bemerken.

So stehen wir heute noch, wenn wir der Wahrheit vom Geiste dienen, im Gegensatz zu unserer Zeit. Und es ist notwendig, sich an so etwas zu erinnern, um klar zu sehen, was wir in unseren Herzen zu tun haben, wenn wir sein wollen Mitträger der Verkündigung vom Geiste, Mitträger des der Menschheit notwendigen neuen Lebens vom Geiste. Wie kann man hoffen, wenn man versucht, durch die Geistlehre die menschliche Seele zu der Christus-Wesenheit zu führen, viel Anklang zu finden gegenüber der Zeitbildung, die sich heute begnügt mit solchen Wahrheiten, die alle gescheiten Philosophen und Theologen erzählen: daß es ein Christentum *vor* dem Christus gegeben habe! Denn sie weisen nach, daß der Kult, ja einzelne typische Erzählungen, in derselben Weise schon früher im Morgenlande gefunden wurden. Da erklären denn die gescheiten Theologen und erzählen es allen, die es hören wollen, daß das Christentum nichts anderes sei als die Fortsetzung dessen, was schon früher da war. Und ein großes Ansehen hat diese Literatur bei unseren Zeitgenossen. Ungeheures Ansehen hat sie gefunden, und die Zeitgenossenschaft merkt gar nicht, wie sich das alles zueinander verhält.

Wenn man von der Christus-Wesenheit spricht, wie sie in ihrer Geistigkeit heruntersteigt, und wenn man die Christus-Wesenheit später in denselben Kultformen verehrt findet wie früher die heidnischen Götter verehrt wurden, und wenn das verwendet werden soll, um die Christus-Wesenheit überhaupt wegzuleugnen, wie das ja heute auch schon da ist, so ist das eine Logik, die jemand gebraucht, dem folgendes passiert: Irgendein beliebiger Mensch geht in eine Herberge und hätte dann dort seine Kleider gelassen. Von den Kleidern weiß man, daß sie diesem Menschen gehören. Nachher wäre ein Mensch wie Schiller oder Goethe gekommen und hätte, durch irgendeinen Umstand genötigt, die zurückgelassenen Kleider angezogen und wäre herausgekommen mit den Kleidern, die dem anderen gehörten. Und nun würde jemand umhergehen, Goethe in den anderen Kleidern sehen und sagen: Ja, was redet man denn da? Was soll das für ein besonderer Mensch sein? Die Kleider habe ich ja ganz genau geprüft, die gehören dem und dem, der gar kein besonderer Mensch ist. – Weil die Christus-Wesenheit die Kleider der alten Kulte gewissermaßen benutzt hat, kommen die gescheiten Leute und erkennen nicht, daß die Christus-Wesenheit dies nur wie ein Kleid angezogen hat, und daß, was jetzt in den alten Kulten steckt, die Christus-Wesenheit ist.

Und nun nehmen Sie ganze Bibliotheken, nehmen Sie ganze Summen von heutigen wissenschaftlichen monistischen Betrachtungen: das sind Beweise vom Kleide der Christus-Wesenheit, die ja sogar wahr sind! Hoch im Werte steht heute der Beschnüffler der Kulturevolution und als tiefe Weisheit wird die Wissenschaft dieser Beschnüffler hingenommen. Dies Bild müssen wir uns vor die Seele malen, wenn wir nicht nur verstandesmäßig, sondern auch mit dem Gefühl aufnehmen wollen das, was mit diesem Fünften Evangelium gemeint ist. Denn gemeint ist, daß wir mit unserer Wahrheit in der richtigen Weise in unsere Zeit hineingestellt uns fühlen sollen, um zu begreifen, wie unmöglich es ist, der alten Zeit dasjenige begreiflich zu machen, was wieder als neue Verkündigung kommen muß. Deshalb darf ein Evangelienwort gesprochen werden, jetzt, wo wir wiederum Abschied nehmen voneinander: Mit dem Sinn, der heute in der Menschheit waltet, ist in der nächsten geistigen Entwickelung nicht weiterzukommen. – Darum muß dieser Sinn geändert werden, auf ein anderes gerichtet werden! Und die Kompromißnaturen, die sich kein klares Bild machen wollen von dem, was da ist und was da kommen muß, werden nicht gut dem dienen, was als geistige Lehre und geistiges Dienen der Menschheit notwendig ist.

Ich war das Fünfte Evangelium, das mir heilig ist, schuldig. Und ich verabschiede mich von Ihren Herzen und Ihren Seelen mit dem Wunsche, daß das Band, das uns verbunden hat durch mancherlei anderes, gefestigt worden sei durch diese geistige Forschung über das Fünfte Evangelium, die mir besonders teuer ist. Und dies kann vielleicht in Ihren Herzen und Seelen eine warme Empfindung auslösen: Wenn wir auch physisch, räumlich und zeitlich getrennt sind, so wollen wir doch beisammen bleiben, zusammen fühlen, was wir in unseren Seelen zu erarbeiten haben und was gefordert ist durch die Pflicht, die der Geist in unserer Zeit den Menschenseelen auferlegt!

Hoffentlich geht das, was wir erstreben, durch die Arbeit einer jeden Seele in der rechten Weise weiter. Ich glaube, daß mit diesem Wunsche der beste Abschiedsgruß gegeben sein darf, den ich am Ende gerade dieses Vortragszyklus hiermit bringen möchte.

DAS FÜNFTE EVANGELIUM

Nach einer längeren Pause haben wir uns wieder in dieser unserer Berliner Arbeitsgruppe zusammengefunden und wollen dasjenige beginnen, was wir in diesem Winter wie eine Art Fortsetzung unserer geisteswissenschaftlichen Arbeit, wie wir sie die Jahre her gepflogen haben, betrachten können. Für Berlin war ja eine längere Pause eingetreten; aber diese Pause war diesmal ja nicht nur mit den üblichen Vorstellungen und dem Vortragszyklus in München ausgefüllt, sondern auch mit der Grundsteinlegung unseres Baues in Dornach und mit mannigfaltigen Arbeiten, die mit dem Beginne dieses unseres Baues zusammenhängen. Und so darf ich an diesem Abend, an dem wir uns zum erstenmal seit längerer Zeit wieder hier in diesem Raume zusammenfinden, zuallererst Ihren Blick auf dasjenige hinlenken, was sich für uns ausdrückt in diesem Dornacher Bau. Es ist ja zu hoffen, daß mit diesem Bau dasjenige, was unsere anthroposophische Anschauung der Welt sein will, auch ein äußeres Symbolum der Zusammengehörigkeit für alle jene Herzen und Seelen bilden kann, die sich innerlich verbunden fühlen mit dem geisteswissenschaftlichen Streben, wie wir es mit dieser anthroposophischen Weltanschauungsströmung pflegen.

Im Grunde genommen – das werden Ihnen mancherlei Bemerkungen der verflossenen Jahre ergeben haben, die auch hier gemacht worden sind – weist alles im geistigen Leben der Gegenwart darauf hin, wie die Menschheit unserer Tage unbewußt dürstet nach dem, was mit einer wahren spirituellen Weltanschauung gegeben werden soll. Und nicht nur jene Seelen, die heute etwa in positiver Weise das Bedürfnis nach einer solchen Weltanschauung zum Ausdruck bringen, streben nach einer solchen Weltanschauung, sondern auch zahlreiche Menschen, welche nichts von einer solchen Weltanschauung wissen. Ja sogar auch solche, die nichts von ihr wissen wollen, vielleicht ihr sogar heute noch feindlich gegenüberstehen, sie streben doch unbe-

103

wußt – man möchte sagen aus den Bedürfnissen ihres Herzens heraus, die sich in bewußten Begriffen und Ideen noch gar nicht ankündigen, die sich vielleicht sogar in gegnerischen Begriffen und Ideen ankündigen –, sie streben, ohne es selbst zu wissen, nach dem, was gerade mit unserer Weltanschauung gegeben werden soll.

So war es wirklich eine ganz besondere Empfindung, als wir mit den wenigen unserer anthroposophischen Freunde, die gerade – weil alles, durch die Verhältnisse geboten, schnell gemacht werden mußte – nahe am Orte waren und anwesend sein konnten, den Grundstein dieses Dornacher Baues legten. Es war eine erhebende Empfindung, zu fühlen, daß man damit gewissermaßen stehe am Beginne des Baues, der sozusagen unser vorläufiges äußeres Symbolum für unser gemeinsames Streben bilden soll.

Wenn man da oben auf dem Hügel stand, auf dem unser Bau errichtet werden soll – und das war ja bei unserer Eröffnungszeremonie geschehen –, von dem man weit hinaussieht auf die umliegenden Berge und Flächen des Landes und den Blick hinauslenken kann auf viel weitere Weiten, da mußte man gleichsam gedenken der Schreie der Menschheit in einer weiteren Weltenumgebung nach geistigen Wahrheiten, nach den Verkündigungen einer spirituellen Weltanschauung, die innerhalb unserer geistigen Strömung gegeben werden können. Und man mußte daran denken, wie noch mehr als das Ausgesprochene oder das Empfundene, manches andere Symptomatische in unserer Gegenwart ankündigt, daß es eine spirituelle Notwendigkeit ist, daß sich eine solche spirituelle Weltanschauung dem Seelenleben der Menschheit wirklich fruchtbar einpflanze. Das war also die hauptsächlichste Empfindung, die uns beseelte, als wir den Stein, über dem sich unser Bau erheben soll, in die Erde legten. Und dieser Bau, er soll ja auch in seinen Formen ausdrücken, was wir wollen; so daß diejenigen, die den Bau von außen oder von innen einstmals betrachten werden, wenn er fertig sein wird, seine Formen als eine Art Schriftzeichen empfinden können, in denen sich ausdrückt, ausspricht dasjenige, was wir in der Welt verwirklicht sehen wollen.

Wenn man über eine solche Begründung nachdenken und sie nachempfinden muß, ist es ja dann so naheliegend, daran zu denken, wie

104

nicht nur im einzelnen menschlichen Leben, sondern in der ganzen menschlichen Erdenentwickelung Karma wirkt. Im einzelnen Menschenleben wirkt sozusagen das kleine Karma; im Ganzen der Erden- und Menschheitsentwickelung wirkt das große Karma. Und das ist der große erhebende Gedanke, den man fühlen darf: Indem gerade auf spirituellem Boden so etwas geschieht, ist man in einer gewissen Weise – und sind es alle anthroposophisch Strebenden, die an der Sache beteiligt sind – das Werkzeug, wenn auch nur das geringe, so doch das Werkzeug des Geistes, der durch das Weltenkarma wirkt und seine Taten schafft. Dieses Sich-Verbundenfühlen mit dem Geiste des Weltenkarmas, das ist ja die bedeutsame große Empfindung, das Gefühl, in das sich immer wieder und wieder alles zusammenschließen soll, was wir an anthroposophischen Betrachtungen pflegen können. Dieses Gefühl ist das, was der Seele Ruhe geben kann dann, wenn sie Ruhe braucht, was der Seele Harmonie geben kann, wenn sie der Harmonie bedarf, was ihr aber auch Kraft, Wirkensfähigkeit, Ausdauer und Energie geben kann, wenn sie Kraft, Wirkensfähigkeit, Ausdauer und Energie braucht.

Wenn die spirituellen Weltbegriffe in ihrer Wahrheit in unsere Seele einfließen, dann werden sie in uns auch zu so etwas wie einem innerlich pulsierenden Leben, das sich in Kraft umsetzt, das wir fühlen und empfinden können, das in uns rege ist sowohl bei dem Höchsten, zu dem wir unsere Gedanken aufschwingen können, als auch bei dem Kleinsten im alltäglichen Leben, zu dem uns unsere Arbeit zwingt; sie werden etwas, zu dem wir immer greifen können, wenn wir einen Kraftanreger brauchen, zu dem wir immer wieder hinblicken können, wenn wir Trost im Leben brauchen. Auch echte Moralität, echte sittliche Kraft wird der Menschheit hervorsprießen nur aus diesem Hinlenken des Seelenblickes nach der wahren Spiritualität, nach dem echten spirituellen Leben.

Denn in anderer Art stehen wir gegenwärtig im Weltenkarma darinnen, als die Menschheit im Weltenkarma stand in der Zeit, in welcher sich abgespielt hat, was wir oftmals als den Mittelpunkt, den Schwerpunkt der menschlichen Erdenentwickelung bezeichnet haben: das Mysterium von Golgatha. Und wie ich an anderen Orten in den letzten Zeiten – gerade im Zusammenhang mit dem Zeitpunkt unserer eigenen geisteswissenschaftlichen Entwickelung, in dem wir jetzt stehen – auf ganz merkwürdige Verhältnisse aufmerksam machte in bezug auf das Mysterium von Golgatha, so möchte ich es gerade heute, wo wir uns nach langer Zeit in diesem Raume wieder treffen, auch vor Ihre Herzen, Ihre Seelen bringen.

Das Mysterium von Golgatha, das Einleben des Christus-Impulses kam in die Welt. Zu welcher Zeit kam es in die Welt? Wir wissen heute durch unsere spirituelle Vertiefung, was dazumal in einen Menschenleib eingeflossen ist, um Eigentum der Erdenentwickelung, der Erden-Menschheitsentwickelung zu werden. Dasjenige, was wir gleichsam an vorbereitenden Studien unternommen haben, hat uns in die Lage versetzt, einigermaßen die Bedeutung des Mysteriums von Golgatha zu begreifen. Künftige Zeiträume, das haben wir oft betont, werden es noch deutlicher begreifen. Wie steht es denn aber, so kann man fragen, mit dem Begreifen des Mysteriums von Golgatha gerade in jener Zeit, in welcher es sich abgespielt hat? Es handelt sich ja darum, daß wir dieses Mysterium von Golgatha seiner Tatsächlichkeit nach auffassen, daß wir begreifen, um was es sich dabei wirklich handelt. Handelt es sich denn darum, was damals der Menschheit gelehrt worden ist? Käme es darauf an, dann könnten diejenigen vielleicht einen Schein des Rechtes beanspruchen, die da sagen, daß die meisten Lehren des Christus Jesus schon in früheren Zeiträumen vorhanden gewesen seien; obwohl es, wie wir wissen, auch nicht vollständig wahr ist. Aber darauf kommt es gar nicht in erster Linie an, sondern es handelt sich um etwas ganz anderes, nämlich darum: was auf Golgatha und damit zusammenhängend geschehen ist, was geschehen wäre, auch wenn keine menschliche Seele im weiten Erdenumkreis es verstanden hätte. Denn es handelt sich nicht darum, daß eine Tatsache gleich verstanden werde, sondern darum, daß sie geschieht. Die Bedeutung der Golgatha-Tatsache beruht zunächst nicht auf dem, was die Menschen davon verstanden haben, sondern darauf, was für die Menschheit so geschehen ist, daß der Strom dieses Geschehens in den spirituellen Weltentatsachen zum Ausdruck gekommen ist.

In welche Zeit fiel denn das Mysterium von Golgatha? Es fiel wirklich in eine merkwürdige Zeit. Betrachten wir nur, um das Merkwürdige dieses Zeitraumes ins Auge zu fassen, die nachatlantische Entwickelung. Wir haben oft darauf hingewiesen, daß sich die Menschheit in dieser nachatlantischen Zeit zuerst in der sogenannten urindischen Kulturepoche entwickelt hat. Wir haben auf das Hohe, auf das Bedeutsame der urindischen Kultur hingewiesen, haben darauf hingewiesen, wie ganz andersgeartet die Seelen in dieser Epoche waren, wie sie viel intimer zugänglich waren für das spirituelle Leben, und wie diese Zugänglichkeit dann von Epoche zu Epoche abgenommen hat. Wir haben ferner darauf hingewiesen, wie in der urpersischen Zeit, in der ägyptisch-chaldäischen Zeit die unmittelbare Anteilnahme des Menschen an den spirituellen Welten geringer wurde. Denn in der urindischen Epoche hatte der Mensch hereingenommen in seinen Ätherleib alles, was ihm die Welt mitteilen konnte, und er hatte es erlebt in seinem Ätherleib; wenigstens diejenigen haben es erlebt, die diese indische Kulturepoche in jenen alten Zeiten im wahren Sinne mitmachten. Was man da im Ätherleib erlebt, trägt in hohem Grade den Charakter der Hellsichtigkeit. In der urpersischen Zeit hat man das Seelische erlebt im Empfindungsleibe; das war schon erlebt mit einem geringeren Grade von Hellsichtigkeit. In der ägyptisch-chaldäischen Epoche erlebte man das Seelische in der Empfindungsseele; da war schon wieder ein geringerer Grad von Hellsichtigkeit vorhanden. Dann kam die vierte, die griechisch-lateinische Kulturepoche: in diese fiel hinein das Mysterium von Golgatha. Es ist die Kulturepoche, in welcher die Menschenseele bereits herausgegangen war zu dem Wahrnehmen nur auf dem äußeren physischen Plan. Die Kultur des Verstandes, die sich auf die äußeren Dinge bezieht, beginnt. Die Seele entwickelt die Kräfte, die sich auf die äußere Welt beziehen.

In unserer Zeitepoche, im fünften nachatlantischen Kulturzeitraum, hat sich bisher das Erleben der Menschheit auf die Beobachtung der Außenwelt, auf das Erleben der Sinneseindrücke beschränkt. Aber dieser fünfte nachatlantische Kulturzeitraum wird wieder hinführen müssen zu einer neuen, erneuerten Empfänglichkeit für das spirituelle Leben, denn er muß voll ausleben das Leben in der Bewußtseinsseele.

Wenn man sich nun frägt, hinblickend nur auf die vier ersten Zeit-räume der nachatlantischen Entwickelung, welcher von diesen Zeit-räumen denn am wenigsten geeignet war, das Mysterium von Gol-gatha, das Herabsteigen des Christus zu verstehen, wirklich mit spiri-tuellem Verständnis zu verfolgen, so könnte man sich sagen: Hätte – wie es ja nach dem Weltenkarma nicht hat geschehen können, aber wie man hypothetisch einmal annehmen kann – das Mysterium von Gol-gatha stattgefunden, wäre der Christus herabgekommen in einen menschlichen Leib in der Zeit der urindischen Kultur, so wären un-zählige Seelen dagewesen, um dieses Ereignis zu verstehen; denn sie hatten noch dieses spirituelle Verständnis. Auch noch in der ur-persischen, selbst noch in der ägyptisch-chaldäischen Epoche wäre in gewissem Sinne ein Verständnis für das Mysterium von Golgatha den Seelen noch leicht gewesen, wenn es sich hätte nach dem Weltenkarma damals abspielen können. Im vierten nachatlantischen Zeitraume war die Menschenseele in einer Entwickelung, in welcher ihr dieses Verständnis für das Mysterium von Golgatha, dieses unmittelbare spirituelle Verständnis, gerade durch ihren Entwickelungszustand ver-schlossen war.

Wir werden noch oft sprechen müssen von der eigenartigen Tat-sache, daß das Mysterium von Golgatha in der nachatlantischen Zeit auf denjenigen Kulturzeitraum wartete, in welchem das spirituelle Verständnis für die zu geschehende Tatsache schon geschwunden, schon nicht mehr da war. Die Verstandes- oder Gemütsseele war im griechisch-lateinischen Zeitraum daran, sich besonders zu entwickeln. Sie richtete vor allem den Blick liebevoll hin auf die äußere Welt, wie an der ganzen griechischen Kultur zu sehen ist. Dem Mysterium von Golgatha, das nur mit dem inneren Blick zu verfolgen war, stand im Grunde genommen die ganze zeitgenössische Kultur so gegenüber wie jene Frauen, die an das Grab des Christus Jesus kamen und den Leichnam suchten, aber das Grab geöffnet fanden und den Leichnam nicht mehr darinnen, und die auf ihre Frage, wo der Leib des Herrn geblieben wäre, die Antwort vernehmen mußten: Der, den ihr suchet, der ist nicht mehr hier!

So wie sie in der äußeren Welt den Christus suchten, aber ihnen die Antwort kam: Der, den ihr suchet, der ist nicht mehr hier! –, so ging es im Grunde genommen dem ganzen Zeitalter in bezug auf das Verständnis des Mysteriums von Golgatha. Die Menschen des vierten nachatlantischen Kulturzeitraumes suchten etwas, was dort nicht war, wo sie suchten. Und sie suchten auch noch, als dieser vierte nachatlantische Zeitraum zu Ende ging – er endete mit dem 15. Jahrhundert –, sie suchten auch da noch in derselben Weise. Denn wie die Umsetzung ins Große, das heißt nur ins räumlich Große, dessen, was den Frauen am Grabe des Christus Jesus geschehen war, erscheinen uns die Kreuzzüge. Durch zahlreiche europäische Gemüter geht zur Zeit der Kreuzzüge die Sehnsucht: Wir müssen suchen, was uns teuer ist, am Grabe des Christus Jesus! – Und ganze Scharen von Menschen bewegten sich nach dem Orient hinüber, um auf diesem Wege zu finden, was sie finden wollten, weil es so ihren Empfindungen entsprach. Und wie kann man charakterisieren, was gerade diejenigen empfunden haben, welche nach dem Oriente in den Kreuzzügen gezogen waren? Es war, wie wenn ihnen der ganze Orient geantwortet hätte: Der, den ihr suchet, der ist nicht mehr hier! – Drückt sich darin nicht symbolisch tief aus, daß während des ganzen vierten nachatlantischen Zeitraumes die Menschheit suchen mußte auf dem äußeren physisch-sinnlichen Plane, daß aber der Christus gesucht werden muß auf dem geistigen Plan, auch insofern er in der Erdenwelt ist.

Wo war denn der Christus, als die Frauen ihn am Grabe suchten? Er war im Geistigen, dort, wo er den Aposteln erscheinen konnte, als sie ihre Herzen, ihre Seelen aufschlossen, um durch die nicht bloß sinnlichen Kräfte den im ätherischen Leibe eine Zeitlang nach dem Mysterium von Golgatha herumwandelnden Christus zu schauen.

Wo war denn der Christus, als die Kreuzfahrer ihn äußerlich auf dem physischen Plane im Osten suchten? Auf die Art, wie er als Tatsache in die Menschenseelen einziehen kann, sehen wir ihn zu gleicher Zeit, als ihn die Kreuzfahrer im Osten suchten, einziehen in die Mystiker des Abendlandes. Da ist diese Christus-Kraft, da ist der Christus-Impuls! Während die Kreuzfahrer nach dem Osten ziehen, um den Christus auf ihre Art zu suchen, lebt der lebendige Impuls des

Christus – so, wie er in Europa nach den Zeitverhältnissen aufleben konnte – auf in den Seelen eines *Johannes Tauler,* eines *Meister Eckhart* und anderer, die ihn nach den Verhältnissen der damaligen Zeit aufnehmen konnten, lebte auf im Geistigen. Er war mittlerweile herübergezogen in die abendländische Kultur und hinweggezogen von dem Orte, wo er gewesen war und wo denjenigen, die ihn suchten, die Antwort gegeben werden mußte: Der, den ihr suchet, der ist nicht mehr hier!

Der fünfte nachatlantische Kulturzeitraum ist die Zeit der Ausbildung des Ich, das heißt, eigentlich der Bewußtseinsseele gewidmet. Aber der Mensch geht ja durch die Bewußtseinsseele hindurch, damit er sich seines Ichs vollständig bewußt werden kann. Von diesen geisteswissenschaftlichen Wahrheiten haben wir ja oftmals gesprochen. Ich spreche gerade in dieser Stunde über diese Wahrheiten noch mit einer ganz besonderen Empfindung.

Es ist begreiflich, daß die Verkündigung dieser Anschauungen in der Gegenwart noch Gegnerschaft über Gegnerschaft hervorruft. Aber bedeutsam für dieses Gefühl, das ich meine, bleibt es doch, wenn man zum Beispiel sagen muß: Sehen Sie, es ist jetzt notwendig geworden, daß ich die zweite Auflage meines Buches «Welt- und Lebensanschauungen im 19. Jahrhundert» fertigstelle. Nun war dieses Buch, als es seinerzeit erschien, ein «Jahrhundertbuch», ein Rückblick auf das verflossene Jahrhundert. Eine zweite Auflage kann natürlich nicht dasselbe sein, denn es hat keinen Sinn, im Jahre 1913 einen Rückblick auf das vorherige Jahrhundert zu schreiben. So muß denn dieses Buch vielfach in seiner äußeren Fassung umgestaltet werden. Unter anderem sah ich mich auch veranlaßt, eine lange Ausführung als Einleitung zu geben, die einen Überblick von den ältesten griechischen Zeiten bis eben zum 19. Jahrhundert vermitteln soll. So war ich gerade in dieser letzten Zeit genötigt, auch in dieser mehr philosophischen Weise, an meinem Blick vorüberziehen zu lassen die Weltanschauungen von Thales, von Pherekydes aus Syros und so weiter – eben mehr vom philosophischen Standpunkte aus – bis herein in unsere Zeit. Da hat man nicht nur das Spirituelle vor sich, sondern das, was geschichtliche Überlieferung ist; und ich habe mir geradezu die Aufgabe gestellt, nur das zu schildern, was sich auf den philosophischen Fortschritt bezieht und alle religiösen Impulse auszuschließen. Gerade dabei stellte sich mit einer tiefgehenden Klarheit die Wahrheit jenes merkwürdigen Umschwunges heraus, der sich beim Aufgange des griechisch-lateinischen Zeitraumes vollzogen hat, wo aus dem alten bildhaften Auffassen der Welt, das noch im ägyptisch-chaldäischen Zeitraume da war, sich das gedankliche Auffassen der Welt entwickelte, und wie sich dann vom 14., 15. Jahrhundert an das Bewußtsein vom Ich-Impuls – nicht der Ich-Impuls selbst, der zieht ja schon früher in die Menschheit ein – herausentwickelt hat.

Da wird es gleichsam, wenn man die einzelnen Philosophen auf ihren Wahrheitsgehalt hin durchnimmt, greifbar, geschichtlich greifbar, wie wahr diese Dinge sind. Deshalb rede ich heute über diese Dinge von einem ganz anderen Gesichtspunkte aus als es in jenem Buche geschehen kann und mit einer ganz besonderen Empfindung. Aber auch an der äußeren Geschichte kann man betrachten, wie das Ich-Bewußtsein, das Ich-Gefühl sich hereindrängt in die menschliche Seele ungefähr um das 15. Jahrhundert herum.

Diese neuere Epoche seit jener Zeit ist also vorzüglich dafür bestimmt, daß der Mensch gezwungen werde, die Energien, die Kräfte seines Ichs an die Oberfläche zu bringen, sich seines Ichs immer mehr und mehr bewußt zu werden. Dazu ist besonders geeignet die Beschränkung des Blickes auf die nur äußeren Sinneserscheinungen, eine solche Beschränkung, wie sie die moderne naturwissenschaftliche Entwickelung zeigt. Wenn der Mensch in seiner Umwelt nicht mehr dasjenige findet, was ihm in mächtigen Imaginationen, in Bildern erschien im ägyptisch-chaldäischen Zeitraume, oder was sich im griechisch-lateinischen in großen Gedankentableaus auslebt wie bei Plato und Aristoteles und den zu ihnen gehörigen Denkern noch, sondern wenn der Mensch – ohne das Tableau der Imaginationen, ohne das Tableau des Gedankens, wie er noch bei Aristoteles im griechisch-lateinischen Zeitalter wahrgenommen worden ist – darauf angewiesen ist, nur das im Umkreise seiner Anschauung zu erblicken, was die Sinne bieten, dann muß das Ich, weil es das einzige Geistige nur in sich selber erahnen kann, sich selber ergreifen in seiner Wesenheit und suchen nach der Kraft seines Selbstbewußtseins. Und alle ernstzunehmenden Philosophen seit dem 15. Jahrhundert, wenn man sie in ihrem Nerv betrachtet, sieht man darnach ringen, eine Weltanschauung aufzubauen, die ein solches Weltbild ergibt, daß darin das Ich des Menschen, die selbstbewußte Seele möglich ist und bestehen kann.

Der vierte nachatlantische Kulturzeitraum, der die Verstandes- oder Gemütsseele entwickelte, hatte aber, wenn auch seinem Verständnis die Auffassung des Mysteriums von Golgatha ferne, ganze ferne lag, noch etwas, was ihm dieses Mysterium von Golgatha nahebringen konnte. Wir nennen die Verstandesseele ja auch Gemütsseele, weil diese Seele wirklich eine Zweiheit ist, weil in der menschlichen Natur in dem Zeitraume, den wir den vierten nachatlantischen nennen, ebenso wie der Verstand auch das Gemüt, das Gefühl, die Empfindung wirkte. Weil auch das Gemüt wirkte, so konnte, was dem Verstande verschlossen war, das Herz fühlen, und es entstand jenes Gefühlsverständnis, das man auch nennen kann den Glauben, für das Mysterium von Golgatha, das heißt, die Menschenseele hatte innerlich ein Gefühl für den Christus-Impuls. Die Menschen fühlten den Christus-Impuls sich einwohnend; sie fühlten sich innerlich, seelisch mit dem Christus-Impuls verbunden, auch wenn sie seine Bedeutung, sein Wesen nicht verstehen konnten. Es war der Christus für sie da. Dieses Da-Sein mußte aber im Zeitalter der Ich-Kultur, in der wir jetzt stehen, noch weiter dahinschwinden; denn das Ich muß gerade, damit es sich in seiner Vereinzelung voll erfassen kann, sich abschließen von allem, was an spirituellen Impulsen unmittelbar zur Seele dringt. So sehen wir denn ein sehr merkwürdiges Schauspiel. Wir sehen mit dem Heraufkommen des neuen Zeitraumes, schon als er sich ankündigt, so recht klar, wie zu dem alten Nichtverstehen ein neues Nichtverstehen kommt, ja, ein Nichtverstehen, das noch weiter geht als das alte. Wer die Tatsachen des spirituellen Lebens prüft, muß es begreiflich finden, daß der vierte nachatlantische Kulturzeitraum nur mit dem Gemüt den Christus-Impuls aufnehmen konnte, ihn aber nicht geistig wirklich erfassen konnte. Aber man wußte durch das, was man aufnehmen konnte, daß der Christus da ist, daß er wirksam ist in der Menschheitsentwickelung. Man fühlte es.

Mit dem neuen, dem fünften Zeitraum, kündigte sich noch etwas ganz anderes an. Nicht nur, daß man jetzt Unverständnis gegenüber dem Christus-Wesen entwickelte, sondern auch Unverständnis überhaupt gegenüber allem Göttlich-Geistigen. Und was ist der Beweis dafür – man könnte viele Beweise finden, aber einer spricht besonders klar und deutlich dafür –, wie man vorrückte in dem Unverständnis, das heißt, daß die Menschen nicht mehr unmittelbar aufnehmen konnten nicht nur das Christus-Prinzip, sondern auch das göttlich-geistige Prinzip überhaupt? Im 12. Jahrhundert, wie vorausverkündend die Ich-Kultur, erfindet Anselmus, der Erzbischof von Canterbury, den sogenannten Gottesbeweis; das heißt, dieser Mann findet sich genötigt, die Gottheit zu «beweisen». Was beweist man denn in solcher Art? Das, was man weiß oder das, was man nicht weiß? Wenn beispielsweise in meinem Garten gestohlen worden ist, und ich kann vom Fenster aus den Dieb beobachten, wie er die Tatsache des Diebstahls vollzieht, dann habe ich nicht nötig zu beweisen, daß dieser Mensch es war, der gestohlen hat. Ich suche es nur dann zu beweisen, wenn ich ihn nicht kenne. Die Tatsache, daß man Gott zu beweisen sucht, ist ein Beweis dafür, daß man ihn nicht mehr kennt, nicht mehr erlebt. Denn was man erlebt, beweist man nicht, sondern was man nicht erlebt, das beweist man. Und dann ging es mit dem Nichtverstehen eigentlich immer weiter und weiter, und heute stehen wir in dieser Beziehung an einem merkwürdigen Punkt. Öfter ist auch von dieser Stelle aus berührt worden, welche unendlichen Mißverständnisse sich in den letzten Jahrhunderten, insbesondere im letzten, aufgetürmt haben gegenüber dem Verständnisse dessen, was das Mysterium von Golgatha, was der Christus Jesus ist, bis zum jetzigen Zeitpunkt, wo selbst von theologischer Seite der Christus Jesus nicht nur herabgewürdigt, herabgewertet worden ist zu einem wenn auch hervorragenden menschlichen Lehrer, sondern, sogar auch von theologischer Seite, in seiner Existenz vollständig geleugnet wird.

Aber alles dieses hängt ja zusammen mit viel, viel tieferen, charakteristischen Eigenschaften unseres Zeitalters. Nur ist die schnellebige Art unserer Zeit eigentlich nicht dazu bereit, auf das besonders

Charakteristische unserer Zeit zu achten; aber die Tatsachen sprechen für den, der beobachten will, eine deutliche, eine nur allzudeutliche Sprache.

28.1.07 Nehmen wir eine Tatsache; ich führe Kleinigkeiten an, aber solche Kleinigkeiten sind eben Symptome. In einer sehr bekannten Wochenschrift fand sich vor kurzer Zeit ein höchst merkwürdiger Aufsatz, der gegenwärtig öfter genannt wird, mit Respekt genannt wird. Er lief auf etwas Sonderbares hinaus, nämlich darauf: Wenn man so die Weltanschauungen, die in den letzten Jahrhunderten aufgetreten sind, betrachte, so habe man eigentlich zu sehr «Begriffe» vor sich; diese Begriffe seien zu unanschaulich. In unsere Sprache übersetzt, heißt es: Sie sind nicht in der Sinneswelt, auf die man sich beschränken will, begreifbar. So findet dieser betreffende Schriftsteller sonderbarerweise, daß der Philosoph *Spinoza* schwer verständlich sei, wie er aus einem einzigen Begriff heraus, dem Begriff der göttlichen Substanz, die Welt zu begreifen sucht. Da macht denn dieser Schriftsteller zur Reform des philosophischen Verständnisses unserer Zeit einen gewissen Vorschlag, der darauf hinausläuft, anschaulich darzustellen, wie ein Begriff oben die Spitze bildet, und wie dann die Begriffe auseinandergehen, sich spalten; kurz, er macht den Vorschlag, Spinozas Gedankengebäude so zu «veranschaulichen», wie man oft ein Schema hinstellt, damit man nicht mehr zu verfolgen brauche, wie sich die Gedanken in der Seele des Spinoza darstellen, sondern es sinnlich im Film vor sich haben könne. – So wird man vielleicht, wenn sich solche «Ideale» erfüllen, nächstens in die Kinematographentheater gehen, um so die kinematographischen – nicht Aufnahmen, sondern «Übersetzungen», die Gedanken- und Ideengebäude bedeutender Männer zu sehen, zu verfolgen!

Es ist das ein bedeutsames Symptom dafür, wozu es die Menschenseele in unserer Zeit gebracht hat, ein Symptom, das man wohl erwähnen muß aus einem ganz bestimmten Grunde: Weil man nicht wahrgenommen hat, was man hätte wahrnehmen müssen, wenn in gesunder Weise ein solches Symptom betrachtet worden wäre: daß ein Hohngelächter sich hätte entwickeln müssen über diese Narretei, über den Wahnsinn, der in einer solchen Philosophiereform liegt!

114

Denn der Eifer, der sich in einem solchen Hohngelächter ausdrücken würde, der ist wohl schon eine heilige Notwendigkeit zu nennen. Das ist *ein* Symptom – denn es ist eben als ein Symptom zu betrachten – dafür, wie notwendig unserem Zeitalter die spirituelle Vertiefung ist, aber die wahre spirituelle Vertiefung. Denn nicht nur spirituelle Vertiefung überhaupt ist notwendig, sondern jene spirituelle Vertiefung, die, wenn sie die echte ist, in die Wahrheit führen muß; die ist es, die den Seelen der Gegenwart not tut. Unsere Zeit ist gerade dort, wo Bildung und gar Weltanschauungsbildung zu Hause sein will, nur zu sehr geneigt, sich mit dem zu begnügen, was von wirklicher Spiritualität weit, weit wegführt. Denn unsere Zeit begnügt sich leicht mit dem Schein; aber der Schein führt auf irgendeinem Wege doch, wenn er für die Strömung auftritt, für die er hier gemeint ist, zur inneren Unwahrheit und Unwahrhaftigkeit. Dafür ein anderes Symptom.

Man kann heute vielfach eine Weltanschauung rühmen hören, die viel Aufsehen gemacht hat: die des Philosophen *Eucken*. Nicht nur, daß Eucken einen weltberühmten Preis, den Nobel-Preis erhalten hat für seine Weltanschauung, sondern er wird auch gerühmt als derjenige, der den Menschen wieder vom Geist zu reden wagt. Dieses Rühmen geschieht aber nicht, weil dieser Eucken so schön vom Geist spricht, sondern weil sich die Menschen, wenn es sich um den Geist handelt, sich heute so leicht begnügen mit dem Allergeringsten, wenn ihnen nur etwas von dem Geiste vorgepredigt wird und weil Eucken immerzu, in unzähligen Umwandelungen, von dem Satze redet, den man in seinen Büchern immer wieder lesen kann, nur merken die Menschen nicht, daß es ewige Wiederholungen sind: Es genüge nicht, zu begreifen, daß die Welt sinnlich ist, sondern der Mensch müsse sich innerlich erfassen und sich so – innerlich – mit dem Geiste zusammenschließen. – Nun haben wir es: Der Mensch muß sich innerlich erfassen und muß sich innerlich mit dem Geiste zusammenschließen! Immer wieder tritt einem dieser Satz in den Büchern Euckens entgegen, und nicht bloß drei- oder viermal, sondern gleich fünf- oder sechsmal: also ist das eine «geistige» Weltanschauung! – Gerade solche Symptome sind bedeutsam, weil wir an ihnen sehen, was heute für «groß» gehalten werden kann bei denen, die sich zu den besten Verstehern rechnen müssen. Aber könnte man doch nur lesen! Denn wenn man das letzte Buch von Eucken, «Können wir noch Christen sein?», aufschlägt, dann findet man dort einen merkwürdigen Satz, der ungefähr so heißt: Heute sei der Mensch darüber hinaus, noch an Dämonen zu glauben, wie man unmittelbar in dem Zeitalter des Christus an Dämonen geglaubt habe; man brauche heute eine andere Christus-Darstellung, die nicht mehr die Dämonen darstelle und als Wahrheit hinnehme. – Sehr schmeichelhaft ist es für jeden Menschen der heutigen aufgeklärten Zeit, daß ihm der große Lehrer Eucken vorhält, daß er darüber hinaus sei, heute noch an Dämonen zu glauben. Liest man aber das Buch weiter, so findet man einen merkwürdigen Satz: «Die Berührung von Göttlichem und Menschlichem erzeugt dämonische Mächte.»

Ich möchte einmal fragen, ob wirklich alle Leute, die das Euckensche Buch gelesen haben, gelacht haben über diese Euckensche Naivität, will sagen «Weisheit», die es zustande bringt, auf der einen Seite zu sagen, man sei über den Glauben an Dämonen hinaus und auf der anderen Seite über ein «Dämonisches» redet. Selbstverständlich werden die Eucken-Leute sagen: Da ist das Dämonische in übertragenem Sinne gemeint, da ist es nicht so ernst gemeint. – Aber darum handelt es sich gerade, daß die Leute Worte und Ideen gebrauchen und sie nicht ernst nehmen. Ja, darin liegt die tiefe innere Unwahrhaftigkeit! Zu der wirklichen geisteswissenschaftlichen Weltanschauung aber gehört es, sich bewußt zu werden, daß man die Worte ernst zu nehmen hat und nicht von einem Dämonischen spricht, wenn man nicht die Absicht hat, das Wort ernst zu nehmen.

Es könnte sonst den Leuten immer wieder so gehen, wie es dem Vorsitzenden eines Weltanschauungsvereins gegangen ist, in dem ich einen Vortrag zu halten hatte. Ich machte in dem Vortrag darauf aufmerksam, daß in dem Buche von *Adolf von Harnack* «Das Wesen des Christentums» steht, daß es nicht das Wesentliche sei, zu erfahren, *was* auf Golgatha geschehen sei, das könne man dahingestellt sein lassen; aber nicht dürfe man dahingestellt sein lassen, daß von jener Zeit ausgegangen sei der *Glaube* an das Mysterium von Golgatha –

gleichgültig, ob der Glaube sich auf etwas Wirkliches bezieht oder nicht. Der Betreffende – er war Vorsitzender eines Berliner Weltanschauungsvereins und selbstverständlich Protestant – sagte zu mir: Ich habe das Buch gelesen, aber das nicht darin gefunden; das kann Harnack nicht gesagt haben, denn das wäre ja eine katholische Idee. Die Katholiken sagen zum Beispiel: Was auch hinter dem Heiligen Rock zu Trier steht, das ist nicht das Wichtige, der Glaube daran ist das Wichtige. – Ich mußte ihm dann die Seite aufschreiben, wo der Satz steht. Vielleicht geht es vielen Leuten so, daß sie ein Buch lesen, aber gerade das Wichtige, das symptomatisch ist, nicht gelesen haben.

So haben wir ein Streiflicht auf unsere Zeit geworfen. Hier entdecken wir eine Notwendigkeit, die besonders für unsere Zeit vorliegt, aus den Symptomen der Gegenwart heraus: die Notwendigkeit, daß sich wirklich geistige Gewissenhaftigkeit in unserem Zeitalter entwickeln möge, daß wir lernen mögen, so etwas nicht mit Gleichgültigkeit hinzunehmen, wenn der Vertreter einer geistigen Weltanschauung einmal sagt, man sei über die Dämonen hinaus und nachher das Wort «dämonisch» in einem sonderbaren Sinne gebraucht. Wenn man aber bedenkt, daß wir im Zeitalter der «Zeitungskultur» leben, dann darf man nicht etwa sagen, man habe wenig Hoffnung, daß eine solche Kultur der Gewissenhaftigkeit sich schon entwickeln könne; sondern man muß sagen, daß es um so notwendiger ist, alles zu tun, was zu einer solchen Kultur der Gewissenhaftigkeit führen könne. Es wird das ja intensiv durch die Geisteswissenschaft vorbereitet; aber man muß die Augen aufmachen, um die Symptome unserer Zeit zu sehen.

Auf noch eine Tatsache will ich hinweisen. Von den sechziger Jahren des 19. Jahrhunderts an hat das Buch von *Ernest Renan* «Das Leben Jesu» einen ungeheuren Eindruck gemacht. Ich erwähne besonders diese Tatsache, um zu zeigen, wie es in unserer Zeit um das Verständnis des Mysteriums von Golgatha steht. Wenn man das Buch von Ernest Renan liest, so sagt man sich: Nun, da schreibt erstens ein Mensch in einem wunderschönen Stile, ein Mensch, der alle die Stätten des Heiligen Landes durchwandert hat und daher schönstes Lokalkolorit zu geben vermag; und dann schreibt darin ein

117

Mensch, der nicht an die Gottheit Christi glaubt, der aber mit unendlicher Verehrung von der erhabenen Gestalt des Jesus spricht. Aber nun gehe man auf die Darstellung genauer ein. Da schildert sonderbarerweise Ernest Renan den Fortgang in dem Leben Jesu so, daß er eigentlich zeigt, daß es dem Jesus geht, wie es so jedem geht – manchem in größerem, manchem in kleinerem Maßstabe –, der irgendeine Weltanschauung vor irgendeiner größeren oder geringeren Anzahl von Menschen zu vertreten hat. Und so ungefähr geht es einem solchen Menschen: Zuerst tritt er mit dem auf, was er nur allein glaubt und tritt damit vor die Menge hin; dann kommen die Menschen heran; der eine hat dies Bedürfnis, der andere jenes, der eine versteht die Sache so, der andere so, der eine hat diese Schwäche, der andere jene, und dann kommt der, welcher zuerst aus einer inneren Wahrheit heraus gesprochen hat, dazu, sozusagen klein beizugeben. Kurz, Renan meint, mancher, der Bedeutendes zu sagen habe, zeige, daß ihm dies im Grunde genommen die Anhänger verdorben haben. Und er hat die Ansicht, auch der Christus Jesus sei von seinen Anhängern verdorben worden. Man nehme zum Beispiel das Lazarus-Wunder. So wie es dargestellt ist, sei ja doch das darin enthalten, daß man sagen müsse: Das Ganze wäre doch so etwas wie ein Schwindel, ließ sich aber gut gebrauchen, damit die Sache sich ausbreite; darum habe Jesus es geschehen lassen. Und so sind andere Dinge dargestellt. Dann aber, nachdem dargestellt worden ist, wie nach und nach das Leben des Christus Jesus ein Niedergang ist, folgt wieder am Schlusse ein Hymnus, der nur wie an das Allerhöchste gerichtet werden kann. – Nun nehmen wir einmal diese innere Unwahrheit! In dem Buch von Renan ist Tatsache eine Mischung von zwei Dingen: etwas außerordentlich Schönes, eine glänzende, in manchen Partien erhabene Darstellung durchmischt sich mit einem Hintertreppenroman – aber zum Schlusse ein ungeheurer Hymnus auf das erhabene Bild des Jesus. Auf was richtet sich dieser Hymnus? Auf den Jesus? Auf den, den Renan selbst schildert, kann er sich eigentlich nicht recht richten, wenn man eine gesunde Seele hat; denn diese Lobeserhebungen würde man nicht sprechen auf den Christus Jesus, den Renan darstellt. Also ist das Ganze doch innerlich unwahr!

Was habe ich Ihnen denn eigentlich mit diesen Betrachtungen andeuten wollen? Ich möchte es zum Schluß in wenige Worte zusammenfassen. Ich habe andeuten wollen, daß das Mysterium von Golgatha gefallen ist in ein Zeitalter der Menschheitsentwickelung, in welchem die Menschheit nicht vorbereitet war, es zu verstehen, daß aber auch in unserem Zeitalter die Menschheit noch immer nicht dazu vorbereitet ist.

Aber seine Wirkung besteht seit zweitausend Jahren! Diese Wirkung ist da. Wie ist sie da? So, daß sie unabhängig ist von dem Verständnis, das ihr die Menschheit bis heute entgegengebracht hat. Hätte der Christus in der Menschheit nur in dem Maße wirken können, als er «verstanden» worden ist, so hätte er nur wenig wirken können. Aber auch das werden wir in zukünftigen Betrachtungen sehen, daß wir im gegenwärtigen Zeitraum in einem Entwickelungspunkte leben, wo es eben notwendig ist, jenes Verständnis zu entwickeln, das bisher nicht da war. Denn wir leben in dem Zeitraum, in welchem eine gewisse Notwendigkeit entstehen wird, den Christus nicht mehr dort zu suchen, wo er nicht ist, sondern da, wo er wirklich ist. Denn er wird im Geistigen erscheinen und nicht im Leibe, und die ihn im Leibe suchen werden, werden immer wieder die Antwort bekommen: Der, den ihr im Leibe suchet, der ist nicht im Leibe! – Ein neues Verständnis, das vielleicht in vieler Beziehung sogar ein erstes Verständnis des Mysteriums von Golgatha sein wird, brauchen wir. Die Zeit des Nichtverstehens muß der Zeit des ersten Verstehens weichen. Das ist es, was ich mit den heutigen Betrachtungen andeuten wollte und was wir bei den nächsten Betrachtungen fortsetzen werden.

28.1.07

Durch ein okkultes Studium, welches in entsprechender Weise angestellt wird, ist es in unserer Zeit möglich, dasjenige gewissermaßen zu erfahren, was man nennen könnte das Fünfte Evangelium. Wenn Sie Ihre Seelen auf mancherlei von dem richten, was im Laufe der Jahre in bezug auf das Mysterium von Golgatha gesagt worden ist, so wird Ihnen unter mancherlei, was gesagt worden ist, um die vier Evangelien zu erklären, auch solches begegnet sein, was als Mitteilung über das Leben des Christus Jesus nicht in den Evangelien steht. Ich erwähne aus der Reihe der in dieser Beziehung angeführten Tatsachen nur die Erzählung von den beiden Jesusknaben. Aber es ist mancherlei anderes auch, was heute aus den rein geistigen Urkunden gefunden werden kann und was wichtig ist für unsere Zeit, so wichtig ist für unsere Zeit, daß es eben wünschenswert erscheint, daß die dazu vorbereiteten Seelen es nach und nach kennenlernen. Vorläufig muß allerdings in unserem Kreise bleiben, was aus diesen Quellen heraus erzählt wird. Aber es darf trotzdem so aufgefaßt werden, als wenn es eben etwas wäre, was bestimmt ist, sich so in die Seelen unserer Gegenwart hineinzuergießen, daß man ein noch viel anschaulicheres Bild des Christus Jesus-Wirkens empfängt, als dies bisher möglich gewesen ist.

Wenn Sie das nehmen, was ich im ersten Vortrag als Einleitung vorgebracht habe, so werden Sie daraus den Eindruck empfangen haben, daß in unserer Zeit ein viel bewußteres Erfassen der Gestalt des Christus Jesus notwendig ist, als es für frühere Zeiten der Fall war. Wenn etwa eingewendet werden sollte, daß es gegen die christliche Entwickelung verstoßen würde, etwas Neues über das Leben des Christus Jesus vorzubringen, so braucht nur an den Schluß des Johannes-Evangeliums erinnert zu werden, wo ausdrücklich steht, daß in den Evangelien die Dinge nur teilweise aufgezeichnet sind, die geschehen sind, und daß die Welt die Bücher nicht hervorbringen könnte, die notwendig wären, wenn alles, was geschehen ist, aufgezeichnet werden sollte. Aus solchen Dingen kann man den Mut und die Kraft empfangen, um dann, wenn es in einem Zeitalter notwendig ist, Neues über das Leben des Christus Jesus vorzubringen, dieses auch wirklich zu tun. Und wissen kann man aus solchen Dingen, daß es doch nur Engherzigkeit ist, wenn gegen solches Vorbringen etwas gesagt wird.

Nun möchte ich an das erinnern, was ich auch hier an diesem Orte öfter vorgebracht habe: daß im Beginne unserer Zeitrechnung zwei Jesusknaben geboren worden sind. Wir wissen das ja schon, und wir wissen auch, daß der eine der beiden Jesusknaben so geboren worden ist, daß in ihm das Ich, die Geistwesenheit des Zarathustra verkörpert war, daß dieser Jesusknabe dann ungefähr bis zu seinem zwölften Jahre mit dieser Geistwesenheit des Zarathustra gelebt hat, bis zu jenem Zeitpunkte, den das Lukas-Evangelium so schildert, daß die Eltern den Jesus nach Jerusalem geführt haben, ihn dann verloren haben, und daß er gefunden wurde unter den Schriftgelehrten, denen er in einer Weise, die sie und die Eltern in Verwunderung setzte, die Lehren ausgelegt habe, zu deren Auslegung sie selber berufen waren. Aufmerksam darauf habe ich gemacht, daß diese Szene, wie sie im Lukas-Evangelium geschildert wird, in Wahrheit darauf hinweist, daß das Ich des Zarathustra, das also durch ungefähr zwölf Jahre in dem einen Jesusknaben gelebt hat, hinüberzog in den anderen, jetzt ebenfalls zwölfjährigen Jesusknaben, der bis dahin von einer ganz anderen Geistesart gewesen war; so daß wir jetzt jenen Jesusknaben haben, der aus der nathanischen Linie des Hauses David stammt, und der das Zarathustra-Ich bis zum zwölften Jahre nicht in sich hatte, es aber von jetzt ab in sich hat.

Es ist nun möglich, mit den Mitteln, von denen ich öfter gesprochen habe, die man bezeichnen kann als das Lesen in der Akasha-Chronik, weitere Einblicke zu bekommen in das Leben jenes nun mit dem Zarathustra-Ich ausgestatteten Jesusknaben. Man kann dabei drei Zeiträume in dem Leben dieses Jesus unterscheiden. Der eine Zeitraum erstreckt sich ungefähr vom zwölften bis zum achtzehnten Lebensjahre, der zweite vom achtzehnten bis zum vierundzwanzigsten und der dritte etwa vom vierundzwanzigsten Lebensjahre bis zu dem Zeitpunkt, der durch die Johannestaufe im Jordan gekennzeichnet wird, also bis gegen das dreißigste Lebensjahr.

Fassen wir ins Auge, daß jener Jesusknabe, der nun mit seinem zwölften Jahre das Zarathustra-Ich in sich hatte, vor den Schriftgelehrten des israelitischen Volkes sich darstellt als eine Individualität, die ein elementarisches Wissen hatte über das, was das Wesen der jüdischen Lehre war, was das Wesen der alten hebräischen Gesetzeskunde war, und daß er imstande war, darüber in sachgemäßer Weise zu sprechen. Es lebte also in der Seele jenes Jesusknaben diese althebräische Welt. Alles das namentlich lebte in ihm, was heruntergekommen war an Nachrichten über das Verhältnis des hebräischen Volkes zu seinem Gotte, was gewöhnlich als die Verkündigung des Gottes des hebräischen Volkes an Moses aufgefaßt wird. Wenn wir skizzenhaft sprechen, können wir also sagen: Ein reicher Schatz aus der heiligen Lehre dessen, was im hebräischen Volke war, lebte in Jesus; und mit diesem Schatze, mit diesem Wissen lebte er, das Gewerbe seines Vaters treibend, in Nazareth, hingegeben dem, was er so wußte, es in seiner Seele verarbeitend.

Nun zeigt uns die Akasha-Chronik-Forschung, wie für ihn das, was er so wußte, ein Quell wurde von mancherlei seelischen Zweifeln und seelischen Schmerzen, wie er namentlich im tiefsten Sinne empfand, immer gründlicher und unter schweren inneren Seelenkämpfen empfand, wie zwar einstmals in ganz anderen Zeiten der Menschheitsentwickelung eine grandiose Verkündigung, eine grandiose Offenbarung heruntergeflossen ist aus den geistigen Welten in die Seelen derjenigen, die damals, ausgestattet mit ganz anderen Seelenkräften, eine solche Lehre empfangen konnten. Das trat besonders vor die Seele jenes Jesus, daß einst Menschen da waren mit ganz anderen Seelenkräften, die hinaufschauen konnten zu den sich offenbarenden Geistesmächten und in einer ganz anderen Weise verstanden, was da geoffenbart wurde, als das spätere Geschlecht, dem er selbst nun angehörte, das abgeleitete, das weniger hinaufgeleitete Seelenkräfte hatte, um das zu verarbeiten, was einst heruntergeleitet worden war. Oft kam für ihn der Augenblick, wo er sich sagte: Das alles ist einst verkündet worden, man kann es heute noch wissen; aber nicht mehr kann man es so voll erfassen, wie es diejenigen erfaßt haben, welche es damals bekommen hatten. – Und je mehr sich von diesem ihm innerlich offenbarte, je mehr er von diesem in seine Seele hereinbekam, wie er es jetzt bekam, als er vor den jüdischen Schriftgelehrten stand und ihnen ihre eigene Gesetzeskunde auslegte, desto mehr empfand er das Unvermögen der Seelen seiner Zeit, sich hineinzufinden in das, was alte hebräische Offenbarung war. Daher kamen ihm die Menschen, die Seelen seiner Zeit, die Charaktereigentümlichkeiten dieser Seelen seiner Zeit so vor wie die Nachkommen von Menschen, die einst große Offenbarungen bekommen hatten, die aber jetzt nicht mehr hinaufreichen konnten zu dieser Offenbarung. Was einst hell flammend und mit größter Wärme in diese Seelen gezogen sein mochte – so konnte er sich oft sagen –, das verblaßte jetzt, das kam einem in vieler Beziehung öde vor, während die Seelen es früher in tiefstem Sinne empfunden hatten. So empfand er gegenüber vielem, was jetzt durch Inspiration mehr und mehr in seiner Seele auftauchte.

Das war das Leben seiner Seele vom zwölften bis achtzehnten Jahre, daß sie immer tiefer und tiefer in die jüdische Lehre eindrang, und immer weniger von ihr befriedigt sein konnte, ja, daß sie ihm immer mehr Schmerzen und Leiden machte. Es erfüllt die Seele mit tiefster tragischer Empfindung, wenn man darauf hinblickt, wie der Jesus von Nazareth zu leiden hatte unter dem, was aus einer uralt heiligen Lehre in einem späteren Menschengeschlecht geworden war. Und oftmals sagte er sich, wenn er still träumend, sinnend dasaß: Die Lehre ist einstmals heruntergeflossen, die Offenbarung ward einstmals den Menschen gegeben; aber jetzt sind die Menschen nicht mehr da, die sie zu fassen vermögen! – Das charakterisiert in skizzenhafter Weise die Seelenstimmung des Jesus von Nazareth. Das wirkte in dem Nachsinnen seiner Seele in jenen Augenblicken, die ihm übrigblieben innerhalb der Zeit, die er verbrachte als Handwerker, als Tischler oder als Schreiner in Nazareth.

Dann kam vom achtzehnten bis zum vierundzwanzigsten Jahre die Zeit, in welcher er in nahen und auch in etwas ferneren Gegenden herumzog. Er berührte bei diesem Herumziehen, wo er in seinem Gewerbe an den verschiedensten Orten arbeitete, nicht nur Orte Palästinas, sondern auch außerhalb Palästinas. Er lernte in diesen Jahren, in denen die Menschenseele so frisch hingegeben an die Umgebung vieles aufnimmt, viele Menschen und viele Menschengesinnungen kennen, lernte kennen, wie die Menschenseelen mit dem lebten, was ihnen als uralt heilige Lehre geblieben war, das heißt mit dem, was sie davon verstehen konnten. Und es ist von vornherein verständlich, daß auf ein Gemüt, das durch sechs Jahre dieses durchgemacht hatte, was ich eben erzählte, alles, was an inneren Freuden, Leiden, Enttäuschungen auf der Seele lastete, einen ganz anderen Eindruck machen mußte als auf das Gemüt anderer Menschen. Jede Seele war für ihn ein Rätsel, das er zu lösen hatte; jede Seele war aber auch etwas, das ihm sagte, daß sie wartet auf etwas, was da kommen müsse.

Unter den mancherlei Gegenden, die er berührte, waren auch solche, die dem damaligen Heidentume angehörten. Eine Szene, die uns aus dem Geistgemälde dieser seiner Wanderungen inner- und außerhalb Palästinas in der Zeit von seinem achtzehnten bis vierundzwanzigsten Jahre herüberleuchtet, machte einen ganz besonders tiefen Eindruck. Da erblickt man ihn einmal ankommend an einer heidnischen Kultstätte, an einer solchen heidnischen Kultstätte, wie sie den heidnischen Göttern unter diesem oder jenem Namen in Asien, Afrika und Europa errichtet waren. Es war eine jener Kultstätten, wie sie in ihren Zeremonien erinnerten an die Art, wie diese in den Mysterien auch geübt wurde, dort aber mit Verständnis geübt wurde, während sie in diesen heidnischen Kultstätten oft in eine Art äußerlichen Zeremoniells übergegangen waren. Aber es war dies eine solche Kultstätte, an die der Jesus von Nazareth kam, die von ihren Priestern verlassen war, wo also der Kult nicht mehr verrichtet wurde. Das war in einer Gegend, wo die Leute in Not und Elend, in Krankheit und Mühseligkeit lebten; ihre Kultstätte war von den Priestern verlassen. Als der Jesus von Nazareth aber an diese Kultstätte kam, da versammelten sich die Leute um ihn herum, die Leute, die vielfach geplagt waren von Krankheit, Elend und Not, aber namentlich geplagt waren von dem Gedanken: Das ist die Stätte, wo wir uns einst versammelt haben, wo die Priester mit uns geopfert haben und uns die Wirkung der Götter gezeigt haben; jetzt stehen wir vor der verlassenen Kultstätte.

Ein eigentümlicher Zug in der Seele des Jesus tritt dabei dem spirituell Betrachtenden entgegen. Schon bei anderen Wanderungen konnte man bemerken, daß der Jesus überall aufgenommen wurde in einer ganz besonderen Art. Die Grundstimmung seiner Seele verbreitete etwas, was milde und wohltätig auf die Menschen wirkte, in deren Kreisen er sich aufhalten konnte. Er reiste von Ort zu Ort, arbeitete da und dort in dieser oder jener Schreinerwerkstätte und saß dann mit den Leuten zusammen, mit denen er sich unterhielt. Jedes Wort, das er sprach, wurde in einer besonderen Weise aufgefaßt, denn es war in einer ganz besonderen Weise gesprochen; es war durchzogen von der Milde und dem Wohlwollen des Herzens. Nicht so sehr das Was, sondern das Wie goß etwas wie einen Zauberhauch in die Seelen der Menschen. Es bildeten sich überall herzliche Verhältnisse zu dem Herumwandernden. Man nahm ihn nicht wie einen anderen Menschen; man sah aus seinen Augen etwas Besonderes strahlen, fühlte aus seinem Herzen etwas Besonderes sprechen.

Und so war es auch, als ob in den Leuten, die in Mühsal und in Elend und Not um ihren Altar herumstanden und sahen, wie da ein Fremder gekommen war, als ob in jeder Seele gelebt hätte der Gedanke: Ein Priester ist uns gekommen, der nun wieder das Opfer an dem Altar verrichten will! – Das war die Stimmung, die um ihn herum war, durch den Eindruck hervorgerufen, den sein Ankommen machte. Es war, wie wenn er den Heiden als Priester erschienen wäre, der wieder ihr Opfer verrichten würde.

Und siehe da, als er so stand vor den Versammelten, da fühlte er sich in einem bestimmten Augenblicke wie entrückt, wie in einen besonderen Seelenzustand gebracht – und er schaute Grausiges! Er schaute am Altare und unter der Volksmenge, die um ihn herum sich immer zahlreicher versammelte, das, was man Dämonen nennen kann, und er erkannte, was diese Dämonen zu bedeuten hatten. Er erkannte, wie allmählich die heidnischen Opfer übergegangen waren in etwas, was solche Dämonen magisch herbeizog. Und so waren, als Jesus an den Altar gekommen war, nicht nur die Menschen herbeigekommen, sondern auch die Dämonen, die sich bei den früheren Opferhandlungen an dem Altar versammelt hatten. Denn dieses erkannte er: daß zwar solche heidnische Opferhandlungen abstammten von dem, was in den alten Heidenzeiten und an guten Kultstätten den wahren Göttern, soweit sie für die Heidenzeit erkennbar waren, an Opfertaten verrichtet werden konnte, daß aber diese Opfer nach und nach in Verfall gekommen waren. Es waren die Geheimnisse ausgeartet, und statt daß die Opfer zu den Göttern strömten, zogen diese Opfer und das, was an Gedanken in den Priestern lebte, Dämonen herbei, luziferische und ahrimanische Gewalten, die er jetzt wiederum um sich sah, nachdem er in einen anderen Bewußtseinszustand versetzt war. Und als die um ihn herum Versammelten gesehen hatten, wie er in diesen anderen Bewußtseinszustand versetzt war und deshalb hinfiel, da ergriffen sie die Flucht. Die Dämonen aber blieben.

Auf eine noch eindringlichere Art als der Verfall der alten hebräischen Lehre war so vor die Seele des Jesus von Nazareth der Verfall der heidnischen Mysterien getreten. Von seinem zwölften bis achtzehnten Jahre hatte er in sich erlebt, wie das, was einst der Menschheit gegeben war, so daß es die Seelen wärmte und erleuchtete, nicht mehr wirken konnte und so zu einer gewissen Seelenverödung führte. Jetzt sah er, wie an die Stelle der alten wohltätigen Götterwirkungen Dämonenwirkungen luziferischer und ahrimanischer Art getreten waren. Er sah den Verfall des Heidentums an dem, was er da um sich herum spirituell wahrgenommen hatte. Stellen Sie sich diese Seelenerlebnisse vor, diese Art zu erfahren, was aus der Wirkung der alten Götter und dem Verkehr der Menschen mit den alten Göttern geworden war; stellen Sie sich die Empfindung vor, die auf diese Weise erzeugt wird: Die Menschheit muß dürsten nach Neuem, denn sie wird elend in ihren Seelen, wenn nicht Neues kommt!

Und der Jesus von Nazareth hatte damals, nachdem die Dämonen ihn sozusagen betrachtet hatten und dann den fliehenden Menschen nachgezogen waren, eine Art Vision, eine Vision, von der wir noch sprechen werden, in der ihm wie aus den geistigen Höhen der Entwickelungsgang der Menschheit auf eine besondere Art entgegentönte. Er hatte die Vision dessen, was ich in einem künftigen Vortrage mitteilen werde, was wie eine Art von makrokosmischem Vaterunser ist. Er empfand, was einstmals im reinen Wort, als reiner Logos der Menschheit verkündet worden war.

Als der Jesus von Nazareth von dieser Wanderung nach Hause kam, war es ungefähr um die Zeit – so stellt es uns die spirituelle Forschung vor –, in welcher der Vater des Jesus von Nazareth gestorben war. In den folgenden Jahren dann, so vom vierundzwanzigsten Jahre bis zu der Zeit, die gekennzeichnet wird als die der Johannestaufe im Jordan, machte der Jesus von Nazareth Bekanntschaft mit dem, was man die Essäerlehre und die Essäergemeinschaft nennen kann. Die Essäer waren eine Gemeinschaft, die ihren Sitz in einem Tale Palästinas aufgeschlagen hatte. Der Zentralsitz war einsam gelegen. Aber die Essäer hatten überall Niederlassungen; auch in Nazareth war etwas wie eine Art Niederlassung. Die Essäer hatten sich die Aufgabe gestellt, ein besonderes Leben auszubilden, ein besonderes Seelenleben, das aber im Einklange stehen sollte mit dem äußeren Leben, wodurch die Seele sich hinaufentwickeln konnte zu einem höheren Standpunkte des Erlebens, wodurch sie in eine Art Gemeinsamkeit mit der geistigen Welt kommen konnte. In gewissen Graden stieg man auf zu dem, was die Essäergemeinschaft ihren Mitgliedern, ihren Mitbekennern als das Höchste geben wollte: eine Art Vereinigung mit der höheren Welt.

Die Essäer hatten damit etwas ausgebildet, was gewissermaßen eine solche Pflege der Menschenseele bewirken sollte, welche diese Menschenseele wieder geeignet machte, zu fassen, was durch den naturgemäßen Gang der Menschheitsentwickelung nicht mehr gefaßt werden konnte: den alten Zusammenhang mit der göttlich-geistigen Welt. In strengen Regeln, die sich auch auf die äußere Lebensweise bezogen, suchten die Essäer das zu erreichen. Sie suchten es dadurch zu erreichen, daß sie sich sozusagen streng zurückzogen vor der Berührung mit alledem, was äußere Welt war. Ein solcher Essäer hatte kein persönliches Eigentum. Die Essäer waren aus allen möglichen Teilen der damaligen Welt zusammengekommen. Jeder aber, der Essäer werden wollte, mußte das, was er an Besitz hatte, abgeben an die Essäergemeinschaft; nur die Essäergemeinschaft hatte Besitz, Eigentum. Wenn also irgendwie jemand an einem Orte etwas besaß, und er wollte

Essäer werden, so übergab er das Haus und was an Grundstücken dazugehörte, der Essäergemeinschaft. Dadurch hatte diese an den verschiedensten Orten Besitzungen. Es ist ein eigentümlicher Grundsatz in der Essäergemeinschaft gewesen, der heute ganz gewiß nach unseren Anschauungen Anstoß erregen kann, der aber eben notwendig war für alles, was die Essäer gerade wollten. Sie pflegten das Leben der Seele dadurch, daß sie sich widmeten einem reinen Leben, einem Leben in Hingabe an die Weisheit, aber auch einem wohltätigen Leben in Liebe. So waren sie auch die, welche überall, wo sie hinkamen – und sie zogen ja in der Welt herum, um eben ihre Aufgabe zu erfüllen –, Wohltaten wirkten. Ein Teil ihrer Lehre war die Heilung der Kranken. Heilend wirkten sie überall nach der Art der damaligen Zeit. Aber auch an materieller Wohltätigkeit taten sie viel. Und da war jener Grundsatz geltend, der in unserer heutigen sozialen Ordnung nicht nachgeahmt werden kann, wohl auch nicht nachgeahmt werden darf: ein Essäer konnte jeden unterstützen, den er für bedürftig hielt, nur keinen Familienangehörigen.

Es galt diesen Essäern als Ideal, daß sie das Ziel hatten, die Seele zu vervollkommnen, um sie wieder zu einem Zusammenhang mit der geistigen Welt zu führen. Dieses Ziel der Essäer war darauf angelegt, an die Seele des Essäers nicht herankommen zu lassen die Versuchungen von Ahriman und Luzifer. Wir könnten also auch das Essäerideal so charakterisieren, daß wir sagen: Der Essäer versuchte alles, was man nennen kann luziferische und ahrimanische Verlockungen, von sich fernzuhalten. Er versuchte so zu leben, daß das, was ahrimanisches Herabziehen in die Sinnlichkeit, in die äußere Welt, in das materialistische Leben ist, gar nicht an ihn herankommen konnte. Er versuchte aber auch ein Leben in der Reinheit des Körpers zu führen, damit die aus der Seele aufsteigenden luziferischen Verlockungen und Versuchungen diese Seele nicht befallen konnten. Er versuchte also ein solches Leben zu führen, daß Luzifer und Ahriman nicht an die Essäerseele herankommen konnten.

Durch die ganze Art und Weise, wie sich der Jesus von Nazareth entwickelt hatte, kam er in ein Verhältnis zu den Essäern, wie es bei einem anderen Menschen nicht möglich gewesen wäre, und in den

Jahren, von denen ich hier spreche, überhaupt nicht möglich geworden wäre, wenn er nicht selbst Essäer geworden wäre. Der Jesus von Nazareth durfte sogar an der Zentralstätte der Essäer, soweit das überhaupt nur irgend möglich war innerhalb der strengen Regeln des Essäerordens, die Räumlichkeiten, die heiligsten, einsamsten Räumlichkeiten betreten, durfte Gespräche mit den Essäern pflegen, die sie sonst nur untereinander pflegten. Er konnte sich dabei einweihen in das, was tiefste Ordensregeln der Essäer waren. So lernte er kennen, wie der einzelne Essäer fühlte und strebte und lebte, und er lernte vor allem empfinden – und das ist etwas von dem, worauf es ankommt –, was als äußerste Möglichkeit für eine Seele seiner Zeit bestand, um durch Vervollkommnung wieder heranzudringen zu der uralt heiligen Offenbarung. Das alles lernte er kennen.

Eines Tages, als er die Versammlung der Essäer verließ, hatte er ein bedeutsames Erlebnis. Als er zum Tore der einsamen Wohnstätte der Essäer hinausging, sah er zwei Gestalten von beiden Seiten des Tores wie wegfliehend, und er konnte empfinden, daß Luzifer und Ahriman das seien. Und öfter wiederholte sich ihm dies wie eine ähnliche Vision. Die Essäer waren ja ein an Menschen sehr zahlreicher Orden. Sie hatten überall ihre Niederlassungen auf die Art, wie ich es geschildert habe. Daher wurden sie als solche auch in einer gewissen Weise respektiert, obwohl sie ihr soziales Leben in einer ganz anderen Art führten als die anderen Menschen der damaligen Zeit. Die Städte, die sie besuchten, machten ihnen besondere Tore; denn der Essäer durfte – das gehörte zu seinen Regeln – durch kein Tor gehen, an dem ein Bildnis angebracht war. Er mußte, wenn er in eine Stadt wollte und an ein Tor kam, wo ein Bildnis angebracht war, wieder umkehren und an einem anderen Orte zur Stadt hineingehen, wo kein Bildnis angebracht war. In dem ganzen System der Essäer-Vervollkommnungslehre spielte das eine gewisse Rolle, denn es war so, daß nichts von Legendenhaftem, Mythischem oder Religiösem im Bilde dargestellt werden durfte. Das Luziferische der Bildimpulse wollte der Essäer dadurch fliehen. So lernte denn auf seinen Wanderungen der Jesus von Nazareth die bildlosen Essäertore kennen. Und immer wieder und wieder zeigte sich ihm an diesen bildlosen Essäertoren, wie

9   129

Luzifer und Ahriman wie unsichtbare Bildnisse sich dort hingestellt hatten, wo die sichtbaren Bildnisse verpönt waren. Es waren das bedeutsame Erfahrungen in dem Leben des Jesus von Nazareth. Was ergab sich ihm aus diesen bedeutsamen Erfahrungen im Zusammenhange mit den zahlreichen Gesprächen, die er haben konnte mit den Essäern, die eine hohe Vollkommenheitsstufe erlangt hatten? Es ergab sich ihm etwas, was wieder ungeheuer bedrückend, tief, tief bedrückend auf seine Seele wirkte, was ihm unendliche Qualen und Schmerzen machte. Es ergab sich ihm nämlich, daß er sich sagen mußte: Ja, da ist eine streng in sich abgeschlossene Gemeinschaft; da sind Leute, die streben darnach, in der Gegenwart einen Zusammenhang zu bekommen mit den spirituellen Mächten, mit der göttlich-geistigen Welt. Es ist also auch in der Gegenwart noch etwas da unter den Menschen, was diesen Zusammenhang wieder zu bekommen sucht. Aber auf welche Kosten hin? Auf das hin, daß diese Gemeinschaft der Essäer ein Leben führt, welches die anderen Menschen nicht führen konnten. Denn hätten alle Menschen das Leben der Essäer geführt, so wäre eben das Leben der Essäer nicht möglich gewesen. Und jetzt ging ihm auf ein auf seine Seele ungeheuer bedrückend wirkender Zusammenhang: Wohin fliehen denn Luzifer und Ahriman, sagte er sich, wenn sie von den Toren der Essäer wegfliehen? Sie fliehen dahin, wo die Seelen der anderen Menschen sind! Dazu also hatte es die Menschheit gebracht, daß eine Gemeinschaft sich aussondern muß, wenn sie den Zusammenhang mit der göttlich-geistigen Welt finden will. Und weil sie sich aussondert, sich so aussondert, daß sie sich in ihrem ganzen sozialen Zusammenhalt nur entwickeln kann, indem sie die anderen Menschen von sich ausschließt, verurteilt sie die anderen Menschen, gerade um so tiefer in das hineinzusinken, was sie, diese Essäergemeinschaft, floh. Dadurch, daß die Gemeinschaft der Essäer stieg, mußten die anderen um so mehr fallen! Dadurch, daß der Essäer ein Leben führte, welches Luzifer und Ahriman nicht mit ihm in Berührung kommen ließ, konnten Ahriman und Luzifer gerade versuchend und verlockend zu den anderen Menschen hin kommen.

Das war des Jesus von Nazareth Erfahrung mit einem esoterischen

130

Orden. Was in seiner Zeit mit der jüdischen Gesetzeskunde zu erfahren war, das hatte er schon in früheren Jahren in seiner Seele erfahren. Wozu die heidnischen Kulte in seiner Zeit gekommen waren, das hatte er ebenfalls in früheren Jahren in seiner Seele erfahren, als ihm die Dämonenwelt in bedeutungsvollem Augenblicke vor die Seele getreten war. Jetzt hatte er hinzuerfahren, auf welche Kosten hin die Menschheit seiner Zeit ihre Annäherung suchen mußte zu den göttlich-geistigen Weltengeheimnissen. So leben wir in einer Zeit – das trat bitter vor seine Seele –, in welcher jene, die den Zusammenhang mit dem Göttlich-Geistigen suchen, in enger Gemeinschaft und auf Kosten der anderen Menschen dieses tun müssen. So leben wir in einer Zeit, in welcher der Schrei der Sehnsucht ist nach einem solchen Zusammenhange mit der göttlich-geistigen Welt, der allen Menschen werden kann. Das hatte sich auf seine Seele drückend gelegt.

Und wie sich das so auf seine Seele legte, da hatte er einmal gerade innerhalb der Essäergemeinschaft auch ein geistiges Gespräch mit der Seele des Buddha. Viel Ähnlichkeit mit dem, was der Buddha auf die Welt gebracht hatte, hatte ja die ganze Art und Weise der Essäergemeinschaft. Und der Jesus sah sich dem Buddha gegenüberstehen und vernahm, von dem Buddha sich selber gesagt: Auf dem Wege, den ich der Menschheit gegeben habe, kann doch nicht der Zusammenhang mit der göttlich-geistigen Welt an alle Menschen herankommen; denn ich habe eine Lehre begründet, die, wenn sie in ihren höheren Gliedern begriffen und erlebt werden soll, eine solche Absonderung notwendig macht, wie sie in dieser Lehre enthalten ist. – Mit ganzer Schärfe, mit ganzer Gewalt stand es vor der Seele des Jesus von Nazareth, wie der Buddha eine Lehre begründet hat, die voraussetzt, daß außer denen, die sich zum Intimsten dieser Lehre bekennen, eben wieder andere Menschen da sein müssen, die sich nicht zu diesem Intimsten bekennen können. Denn wie hätten Buddha und seine Schüler hingehen können mit der Opferschale in der Hand und Almosen sammeln, wenn es nicht solche Menschen gegeben hätte, die ihnen Almosen hätten geben können? Das hörte er nun von Buddha, daß seine Lehre nicht eine solche war, die jeder Mensch in jeder Lage des Lebens zur Ausbildung bringen konnte.

Welche Entwickelungsmöglichkeiten in seiner Zeit vorhanden waren, das hatte der Jesus von Nazareth in den drei Perioden seines Lebens vor der Johannestaufe im Jordan erfahren, hatte es nicht so erfahren, wie man etwas lernt, sondern so, wie man etwas erlebt, wenn man in unmittelbare, allernächste Berührung mit diesen Dingen kommt. Er war in allernächste Berührung gekommen mit der alten jüdischen Gesetzeskunde, indem diese in ihm aufgeleuchtet hatte auf inspiratorische Art, und er in sich etwas hatte erleben können wie einen Nachklang der Offenbarungen, die an Moses und die Propheten ergangen waren. Er hatte aber auch dabei erleben können, wie es einer Seele seiner Zeit mit der damaligen Leibesorganisation nicht mehr möglich war, diese Dinge voll zu erfassen. Andere Zeiten waren gekommen als die, in welchen man die alte jüdische Gesetzeskunde hatte voll aufnehmen können. Und wie der Verfall der heidnischen Mysterien die Dämonenwelt herbeigerufen hatte, das hatte er ebenfalls durch allernächste Berührung erfahren, durch eine Erfahrung in der übersinnlichen Welt, indem er nicht nur die Menschen herbeigerufen hatte, die durch die verfallene Kultstätte in Not und Elend versetzt worden waren, sondern auch die Dämonen, die statt der guten alten heidnischen Kräfte sich um die Opferstätte versammelt hatten. Und wie es trotz den Anforderungen der kommenden Zeit den Menschen unmöglich war, etwas von dem tiefsten geheimen Wissen des Essäerordens zu erfahren, das hatte er während der sechs Jahre vor der Johannestaufe erlebt.

Was man aus der Betrachtung der Akasha-Chronik auf diesem Gebiete gewinnt, das ist die Erkenntnis, daß hier durch innere seelische Erfahrung etwas erlitten worden ist, was von keiner anderen Seele auf der Erde jemals hat gelitten werden können. Gerade für dieses Wort, das ich jetzt eben ausgesprochen habe, ist vielleicht nicht das volle Verständnis in unserer Zeit vorhanden. Daher möchte ich hier etwas einschalten. Ich werde nämlich im weiteren Verlaufe der Mitteilungen aus dem Fünften Evangelium auszuführen haben, wie sich diese Leiden noch ins Ungeheure steigerten in der Zeit zwischen der Johannestaufe im Jordan und dem Mysterium von Golgatha. Unsere Zeit könnte leicht einwenden: Aber warum soll eine so hohe Seele überhaupt leiden? Denn unsere Zeit hat ja sonderbare Begriffe über diese Dinge. Und wenn ich die ganze Tiefe des Jesus- und später des Christus-Leidens zu erörtern haben werde, so muß ich Sie schon aufmerksam machen auf manche Mißverständnisse, welche da entstehen.

Ich habe schon öfter erwähnt, auch hier, daß in der letzten Zeit von *Maurice Maeterlinck* ein Buch erschienen ist, «Vom Tode», das man aus dem Grunde lesen sollte, damit man sehen kann, wie Absurdes ein solcher Mensch schreiben kann, der sonst auch Gutes auf dem Gebiete des geistigen Lebens geschrieben hat. Unter manchem Absurden findet sich in diesem Buche Maeterlincks auch die Behauptung, daß ein Geist, der keinen Leib hat, nicht leiden könne, weil nur ein physischer Leib leiden könne. Daraus zieht dann Maeterlinck die Folgerung, daß ein Mensch, der seinen Leib verlassen habe, in der geistigen Welt nicht leiden könne. Wer so denkt, könnte auch leicht zu der Folgerung kommen, daß die Christus-Wesenheit, nachdem sie in den Leib des Jesus von Nazareth eingezogen war, nicht hat leiden können. Trotzdem werde ich das nächste Mal zu schildern haben von tiefstem Leiden gerade des Christus in dem Leibe des Jesus von Nazareth.

Sonderbar ist es allerdings, wie ein Mensch mit gesunder Vernunft glauben kann, daß ein physischer Leib leiden kann. Leiden kann ja doch nur die Seele im physischen Leibe, denn der physische Leib kann keine Schmerzen und Leiden haben. Was Schmerz und Leid ist, das sitzt in dem seelisch-geistigen Teile eines Leibes, und die körperlichen Schmerzen sind eben solche, die verursacht werden durch Unregelmäßigkeiten des physischen Organismus. Insofern der physische Organismus ein Organismus ist, sind es Unregelmäßigkeiten. Man kann in ihm eine Muskelzerrung haben und so weiter; aber der physische Leib, die physische Organisation leidet nicht, wenn auch die Materie von einem Orte zum anderen gezerrt wird. Ebensowenig wie ein Strohsack leiden kann, wenn man das Stroh herumwirft, ebensowenig kann ein physischer Leib leiden. Aber weil ein geistig-seelisches Wesen in dem Leibe steckt, so leidet dadurch, daß etwas nicht so ist, wie es sein muß, das Geistig-Seelische. So ist das, was leidet, das Geistig-Seelische; und immer ist es das Geistig-Seelische. Und je höher das Geistig-Seelische steht, desto mehr kann es leiden, und je höher es steht, desto mehr kann es leiden unter geistig-seelischen Eindrücken.

Das sage ich, damit Sie sich eine Empfindung, ein Gefühl zu bilden versuchen, wie die Zarathustra-Wesenheit in diesen Jahren litt unter dem Erleben dessen, daß die alten Offenbarungen unmöglich geworden sind für dasjenige, was die Menschenseele in der neueren Zeit braucht. Das war zunächst das unendliche Leiden, das mit keinem Leiden der Erde zu vergleichen ist, das uns entgegentritt, wenn wir Akasha-Chronik-mäßig den heute ins Auge gefaßten Teil des Lebens des Jesus von Nazareth betrachten.

Am Ende des Zeitraumes, den ich zuletzt charakterisiert habe, hatte dann der Jesus von Nazareth ein Gespräch mit der Mutter. Dieses Gespräch mit der Mutter war für dasjenige entscheidend, was er nun unternahm: den Weg zu demjenigen, zu dem er schon durch sein Verhältnis zu dem Essäerorden in eine Art von Beziehung getreten war, was er unternahm als den Gang zu Johannes dem Täufer. Über dieses Gespräch mit der Mutter, das dann entscheidend ist für das Folgende in dem Leben des Jesus von Nazareth, werde ich das nächste Mal sprechen.

Betrachten Sie – das möchte ich heute zum Schlusse sagen – die Mitteilungen über dieses Fünfte Evangelium als etwas, was gegeben wird, so gut es gegeben werden kann, weil die geistigen Mächte unserer Zeit es erfordern, daß eine Anzahl von Seelen von jetzt ab von diesen Dingen wisse. Betrachten Sie aber auch das, was gegeben wird, mit einer gewissen Pietät. Denn ich habe hier schon einmal erwähnt, wie wild das äußere Geistesleben Deutschlands, selbst bei den redlicher Denkenden, in dem Momente geworden ist, als zuerst eine Veröffentlichung gemacht worden ist nur über die zwei Jesus-knaben. Solche Dinge, die aus der geistigen Welt herausgeholt werden, die unmittelbar geistigen Forschungen entstammen, solche Dinge kann das außerhalb unserer Bewegung stehende Publikum eben durchaus noch nicht vertragen, kann sie nicht vertragen. Und in der mannigfaltigsten Art treten einem die Dinge dann entgegen, die wie eine wilde Leidenschaft vernehmbar sind, und die abwehren wollen so etwas, was wie eine neue Verkündigung aus der geistigen Welt heraus kommt. Es ist nicht notwendig, daß durch unvorsichtiges Schwatzen diese Dinge ebenso herabgewürdigt und lächerlich gemacht werden, wie das mit der Geschichte der beiden Jesusknaben geschehen ist, denn uns sollen diese Dinge heilig sein.

Es ist eigentlich durchaus nicht leicht, über diese Dinge in der Gegenwart zu sprechen, eben in Anbetracht des Umstandes, daß gegen diese Dinge die Widerstände am allergrößten sind. Und es ist im Grunde genommen doch das, was ich oftmals schon charakterisiert habe: die unendliche Bequemlichkeit der Menschenseelen in unserer Zeit, die auf Genaueres der Geistesforschung doch nicht eingehen will und daher sich auch keine Einsicht verschaffen will in die Möglichkeit, zu solchen Dingen zu kommen. Es ist schon so in der Gegenwart, daß auf der einen Seite der lechzende Ruf nach Offenbarungen der geistigen Welt in den verborgenen Tiefen der Menschenseele sitzt, und daß auf der anderen Seite der bewußte Teil der Menschenseele in unserer Zeit gerade dann am leidenschaftlichsten ablehnend wird, wenn von solchen Kundgebungen aus der geistigen Welt gesprochen wird.

Bedenken Sie die Worte, die ich als Abschluß der heutigen Betrachtung gesagt habe, und nehmen Sie sie als Richtschnur dafür, wie die Dinge, welche wir über das Fünfte Evangelium sprechen, von uns genommen sein wollen.

4.3.07 Als ich das letzte Mal hier sprach, versuchte ich einiges zu erzählen aus dem Fünften Evangelium über das Leben des Jesus von Nazareth von dessen zwölftem Jahre bis in die Zeit der Johannestaufe im Jordan hinein. Als ich damals jene bedeutungsvolle Erfahrung erzählte, welche der Jesus von Nazareth an einer heidnischen Kultstätte gehabt hat, da zeigte ich, wie uns das Lesen in der Akasha-Chronik heute diesen Jesus von Nazareth an dieser heidnischen Kultstätte schauen läßt, wie er den Eindruck hat von den Altar umgebenden Dämonen. Ich will an dieses nur kurz erinnern, wie er dann wie tot hinfällt, wie er entrückt ist in eine andere Welt, in der er wahrnehmen kann, welches die göttlich-geistigen Geheimnisse der uralt heiligen Mysterienlehre der Heiden waren. Denn so konnte er ja in sich eine lebendige Idee von dem aufnehmen, was einstmals das Heidentum war, und von dem, was es zu seiner Zeit geworden ist.

Ich erwähnte schon, daß er während dieser Zeit – also in diesem anderen Bewußtseinszustande an einem heidnischen Altare, von dem wir das letzte Mal gesprochen haben – etwas hörte wie aus der geistigen Welt heraus die Verkündigung von Worten, die zum Ausdruck brachten, so wie es in der uralt heiligen Lehre der Heidenvölker zum Ausdruck gebracht worden ist, was zu betrachten ist als das Geheimnis von des Menschen Verquickung mit der materiellen, mit der sinnlich-physischen Welt. Er hörte also sozusagen aus den geistigen Welten jene Stimme, die den alten heidnischen Propheten zugänglich war. Und was er da hörte, ist zu bezeichnen als eine Art kosmisches Vaterunser. Es drückt aus, wie des Menschen Seelenschicksal sich gestalten muß dadurch, daß der Mensch mit der Erdenmaterie von der Geburt bis zum Tode verquickt ist. Dieses kosmische Vaterunser, dessen spätere Umkehrung das irdische Vaterunser wurde, war mir möglich zuerst zu Gehör zu bringen bei unserer Grundsteinlegung in Dornach. Ich werde es hier wieder zur Verlesung bringen, denn es liegt tatsächlich die Urlehre der heidnischen Menschheit in diesen Worten. So gut es geht, versuche ich sie eben in deutscher Sprache wiederzugeben:

Amen
Es walten die Übel
Zeugen sich lösender Ichheit
Von andern erschuldete Selbstheitschuld
Erlebet im täglichen Brote
In dem nicht waltet der Himmel Wille
Indem der Mensch sich schied von Eurem Reich
Und vergaß Euren Namen
Ihr Väter in den Himmeln.

Das war es ungefähr, was der Jesus von Nazareth als das Geheimnis des Erdenmenschen im Sinne der uralt heiligen Lehre damals bei seiner Wanderung in heidnischen Gegenden gehört hat. Es bringen diese Worte wirklich tiefe Geheimnisse der Menschheitsevolution zum Ausdruck. Dieses bedeutsame Hören drang also damals in des Jesus Seele herein, als es gegen sein vierundzwanzigstes Jahr zu ging, und er wußte von da ab etwas, was einstmals in uralten Zeiten der Menschheitsentwickelung aus der geistigen Welt heruntergetönt hat, was ihm so groß und gewaltig erschien, daß er sich sagte, insbesondere nachdem er an der verfallenen alten heidnischen Kultstätte den das letzte Mal geschilderten Eindruck hatte: Jetzt sind für alles das auf der Erde nicht mehr die Menschen da, um es zu verstehen.

So hatte er das Heidentum kennengelernt. Wir haben gesehen, wie er in den drei aufeinanderfolgenden Epochen seines Jugendlebens kennengelernt hat die tiefsten Tiefen des Judentums, die tiefsten Tiefen des Heidentums und auch die tiefsten Tiefen des Essäertums. Wir haben gesehen, wie diese Erkenntnisse für ihn Stück für Stück Quellen tiefsten Leides waren. Denn von allen drei Erkenntnissen mußte er sich sagen: Sie könnten da sein, wenn in der Menschheit jetzt die Bedingungen dazu vorhanden wären, um sie aufzunehmen; aber diese Bedingungen sind eben jetzt nicht zu schaffen.

Das war das Ergebnis dieses Jesus-Lebens. So zeigt es uns das

Fünfte Evangelium, daß der Jesus sich sagen konnte, bevor er den Christus in sich aufgenommen hatte: Es hat eine Menschheitsevolution stattgefunden, aber so, daß die Menschen Fähigkeiten sich angeeignet haben, welche die anderen Fähigkeiten der Urzeit verdunkelt haben, so daß die Menschen jetzt nicht mehr imstande sind, die Verkündigungen der geistigen Welt entgegenzunehmen, wie sie in der Urzeit für Juden und Heiden stattgefunden hatten. – Aber auch das hatte er sich durch seine Verbindung mit den Essäern sagen müssen, daß so, wie die Essäer zu einer Wiedervereinigung mit der geistigen Welt kommen, nur ein kleines Häuflein, nicht die ganze Menschheit, zu einer solchen Wiedervereinigung kommen könnte. So war ihm auch dieser Weg als ein unmöglicher erschienen. Arme, arme Menschheit – so ging es durch seine Seele –, wenn dir ertönen würden die Stimmen der alten heidnischen Propheten, du würdest sie nicht mehr verstehen. Wenn dir ertönen würden die Stimmen der alten jüdischen Propheten, du würdest sie nicht mehr verstehen. Das aber kannst du nicht als gesamte Menschheit jemals erstreben wollen, was die Essäer erstreben; das ist nur zu erstreben von einem kleinen Häuflein, das auf Kosten der übrigen Menschheit seine Vollkommenheit sucht.

Was ich Ihnen so in einigen trockenen Worten erzähle, das war in ihm Leben, schmerzvolle seelische Wirklichkeit. Das war in ihm eine Empfindung unendlichen Mitleides mit der gesamten Menschheit, jenes Mitleides, das er empfinden mußte, um reif zu werden, damit er die Christus-Wesenheit in sich aufnehmen konnte.

Bevor aber dieses geschah, hatte der Jesus von Nazareth noch ein wichtiges Gespräch mit derjenigen Persönlichkeit, die wir als seine Zieh- oder Stiefmutter kennen. Wir wissen ja, daß die Mutter jenes nathanischen Jesus, der in seinem zwölften Jahre die Individualität des Zarathustra in sich aufgenommen hatte, das heißt also die wirkliche leibliche Mutter dieses nathanischen Jesus, gestorben war bald, nachdem dieser Jesusknabe den Zarathustra, der in dem anderen Jesusknaben verkörpert war, in sich aufgenommen hatte, so daß also deren Seele längst in der geistigen Welt war. Wir wissen auch aus früheren Vorträgen verflossener Jahre, daß der Vater des anderen, des salomonischen Jesusknaben, gestorben war, und daß aus den beiden Familien der beiden Jesusknaben eine einzige Familie in Nazareth geworden war, innerhalb welcher der Jesus mit seinen Geschwistern und mit der Zarathustra-Mutter zusammen war. Wir wissen, daß der Vater des Jesus von Nazareth, als dieser etwa im vierundzwanzigsten Jahre von einer größeren Wanderung zurückkam, gestorben war, und daß nun der Jesus von Nazareth allein mit seiner Mutter, der Zieh- oder Stiefmutter, lebte. Im allgemeinen muß gesagt werden, daß diese Zieh- oder Stiefmutter sich nur langsam ein Gemütsverständnis, aber eben nach und nach ein tiefes Gemütsverständnis für alle die tiefen Erlebnisse aneignete, welche der Jesus von Nazareth durchmachte. Es wuchsen gewissermaßen im Laufe der Jahre diese Seelen, die des Jesus von Nazareth und die der Zieh- oder Stiefmutter, ineinander.

In der ersten Zeit nach seinem zwölften Jahre war er auch im Elternhause mit seinem Erleben einsam. Die anderen Geschwister sahen in seiner Seele, die mit ihren tiefen, schmerzlichen Erlebnissen fertig werden mußte, eigentlich nur eine Seele, die einer Art von Wahnsinnszustand entgegenging. Die Mutter dagegen fand eben die Möglichkeit, immer mehr und mehr Verständnis für diese Seele zu gewinnen. Und so kam es, daß der Jesus von Nazareth in seinem neunundzwanzigsten oder dreißigsten Jahre mit dieser Mutter ein wichtiges Gespräch führen konnte, ein Gespräch, das tatsächlich von tiefster Wirkung war, wie wir gleich sehen werden.

Dieses Gespräch enthielt im Grunde genommen in einer Art Rückschau alles, was der Jesus von Nazareth seit seinem zwölften Lebensjahre erlebt hatte. Die Akasha-Chronik zeigt uns, wie dieses Gespräch verlief. Zunächst sprach der Jesus von Nazareth von jenen Erlebnissen, die sich zwischen seinem zwölften bis sechzehnten oder achtzehnten Jahre zugetragen hatten, wie er in dieser Zeit das, was einstmals die uralte hebräische Lehre war, die uralte Lehre der hebräischen Propheten, nach und nach in sich selbst erlebte. Er hatte es ja in der Umgebung durch niemanden erleben können, wie er auch nicht jene Worte durch jemanden in seiner Umgebung hatte erleben können, die er zu solchem Erstaunen der Schriftgelehrten in ihrer Mitte bei der bekannten Gelegenheit vorgebracht hatte. Aber immer stiegen in seiner Seele Inspirationen auf, von denen er jedoch wußte: sie kommen aus der geistigen Welt. Die hebräische Lehre stieg so in ihm auf, daß er sich wußte als Besitzer dieser alten hebräischen Lehre, für die aber zu seiner Zeit keine Ohren da waren. Er war mit dieser Lehre allein. Das war sein großer Schmerz, daß er mit dieser Lehre allein war.

Die Mutter hatte zwar manches zu erwidern, wenn er sagte: Auch wenn heute noch die Stimmen der alten hebräischen Propheten ertönten, so würde es doch keine Menschen geben, um diese Stimmen zu verstehen. Die Mutter sagte darauf, daß zum Beispiel *Hillel* dagewesen sei, ein großer Gesetzeslehrer, und der Jesus von Nazareth wußte auch zu würdigen, wer Hillel war und was er für das Judentum bedeutete. Ich brauche Ihnen nicht zu erzählen, welche Bedeutung dieser Hillel hatte. Sie finden es im jüdischen Schrifttum genügend gewürdigt. Hillel war ein Erneuerer der schönsten Tugenden und Lehren des alten Judentums, wie auch eine Persönlichkeit, die durch ihre eigene Art und Weise dieses alte Judentum wieder zu einer Art Erneuerung brachte. Aber das war nicht dadurch gekommen, daß Hillel ein Gelehrter war, sondern dadurch, daß er durch sein Tun und Treiben, vor allem aber in seinem Fühlen, Wollen und Wünschen und in seiner Art, die Menschen zu behandeln, zum Ausdruck brachte, wie wirkliche Weisheit jeglicher Art in der Menschenseele die Seele umgestaltend wirkt. Was man insbesondere im Judentum pries, aber in der damaligen Zeit nicht mehr recht verstand: die Geduld in der Behandlung anderer Menschen – dem Hillel wurde sie mit Recht zugeschrieben. Er hatte ja auch auf sonderbare Art die Möglichkeit erlangt, unter den Hebräern zu wirken. Er stammte aus Babylon, aber aus einem Geschlechte, das von den Juden zur Zeit der Gefangenschaft hinüberverpflanzt war nach Babylon, und das seinen Ursprung auf die Familie David selbst zurückführte. Auf diese Weise hatte er in sich vereinigt, was er aus dem Babyloniertum hatte aufnehmen können, mit dem in seinem Blute pulsierenden Hebräertum. Und wie sich das in seiner Seele gestaltet hat, das wird in einer bedeutungsvollen Legende erzählt.

Einmal, so heißt es, als Hillel gerade in Jerusalem ankam, waren die bedeutendsten anderen jüdischen Gelehrten zu allerlei Diskussionen versammelt, in denen man hören konnte, wie pro und kontra über die Geheimnisse der jüdischen Lehre gesprochen wurde. Man hatte eine Kleinigkeit zu zahlen, um solchen Diskussionen beiwohnen zu können. Hillel hatte kein Geld, denn er war sehr arm. Trotzdem es sehr kalt war, versuchte er einen kleinen Hügel vor dem Hause zu besteigen, in welchem die Diskussionen stattfanden, um durch das Fenster zu hören, was gesprochen wurde. Denn er konnte seinen Eintritt nicht bezahlen. Es war so kalt in der Nacht, daß er steif wurde vor Frost, so daß man ihn später am Morgen steif fand und ihn erst wieder erwärmen mußte, damit er auftaue. Aber er hatte dadurch, daß er dieses durchgemacht hatte, in seinem Ätherleibe teilgenommen an der ganzen Diskussion. Und während die anderen selber nichts anderes hörten als die abstrakten Worte, die hin- und widerflogen, hatte Hillel eine Welt von wunderbaren Visionen gesehen, die seine Seele umgestalteten.

Solcher Ereignisse wären noch manche zu erzählen. Insbesondere wurde seine Geduld gerühmt. Von dieser Geduld sagte man, sie sei unerschöpflich. Und einmal, so wird sogar erzählt, ging jemand eine Wette ein, Hillels Geduld aufs äußerste zu erschöpfen, so daß Hillel zornig werden sollte. Die Wette war eingegangen, und der, welcher den Hillel zornig machen wollte, das heißt, seine Geduld ausschöpfen wollte, hatte die Aufgabe, dieses zu tun. Und er tat das Folgende. Er ging hin, als Hillel seine Vorbereitungen traf zu dem, was er am Sabbat zu lehren hatte und gerade im Negligé war, pochte an die Tür und rief: Hillel, Hillel, komm heraus! – Hillel fragte: Was ist denn? – Ach, Hillel, komm heraus, ich habe eine wichtige Frage an dich! – Hillel zog sich seinen Rock an, ging hinaus und sagte: Mein Sohn, um was hast du mich zu fragen? – Da sagte der Betreffende, der die Wette eingegangen war, zu ihm: Hillel, ich habe eine wichtige Frage an dich. Warum haben manche Leute unter den Babyloniern so spitze Köpfe? – Und Hillel antwortete: Mein lieber Sohn, weißt du, die Babylonier haben so schlechte Hebammen, und da werden sie unter so ungünstigen Umständen geboren. Daher haben dort manche Leute so spitze Köpfe. Geh nun, deine Frage ist beantwortet. – Und Hillel ging wieder in das Haus hinein und bereitete sich weiter für den Sabbat vor.

Aber nach kurzer Zeit kam derselbe Mensch wieder und rief wie vorher: Hillel, Hillel, komm heraus! – Hillel antwortete: Was ist es denn? – Ach, Hillel, ich habe eine wichtige Frage, die sogleich beantwortet werden muß. – Und Hillel kam wieder heraus und sagte zu dem Fragenden: Was ist es für eine Frage? – Und der Betreffende antwortete: Ach, Hillel, sage mir doch, warum gibt es in Arabien so viele Menschen, die so sehr verkniffene Augen haben? – Hillel antwortete: In Arabien ist die Wüste so weit, und man kann sie nur ertragen, wenn man mit seinen Augen an die Wüste angepaßt ist. Daher haben in Arabien viele Menschen so sehr verkniffene Augen. Gehe nun, mein Sohn, denn deine wichtige Frage ist beantwortet. – Und Hillel ging wieder in das Haus hinein.

Aber es dauerte nicht lange, da kam der Betreffende zum dritten Male und rief wiederum: Hillel, Hillel, komm heraus! – Was ist es denn? – Hillel, komm heraus, ich habe eine wichtige Frage, die sogleich beantwortet werden muß! – Hillel ging heraus, und da sagte der Betreffende: Ach, Hillel, beantworte mir doch die Frage: Warum haben denn so manche Leute in der Nähe Ägyptens so platte Füße? – Und Hillel antwortete: Mein lieber Sohn, sie haben so platte Füße, weil sie in sumpfigen Gegenden leben. Da brauchen sie so platte Füße wie manche Vögel, die in sumpfigen Gegenden leben, und da müssen die Füße angepaßt sein an die Umgebung. Daher haben sie so platte Füße. Gehe nun, mein Sohn, deine Frage ist beantwortet. – Und er ging wieder hinein.

Doch nach wenigen Minuten kam derselbe Mensch wieder, klopfte wieder an das Haus, aber er war bei jeder Frage trauriger geworden, und er rief, noch trauriger als vorher: Hillel, komm heraus! – Und als Hillel kam, da sagte er: Ach, Hillel, ich habe gewettet, daß ich dich in Zorn bringen kann. Jetzt habe ich es dreimal mit meinen Fragen versucht. Sage mir doch, o Hillel, was ich tun muß, damit ich meine Wette nicht verliere! – Aber Hillel antwortete: Mein Sohn, besser ist es, daß du deine Wette verlierst, als daß Hillel zornig werden könnte. Gehe nun, und bezahle deine Wette!

Das ist ein Beispiel, welches zeigen soll, bis zu welchem Grade von Geduld es Hillel damals in den Augen oder in der Meinung seiner jüdischen Mitbewohner gebracht hatte. Die Wirkung dieses Mannes hatte also der Jesus von Nazareth auch erlebt. Aber er kannte nicht nur, was Hillel gewirkt hatte, sondern er hatte selbst in seiner Seele die große Bath-Kol vernommen, das heißt die Stimme vom Himmel, wo aus der göttlich-geistigen Welt heraus die Geheimnisse, wie sie einst den Propheten ertönten, ihm im Inneren seiner Seele aufgestiegen waren. Und er wußte, daß auch selbst in Hillel nur ein ganz schwacher Nachklang dessen war, wofür einstmals die Vorfahren der Hebräer reif waren. Aber jetzt waren die Nachfahren der alten Hebräer nicht einmal für den schwachen Nachklang, der in Hillels Stimme ertönte, und noch weniger für die große Bath-Kol reif.

Das alles lastete auf seiner Seele, und das teilte er der Mutter mit. Er teilte ihr mit, was er erlitten hatte, wie ihm von Woche zu Woche immer mehr aufging, welches die uralt heiligen Lehren des alten Judentums waren, und wie die Nachfahren der alten Hebräer keine Ohren mehr hatten, um zu hören, was einst die Worte der großen Propheten waren. Und jetzt verstand ihn die Mutter, so daß ein tiefes Gefühls- und Gemütsverständnis seinen Worten entgegenkam.

Und dann erzählte er von jenem Ereignis, das er erlebte, nachdem er sein achtzehntes Jahr vollendet hatte und hinausgezogen war in jüdische und heidnische Gegenden. Er erzählte es erst jetzt der Mutter, wie er auf seiner Wanderung an eine heidnische Kultstätte gekommen war, wie aber dort die Priester geflohen waren. Denn es war unter der Bevölkerung eine bösartige Krankheit ausgebrochen, die jeden anstecken konnte. Und als er hinkam, wurde er gesehen, und wie ein Lauffeuer verbreitete es sich, daß ein ganz besonderer Mensch herankäme. Denn das war ihm eigentümlich, daß er allein schon durch sein äußeres Auftreten, als Jesus von Nazareth, überall, wo er hinkam, einen besonderen Eindruck machte. So glaubten die Menschen jener Gegend, deren größte Trauer darin bestand, daß die heidnischen Priester sie verlassen hatten und ihr Altar nicht mehr bedient wurde, sie glaubten, daß ein Opferpriester herankäme in Jesus von Nazareth, der wieder ihre Opfer verrichten werde. In großer Zahl versammelten sie sich um den verfallenen Altar. Jesus von Nazareth hatte nicht den Willen, ihren Opferkult zu verrichten. Aber er sah die tieferen Gründe dessen, warum jene Menschen litten. Er sah das, was man folgendermaßen ausdrücken könnte:

An solchen Opferaltären wurden einstmals rechtmäßige Opfer verrichtet, die der äußere Kultausdruck waren für die alten Mysterienoffenbarungen jener heidnischen Gegenden. In den Kulthandlungen waren ja die Mysterienoffenbarungen ausgedrückt. Und wenn solche Kulthandlungen in uralt heiligen Zeiten – das wußte er jetzt durch unmittelbare Anschauung – verrichtet wurden, verrichtet wurden mit der richtigen Gesinnung der Priester, dann nahmen die göttlich-geistigen Wesen, mit denen die heidnischen Menschen verbunden waren, daran teil. Aber nach und nach waren diese Opferhandlungen in Dekadenz gekommen, waren herabgekommen, korrumpiert. Die Priester waren nicht mehr mit den rechtmäßigen Gesinnungen begabt, und so war es gekommen, daß an einer solchen Kultstätte statt der guten alten Götterwesen Dämonen walteten. Und in diesen Dämonen liegt der Grund, warum die Bevölkerung leiden mußte. Diese Dämonen sah jetzt der Jesus von Nazareth versammelt. Sie forderten gleichsam seinen hellseherischen Blick heraus, und er fiel hin, war wie tot. Und als er hinfiel, erkannten die Menschen, daß er nicht gekommen war, um an ihrem Altar wieder die Opfer zu verrichten. Sie ergriffen die Flucht, und in diesem Augenblicke sah er den ganzen Übergang der alten heidnischen Götterwelt in die Dämonenwelt und erkannte, daß dies die Gründe der Leiden dieses Volkes waren.

Aber er wurde nun auch entrückt in jene Heidenzeiten, als die wirklichen Offenbarungen der uralt heiligen Lehren zu den Menschen herunterkamen. Das hörte er bei dieser Gelegenheit, was ich als das kosmische Vaterunser vorgelesen habe. Jetzt wußte er, wie weit entfernt die gegenwärtige, auch seine gegenwärtige Menschheit im Heidentume wie im Judentume, von den alten Lehren und Offenbarungen war. Nur hatte er, was er über das Judentum zu lernen hatte, durch die Stimme der großen Bath-Kol erlangt. Das Heidentum dagegen war ihm aufgegangen in einer furchtbaren Vision. Die wirkte ganz anders als eine abstrakte Mitteilung; sie wandelte seine Seele um. So wußte er, daß jetzt keine Ohren mehr da waren, um das zu verstehen, was einstmals für das Judentum in den Stimmen der Propheten erklungen, wie aber auch für das andere, das einst für das alte Heidentum herunterklingen konnte, jetzt keine Ohren mehr da waren, um es zu verstehen.

Das alles erzählte er jetzt in bewegten Worten der Mutter. Dann erzählte er auch seine Gemeinschaft mit den Essäern, insbesondere das, was, wenn ihm die Mutter nicht schon ein solches Gemütsverständnis entgegengebracht hätte, schwer zu verstehen gewesen wäre: daß er, als er einst hinausging von einer Essäerversammlung, von den Toren Luzifer und Ahriman fliehen sah. Er wußte, daß die Methoden der Essäer für die große Menge der Menschen unmöglich waren. Zwar konnte man eine Vereinigung mit der göttlich-geistigen Welt durch diese Methoden haben, aber nur dadurch, daß man Luzifer und Ahriman von sich wies. Doch indem man dies tat, hatten Luzifer und Ahriman um so mehr die Möglichkeit, zu den anderen Menschen hinzufliehen und sie weiter in die Verstrickungen des irdischen Daseins hineinzustoßen, so daß sie nicht teilnehmen konnten an der Vereinigung mit der geistigen Welt. Durch dieses Erlebnis wußte also der Jesus von Nazareth: Auch der Essäerweg kann kein allgemein menschlicher werden, denn er ist nur für ein kleines Häuflein von Menschen möglich. – Das war eine dritte schmerzliche Erkenntnis zu den beiden anderen.

Es war in einer eigentümlichen Art, wie er das erzählte. Denn nicht nur gingen seine Worte hinüber zur Mutter, sondern die Worte flossen zum Herzen der Mutter hinüber wie lebendige Wesen. Die Mutter fühlte sich, wenn der tiefe Sinn dieser Worte – der von Leiden, aber auch von tiefster Menschenliebe durchtränkte Sinn – in ihre Seele hinüberfloß, wie wenn ihre Seele innerlich erkraftete, von einer von ihm herüberkommenden Kraft belebt würde und eine innere Wandlung erführe. So fühlte die Mutter. Es ist wirklich so, wie wenn alles, was in der Seele des Jesus von Nazareth lebte, während dieses Gespräches in die Seele der Mutter hinübergegangen wäre. Und es war auch für ihn so. Denn Merkwürdiges enthüllt uns geheimnisvoll hier der Blick in die Akasha-Chronik.

Der Jesus von Nazareth erzählte so, daß seine Worte, indem sie sich ihm entrangen und indem sie hinüberzogen in Herz und Seele der Mutter, immer ein Stück seines eigenen Ichs mit hinübernahmen. Man könnte sagen: Auf den Flügeln seiner Worte ging sein eigenes Ich wie hinüber zur Mutter, aber ohne daß es als solches eigentliches Ich in die Mutter hinüberging, die sich nur durch diese Worte wie belebt fühlte. Denn das Merkwürdige geschah jetzt, daß durch die Wirkung dieses Gespräches die Seele jener Mutter, welche die leibliche Mutter des nathanischen Jesus war, aus der geistigen Welt herunterkam und sich mit der Seele der Stief- oder Ziehmutter verband, so daß von jenem Gespräche an in der Seele der Stief- oder Ziehmutter zugleich die Seele der wirklichen Mutter des nathanischen Jesus lebte. Empfangen hatte die Seele der Stief- oder Ziehmutter die Seele jener anderen Mutter. Es war wie eine Art Wiedergeburt zur Jungfräulichkeit, was hier stattgefunden hat. Diese Wandlung, diese Durchsetzung der Seele der Mutter mit einer anderen Seele aus den geistigen Welten, sie macht in der Beobachtung allerdings einen tief, tief ergreifenden Eindruck, wenn man sieht, wie jetzt weiterhin die Stief- oder Ziehmutter eigentlich nur als Hülle derjenigen Mutter herumwandelt, welche die Zeit von Jesu zwölftem bis dreißigstem Jahre in der geistigen Welt zugebracht hat.

In dem Jesus selber war jetzt etwas, wie wenn er sein Ich an die Mutter hingegeben hätte, wie wenn in ihm nur, wie von kosmischen Gesetzen beherrscht, der physische Leib, der Ätherleib und der Astralleib lebten. Und ein innerer Drang entstand in dieser dreifachen Leiblichkeit des Jesus von Nazareth, zu demjenigen hinzugehen, den er in der Essäergemeinschaft kennengelernt hatte, der ja ebensowenig wie er ein wirklicher Essäer war, aber in die Essäergemeinschaft aufgenommen war, hinzugehen zu Johannes dem Täufer. Und dann fand bei dem, was aus den vier anderen Evangelien bekannt ist, bei der Taufe, die Hineinsenkung der Christus-Wesenheit in die Leiblichkeit des Jesus von Nazareth statt, die ihr mit ihren Leiden und mit ihrem ganzen Wesen verbundenes Ich in das Gespräch gelegt hatte, das in die Seele der Mutter hinübergegangen war. Auf nahm diese dreifache Leiblichkeit die Ihnen oftmals geschilderte Christus-Wesenheit, die jetzt anstelle jenes anderen Ichs in diesen drei Leibern lebte.

146

Und nun spricht uns auch dieses Fünfte Evangelium, das aus der Akasha-Chronik zu gewinnen ist, von der auf die Empfängnis der Christus-Wesenheit folgenden Versuchung. Nur ergibt sich durch den Blick in die Akasha-Chronik die Versuchung in etwas anderem Geiste, und ich werde wiederum versuchen, so gut es geht, zu erzählen, was sich da ergibt, wie die Versuchungsszene sich ereignet hat.

Es stand, also jetzt können wir sagen der Christus Jesus, zuerst dem Luzifer gegenüber. Und Luzifer stellt tatsächlich durch jenen Vorgang, den der Geistesforscher durchaus begreifen kann, und auch in jener Form, die der Geistesforscher begreifen kann, die Frage, die man natürlich in äußere Worte umsetzen muß, wenn man sie erzählen will, die Frage, die in den anderen Evangelien mitgeteilt ist, die Frage, die eine Versucherfrage ist, die besonders zu dem Hochmut sprechen sollte: Alle Reiche, die du um dich herum siehst – und Luzifer meinte die Reiche der astralen Welt in ihren Weiten –, sollen dir gehören, wenn du mich als deinen Herrn anerkennst!

Diese Frage spricht im richtigen Momente, wenigstens zu einer Menschenwesenheit gestellt, den tiefsten Versuchungsimpuls aus, denn es werden alle Kräfte und Triebe des Hochmutes und der Selbstüberschätzung ausgelöst in der Seele. Man kann sich natürlich nicht gut davon eine Vorstellung machen, wenn man nur mit Abstraktionen an die astrale Welt denkt. Aber wenn man in ihr drinnensteht, dann ist die Wirksamkeit der Kräfte dieser astralen Welt, in der dann Luzifer spricht, auf die ganze Konstitution des Menschen so wirksam, daß alle Dämonen des Hochmuts in ihm losgelassen werden mit derselben Notwendigkeit, wie man hungrig wird, wenn man vier bis fünf Tage nichts gegessen hat. Man kann da nicht sprechen in der harmlosen Weise des physischen Planes: Man solle sich nicht vom Hochmut verblenden lassen. – Das ist schön und gut für den physischen Plan, aber es ist nicht mehr von derselben Wertigkeit, wenn die ganze astrale Welt auf die Konstitution des Menschen einstürmt. Aber der Christus Jesus widerstand der Versuchung des Luzifer. Dem Hochmute konnte diese Wesenheit nicht verfallen. Er wies Luzifer zurück.

Ich möchte hier eine Einschaltung machen. Es ist im allgemeinen leicht möglich, beim Lesen in der Akasha-Chronik die Reihenfolge

18.3.07

147

zu verwechseln. Ich glaube, die Reihenfolge bei der sogenannten Versuchung ist so, wie sie mir richtig zu sein scheint. Es könnte aber sein, daß sie umgekehrt wäre. Ich glaube das nicht, könnte aber nicht sagen, daß sich bei einem späteren Verifizieren nicht die umgekehrte Reihenfolge ergeben könnte. Daher möchte ich durchaus darauf aufmerksam machen, daß ich Ihnen bei diesen Mitteilungen aus der Akasha-Chronik nichts anderes erzähle, als was sich wirklich ergibt. Daher mache ich an den Stellen, wo sich Unsicherheit ergibt, darauf aufmerksam, daß hier später eine Korrektur möglich sein könnte.

Nachdem also die erste luziferische Attacke abgeschlagen war, traten nun Luzifer und Ahriman vereint auf. Vereint stellten sie an den Christus Jesus die Frage von dem Sich-Herabstürzen tief in den Abgrund hinein. Das war eine Frage, die an den Stolz gestellt war. Auf einem besonderen Umwege sollte zum Stolz, zum Sich-erhaben-Fühlen über alle Furcht, diese Frage gestellt werden. Der Christus Jesus wies die Frage zurück. Er war nicht zu versuchen, indem man an seinen Stolz herantrat, womit in diesem Falle das Sich-erhaben-Dünken über die Furcht gemeint war. Luzifer mußte jetzt weichen, von ihm ablassen.

Ahriman blieb zurück, und er stellte die dritte Frage, die wiederum auch im Fünften Evangelium mit der Frage in den anderen Evangelien übereinstimmt, die Frage, die sich darauf bezieht, daß die Steine zu Brot werden sollten. Wenn der Christus wirklich die Macht habe, so sollte er die Steine zu Brot werden lassen. Und siehe da: dieser Frage gegenüber blieb ein unbeantworteter Rest. Nicht ganz vermochte der Christus Jesus diese Frage dem Ahriman zu beantworten, und Ahriman zog nicht vollständig besiegt ab. Das zeigt uns allerdings die Akasha-Chronik-mäßige Betrachtung dieser Sache. Und der Christus Jesus wußte: bezüglich Ahrimans bleibt ein Rest, der nicht durch einen solchen inneren geistigen Vorgang zu überwinden ist, sondern zu dem andere Dinge noch notwendig sind.

Ich möchte in einer vielleicht trivialen Weise einmal versuchen, dies auseinanderzusetzen. Wir werden uns dadurch aber leichter darüber verständigen können, um was es sich handelt. Ahriman ist eigentlich der Herr der Welt der materiellen Gesetze. Wenn die Münchner Vorträge aus diesem Jahre einmal gedruckt sein werden, dann wird man die ganze Welt des Ahriman noch deutlicher durchschauen. Ahriman ist der Herr der materiellen Gesetze, jener Gesetze, welche in der Tat nur vergeistigt werden können, nachdem die gesamte Erdentwickelung abgelaufen sein wird, jener Gesetze, die tätig bleiben, die wirksam bleiben. Ahriman ist der rechtmäßige Herr der materiellen Gesetze. Würde er diese Herrschaft nicht mißbrauchen, nicht auf etwas anderes ausdehnen, so wäre er eine in seiner Art einzig notwendige Wesenheit innerhalb der Erdentwickelung. Aber das gilt doch, was in dem kosmischen Vaterunser steht: «Von andern erschuldete Selbstheitschuld, erlebet im täglichen Brote, in dem nicht waltet der Himmel Wille.» Es gilt das, daß der Mensch in seinem Erdenleben an die materiellen Gesetze gebunden ist, und daß er die unmittelbare Vergeistigung dessen, was aus den materiellen Gesetzen kommt, nicht durch einen bloß inneren, seelischen Vorgang erreichen kann, sondern daß dazu Äußeres notwendig ist. Alles, was mit reich und arm zusammenhängt, hängt mit dieser Frage zusammen. Alles, was uns einspinnt in eine soziale Ordnung, so daß wir unter dem Joch von Gesetzen sind, die wir nur im Gesamtverlaufe der Erdentwickelung vergeistigen können, gehört da herein. Und damit hängt zusammen – wie gesagt, ich muß etwas Triviales sagen, das Triviale ist aber nicht so gemeint –, daß in die soziale Ordnung nach und nach die Herrschaft alles dessen einzieht, was man als Geld bezeichnen kann, die Herrschaft des Geldes, welches unmöglich macht, unmittelbar in geistdurchwirkten Gesetzen zu leben. Jeder versteht ja, was mit so etwas gemeint ist. Aber dadurch, daß die Unmöglichkeit besteht, «Steine zu Brot» zu machen, die Unmöglichkeit, das Geistige in der Materie unmittelbar zu haben, unabhängig vom Materiellen, dadurch daß diese Unmöglichkeit da ist, und ihr Spiegelbild, die Herrschaft des Geldes da ist, dadurch hat Ahriman die Herrschaft. Denn im Gelde lebt ja sozial auch Ahriman.

Es mußte aus der Ahriman gegenüber unbeantwortet gebliebenen Frage bei dem Christus Jesus das Ideal entstehen, nun in die Erdentwickelung sich auszugießen und nach und nach langsam in der ganzen weiteren Erdentwickelung zu wirken. Das konnte nicht bloß seelisch abgemacht werden. Es mußte die ganze folgende Erdent-wickelung durchchristet werden! Der Christus mußte übergehen in die Erdentwickelung. Ahriman hatte die Gewalt, dem Christus die Not-wendigkeit aufzuerlegen, wirklich sich mit der Erde zu verbinden. Daher durchsetzte er später den Judas, und durch den Judas hatte er das Medium, um den Christus wirklich zum Tode zu führen. Und durch den Tod ging die Christus-Wesenheit über in die Erdenwesen-heit. Was Judas tat, war die nicht voll beantwortete Frage des Ahri-man. Die Luziferversuchung konnte innerlich seelisch abgemacht wer-den. Die Luziferversuchung muß jede Seele in sich selber abmachen. Ahrimans Art ist so, daß er überwunden wird in der ganzen folgenden geschichtlichen Menschheitsentwickelung, indem sich die Menschen immer mehr durchdringen und identifizieren mit der Christus-Wesen-heit.

Man schaut da in der Tat auf ein tiefes Geheimnis der historischen Entwicklung nach dem Mysterium von Golgatha, wenn man diese dritte, dem Ahriman nicht vollständig beantwortete Frage Akasha-Chronik-mäßig ins Auge faßt. Darin liegt schon alles. Und der Christus wußte jetzt, daß er sich vollständig verbinden müsse mit dem Erden-leibe, daß er wirklich ganz Mensch werden müsse.

Dieses Menschwerden war nun die Quelle von weiterem, dreijähri-gem Leiden. Denn nicht gleich – so sagt uns die Beobachtung des Fünften Evangeliums in der Aksha-Chronik –, nicht gleich wurde die Christus-Wesenheit vollständig eins mit den drei Leibern des Jesus von Nazareth. Anfangs können wir erkennen, wenn wir den Christus Jesus auf der Erde wandeln sehen, wie die drei Leiber zwar durchsetzt sind von der Christus-Wesenheit, daß aber diese Christus-Wesenheit nicht vollständig darinnen ist, wie ein anderes Ich in einem Menschen drinnen ist, sondern sie hat diese drei Leiber wie eine mächtige Aura nur schwach angefaßt. Denn es ist möglich und hat unzählige Male stattgefunden, daß die Leiblichkeit dieses Christus Jesus irgendwo war, sich irgendwo aufhielt in der Einsamkeit oder bei anderen Leu-ten, aber der Christus war weit weg, ging als Geistwesenheit im Lande herum. Nicht immer, wenn der Christus da oder dort erschien, dem einen oder dem anderen Apostel erschien, nicht immer war dann diese

Geistwesenheit in dem physischen Leibe des Christus Jesus dabei. Er erschien schon damals in einem Geistleibe, der so stark war, daß man ihn immer als eine physische Gegenwart empfand. Was vom Zusammensein der Jünger mit dem Christus geredet wird, das ist nach dem Fünften Evangelium nicht immer ein Zusammensein im physischen Leibe, sondern oft nur die bis zur physischen Gegenwart sich hinaufsteigernde visionäre Art des Zusammenseins.

Das ist das Eigentümliche, daß sich in der ersten Zeit in der Tat nur etwas wie ein lockeres Zusammensein ergab zwischen dem Christus und der Leiblichkeit des Jesus von Nazareth. Aber das wurde immer dichter und dichter. Immer mehr mußte sich die Christus-Wesenheit hineinsenken und verbinden mit den Leibern des Jesus von Nazareth. Doch erst gegen das Ende der drei Jahre wurde sozusagen aus der Christus-Wesenheit und den Leibern des Jesus von Nazareth eine Einheit, vollständig erst beim Kreuzestode, unmittelbar vor dem Kreuzestode. Aber dieses Sich-Vereinigen mit dem menschlichen Leibe war sukzessives, immer zunehmendes Leiden. Die umfassende, universelle Geistwesenheit des Christus konnte sich nur unter unsäglichen Leiden mit dem Leibe des Jesus von Nazareth vereinigen. Diese Leiden dauerten noch drei Jahre.

Man wird, wenn man das erschaut, wahrhaftig nicht sentimental, denn der Eindruck, den man aus der geistigen Welt wahrnimmt, hat nichts von Sentimentalität. Es gibt wohl kaum einen Eindruck, der sich an Leiden vergleichen ließe mit dem Einswerden der Christus-Wesenheit mit der Leiblichkeit des Jesus von Nazareth. Und man lernt erkennen, was ein Gott leiden mußte, damit die altgewordene Menschheit eine neue Verjüngung erleben konnte, damit der Mensch fähig werden konnte, von seinem Ich völlig Besitz zu ergreifen.

Diese Entwickelung war so, daß, als sich schon einzelne Jünger um den Christus Jesus versammelt hatten, der Christus Jesus zuweilen im physischen Leibe mit den Jüngern vereint war, aber als Geistwesenheit selbstverständlich für alle nur mit physischen Augen Sehenden unsichtbar, so daß nur die Jünger durch die Art, wie er sie mit sich verbunden hatte, von ihm wußten, ihn unter sich wußten.

Aber etwas sehr Eigentümliches zeigt jetzt die Akasha-Forschung

des Fünften Evangeliums. Insbesondere in der ersten Zeit während
der drei Jahre sprach der Christus Jesus sehr wenig. Er wirkte. Und
er wirkte durch seine bloße Gegenwart. Ich werde darüber noch zu
sprechen kommen. Durch die besondere Art, wie hier die Christus-
Wesenheit mit der Leiblichkeit des Jesus von Nazareth verbunden
war, gingen Wirkungen von ihm zu anderen Menschen aus, die sonst
nicht in der Erdentwickelung da waren, und deren Abglanz man mit
einem ganz ungeeigneten oder heute schlecht verstandenen Worte
«Wunder» nennt. Solche Wirkungen gingen von ihm aus durch die
Zusammensetzung der Wesenheit. Davon ein nächstes Mal. Was ich
aber jetzt sagen will, ist etwas ganz Eigentümliches.

Man sieht herumgehen die Schar der Jünger, hat bei manchem
Eindruck ganz entschieden das Bewußtsein: Jetzt ist auch der physische Leib des Jesus von Nazareth unter den Jüngern. – Das ist
insbesondere dann der Fall, wenn der Christus Jesus in der Einsamkeit mit seinen Jüngern herumgeht. Aber man hat oftmals auch den
Eindruck: Die leibliche Persönlichkeit des Jesus von Nazareth ist weit
weg, die Jünger aber haben das Bewußtsein, sie gehen herum, und
unter ihnen ist die Christus-Wesenheit. Aber sie kann – und das ist
das Merkwürdige – durch jeden der Jünger sprechen, abwechselnd
durch den einen oder den anderen. Und während der eine oder der
andere spricht, ist für die Zuhörenden aus dem Volke die ganze
Physiognomie des Sprechenden verändert, wie geheiligt, alles ist
anders. Wie transfiguriert ist immer einer unter ihnen, und gegen
die letzten Zeiten immer ein anderer. Es hatte sich durch die mannigfaltigsten Verhältnisse das Bewußtsein verbreitet: Da ist jemand, der
das Volk aufrüttelt, der etwas verbreitet, was die leitenden Juden der
damaligen Zeit nicht haben wollten. Aber man wußte nicht, wer es ist.
Es sprach einmal aus diesem, einmal aus jenem. Daher, so erzählt uns
die Akasha-Chronik, war der Verrat des Judas notwendig.

Ich selbst muß gestehen: Die Frage, warum der Verrat des Judas
notwendig war, warum ernsthaftig notwendig ist, daß jemand, der
es wissen konnte aus dem Kreise der Jünger, durch den Judas-Kuß
wie mit den Fingern darauf hindeutete: «Dieser ist es!», das erschien
mir eigentlich immer als eine sonderbare Mitteilung, bis ich wußte,

daß man es wirklich nicht wissen konnte, welcher von ihnen es war, um den es sich handelte, weil er durch jeden sprechen konnte; so daß man, auch wenn er im Leibe unter ihnen war, es an dem Leibe nicht erkennen konnte. Denn es konnte jeder für ihn gehalten werden, je nachdem er durch den einen oder den anderen sprach. Und jeder sprach! Erst als einer, der es wußte, als der Christus Jesus wirklich im Leibe unter ihnen war, den Juden sagte: Dieser ist es! – erst dann konnte man ihn ergreifen.

Es war wirklich eine Erscheinung ganz eigener Art, die sich damals im Schwerpunkt, im Mittelpunkt der Erdentwickelung vollzog. Ich habe verschiedentlich mehr theoretisch davon gesprochen, wie die Menschheit einen Abstieg und einen Aufstieg erlebt, wie einmal dieser Christus-Impuls Platz gegriffen hat innerhalb der Menschheit, wie an deren Schwerpunkt. Da bekommen wir gewissermaßen den Eindruck von der wesentlichen Bedeutung des Christus-Impulses für die Erdentwickelung. Wir bekommen den Eindruck dadurch, daß wir die Sache so charakterisieren, was im Ganzen der Erdentwickelung dieser Impuls gerade ist. Ich glaube nicht, wenn wir jetzt gleichsam Stück für Stück, rein erzählend, darstellen, wie sich die Dinge der Anschauung darbieten, daß auf unsere Gemüter die Ereignisse, die rein erzählend dargestellt werden, einen geringeren Eindruck machen würden. Ich glaube nicht, daß irgend etwas von jenen Angaben, die gemacht worden sind über die einschneidende Bedeutung des Christus-Impulses, herabgestimmt wird, wenn wir sehen, was der Jesus von Nazareth erlebt hat, als der Zarathustra in seinem Leibe war, wie er erwuchs mit seinem Leiden und dem ganzen Wohlwollen, das aus diesem Leiden floß, so daß die Zarathustra-Ichheit gebunden war an die Worte, die sie zur Mutter sprach und in diesen Worten sich selber verließ.

Wenn wir dann erfahren, wie in dieses Jesus-Wesen, das durch das Gespräch mit der Mutter so von sich selber frei geworden war, die Christus-Wesenheit sich hineingesenkt hat, wie diese Christus-Wesenheit gerungen hat mit Ahriman und Luzifer, und wie sich aus diesen Leiden alles Folgende entwickelt, wenn wir diese Einzelheiten hinstellen, so glaube ich, sind sie im vollsten Sinne eine Bestätigung dessen, was sich aus der Geistesforschung in großen Linien ergibt. Und so schwer es ist, gerade in der Gegenwart rückhaltlos von diesen Dingen zu sprechen, so muß es betrachtet werden als eine wirkliche Verpflichtung, einzelnen Seelen zu geben, was immer notwendiger und notwendiger sein wird zur Entwickelung der Seelen gegen die Zukunft hin. Deshalb bitte ich noch einmal, diese Dinge mit Pietät hinzunehmen und zu bewahren.

25, 3. 07

Als ein Wichtiges in der Betrachtung des Christus Jesus-Lebens, wie wir sie jetzt angestellt haben nach dem, was ich das Fünfte Evangelium nennen möchte, muß uns alles erscheinen, was geschehen ist nach jenem Gespräche des Jesus von Nazareth mit der Mutter, von dem ich auch hier eine Darstellung gegeben habe. Ich möchte nun, wie das hoffentlich im intimen Kreise einer solchen Arbeitsgruppe, wie die hiesige ist, geschehen kann, zunächst aufmerksam machen auf das, was unmittelbar nach dem Gespräche des Jesus von Nazareth mit der Mutter geschehen ist, was sich also gewissermaßen zwischen diesem Gespräche und der Johannestaufe im Jordan zugetragen hat. Was ich zu erzählen habe, sind Tatsachen, die sich dem intuitiven Schauen ergeben, und die auch ohne weitere Erklärung einfach angeführt werden sollen, so daß sich jeder über sie die Gedanken machen kann, die er will.

Wir haben gesehen, daß nach dem Leben, das wir in bezug auf einzelnes geschildert haben, welches der Jesus von Nazareth von seinem zwölften bis zum neunundzwanzigsten, dreißigsten Jahre geführt hat, ein Gespräch zwischen ihm und seiner Mutter stattgefunden hat, jener Mutter, die eigentlich seine Stief- oder Ziehmutter und die leibliche Mutter des salomonischen Jesus war, jenes Gespräch, in dem gewissermaßen so intensiv, so energisch in die Worte des Jesus von Nazareth eingeflossen ist das, was sich ihm als Konsequenz, als die Wirkung seines Erlebens ergeben hat: daß mit seinen Worten in die Seele der Stief- oder Ziehmutter eine ungeheure Kraft hinüberging. Es war eine solche Kraft, welche möglich machte, daß die Seele der leiblichen Mutter des nathanischen Jesus von Nazareth aus der geistigen Welt heruntersteigen konnte, in der sie ungefähr seit dem zwölften Jahre des nathanischen Jesus war, und durchdringen, durchgeistigen konnte die Seele der Stief- oder Ziehmutter, so daß diese fortan weiterlebte, durchdrungen mit der Seele der Mutter des nathanischen Jesus. Für

155

den Jesus von Nazareth selbst aber ergab sich, daß mit seinen Worten gleichsam das Ich des Zarathustra fortgegangen war. Was sich jetzt auf den Weg machte zur Johannestaufe im Jordan, das war im Grunde genommen der nathanische Jesus, der die drei Hüllen in der Weise gestaltet hatte, wie es öfter besprochen worden ist, ohne das Ich des Zarathustra, aber mit den Wirkungen dieses Zarathustra-Ichs, so daß tatsächlich alles, was das Zarathustra-Ich in diese dreifache Hülle hineingießen konnte, in dieser dreifachen Hülle auch war.

Sie werden verstehen, daß dieses Wesen, das jetzt als Jesus von Nazareth aus einem, man möchte sagen, unbestimmten kosmischen Drange – für ihn unbestimmten, für den Kosmos sehr bestimmten Drange heraus – zu der Johannestaufe im Jordan ging, nicht in demselben Sinne als Mensch anzusprechen ist wie andere Menschen. Denn das, was dieses Wesen als Ich ausgefüllt hatte seit seinem zwölften Jahre, war das Zarathustra-Ich. Dieses Zarathustra-Ich war jetzt fort. Es lebte nur in den Wirkungen dieses Zarathustra-Ichs weiter.

Als nun dieses Wesen Jesus von Nazareth sich auf den Weg machte zu dem Täufer Johannes, da – so erzählt das Fünfte Evangelium – begegnete der Jesus von Nazareth zunächst zwei Essäern. Zwei Essäer waren es, mit denen er oftmals bei den Gelegenheiten, von denen ich gesprochen habe, Gespräche geführt hatte. Aber da das Ich des Zarathustra aus ihm herausgegangen war, so kannte er die beiden Essäer nicht sogleich. Sie aber erkannten ihn, denn es hatte sich natürlich jenes bedeutungsvolle physiognomische Gepräge, welches diese Wesenheit durch das Innewohnen des Zarathustra bekommen hatte, für den äußeren Anblick nicht geändert. Die beiden Essäer sprachen ihn an mit den Worten: Wohin geht dein Weg? – Der Jesus von Nazareth antwortete: Dahin, wohin noch Seelen eurer Art nicht blikken wollen, wo der Schmerz der Menschheit die Strahlen des vergessenen Lichtes fühlen kann!

Die beiden Essäer verstanden seine Rede nicht. Als sie merkten, daß er sie nicht erkannte, da sprachen sie zu ihm: Jesus von Nazareth, kennst du uns denn nicht? – Er aber antwortete: Ihr seid wie verirrte Lämmer; ich aber werde der Hirte sein müssen, dem ihr entlaufen seid. Wenn ihr mich recht erkennet, werdet ihr mir bald von neuem entlaufen. Es ist so lange her, daß ihr von mir entflohen seid! – Die Essäer wußten nicht, was sie von ihm halten sollten, denn sie wußten nicht, wie es möglich wäre, daß aus einer Menschenseele solche Worte kommen konnten. Und unbestimmt schauten sie ihn an. Er aber sprach weiter: Was seid ihr für Seelen, wo ist eure Welt? Warum umhüllt ihr euch mit täuschenden Hüllen? Warum brennt in eurem Innern ein Feuer, das in meines Vaters Hause nicht entfacht ist? Ihr habt des Versuchers Mal an euch; er hat mit seinem Feuer eure Wolle glänzend und gleißend gemacht. Die Haare dieser Wolle stechen meinen Blick. Ihr verirrten Lämmer, der Versucher hat eure Seelen mit Hochmut durchtränkt; ihr traft ihn auf eurer Flucht.

Als Jesus von Nazareth das gesagt hatte, sprach einer der Essäer: Haben wir nicht dem Versucher die Türe gewiesen? Er hat kein Teil mehr an uns. – Und Jesus von Nazareth sprach: Wohl wieset ihr dem Versucher die Türe, doch er lief hin und kam zu den anderen Menschen. So grinst er euch aus den Seelen der anderen Menschen von allen Seiten an! Glaubt ihr denn, ihr hättet euch dadurch erhöhen können, daß ihr die anderen erniedrigt habt? Ihr kommt euch hoch vor, aber nicht deshalb, weil ihr hochgekommen seid, sondern weil ihr die anderen erniedrigt habt. So sind sie niedriger. Ihr seid geblieben, wo ihr waret. Nur deshalb kommt ihr euch so hoch über den anderen vor. – Da erschraken die Essäer. In diesem Augenblick aber verschwand der Jesus von Nazareth vor ihren Augen. Sie konnten ihn nicht mehr sehen.

Nachdem ihre Augen für eine kurze Weile wie getrübt waren, fühlten sie den Drang, in die Ferne zu schauen. Und in der Ferne schauten sie etwas wie eine Fata Morgana. Diese zeigte ihnen, ins Riesenhafte vergrößert, das Antlitz dessen, der eben vor ihnen gestanden. Und dann hörten sie wie aus der Fata Morgana zu ihnen gesprochen die Worte, furchtbar ihre Seelen durchdringend: Eitel ist euer Streben, weil leer ist euer Herz, da ihr euch erfüllt habt mit dem Geiste, der den Stolz in der Hülle der Demut täuschend birgt! – Und als sie eine Weile wie betäubt von diesem Gesicht und diesen Worten gestanden hatten, verschwand die Fata Morgana. Aber auch der Jesus von Nazareth stand nicht mehr vor ihnen. Sie blickten sich um. Da war er schon weitergegangen, und fern von ihnen sahen sie ihn. Und die beiden Essäer gingen nach Hause und sagten keinem etwas, was sie gesehen hatten, sondern schwiegen die ganze übrige Zeit bis zu ihrem Tode.

Ich will diese Tatsachen darstellen und rein für sich geben, wie sie sich aus dem heraus, was wir die Akasha-Chronik nennen, finden lassen, und jeder kann sich dabei denken, was er mag. Es ist dieses gerade jetzt wichtig, weil dieses Fünfte Evangelium vielleicht doch immer mehr ausführlich kommen mag, und weil durch jede theoretische Interpretation das, was es geben will, nur gestört werden könnte.

Als nun der Jesus von Nazareth auf diesem Wege zum Jordan hin, auf den er getrieben worden war, eine Weile weiterging, begegnete er einer Persönlichkeit, von der man sagen kann: in ihrer Seele war tiefste Verzweiflung. Ein Verzweifelter kam ihm in den Weg. Und der Jesus von Nazareth sagte: Wozu hat deine Seele dich geführt? Ich habe dich vor Äonen gesehen, da warst du ganz anders. – Da sprach der Verzweifelte: Ich war in hohen Würden; ich bin im Leben hoch gestiegen. Viele, viele Ämter habe ich durchlaufen in der menschlichen Rangordnung, und schnell ging es. Da sagte ich mir oftmals, wenn ich sah, wie die anderen in ihren Würden zurückblieben, und ich hochstieg: Was für ein seltener Mensch bist du doch; deine hohen Tugenden erheben dich über alle anderen Menschen! Ich war im Glück und genoß voll dieses Glück. – So sagte der Verzweifelte. Dann fuhr er fort: Dann kam mir einmal schlafend etwas vor wie ein Traum. Im Traume war es, wie wenn eine Frage an mich gestellt würde, und dann wußte ich gleich, daß ich mich im Traume selber schämte vor dieser Frage. Denn die Frage, die da an mich gestellt wurde, war die: Wer hat dich groß gemacht? – Und ein Wesen stand vor mir im Traume, das sagte: Ich habe dich erhöht, doch du bist dafür mein! – Und ich schämte mich; denn ich glaubte, nur meinen eigenen Verdiensten und meinen Talenten die Erhöhung zu verdanken. Und jetzt trat mir – ich fühlte, wie ich mich im Traume schämte – ein anderes Wesen entgegen, das sagte, daß ich kein Ver-

158

dienst hätte an meiner Erhöhung. Da mußte ich im Traume vor Scham die Flucht ergreifen. Ich ließ alle meine Ämter und Würden hinter mir und irre herum, suchend und nicht wissend, was ich suche. – So sprach der Verzweifelte. Und als er noch so sprach, stand das Wesen wieder vor ihm, zwischen ihm und dem Jesus von Nazareth, und deckte mit seiner Gestalt die Gestalt des Jesus von Nazareth zu. Und es hatte der Verzweifelte ein Gefühl, daß dieses Wesen etwas mit dem [Luziferwesen] zu tun habe. Und während das Wesen noch vor ihm stehenblieb, entschwand der Jesus von Nazareth, und dann verschwand auch das Wesen. Dann sah aber der Verzweifelte bereits in einiger Entfernung, daß Jesus von Nazareth vorübergegangen war, und er zog seines Weges irrend weiter.

Als Jesus von Nazareth weiterging, traf er einen Aussätzigen. Auf 𝟹 die Frage des Jesus von Nazareth: Wozu hat der Weg deiner Seele dich geführt? Ich habe dich vor Äonen gesehen, doch da warst du anders –, sagte der Aussätzige: Mich haben die Menschen verstoßen, verstoßen wegen meiner Krankheit! Kein Mensch wollte mit mir etwas zu tun haben, und ich wußte nicht, wie ich für die Notdurft meines Lebens sorgen sollte. Da irrte ich in meinem Leide herum und kam einmal in einen Wald. Etwas, was ich in der Ferne sah wie ein leuchtender Baum, zog mich an. Und ich konnte nicht anders, als wie getrieben zu diesem leuchtenden Baume hinzugehen. Da war es, wie wenn aus diesem Lichtschimmer des Baumes etwas herauskäme wie ein Totengerippe. Und ich wußte: der Tod selber stand vor mir. Der Tod sagte: Ich bin du! Ich zehre an dir. – Da fürchtete ich mich. Der Tod aber sprach: Warum fürchtest du dich? Hast du mich nicht immer geliebt? – Und ich wußte doch, daß ich ihn nie geliebt hatte. Und während er so zu mir sprach: Warum fürchtest du dich? Hast du mich nicht geliebt? – verwandelte er sich in einen schönen Erzengel. Dann verschwand er, und ich verfiel in einen tiefen Schlaf. Erst am Morgen wachte ich wieder auf und fand mich an dem Baume schlafend. Von da ab wurde mein Aussatz immer schlimmer. – Und als er das erzählt hatte, stand das, was er an dem Baume gesehen hatte, zwischen ihm und dem Jesus von Nazareth und verwandelte sich in ein Wesen, von dem er wußte: Ahriman oder etwas

Ahrimanisches stand vor ihm. Und während er es noch anschaute, verschwand das Wesen, und auch der Jesus von Nazareth verschwand. Jesus war schon eine Weile weitergegangen. Und der Aussätzige mußte weiterziehen.

Nach diesen drei Erlebnissen kam der Jesus von Nazareth zu der Johannestaufe im Jordan. Noch einmal will ich hier erwähnen, daß, als die Johannestaufe sich vollzogen hatte, dasjenige eintrat, was auch in den anderen Evangelien beschrieben ist, und was man als die Versuchung bezeichnet. Diese Versuchung hat sich so vollzogen, daß der Christus Jesus nicht nur dem einen Wesen gegenüberstand, sondern daß die Versuchung gleichsam in drei Etappen verlief.

Zuerst stand der Christus Jesus einem Wesen gegenüber, das ihm jetzt nahe war, weil er es gesehen hatte, als der Verzweifelte an ihn herangetreten war, und das er dadurch gerade als Luzifer empfinden konnte. Das ist ein sehr bedeutsamer Zusammenhang. Und dann fand durch Luzifer jene Versuchung statt, die ja mit den Worten ausgesprochen ist: Ich gebe dir alle Reiche der Welt und ihre Herrlichkeit, wenn du mich als deinen Herrn anerkennst! – Die Luziferversuchung wurde abgeschlagen.

Die zweite Attacke bestand darin, daß Luzifer wiederkam, aber mit ihm das Wesen, das zwischen dem Jesus von Nazareth und dem Aussätzigen gestanden hatte, und das er deshalb als Ahriman erfühlte. Und stattfand jetzt die Versuchung, die in den anderen Evangelien in die Worte gekleidet ist: Stürze dich hinab, es wird dir nichts geschehen, wenn du der Sohn Gottes bist. – Auch diese Versuchung, die so stattfand, daß Luzifer durch Ahriman und Ahriman durch Luzifer paralysiert werden konnte, wurde abgeschlagen.

Nur die dritte Versuchung, die durch Ahriman allein geschah, um den Christus Jesus zu versuchen, daß die Steine zu Brot gemacht werden könnten, nur diese Versuchung wurde dazumal nicht völlig abgeschlagen. Und diese Tatsache, daß Ahriman nicht völlig besiegt wurde, sie führte dann dazu, daß die Dinge den Verlauf nahmen, den sie eben genommen haben. Dadurch konnte dann Ahriman durch den Judas wirken; dadurch konnte es überhaupt geschehen, daß alle späteren Ereignisse eingetreten sind in der Weise, wie wir es noch hören werden.

Sie sehen, es hat sich hier eine Akasha-Intuition ergeben über den Moment, den wir als einen unendlich wichtigen in der ganzen Christus Jesus-Entwickelung und damit in der Entwickelung der Erde ansehen müssen. Gleichsam als ob noch einmal vorüberziehen sollte die Art, wie die Erdentwickelung verbunden ist mit dem luziferischen und ahrimanischen Element, so traten die Ereignisse auf zwischen dem Gespräch des Jesus von Nazareth mit der Ziehmutter und der Johannestaufe im Jordan. Derjenige, welcher der nathanische Jesus war und in dem durch achtzehn Jahre das Ich des Zarathustra gewirkt hatte, war durch die geschilderten Ereignisse vorbereitet, die Christus-Wesenheit in sich aufzunehmen. Und damit stehen wir an dem Punkt, von dem so außerordentlich wichtig ist, daß er in der richtigen Weise vor unsere Seele tritt, wenn wir die Menschheitsentwickelung der Erde entsprechend verstehen wollen. Darum versuchte ich auch verschiedenes zusammenzutragen, wie es sich aus der okkulten Forschung ergibt, was in diesem Sinne unsere Menschheitsentwickelung auf der Erde begreiflich machen kann.

Es wird sich vielleicht auch einmal die Möglichkeit bieten, hier über die Dinge zu sprechen, die jetzt in dem Leipziger Vortragszyklus besprochen sind, wo ich versuchte, eine Linie zu ziehen von dem Christus-Ereignis zu dem Parzival-Ereignis hin. Heute will ich darüber nur einige Andeutungen machen im Zusammenhange mit den Tatsachen des Fünften Evangeliums, die ich dann bei unserer nächsten Zusammenkunft weiter besprechen möchte. Ich möchte darauf aufmerksam machen, wie durch die verschiedensten Dinge der Menschheitsentwickelung – Dinge, die dieser Menschheitsentwickelung gleichsam eingeprägt sind, damit diese Menschheitsentwickelung ein wenig den Gang der Ereignisse verstehen sollte –, wie der ganze Sinn und Verlauf dieser Menschheitsentwickelung zum Ausdruck kommt, wenn man diese Dinge nur versteht und im richtigen Lichte sieht. Nicht auf das möchte ich eingehen, was ich in Leipzig auseinandergesetzt habe über den Zusammenhang der Parzival-Idee mit der Christus-Entwickelung; aber auf etwas, was dort alle Auseinandersetzungen durchdrungen hat, möchte ich eingehen.

Dazu muß ich allerdings darauf aufmerksam machen, daß wir uns erinnern: Wie steht Parzival vor uns, der einige Jahrhunderte, nachdem das Mysterium von Golgatha stattgefunden hat, gleichsam eine wichtige Stufe bildet für das Fortwirken des Christus-Ereignisses in einer Seele?

Parzival ist der Sohn eines abenteuernden Ritters und seiner Mutter Herzeleide. Der Ritter ist schon weggezogen, bevor Parzival geboren wurde. Die Mutter erleidet Schmerzen und Qualen schon vor der Geburt. Sie will ihren Sohn vor alledem bewahren, womit er in Berührung kommen kann etwa durch Rittertugend und dadurch, daß er im Ritterdienste seine Kräfte entfaltet. Sie zieht ihn so auf, daß er nichts von allem erfährt, was in der äußeren Welt vorkommt, was dem Menschen durch die Einflüsse der äußeren Welt gegeben werden kann. In der Einsamkeit der Natur, nur eben diesen Eindrücken der Natur überlassen, soll Parzival heranwachsen. Nichts wissen soll er von dem, was unter den Rittern und den anderen Menschen vorgeht. Es wird auch gesagt, daß er nichts weiß von dem, was in der äußeren Welt über diese oder jene religiösen Vorstellungen gesagt wird. Einzig und allein das erfährt er von der Mutter, daß es einen Gott gibt, daß ein Gott hinter allem steht. Er will Gott dienen. Aber mehr weiß er nicht, als daß er Gott dienen kann. Alles andere wird ihm vorenthalten. Aber der Drang zum Rittertum ist so stark, daß er dazu getrieben wird, die Mutter eines Tages zu verlassen und hinauszuziehen, um das kennenzulernen, wonach es ihn treibt. Und dann wird er nach mancherlei Irrfahrten nach der Burg des Heiligen Grals geführt.

Was er dort erlebt, ist uns am besten – das heißt am besten entsprechend dem, was wir aus der geisteswissenschaftlichen Urkunde heraus gewinnen können – bei *Chrestien de Troyes* geschildert, der auch eine Quelle war für *Wolfram von Eschenbach*. Wir erfahren, daß Parzival einst auf seinen Wanderungen in eine waldige Gegend kam, am Meeresrande, wo zwei Männer fischten. Und auf die Frage, die er ihnen stellte, wiesen sie ihn nach der Burg des Fischerkönigs. Er kam an die Burg, trat ein, und es wurde ihm der Anblick, daß er einen Mann fand, krank und schwach, der auf einem Ruhebette lag. Dieser gab ihm ein Schwert, das Schwert seiner Nichte. Und der Anblick bot sich ihm weiter, daß ein Knappe hereintrat mit einer Lanze, von der

162

Blut heruntertroff, bis zu den Händen des Knappen. Dann trat herein eine Jungfrau mit einer goldenen Schale, aus der ein solches Licht leuchtete, das alle anderen Lichter des Saales überstrahlte. Dann wurde ein Mahl aufgetragen. Bei jedem Gange wurde diese Schale vorübergetragen und in das Nebenzimmer gebracht. Und der dort liegende Vater des Fischerkönigs wurde durch das, was in dieser Schale war, gestärkt.

Das alles war dem Parzival wunderbar vorgekommen, allein er hatte früher auf seinen Wanderungen durch einen Ritter den Rat erhalten, nicht viel zu fragen. Daher fragte er auch jetzt nicht nach dem, was er sah; er wollte erst am nächsten Morgen fragen. Aber als er aufwachte, da war das ganze Schloß leer. Er rief, niemand kam. Er glaubte, die Ritter seien auf die Jagd gezogen und wollte ihnen folgen. Auf dem Schloßhofe fand er sein Pferd gesattelt. Er ritt hinaus, mußte aber schnell über die Zugbrücke reiten; das Pferd hatte einen Sprung machen müssen, weil die Zugbrücke gleich hinter ihm heraufgezogen wurde. Aber nichts fand er von den Rittern.

Aber es ist uns ja bekannt, worauf es ankommt: daß Parzival nicht gefragt hat. Trotzdem das Wunderbarste vor seine Seele getreten ist, hat er zu fragen versäumt. Und er muß es immer wieder hören, daß es mit dem, was zu seiner Sendung gehört, etwas zu tun hat, daß er hätte fragen müssen, daß gewissermaßen seine Mission zusammengehangen hat mit dem Fragen nach dem Wunderbaren, das ihm entgegengetreten ist. Er hat nicht gefragt! Erkennen ließ man ihn, daß er eine Art Unheil dadurch herbeigeführt hat, daß er nicht gefragt hat.

Wie steht hier Parzival vor uns? So steht er vor uns, daß wir uns sagen: In ihm haben wir eine Persönlichkeit, die abseits erzogen worden ist von der Kultur der äußeren Welt, die nichts hat wissen sollen von der Kultur der äußeren Welt, die zu den Wundern des Heiligen Grals hat geführt werden sollen, damit sie nach diesen Wundern fragt, aber fragt mit jungfräulicher, nicht durch die übrige Kultur beeinflußter Seele. Warum sollte sie so fragen? Ich habe öfters darauf hingewiesen, daß das, was durch den Einfluß des Christus-Impulses gewirkt worden war, als eine Tat gewirkt worden war, daß die Menschen nicht gleich haben verstehen können, was gewirkt worden ist.

So haben wir auf der einen Seite das, was dadurch, daß der Christus in die Erdenaura eingeflossen ist, fortlaufend gewirkt worden war, was auch die Menschen darüber gedacht und gestritten und ersonnen haben in den mannigfaltigen theologischen Dogmen. Denn der Christus-Impuls hat weitergewirkt! Und die Gestaltung des Abendlandes geschah durch den Einfluß dieses Christus-Impulses, der gleichsam in den Untergründen auf die Menschenseelen und in den Untergründen des ganzen geschichtlichen Werdens wirkte. Hätte er nur durch das wirken können, was die Menschen verstanden haben und worüber sie gezankt haben, so hätte er wenig in der Menschheitsentwickelung wirken können. Jetzt sehen wir zur Parzival-Zeit einen wichtigen Moment herbeikommen, wo der Christus-Impuls wieder um eine Stufe weiter wirken soll.

Daher soll Parzival nicht einer von denjenigen sein, die gewissermaßen gelernt haben, was einst auf Golgatha hingeopfert worden ist, was nachher die Apostelväter, die Kirchenlehrer und die anderen verschiedenen theologischen Strömungen gelehrt haben. Er sollte nicht wissen, wie sich die Ritter mit ihren Tugenden in den Dienst des Christus gestellt haben. Er sollte einzig und allein mit dem Christus-Impuls in den Untergründen seiner Seele in Zusammenhang kommen, in den er nach Maßgabe seiner Zeit hat kommen können. Getrübt hätte es diesen Zusammenhang nur, wenn er das aufgenommen hätte, was die Menschen über den Christus gelehrt oder gelernt hatten. Nicht was die Menschen taten oder sagten, sondern was die Seele erlebt, wenn sie nur dem hingegeben ist, was übersinnlich geschah im Fortwirken des Christus-Impulses. So sollte es bei Parzival sein. Äußere Lehre gehört immer auch der sinnlichen Welt an. Aber der Christus-Impuls hat übersinnlich gewirkt und sollte übersinnlich in die Seele des Parzival hineinwirken. Zu nichts anderem sollte seine Seele getrieben werden, als zu fragen dort, wo ihm die Bedeutsamkeit des Christus-Impulses entgegentreten konnte: am Heiligen Gral. Fragen sollte er! Fragen sollte er, nicht angestiftet durch das, was die Ritter glaubten in dem Christus verehren zu müssen, oder durch das, was die Theologen glaubten in dem Christus verehren zu müssen; sondern einzig und allein durch die jungfräuliche, aber im Sinne ihrer

Zeitepoche lebende Seele sollte er angeregt werden, zu fragen, was der Heilige Gral enthüllen könnte, und was eben das Christus-Ereignis sein konnte. Er sollte fragen! Halten wir dieses Wort fest.

Ein anderer sollte *nicht* fragen. Er ist ja bekannt genug, der nicht fragen sollte: der Jüngling zu Sais sollte nicht fragen. Denn sein Verhängnis war es, daß er fragen mußte, daß er tat, was er nicht tun sollte, daß er haben wollte, daß das Bild der Isis enthüllt werden sollte. Der Parzival der vor dem Mysterium von Golgatha liegenden Zeit, das ist der Jüngling zu Sais. Aber in jener Zeit wurde ihm gesagt: Hüte dich, daß deiner Seele unvorbereitet enthüllt werden sollte, was hinter dem Schleier ist! – Der Jüngling zu Sais nach dem Mysterium von Golgatha ist Parzival. Und er sollte nicht besonders vorbereitet werden, er soll mit jungfräulicher Seele zum Heiligen Gral hingeführt werden. Er versäumt das Wichtigste, da er das nicht tut, was dem Jüngling zu Sais verwehrt war, da er nicht fragt, nicht sucht nach der Enthüllung des Geheimnisses für seine Seele. So ändern sich die Zeiten im Laufe der Menschheitsentwickelung!

Wir wissen es ja – zunächst müssen wir solche Dinge abstrakt andeuten, wir werden darüber aber noch ausführlicher sprechen können –, daß es sich handelt um das, was sich in der Isis enthüllen sollte. Wir stellen uns vor das Bild der alten Isis mit dem Horusknaben, das Geheimnis des Zusammenhanges zwischen Isis und Horus, dem Sohne der Isis und des Osiris. Aber das ist abstrakt gesprochen. Dahinter liegt natürlich ein großes Geheimnis. Der Jüngling zu Sais war nicht reif, um dieses Geheimnis zu erfahren. Als Parzival, nachdem er auf der Gralsburg nach den Wundern des Heiligen Grals zu fragen versäumt hatte, fortreitet, da gehört zu den ersten, die ihm begegnen, ein Weib, eine Braut, die da trauert um ihren eben gestorbenen Bräutigam, den sie im Schoße hält: Richtig das Bild der trauernden Mutter mit dem Sohne, das später so oftmals als Pietà-Motiv gedient hat! Das ist die erste Hinweisung darauf, was Parzival erfahren hätte, wenn er nach den Wundern des Heiligen Grals gefragt hätte. Er hätte in der neuen Form jenen Zusammenhang erfahren, der besteht zwischen Isis und Horus, zwischen der Mutter und dem Menschensohne. Und er hätte fragen sollen!

165

Daran sehen wir, wie tief uns solche Hinweise andeuten, was für ein Fortschritt in der Entwickelung der Menschheit geschieht: Was nicht geschehen darf in der Zeit vor dem Mysterium von Golgatha – nach dem Mysterium von Golgatha soll es geschehen, denn die Menschheit ist eben in der Zwischenzeit vorwärts geschritten. Die Seele der Menschheit ist gewissermaßen eine andere geworden.

Wie gesagt, über alle diese Dinge wollen wir später weiter sprechen; ich will sie hier nur andeuten. Aber alle diese Dinge haben doch für uns nur den entsprechenden Wert, wenn wir sie für uns fruchtbar machen, recht fruchtbar machen. Und was uns aus dem für uns wirklich durch das Bild des Jünglings zu Sais bereicherten Parzival-Geheimnis fließen kann, das ist, daß wir im rechten Sinne, wie es unserer Zeit auch entspricht, fragen lernen. Denn in diesem Fragenlernen liegt die aufsteigende Strömung der Menschheitsentwickelung.

Wir haben notwendigerweise nach dem Mysterium von Golgatha zwei Strömungen der Menschheitsentwickelung: die eine, die den Impuls des Christus in sich trägt und in die spirituellen Höhen allmählich aufwärts führt; die andere, welche gleichsam ein Fortgehen des Niederstieges ist und in das materielle Leben, in den Materialismus hineinführt. In der Gegenwart gehen diese beiden Strömungen so durcheinander, daß allerdings weitaus der größte Teil unserer Kultur von der materialistischen Strömung durchsetzt ist; so daß der Mensch heute vorurteilslos und unbefangen auf alles hinblicken muß, was uns die Geisteswissenschaft über den Christus-Impuls sagen kann, und was damit zusammenhängt, damit er einsehen kann, daß die Seele zu der notwendig immer materialistischer werdenden Außenwelt jenen inneren Fortgang im Sinne der Spiritualität braucht. Dazu aber müssen wir gerade von solchen Dingen etwas lernen, wie das erwähnte ist: Wir müssen lernen zu fragen.

In der spirituellen Strömung müssen wir lernen zu fragen. In der materialistischen Strömung führt aber die Menschen alles ab vom Fragen. Wir wollen diese zwei Dinge nur nebeneinander hinstellen, um zu zeigen, wie die eine und wie die andere Strömung ist. In der einen haben wir diejenigen Menschen, die im Materialismus drinnenstehen. Das können durchaus solche sein, die an diesen oder jenen spirituellen Dogmen festhalten, die mit Worten, mit Theorien die spirituelle Welt anerkennen. Aber darauf kommt es nicht an, sondern darauf, daß wir mit dem Ganzen unserer Seele in die spirituelle Strömung hineinkommen. Von den Menschen, die in der materialistischen Strömung drinnenstehen, kann man sagen: sie sind keine «Frager». Sie sind wirklich keine Frager, denn sie wissen schon alles. Das ist das Charakteristikon der materialistischen Kultur, daß diese Menschen alles wissen, daß sie nicht fragen wollen. Sogar die jüngsten Menschen wissen heute alles und fragen nicht. Man hält das für Freiheit und für eine Erhöhung des persönlichen Wertes, wenn man überall ein eigenes Urteil fällen kann. Man merkt nur nicht, wie dieses persönliche Urteil reift. Wir wachsen herein in die Welt. Mit den ersten Worten der Kindheit nehmen wir dieses oder jenes auf. Dann wachsen wir heran, nehmen mehr und mehr auf, merken nicht, wie wir die Dinge aufnehmen. Wir sind durch unser Karma so und so geartet. Dadurch gefällt uns dieses oder jenes mehr oder weniger gut. Wir wachsen heran und erreichen mit unserem Urteil das für manche Kritiker schon durchaus respektable Alter von fünfundzwanzig Jahren, und wir fühlen uns reif in unserem Urteil, weil wir glauben, daß es aus unserer eigenen Seele kommt. Wer aber in die Seelen hineinblicken kann, der weiß, daß dahinter nichts steckt als das auf die eigene Seele konzentrierte äußere Leben, in das wir gerade hineingestellt sind. Wir können damit auch in Konflikt kommen, wenn wir glauben, dies oder jenes bringe uns unser eigenes Urteil bei. Indem wir glauben, unabhängig zu sein, werden wir nur um so sklavischer abhängig von unserem eigenen Inneren. Wir urteilen, aber wir verlernen vollständig, zu fragen.

Fragen lernen wir nur, wenn wir jenes Gleichmaß der Seele in uns auszubilden vermögen, das sich Ehrfurcht und Ehrerbietung bewahren kann vor den heiligen Gebieten des Lebens, wenn wir imstande sind, in unserer Seele so etwas zu haben, das immer den Drang hat, sich auch durch das eigene Urteil nicht zu engagieren gegenüber dem, was aus den heiligen Gebieten des Lebens an uns herandringen soll. Fragen lernen wir nur, wenn wir uns versetzen können in eine erwartungsvolle Stimmung, so daß durch dieses oder jenes Ereignis sich uns dieses oder jenes im Leben offenbaren mag, wenn wir warten können, wenn wir eine gewisse Scheu tragen, das eigene Urteil anzuwenden gegenüber dem gerade, was mit Heiligkeit aus den heiligen Gebieten des Daseins herausströmen soll, wenn wir nicht urteilen, sondern fragen, und nicht nur etwa Menschen fragen, die uns etwas sagen können, sondern vor allem die geistige Welt fragen, der wir nicht unser Urteilen entgegenhalten, sondern unsere Frage, unsere Frage schon in der Stimmung, in der Gesinnung.

Versuchen Sie sich durch Meditation so recht klar zu werden, welcher Unterschied besteht zwischen dem Entgegenhalten von Urteilen und dem Entgegenhalten von Fragen gegenüber den geistigen Gebieten des Lebens. Das muß man innerlich erfahren, daß ein radikaler Unterschied zwischen den beiden besteht. Mit diesem Unterschiede hängt etwas zusammen, das durch unsere ganze Zeit geht und das wir in unserer spirituellen Geistesströmung ganz besonders wohl beachten sollen. Denn diese spirituelle Geistesströmung wird nur gedeihen können, wenn wir den Unterschied zwischen Fragen und Urteilen verstehen lernen. Gewiß müssen wir urteilen in bezug auf die äußeren Verhältnisse des Lebens. Daher habe ich auch nicht gesagt, wir sollen überall unser Urteilen einschränken; sondern über das, was die tieferen Geheimnisse der Welt sind, sollen wir die erwartungsvolle Fragestimmung kennenlernen. Fortgehen wird unsere spirituelle Bewegung durch alles, wodurch diese Fragestimmung in einem größeren Teile der Menschheit anerkannt und gefördert wird; gehemmt wird unsere spirituelle Bewegung durch alles, was an leichtfertigem Urteilen sich dieser Strömung entgegensetzt. Und wenn wir in rechten Feieraugenblicken unseres Lebens uns zu überlegen versuchen, was wir aus einer solchen Darstellung gewinnen können, wie die von dem nach der Gralsburg gehenden Parzival, der fragen soll, dann gewinnen wir gerade in dieser Parzival-Gestalt ein Vorbild für unsere spirituelle Bewegung. Und damit im Zusammenhange können wir dann manches andere begreifen.

Wenn wir noch einmal zurücksehen auf die Zeit der Menschheitsentwickelung vor dem Mysterium von Golgatha, so müssen wir sagen: Damals hatte die Menschenseele ein altes Erbgut aus der Zeit, da sie aus den geistigen Höhen herunterstieg zu irdischen Inkarnationen.

168

Dieses Erbgut bewahrte sie sich von Inkarnation zu Inkarnation weiter. Daher gab es in jenen Zeiten ein altes Hellsehen, das nach und nach abflutete, immer schwächer und schwächer wurde. Je weiter die Inkarnationen vorschritten, desto schwächer wurde das abflutende alte Hellsehen. Woran war das alte Hellsehen gebunden? Es war gebunden an das, woran auch das äußere Wahrnehmen mit Augen und Ohren gebunden ist, an das, was eben der Mensch in der äußeren Welt ist. Bei den Menschen vor dem Mysterium von Golgatha war es so, daß sie wie Kinder heranwuchsen: sie lernten gehen, sprechen, und sie lernten selbstverständlich, solange die elementaren Kräfte im Sinne des alten Hellsehens noch da waren, auch hellsehen. Sie lernten es wie etwas, was sich ergab im Umgange mit der Menschheit, so wie es sich ergab im Umgange mit der Menschheit, daß man durch die Organisation des Kehlkopfes das Sprechen lernte. Man blieb aber nicht beim Sprechenlernen stehen, sondern schritt vor zu dem elementaren Hellsehen. Dieses elementare Hellsehen war gebunden an die gewöhnliche menschliche Organisation so, wie die menschliche Organisation drinnenstand in der physischen Welt; es mußte also notwendigerweise das Hellsehen auch den Charakter der menschlichen Organisation annehmen. Ein Mensch, der ein Wüstling war, konnte nicht eine reine Natur in sein Hellsehen hineinschieben; ein reiner Mensch konnte seine reine Natur auch in sein Hellsehen hineinschieben. Das ist ganz natürlich, denn es war das Hellsehen an die unmittelbare menschliche Organisation gebunden.

Eine notwendige Folge davon war, daß ein gewisses Geheimnis – das Geheimnis des Zusammenhanges zwischen der geistigen Welt und der physischen Erdenwelt –, das vor dem Herabstieg des Christus Jesus bestand, nicht für diese gewöhnliche menschheitliche Organisation enthüllt werden durfte. Es mußte die menschheitliche Organisation erst umgestaltet, erst reif gemacht werden. Der Jüngling von Sais durfte nicht ohne weiteres, von außen kommend, das Bild der Isis sehen.

Mit dem vierten nachatlantischen Zeitraume, in welchen das Mysterium von Golgatha hineinfiel, war das alte Hellsehen verschwunden. Eine neue Organisation der Menschenseele trat auf, eine Organisation der Menschenseele, die überhaupt abgeschlossen bleiben muß von der geistigen Welt, wenn sie nicht fragt, wenn sie nicht den Trieb hat, der in der Frage liegt. Dieselben schädlichen Kräfte, die in alten Zeiten an die Menschenseele herangetreten sind, können nicht an sie herantreten, wenn man gerade nach dem Geheimnis fragt, das das Geheimnis des Heiligen Grales ist. Denn in diesem Geheimnisse birgt sich das, was seit dem Mysterium von Golgatha in die Aura der Erde jetzt ausgeflossen ist. Was früher nicht in sie ausgeflossen war, was jetzt als das Geheimnis des Grales in die Erdenaura ausgeflossen ist, bliebe einem doch immer verschlossen, wenn man nicht fragt. Man muß fragen, was aber nichts anderes heißt als: man muß den Trieb haben, dasjenige, was ohnedies in der Seele lebt, wirklich zu entfalten.

Vor dem Mysterium von Golgatha war es nicht in der Seele, denn der Christus war nicht in der Erdenaura. Vor dem Mysterium von Golgatha würde jemand ohne weiteres, wenn er nur das Bild der Isis im rechten Sinne geschaut und ihr Geheimnis ergründet hätte, durch das, was in ihm noch an alten hellseherischen Kräften vorhanden war, seine ganze Menschennatur da hineingelegt haben, und er würde es dann so erkannt haben.

In der Zeit nach dem Mysterium von Golgatha wird eine Seele, die zum Fragen kommt, im rechten Sinne zum Fragen kommen, und sie wird auch im rechten Sinne das neue Isis-Mysterium empfinden können. Daher ist es so, daß es heute ankommt auf das richtige Fragen, das heißt auf das richtige Sich-Stellen zu dem, was als spirituelle Weltanschauung verkündet werden kann. Kommt ein Mensch bloß aus der Stimmung des Urteilens, dann kann er alle Bücher und alle Zyklen und alles lesen – er erfährt gar nichts, denn ihm fehlt die Parzival-Stimmung. Kommt jemand mit der Fragestimmung, dann wird er noch etwas ganz anderes erfahren, als was bloß in den Worten liegt. Er wird die Worte fruchtbar mit den Quellkräften in seiner eigenen Seele erleben. Daß uns das, was uns spirituell verkündet ist, zu einem solchen inneren Erleben werde, das ist es, worauf es ankommt.

Daran werden wir insbesondere erinnert, wenn solche Dinge an uns herantreten wie die bedeutsamen Ereignisse zwischen dem Gespräche des Jesus von Nazareth mit der Mutter und der Johannestaufe im Jordan. Denn diese Dinge werden uns auch nur etwas sein können, wenn wir nach ihnen fragen, wenn wir das lebendige Bedürfnis haben, zu erkennen, was gewirkt hat an jenem wichtigen Scheidepunkte, wo die Zeit vor dem Mysterium von Golgatha sich trennt von der Zeit nach dem Mysterium von Golgatha. Es ist am besten, gerade diese Dinge auf seine Seele wirken zu lassen. Es ist im Grunde genommen alles, was sie unserer Seele sagen sollen, schon in der Erzählung enthalten. Wir brauchen nicht viel in sie hineinzuinterpretieren.

Gerade bei Gelegenheit dieses Abschnittes des Fünften Evangeliums wollte ich diese allgemeine Bemerkung machen und darauf hinweisen, wie es für unsere Zeit in gewissem Sinne wiederum wichtig wird, Parzival-Stimmung zu verstehen. Man wird sie verstehen müssen. Sie ist ja aufgetaucht bei *Richard Wagner*, der sie musikalisch-dramatisch zu verkörpern suchte. Nicht will ich mich einlassen in den großen Streit, der in der äußeren Welt heute wegen des «Parsifal» entbrannt ist. Geisteswissenschaft ist nicht dazu da, um Partei zu ergreifen. Daher möge es ihr ferneliegen, sich hier einzumischen in den Streit zwischen denjenigen, die Wagners «Parsifal», zunächst das bedeutsamste Dokument für die heutige Welt über die neue Parzival-Stimmung, in Bayreuth behalten möchten, Schutz für ihn haben möchten, und denjenigen, die ihn übergeben wollen dem Reiche Klingsors. Es tritt ja im Grunde genommen das letztere schon ein. Aber auf das andere möchte ich hinweisen: daß in dem Fortwirken des Christus-Impulses gleichsam da, wo noch nicht die Urteilskraft, wo noch nicht das Oberbewußtsein der Menschen hindringt, wohinein aber immer mehr und mehr dieses Oberbewußtsein durch die spirituelle Weltanschauung deuten soll, daß da auch immer die Parzival-Stimmung sein muß, und noch manches andere, wovon wir dann im Verlaufe dieses Winters noch sprechen wollen.

3. 6. 07

Es scheint mir, als ob wir durch die Betrachtung desjenigen, was ich mir das «Fünfte Evangelium» zu nennen gestattete, einiges hätten gewinnen können zur genaueren Schattierung desjenigen, was wir öfters ausgeführt haben über die Entwickelung der Menschheit über die Erde hin und den Einfluß des Mysteriums von Golgatha auf diese Menschheitsentwickelung. Haben wir ja doch früher von den mannigfaltigsten Gesichtspunkten aus diese oder jene Idee zu gewinnen versucht über das, was sich vor allen Dingen vollzogen hat mit der Johannestaufe im Jordan, haben wir doch früher schon darauf hingewiesen, wie die Christus-Wesenheit sich verbunden hat mit jener Wesenheit, die wir bezeichnen als Jesus von Nazareth, und eben gerade dadurch versucht, die ganz einschneidende Bedeutung des Golgatha-Ereignisses für die Menschheitsentwickelung darzulegen.

Jetzt aber haben wir die Jugendgeschichte des Jesus von Nazareth betrachtet, so wie sie sich eben mit geisteswissenschaftlichen Mitteln feststellen läßt, um zu sehen, wie diejenige Wesenheit, die wir als Jesus von Nazareth bezeichnen, vor dem Täufer Johannes ankam, als die Christus-Wesenheit von ihr Besitz ergreifen sollte. Nun wollen wir einmal mit dem, was wir durch diese konkrete Betrachtung des Fünften Evangeliums gewonnen haben, ein weiteres Verständnis gewinnen für das, was mit dem Mysterium von Golgatha zusammenhängt. Versuchen wir heute vor allen Dingen einmal, unseren Seelenblick auf denjenigen hinzuwenden, den man gewöhnlich als den «Vorgänger» bezeichnet: auf den Täufer Johannes, und auf einiges, was mit der Mission des Täufers zusammenhängt.

Wenn wir den Täufer Johannes und die Stellung des Christus Jesus zu dem Täufer Johannes, wie sie auch namentlich im Johannes-Evangelium angedeutet ist, wenn wir diese verstehen wollen, so ist es notwendig, einen Blick zu werfen auf die geistige Welt, aus welcher der

Täufer Johannes hervorgewachsen ist. Es ist ja ganz selbstverständlich, daß dieses die geistige Welt des althebräischen Altertumes ist. Nun wollen wir uns einmal vor die Seele rufen, was das Eigentümliche dieser Welt des althebräischen Altertumes ist.

Dieses althebräische Altertum hatte allerdings eine ganz besondere Mission im Laufe der Menschheitsentwickelung. Wir erinnern uns dabei, daß wir vom Standpunkte unserer Geisteswissenschaft aus die Erdenentwickelung aufzufassen haben als hervorgegangen aus der Saturn-, Sonnen- und Mondentwickelung, und daß wir es insbesondere der Erdentwickelung zuschreiben müssen, daß sich zu dem, was aus den früheren Entwickelungsstadien unserer Erde als physischer Leib, Ätherleib und Astralleib hervorgegangen ist, während des Verlaufes der Erdentwickelung das menschliche Ich findet. Dieses Ich kann sich ja allerdings nicht auf einen Sprung finden, sondern es ist die ganze Erdentwickelung notwendig, um das Ich so auszugestalten, wie es sein muß, damit der Mensch sozusagen im Gange der Ewigkeit seine Entwickelung finden könne.

Wenn wir dies vorausschicken, müssen wir in der Tat die Erde gewissermaßen als den Schauplatz innerhalb des Kosmos betrachten, auf dem der Mensch sein Ich zu entwickeln hat. Das althebräische Altertum bezeichnete Jahve oder Jehova als diejenige Wesenheit der höheren Hierarchien, unter deren Einfluß es sich gestellt hat. Wenn wir uns die biblische Schöpfungsgeschichte vornehmen – ich versuchte in dem Zyklus über «Die Geheimnisse der biblischen Schöpfungsgeschichte», München 1910, die einschlägigen Verhältnisse auseinanderzusetzen –, so wird uns auch in ihr sehr deutlich dargestellt, wie aus einer Siebenheit von Wesenheiten der höheren Hierarchien, aus der Siebenheit der Elohim, sich herausentwickelt der eine der Elohim, Jahve oder Jehova. Man möchte sagen, wie die Gesamtheit des menschlichen Organismus sich ausgestaltet nach dem Kopfe hin, so gliederte sich die Siebenzahl der Elohim in der Weise, daß diese Siebenzahl in einem von ihnen, in Jahve oder Jehova, eine besondere Ausgestaltung findet, so daß dieser gleichsam für die Erdentwickelung zu ihrer Hauptwesenheit wird. Das sieht das althebräische Altertum, das anerkennt es. Und es sieht daher in Jahve oder Jehova diejenige Wesen-

heit aus der Reihe der höheren Hierarchien, zu der man sich in besondere Beziehung setzen muß, um das Ich zur Entwickelung zu bringen.
Es ist wahrhaftig die Entfaltung des althebräischen Altertums eine
besondere Etappe in der Ich-Entwickelung der Menschheit, und man
fühlte innerhalb des althebräischen Altertumes den Einfluß von Jahve
oder Jehova so, daß durch die Art, wie man sich zu ihm stellte, wie man
ihn empfand und fühlte, das Ich allmählich zum Erwachen kommen
konnte.

Was ist denn eigentlich Jahve oder Jehova für eine Wesenheit? Sie
ist gerade diejenige Wesenheit, die man im innigen Zusammenhange
vorzustellen hat mit der Erdentwickelung. Sie ist gewissermaßen der
Herr, der Regent der Erdentwickelung, oder besser gesagt, die Gestalt,
in welcher das althebräische Altertum den Herrn, den Regenten der
Erdentwickelung sieht. Daher sehen wir, daß das ganze althebräische
Altertum eigentlich daraufhin organisiert ist, Jahve oder Jehova als
den Gott der Erde anzusehen, zu denken, daß die Erde durchwoben
ist von einer solchen göttlich-geistigen Regierung, könnte man sagen,
und daß der Mensch, der sich seines rechten Zusammenhanges mit
dem Weltenall durch die Erde bewußt werden will, vor allen Dingen
sich zu halten habe an den Erdengott Jahve oder Jehova. Das ganze
althebräische Altertum ist daraufhin angelegt.

Gleich zu Beginn der Genesis wird uns dargestellt, daß Jahve den
Menschen aus der Substanz der Erde macht. Adam heißt: der aus Erde
gemachte, der Erdene. Und während die um das althebräische Volk
herum lebenden Religionssysteme – man kann das im einzelnen nachweisen – überall darauf ausgehen, in demjenigen, was nicht eigentlich
der Erde entstammt, sondern was von außen in die Erde hereinkommt,
die Elemente zu sehen, in denen sie ihre Götter verehren, sieht das althebräische Altertum in demjenigen, was durch die Erde auf der Erde
vor sich geht, die Elemente, in denen der Gott Jahve oder Jehova verehrt werden soll. Zum Sternenhimmel, nach den Gestirnen und ihrem
Gange schauen einzelne der umliegenden Völker auf. Sie haben das,
was man eine Astralreligion nennt. Und andere Völker wieder beobachten Blitz und Donner und wie sich darin die Elemente äußern, und
fragen sich dann: Wie kündigen sich durch die Sprache von Blitz und

Donner, von Wolkenbildungen und dergleichen die göttlich-geistigen Wesen an?

Gleichsam in dem, was über der Erde in den Sternen oder in der Atmosphäre ist, suchten die um das althebräische Volk herum liegenden Völker ihre religiösen Symbole, das, was ihnen ausdrücken sollte, wie sie mit einem Überirdischen zusammenhängen. Man beachtet aber heute viel zu wenig, daß es dem althebräischen Altertum eigen ist, sich ganz und gar mit der Erde, mit dem, was vom Inneren der Erde kommt, als zusammenhängend zu betrachten. In allen Einzelheiten wird hingedeutet auf dieses Zusammenhängen der alten Juden mit dem, was der Erde entstammt. Gesagt wird, daß sie bei ihren Zügen einer Wolke oder einer Feuersäule folgten. Sie «folgten einer Feuersäule» in dem Sinne, wie durch die Kräfte der Erde eine solche Feuersäule bewirkt werden kann.

Wenn man in gewissen Gegenden Italiens, wo der Boden vulkanisch ist, nur ein Stück Papier anzündet und damit an den Spalten im Boden entlangfährt, so kommen gleich Rauchwolken aus der Erde heraus, weil die Kräfte der Erde nachdrängen der warmgemachten Luft. So muß man sich die Feuersäule vorstellen bewirkt durch die Kräfte des Erdinneren, der die Juden nachziehen. Und ebenso hat man sich die Wasser- und Nebelsäule nicht vorzustellen bewirkt durch atmosphärische Kräfte, sondern als von unten, von der Wüste aus bewirkt. Mit den Vorgängen der Erde hängen zusammen die Zeichen für Jahve oder Jehova im althebräischen Altertum. Und den Ursprung der «großen Flut» selber muß man in dem suchen, was an Kräften der Erde in der Erde pulsiert, was nicht von außen durch die kosmischen Verhältnisse, sondern durch die tellurischen Verhältnisse bewirkt ist.

Das war der große Protest des althebräischen Volkes gegen die umliegenden Völker, daß es den Gott der Erde anerkennen wollte. Alles das aber, was von oben kommt, was von außen zur Erde her kommt, das empfand man als dasjenige, was gewissermaßen nicht bis zur Aufgabe der Erdenbildung vorgerückt ist, sondern was zurückgeblieben ist im Stadium der Mondenbildung. Man faßte es zusammen unter alledem, was die «Schlange» auf der Erde bewirkt hat, was bewirkt hat der in der Mondentwickelung zurückgebliebene Luzifer. Man kann gleichsam diesen Protest des althebräischen Altertumes gegen die umliegenden Religionssysteme charakterisieren, indem man sagt, diese anderen Religionssysteme hatten das Gefühl: Wenn man sich zu dem Göttlichen erheben will, muß man von der Erde absehen, muß man in den Kosmos hinausgehen. Was im Kosmos bewirkt wird, oder was aus dem Kosmos in die Atmosphäre der Erde hereinkommt, das ist das, was wir anbeten müssen. Das althebräische Altertum sagte aber: Nicht das beten wir an, was von oben kommt, nicht das beten wir an, was bewirkt wird durch die außerirdischen Kräfte, sondern der wahre Gott ist mit der Erde!

Das wird heute viel zu wenig berücksichtigt, denn wenn man ein solches Wort wie «Gott» oder «Geist» ausspricht und dann in alte Zeiten zurücksieht, dann hat man immer so das Gefühl: Ja, da muß dasselbe darunter verstanden worden sein. – Weil die Menschheit des Abendlandes heute unter dem Einflusse fast zweitausendjähriger christlicher Entwickelung wieder nach oben schaut, mit Recht nach oben schaut, so vermeint man, auch das althebräische Altertum habe nach oben geschaut. Im Gegenteil! Das althebräische Altertum sagte: Die Mission, die Jahve mit der Erde vorhatte, ist gestört worden durch den Gott, der von außen kam, und der in der Schlange des Paradieses symbolisiert ist.

Aber die Juden hatten ja vieles von den benachbarten Völkern angenommen, und wir können es begreifen, daß gerade die Juden sehr viel von den benachbarten Völkern angenommen hatten. Hatten sie doch sozusagen die verfänglichste Religion im ganzen Altertum, was heute die Menschen fast gar nicht mehr glauben können: daß Jahve oder Jehova eine Erdengottheit ist – in dem Sinne, wie ich es eben jetzt auseinandergesetzt habe, wodurch natürlich nicht aus der Welt geschafft ist, daß Jahve, trotzdem er eine Erdengottheit ist, wie ich es in der «Geheimwissenschaft im Umriß» dargestellt habe, in den Mondenkräften der Erde wirkt, also von einem anderen Gesichtspunkte aus eine Mondengottheit ist. Aber darauf kommt es in diesem Zusammenhange nicht an. Die exponierteste Religion unter den damaligen Völkern hatten die alten Juden. Und wie die Menschen heute nicht glauben können, daß man sozusagen nicht nach oben, sondern nach dem

Erdenmittelpunkt hinschauen kann, wenn man von dem Gotte redet, an den man sich zunächst als an einen höchsten wendet, so empfanden dieses Streben nach oben auch die Juden; und sie empfanden dieses Streben nach oben insbesondere, wenn sie bei allen umliegenden Völkerschaften sahen: die beten an, was außerhalb der Erde seinen Ursprung hat.

Es war aber gerade der große Unterschied der jüdischen Geheimlehre gegenüber den außer dieser Geheimlehre Stehenden, daß sie den Menschen ganz klarmachte: Aus der Erde gehen die Kräfte hervor, selbst bis zum Monde hinauf, an die wir uns zu halten haben, und es ist eine Versuchung, sich an andere Kräfte zu halten; denn die anderen Kräfte sind konzentriert in dem, was das Schlangensymbolum ausdrückt. Einen Teil also desjenigen, was uns gewissermaßen wiederum in unserer geisteswissenschaftlichen Weltanschauung entgegentritt, fühlte das althebräische Volk in seinen Lehren.

Aus den eben angeführten Gründen aber kam dieses althebräische Volk, insbesondere als es gegen das Mysterium von Golgatha zuging, immer mehr von dieser Anschauung ab. Da kam dann einer, der in sich die Mission fühlte, stark hinzuweisen auf das, was den Juden eigen sein sollte. Das war gerade der Täufer Johannes. Er fühlte sich vor allen Dingen dazu berufen, stark auf das hinzuweisen, worin der Juden Stärke lag und was wir jetzt eben charakterisiert haben. Als er so die Entwickelung der jüdischen Religion um sich herum wahrnahm, kleidete er seine Empfindungen in Worte. In gewaltige, in bedeutsame Worte kleidete er seine Empfindungen. Er sagte etwa: Ihr nennt euch «Kinder Abrahams». Wäret ihr Kinder Abrahams, dann müßtet ihr wissen, daß euer Gott, der der Gott Abrahams, Isaaks und Jakobs war, der Gott Jahve oder Jehova, verbunden ist mit dem Irdischen, was er dadurch ausgedrückt hat, daß er aus Erde den ersten Menschen geformt hat. Aber ihr seid nicht mehr in eurer Seele Kinder Abrahams. Ihr seid von dem Geschlechte derer, die nach oben schauen und nach den oberen Kräften. Ihr seid verfallen dem, was man mit dem richtigen Symbolum der «Schlange» bezeichnet. Ihr seid von dem Gezücht der Schlange!

Es hat eine tiefe Bedeutung in mannigfaltiger Beziehung – ich habe ja auch schon von anderem Gesichtspunkte aus von diesen Worten gesprochen –, daß der Täufer Johannes gerade diese Worte gebrauchte. So wie man sie gewöhnlich in der Bibel ausgesprochen findet, was ist es denn da eigentlich? Wenn man sich doch ein bißchen besser gestehen möchte, wie schlecht man heute liest! Als was nehmen denn die Menschen meistens dieses Wort, welches da im Evangelium steht, das Wort «Ihr Otterngezüchte»? Sie nehmen es gar nicht anders, als ob Johannes wirklich so kräftig und grob die Menschen um sich «Ihr Otterngezücht» geschimpft hätte. Höflich wäre das nicht gewesen. Aber es hätte auch keinen besonderen Zweck, wenn man den Leuten in die Seele reden will, gleich damit anzufangen, sie mit einem Schimpfwort zu belegen. Und es gibt auch kein besonderes Bild von Johannes, wenn man sagt: Das war eben sein göttlicher Zorn! – Da möchte ich doch das triviale Wort gebrauchen: Schimpfen können andere auch! Auf das kommt es nicht an. Aber in diesem Worte, das viele eben nur als Schimpfwort empfinden, liegt eben die ganze Bedeutung dessen, worauf Johannes die um ihn Seienden aufmerksam machen wollte: Ihr wisset nicht mehr, worinnen die Mission des Jahve-Gottes besteht; denn so, wie ihr nicht appelliert an die Kräfte der Erde, sondern an die Kräfte außerhalb der Erde, seid ihr nicht Kinder Abrahams, denn ihr betet das an, was euch die Schlange gebracht hat. So seid ihr von dem Geschlechte derer, die um euch herum ihre Götter unter den verschiedensten Namen anbeten, die doch aber das meinen, was euch als die «Schlange» charakterisiert ist!

Und dann versetzen wir uns in das Innerste des Gemütes dieses Täufers Johannes. Er hatte wohl vielleicht seinen Grund, so den Leuten gegenüberzutreten. Ich sage das jetzt nicht aus dem Fünften Evangelium heraus – denn in bezug auf das Fünfte Evangelium ist es noch nicht bis zur Gestalt des Täufers Johannes gekommen –, aber ich sage es aus dem, was sich sonst ergeben konnte. Es hatte also der Täufer Johannes wohl seinen Grund, um zu denen, die zu ihm hinkamen an den Jordan, so zu reden, als ob er an ihnen merken würde, daß sie gewisse Gebräuche von den Heiden angenommen hätten. Ja, es lag sogar in dem Namen, den ihm die gaben, die da kamen, etwas von dem, was er zunächst nicht hat hören wollen.

In den Gegenden, in denen der Täufer Johannes seine Worte sprach, waren alte Lehren vorhanden, welche man etwa in der folgenden Weise charakterisieren kann: Ja, im Beginne der Menschheitsentwickelung haben einmal aus dem Jahve-Ursprung heraus der Mensch und die höheren Tiere den Luftatem bekommen; aber durch die Tat des Luzifer ist der Luftatem schlecht geworden. Nur diejenigen Tiere sind gut geblieben, sind sozusagen im Stadium der ursprünglichen Entwickelung geblieben, die nicht den Luftatem haben: die Fische. – Da mochten denn manche hingekommen sein nach dem Jordan – wie es in manchen Gegenden die Juden heute noch tun – und zu einer gewissen Zeit des Jahres sich an das Gewässer hingestellt und ihre Kleider geschüttelt haben, weil sie glaubten, dadurch ihre Sünden den unschuldigen Fischen hinzuwerfen, die sie dann weiter zu tragen hätten. Solche und andere Gebräuche, die mit dem umliegenden Heidentume zusammenhingen, sah der Täufer Johannes an denjenigen, von denen er eben sagte: Ihr habt von der Schlange mehr begriffen als von Jahve. Ihr nennt euch deshalb mit Unrecht Kinder desjenigen, der bestimmt war zu eurem Vorfahren, Kinder des Abraham. Ich sage euch: Es könnte der Gott Abrahams, Isaaks und Jakobs wiederum zu seiner ursprünglichen Mission zurückgreifen und aus diesen Steinen, das heißt aus der Erde, ein Menschengeschlecht hervorbringen, das ihn besser versteht!

An dieser Stelle, wo uns die Bibel gerade diesen Ausdruck «Gott kann dem Abraham aus diesen Steinen Kinder erwecken» überliefert, sind in der damaligen Sprache so viele Worte, die durchaus doppelsinnig sind, die Anspielungen enthalten. Und sie sind absichtlich so gebraucht, diese Worte, damit man eben darauf aufmerksam wird, daß ein tiefer Sinn in diesen Dingen liegt. Ganz wird man aber diese Sache nur verstehen, wenn man dasjenige, was ich nun eben ausgeführt habe, zusammenhält mit der Mission des Paulus.

Ich habe schon öfter über diese Mission des Paulus gesprochen und will heute gerade denjenigen Gesichtspunkt vorbringen, der uns zum Verständnisse dessen, was erreicht werden soll, wichtig sein kann. Wie kommt es denn, daß Paulus, der, wie wir schon öfter erwähnt haben, durch das, was er zu Jerusalem erfahren hat, sich nicht hat bewegen

179

lassen, die Bedeutung des Mysteriums von Golgatha in seine Anschauung aufzunehmen, wie kommt es, daß er durch das Ereignis von Damaskus voll überzeugt worden ist von dem, was er die Auferstehung des Christus nannte? Da müssen wir allerdings ein wenig hineinschauen in die Art, wie Paulus vorbereitet war für das, was ihm im Ereignis von Damaskus erschien.

Paulus war durchgegangen durch die jüdische Prophetenschule seiner Zeit. Er hat genau gewußt: bis zu einem bestimmten Punkte in der Menschheitsentwickelung hängt das Heil zunächst für diese Menschheitsentwickelung davon ab, daß man festhält an dem Gott der Erde, daß man versteht, wie Jahves Mission mit der Erde zusammenhängt. – Aber es muß einmal – das wußte Paulus – eine Zeit kommen, in welcher wiederum das «Obere», das, was aus außerirdischen Verhältnissen in die Erde hereinkommt, wichtig wird. Und wichtig ist es, einzusehen, daß der Christus, bevor er durch das Mysterium von Golgatha seine Mission für die Erde übernommen hat, als Christus in kosmischen Regionen seine Mission hatte, daß er in überirdischen Regionen lebte. Das Genauere darüber ist in dem Zyklus ausgeführt, den ich neulich in Leipzig gehalten habe. *10.6.0*

Wir können die außerirdischen Verhältnisse zurückverfolgen und werden finden, wie der Christus zuerst in überirdischen Reichen gewirkt hat, wie er dann sozusagen immer näher und näher zur Erde gekommen ist, bis er durch den Leib des Jesus von Nazareth in die Erdenaura eingezogen ist. Daß dieser Zeitpunkt einmal kommen werde, das wußte Paulus, nur hat er vor dem Ereignis von Damaskus in der Erdenaura nicht gesehen: «Der Christus ist schon da!» Aber er war dazu vorbereitet, und er sagt uns das wohl, daß er dazu vorbereitet war. Lesen Sie dazu im zweiten Korinther-Briefe das zwölfte Kapitel:

1. Es ist mir ja das Rühmen nichts nütze; doch will ich kommen auf die Gesichte und Offenbarungen des Herrn.

2. Ich kenne einen Menschen in Christo [Paulus meint sich selber damit]; vor vierzehn Jahren (ist er in dem Leibe gewesen, so weiß ich's nicht; oder ist er außer dem Leibe gewesen, so weiß ich's

auch nicht; Gott weiß es) ward derselbe entzücket bis in den dritten Himmel.

3. Und ich kenne denselben Menschen (ob er in dem Leibe oder außer dem Leibe gewesen ist, weiß ich nicht; Gott weiß es);

4. der ward entzücket in das Paradies und hörte unaussprechliche Worte, welche kein Mensch sagen kann.

5. Für denselben will ich mich rühmen; für mich selbst aber will ich mich nichts rühmen, nur meiner Schwachheit.

Was sagt Paulus in diesen Sätzen? Er sagt nichts Geringeres, als daß er imstande war, schon vor vierzehn Jahren – nach den chronologischen Verhältnissen müßte man also annehmen, daß dieses Erlebnis etwa sechs Jahre nach dem Ereignis von Golgatha stattgefunden hat – hellseherisch sich zu erheben in die geistigen Regionen. Das heißt, er versichert uns selber: In ihm lebt ein Mensch – und nur desjenigen will er sich rühmen, nicht des leiblichen Menschen –, der wohl hinaufschauen kann in die geistigen Welten. – Und als er jenes Erlebnis hatte, da war ihm klar geworden: Was hast du denn früher in den geistigen Welten gesehen, wenn du hinaufgeschaut hast? Du hast den Christus gesehen, wie er noch oben war in den himmlischen Verhältnissen! – Durch das Ereignis von Damaskus ist es ihm klar geworden, daß der Christus in die Erdenaura eingezogen war und in ihr lebte.

Das ist das Bedeutsame, weshalb auch manche Geister so in der Zeit um die Begründung des Christentums ein heute ja sonderbar erklingendes Wort gesprochen haben. «Der wahre Luzifer ist Christus», sagten sie. Sie verstanden eben: Wenn man früher in die übersinnlichen Verhältnisse hinaufgeschaut hat, so mußte man sich, wenn man richtig die Menschheitsentwickelung versteht, an die «Schlange» halten. Nachdem das Mysterium von Golgatha eingetreten war, ist aber der Überwinder der Schlange herunter gekommen und ist jetzt der Erdenherr geworden. – Das alles hängt aber zusammen mit der ganzen Entwickelung der Menschheit.

Welchen Sinn hat es denn, daß das althebräische Altertum sozusagen den Protest darstellt gegen die Astralreligionen der umliegenden Völker, gegen die Religionen, welche die Symbole für das Göttliche in den Wolken, in Blitz und Donner sehen? Diesen Sinn hat es, daß sich die menschliche Seele vorbereiten muß, das Ich so zu empfinden, daß es nicht mehr durch die Sternenschrift, nicht mehr durch das, was in Blitz und Donner erscheint, die Offenbarungen des Geistes empfängt, sondern daß es diese Offenbarungen im Geistigen empfängt, durch den Geist selber. Wenn der Mensch vorher wirklich zu dem Christus aufschauen wollte, so konnte er es ja nur tun im Sinne des Zarathustra, indem er aufschaute zu dem, was man nennen könnte die physische Hülle des Christus, des Ahura Mazdao. Zur physischen Sonne und ihren Wirkungen konnte der Mensch aufschauen und wissen: Da drinnen lebt der Christus. – Aber gleichsam herausgeschält aus den physischen Sonnenwirkungen und als geistige Sonne die Erdenaura durchdringend ist der Christus mit dem Mysterium von Golgatha geworden. Ja, so ist der Christus geworden, die Erdenaura durchdringend, nachdem gewissermaßen die Jahve- oder Jehova-Anbeter ihn vorbereitet haben. Und der Täufer Johannes ist in seinen bedeutsamsten Worten zu verstehen, wenn wir ihn eben so verstehen.

Und nun bereitete sich das Mysterium von Golgatha vor. Indem es sich vorbereitete – ich will die Dinge jetzt mehr abstrakt darstellen, wir werden später einmal auf Konkreteres eingehen können –, stehen sich gewissermaßen gegenüber der Christus Jesus und der Täufer Johannes. Wenn wir uns vor die Seele stellen, was wir eben über den Täufer Johannes gesagt haben, so wird uns das zeigen, in welchem Sinne der Christus Jesus sozusagen dem Täufer Johannes gegenüberstand: demjenigen stand er in dem Täufer Johannes gegenüber, der gewissermaßen am besten verstand, was es heißt, den Geist der Erde zu verehren.

Woher kamen denn die Fähigkeiten, namentlich innerhalb des Judentumes und auch innerhalb anderer Kreise – denn es gab auch andere Menschen, die mehr oder weniger, aber dann immer durch Mysterien angeregt waren –, die den Geist der Erde im richtigen Sinne verehrten? Woher kamen denn diese Fähigkeiten? Diese Fähigkeiten waren vor dem Mysterium von Golgatha an das gebunden, was wir nennen können die physische Vererbung im Menschen, an jene physische Vererbung, die ja auch Erdengesetz ist. Es ist für die heutige Naturwissenschaft noch eine vollständige Torheit, das zu sagen, was ich nun werde zu sagen haben; aber es könnte das auch eine Torheit sein, die «Torheit vor den Menschen und Weisheit vor Gott» ist. Vor dem Mysterium von Golgatha war im wesentlichen das, was man Erkenntnisfähigkeiten nennt, in einer gewissen Beziehung abhängig von den Vererbungsverhältnissen, und darin bestand gerade der Fortgang und Fortschritt der menschlichen Entwickelung, daß die Erkenntnis durch Vorstellen unabhängig wurde von allen natürlichen Vererbungsverhältnissen.

Daher hat man in den alten Mysterien oftmals ganz recht getan, daß man das Mysterienamt vom Vater auf den Sohn und so weiter vererbt hat. Das ist das Bedeutsame, daß in der Zeit des Mysteriums von Golgatha für die Erdenmenschheit das Erkennen aufhörte abhängig zu sein von rein physischen Verhältnissen. Es wurde das Erkennen durch den Fortschritt der Menschheit eine rein seelische Angelegenheit. Eine rein seelische Angelegenheit wird das Innerste der menschlichen Seele, nicht mehr abhängig von äußeren Vererbungsverhältnissen.

Wodurch wurde nun möglich gemacht, daß der Mensch also gewissermaßen sein Inneres ungeschädigt dennoch fortbehielt? Fassen Sie nur die ganze Bedeutung dessen auf, daß das innerste Verhältnis der menschlichen Seele, das Erkenntnisverhältnis, eine rein seelische Angelegenheit wurde, daß der Mensch sozusagen nichts mehr ererben konnte von seinen Vorfahren in bezug auf seine Fähigkeiten. Gewiß möchten heute noch viele Menschen ihre Erkenntnisfähigkeit von ihren Vorfahren ererben, aber es geht nicht. Das merkt man schon. Goethes Fähigkeiten haben sich nicht gerade auf seine Nachkommen vererbt, und bei anderen kann man es auch nicht sehen.

Aber was hätte denn mit diesen Fähigkeiten geschehen sollen, wenn sie von nichts anderem her gleichsam geistig unterhalten worden wären, wenn sie nicht einen geistigen Impuls erhalten hätten? Verwaist wären die innerlich gewordenen Fähigkeiten des Menschen gewesen. Der Mensch wäre so auf die Erde gestellt gewesen, daß er hätte warten müssen, was ihm gerade nach dem, wie sein Karma beschaffen gewesen wäre, die Erde aus der Umgebung gegeben hätte, was da hereingeleuchtet hätte in seine Sinne. Er hätte das aber nicht besonders schätzen können, sondern hätte froh sein müssen, wenn er bald wieder von der Erde fortgekommen wäre, da er sich ja keine besonders wertvollen Fähigkeiten auf der Erde hätte erobern können. Das hatte Buddha sehr wohl den Menschen bemerkbar gemacht; daher seine von allen irdischen Sinneswahrnehmungen ablenkende Lehre.

Der Christus wurde nun in dem Jesus von Nazareth als das fühlbar, wovon sich der Christus Jesus bei der Johannestaufe im Jordan sagen konnte: Da kam aus der überirdischen Welt etwas in mich herunter, das befruchtend in das Ich eingreifen kann. – In der menschlichen Seele werden künftig Inhalte leben, die von außerirdischen Regionen kommen, die nicht bloß vererbt sind. Alles, was man vorher hat wissen können: es ist bloß vererbt, es ist mit den physischen Verhältnissen von Generation zu Generation übergegangen. Und der Letzte, der es noch dazu gebracht hatte, höhere Fähigkeiten zu erwerben auf Grundlage dessen, was man vererben kann, das ist Johannes der Täufer. «Einer der größten von denjenigen, die vom Weibe geboren sind», so sagte der Christus Jesus von ihm. Da deutete er darauf hin, wie sich die alte Zeit von der neuen scheidet, wie die alte Zeit mit Recht sagen kann: Wenn ich das suche, was in meiner Seele leben soll als das, was mich zu den Höhen der Menschheit führt, so erinnere ich mich an Abraham, Isaak und Jakob; denn von denen gingen herunter in der Vererbungslinie bis zu mir die Fähigkeiten, die der Menschheit Höhen erreichen. – Jetzt aber müssen diese Fähigkeiten von außerirdischen Regionen kommen. Nicht mehr auf die Erde bloß schauen und den Gott der Erde finden in dem Christus, sondern des himmlischen Hereinkommens des Christus in der Seele sich bewußt sein – das ist es, worauf der Christus Jesus in dem Momente hindeutete, als er von Johannes dem Täufer sprach als einem der größten derjenigen, die «vom Weibe geboren sind», das heißt, die in sich diejenigen Fähigkeiten tragen, die man unmittelbar durch die physische Vererbung erlangen kann.

Das aber beantwortet uns eine Frage, die für unsere Zeit recht wichtig werden kann. Man begann wiederum in der Zeit, in der gewissermaßen der dritte nachatlantische Zeitraum in unserem fünften Kultur-

zeitraum zum Vorschein kam – in der Weise, wie ich das öfter auseinandergesetzt habe –, wieder hinzuschauen auf das, was dem Erdenmenschen als Außerirdisches erscheinen kann. Aber nicht so, wie die
alten Ägypter oder Chaldäer ihre Astralreligion empfanden, konnte
man jetzt die wiedererstandene Astralreligion empfinden, sondern so
mußte man sie empfinden, wie sie einer empfunden hat, der wahrhaftig ein Recht gehabt hat, über diese Dinge mitzusprechen.

Im Jahre 1607 sind die Worte gesprochen, die ich auch hier wiederum mitteilen will, wo einer gesagt hat: «In der ganzen Schöpfung
findet sich eine herrliche wundervolle Harmonie, und zwar sowohl
im Sinnlichen als im Übersinnlichen, in Ideen sowohl als in Sachen,
im Reiche der Natur und der Gnade. Diese Harmonie findet sowohl
in den Dingen selbst als auch in ihren Verhältnissen zueinander statt.
Die höchste Harmonie ist Gott, und er hat allen Seelen eine innere
Harmonie als sein Bild eingedrückt. Die Zahlen, die Figuren, die
Gestirne, die Natur überhaupt harmonieren mit gewissen Geheimnissen der christlichen Religion. Wie es zum Exempel in dem Weltall drei ruhende Dinge: Sonne, Fixsterne und das Intermedium gibt,
und alles übrige beweglich ist, so ist in dem einigen Gotte: Vater,
Sohn und Geist. Die Kugel stellt gleichfalls die Dreieinigkeit dar – der
Vater ist das Zentrum, der Sohn die Oberfläche, der Geist die Gleich-
heit der Distanz des Zentrums von der Oberfläche, der Radius – sowie noch andere Geheimnisse. Ohne Geister und Seelen würde überall keine Harmonie sein. In den menschlichen Seelen finden sich
harmonische Prädispositionen von unendlich mannigfaltiger Art. Die
ganze Erde ist beseelt, und dadurch wird die große Harmonie sowohl
auf der Erde als auch zwischen ihr und den Gestirnen hervorgebracht.
Diese Seele wirkt durch den ganzen Erdkörper, hat aber in einem
gewissen Teile derselben, so wie die menschliche Seele in dem Herzen, ihren Sitz; und von da gehen, wie von einem Fokus oder einer
Quelle, ihre Wirkungen in den Ozean und die Atmosphäre der Erde
aus. Daher die Sympathie zwischen der Erde und den Gestirnen,
daher die regelmäßigen Naturwirkungen. Daß die Erde wirklich eine
Seele habe, zeigt die Beobachtung der Witterung und der Aspekte.
durch welche sie jedesmal hervorgebracht wird, am deutlichsten,

Unter gewissen Aspekten und Konstellationen wird die Luft immer unruhig; gibt es derselben keine oder wenige oder schnell vorübergehende, so bleibt sie ruhig.»

«*Kepler* verbreitet sich über diese und ähnliche Gedanken auch in seinem Buche ‹Harmonices Mundi›. Für vieles nur diese originelle Stelle: ‹Die Erdkugel wird so ein Körper sein, wie der eines Tieres, und was dem Tiere seine Seele ist, das wird der Erde die 'Natura sublunaris' sein, die bei Gegenwart der Aspekten Witterungen erregt. Das wird nicht dadurch widerlegt, daß die Erregungen der Witterungen nicht allemal genau mit den Aspekten zusammentrifft; die Erde scheint manchmal träge, manchmal wie aufgeregt zu sein, so daß sie die Ausdünstungen auch ohne Gegenwart der Aspekten fortsetzt. Sie ist eben nicht ein so folgsames Tier wie der Hund, sondern etwa wie ein Rind oder Elefant: Langsam zum Zorn geneigt, aber desto heftiger, wenn es einmal gereizt wird.› [Libri IV, Cap. VII.]»

«Diese und unzählige andere Veränderungen und Phänomene, die in und auf der Erde vorgehen, sind so regelmäßig und abgemessen, daß man sie keiner blinden Ursache zuschreiben kann, und da die Planeten selbst nichts von den Winkeln wissen, welche ihre Strahlen auf der Erde bilden, so muß die Erde eine Seele haben.»

In seiner Art sagt er dann: «Die Erde ist ein Tier. Man wird an ihr alles wahrnehmen, was den Teilen des tierischen Körpers analog ist. Pflanzen und Bäume sind ihr Haar, Metalle ihre Adern, das Meerwasser ihr Getränke. Die Erde hat eine bildende Kraft, eine Art Imagination, Bewegung, gewisse Krankheiten, und die Ebbe und Flut sind das Atemholen der Tiere. Die Seele der Erde scheint eine Art von Flamme zu sein, daher die unterirdische Wärme und daher keine Fortpflanzung ohne Wärme. Ein gewisses Bild des Tierkreises und des ganzen Firmaments ist von Gott in die Seele der Erde gedrückt.»

«Dies ist das Band des Himmlischen und des Irdischen, die Ursache der Sympathie zwischen Himmel und Erde: die Urbilder aller ihrer Bewegungen und Verrichtungen sind ihr von Gott, dem Schöpfer eingepflanzt.»

«Die Seele ist im Mittelpunkt der Erde, sendet Gestalten oder Abdrücke von sich nach allen Richtungen aus und empfindet auf diese Art alle harmonischen Veränderungen und Gegenstände außer ihr. – Wie es mit der Seele der Erde ist, ist es auch mit der Seele des Menschen. Alle mathematischen Ideen und Beweise zum Beispiel erzeugt die Seele aus sich selbst, sonst könnte sie nicht diesen hohen Grad von Gewißheit und Bestimmtheit haben.»

«Die Planeten und ihre Aspekten haben Einfluß auf die Seelenkräfte des Menschen. Sie erregen Gemütsbewegungen und Leidenschaften aller Art und dadurch oft die schrecklichsten Handlungen und Begebenheiten. Sie haben Einfluß auf die Konzeption der Geburt und dadurch auf das Temperament und den Charakter des Menschen, und darauf beruht ein großer Teil der Astrologie. – Wahrscheinlich verbreitet sich von der Sonne nicht nur Licht und Wärme in das ganze Weltall, sondern sie ist auch der Mittelpunkt und Sitz des reinen Verstandes und die Quelle der Harmonie im ganzen Weltall – und alle Planeten sind beseelt.»

So arbeitete sich in diesem Geist, der uns im 17. Jahrhundert entgegentritt – diese Worte stammen, wie gesagt, aus dem Jahre 1607 –, heraus der Aufblick nach oben. Aber man sieht es diesen Worten schon an: es ist durchchristet der Aufblick nach oben. Es war allerdings ein tiefer Geist, der diese Worte gesprochen hat, die ich eben vorgelesen habe, in dem tief, tief gewirkt hat der Zusammenhang der Menschenseele mit dem, was göttlich die Welt durchwellt und durchwebt. So sind auch von demselben Geiste, von dem wir eben gehört haben, wie er von der «Seele der Erde» gesprochen hat, folgende schönen Worte:

Gottes-Hymne
Schöpfer der Welt, du ewige Macht! Durch alle die Räume
Schallet dein Ruhm; er schallt Himmel und Erde hindurch.
Selbst das unmündige Kind lallt nach die Stimm', es verkündet,
Daß der Läst'rer verstumm', laut dein unendliches Lob.
Großer Künstler der Welt, ich schaue wundernd die Werke
Deiner Hände, nach den künstlichen Formen gebaut,
Und in die Mitte die Sonne, Ausspenderin Lichtes und Lebens,
Die nach heil'gem Gesetz zügelt die Erde und lenkt

In verschiedenem Lauf. Ich sehe die Mühen des Mondes
Und dort Sterne zerstreut auf unermessener Flur – –
Herrscher der Welt! Du ewige Macht! Durch alle die Welten
Schwingt sich auf Flügeln des Lichts dein unermessener Glanz.

Und noch mehr schauen wir in seine Seele hinein, wenn er spricht:

Wenn jetzt der Dinge Bilder im Spiegel du
Erblicken magst, doch einstens erkennen sollst
Das Wesen selbst, was, Auge, säumst du
Edleres Sein für den Schein zu tauschen?

Des Wissens Stückwerk, wenn es so lieblich dich
Beglückt, wie selig wirst du das Ganze schaun!
Gib, Seele, kühnlich preis das Niedre,
Schnell zu gewinnen das Ewiggroße.

Wenn hier das Leben tägliches Sterben ist,
Ja, wenn der Tod die Quelle des Lebens ist,
O Menschenkind, was säumst du sterbend
Wiedergeboren das Licht zu grüßen?

Diese Worte und auch die Worte von der Erdenseele, wer hat sie im
Beginne des 17. Jahrhunderts gesprochen? Derjenige hat sie gesprochen, der die ganze neuere Astronomie begründet hat, Johann Kepler, ohne den es die neuere Astronomie nicht geben könnte. Welcher
Monist wird nicht Johann Kepler loben? Es mögen nur die Bekenner
des Monismus auch auf diese soeben mitgeteilten Worte des Johann
Kepler aufmerksam gemacht werden, sonst bleibt alles Reden über
Johann Kepler dasjenige, was ich nicht mit einem Worte bezeichnen
möchte.

Da klingt schon herauf, was neuerdings das Aufschauen zu den
Sternen wiederum werden soll: es ist das neuere Lesen der Sternenschrift, wie wir es in unserer geisteswissenschaftlichen Weltanschauung versuchen. Und die Frage beantwortet sich uns, mit welcher wir
die heutige Betrachtung begonnen haben: Wie kommen wir dem
Christus-Impuls näher? Wie verstehen wir den Christus? Wie kommen

wir zu ihm in das richtige Verhältnis, so daß wir sagen können: Wir nehmen wirklich den Christus-Impuls auf? – Indem wir lernen, mit derselben Inbrunst und Gemütstiefe, wie im althebräischen Altertum gesagt worden ist: Ich schaue hinauf zu Abraham, meinem Vater – das heißt zu der physischen Vererbungslinie –, zu dem Urvater Abraham, wenn ich von dem Grunde dessen sprechen will, was ich als Wertvollstes in der Seele trage –, wenn wir mit derselben Gemütstiefe und Seelenstimmung heute zu dem schauen, was aus den geistigen Höhen kommt und was uns geistig befruchtet, zu dem Christus, wenn wir jede unserer Fähigkeiten, alles was wir vermögen, so daß es uns zu Menschen macht, keiner irdischen Macht, sondern dem Christus zuschreiben, dann gewinnen wir das lebendige Verhältnis zu dem Christus. «Erfreust du dich irgendeiner Fähigkeit, und sei es die alltäglichste, die dich zum Menschen macht, woher hast du sie?» Vom Christus!

So wie der alte Jude sagte, wenn er starb, er kehre zurück in Abrahams Schoß – was wiederum eine tiefe Bedeutung hatte –, so lernen wir den Sinn unserer Zeit begreifen, der Zeit, die nach dem Mysterium von Golgatha liegt, indem wir dem alten Worte «Aus dem Gotte sind wir geboren» hinzufügen das Wort, das für uns entspricht dem alten «Zurückkehren in Abrahams Schoß»: «In dem Christus sterben wir.»

Wir können, wenn wir das Mysterium von Golgatha verstehen lernen, jenes lebendige Verhältnis gewinnen zu dem Christus, das wir brauchen, wie im althebräischen Altertume das lebendige Verhältnis zu dem Gotte vorhanden war, der der Gott Abrahams, Isaaks und Jakobs war, und das sich dadurch ausdrückte, daß jeder bekannte: er kehre zurück zu dem Urvater Abraham mit dem Tode. Und für die Menschen, die nach dem Mysterium von Golgatha leben, muß das sich dadurch ausdrücken, daß sie sich bewußt sind: In dem Christus sterben wir!

(12 . 8 . 07)
19 . 8 .

Aus den Mitteilungen, die ich aus dem Fünften Evangelium machen konnte, ist in erneuter Weise zu sehen, welche Veranstaltungen gewissermaßen im ganzen Weltenall notwendig waren, damit das eintreten konnte, was wir als das Mysterium von Golgatha kennen. Und dieses Mysterium von Golgatha ist selbst für die geisteswissenschaftliche Betrachtung wie eine Art vorläufiger Abschluß anderer Vorgänge, an die es sich in der Reihenfolge der Weltentatsachen anschließt.

Wir haben davon gesprochen, daß zwei Jesusknaben das Mysterium von Golgatha vorzubereiten hatten. Wir haben gesehen, wie der eine der beiden Jesusknaben, der sogenannte salomonische Jesus, in sich hatte das Ich des Zarathustra. Wir haben gesehen, wie dieses Ich des Zarathustra, nachdem die beiden Jesusknaben, die ja ungefähr gleichaltrig waren, das zwölfte Jahr erreicht hatten, hinübergezogen ist in den Leib des anderen Jesusknaben, desjenigen aus der nathanischen Linie des Hauses David. Wir haben dann aus dem Fünften Evangelium ausführlicher auseinandersetzen können, welche Schicksale jener Jesus von Nazareth durchgemacht hat, der also die drei Leibeshüllen trug, welche mit dem nathanischen Jesusknaben geboren worden sind, und der das Ich des Zarathustra bis in sein dreißigstes Jahr hinein in sich trug, bis zu dem Ihnen erzählten Gespräch mit der Mutter, wo durch die Gewalt der Rede, die er damals geführt hat, und in deren Worte er sein Ich selber hat einfließen lassen, gewissermaßen das Ich des Zarathustra die Leibeshüllen dieses Jesus von Nazareth verlassen hat. Und wir wissen, wie dann durch die Johannestaufe im Jordan das Christus-Wesen eingezogen ist in die dreifache Leibeshülle des Jesus von Nazareth.

Wir bekommen, wenn wir sie jetzt so zu fassen in der Lage sind, wahrhaftig keinen geringeren, sondern einen ungeheuer viel größeren Eindruck von der Bedeutung der Christus Jesus-Wesenheit, als diejenigen bekommen, die sie nur zu fassen in der Lage sind nach den bisherigen Kenntnissen und nach den Mitteilungen der Evangelien, so wie diese genommen werden können.

Dieses ganze Ereignis aber, das wir dann mit der Kreuzigung und Auferstehung zusammen das Mysterium von Golgatha nennen, schließt sich an drei andere an. Es ist gewissermaßen die vorläufig letzte Vollendung der drei anderen. Eines von diesen anderen Ereignissen fand schon statt in der alten lemurischen Zeit, von den beiden anderen das eine mehr im Beginne, das andere mehr gegen das Ende der atlantischen Zeit. Nur sind diese drei ersten Ereignisse solche, die sich nicht auf dem physischen Plan abgespielt haben, sondern in den geistigen Welten. Wir haben gewissermaßen seelisch hinzuschauen auf vier Ereignisse, von denen das letzte – dasjenige, mit dem wir uns bis jetzt vorzugsweise beschäftigt haben, und das wir das Mysterium von Golgatha nennen – sich auf dem physischen Plan abgespielt hat, während die drei anderen wie vorbereitende Ereignisse in den geistigen Welten waren.

Von demjenigen Wesen, welches wir als nathanischen Jesus ansprechen, habe ich Ihnen gesagt, daß es seine ganz besondere Natur dadurch zeigte, daß es gleich nach seiner Geburt bereits einige Worte zu sprechen vermochte, Worte, die allerdings in einer so sonderbaren Sprache gesprochen waren, daß diese Sprache damals nicht verstanden werden konnte, und daß nur die Mutter, aus ihrer Empfindung heraus, eine Ahnung davon hatte, was diese Worte zu bedeuten hatten. Von diesem nathanischen Jesusknaben müssen wir uns auch klar sein, daß er nicht eine Menschenwesenheit ist wie andere Menschenwesenheiten, daß er nicht – wie etwa der salomonische Jesusknabe, der das Ich des Zarathustra in sich hatte, und wie andere Menschen – viele Erdenleben hinter sich hatte, in derselben Weise solche viele Erdenleben hinter sich hatte, sondern daß er sein vorhergehendes Dasein durchaus in den geistigen Welten durchgemacht hat. Ich habe das schon bei früheren Gelegenheiten dadurch angedeutet, daß ich sagte: Von dem, was als Menschenseelen in die menschlichen Inkarnationen seit der lemurischen Zeit übergegangen ist, wurde gleichsam etwas zurückbehalten in den geistigen Welten, das nicht zur menschlichen

Verkörperung geführt worden ist, sondern das dann erst zu einer menschlichen Verkörperung geführt wurde, als es eben geboren wurde als nathanischer Jesusknabe. Das, was damals zurückgeblieben ist, was man also nicht in dem gewöhnlichen Sinne des Wortes ein Menschen-Ich nennen kann – denn ein Menschen-Ich ist das, was von Inkarnation zu Inkarnation auf der Erde geht –, das machte seine Schicksale in den geistigen Welten durch. Und nur die Angehörigen der alten Mysterien, die imstande waren, die Vorgänge in den geistigen Welten zu beobachten, konnten wissen, daß dieses Wesen, das einmal erscheinen werde als der nathanische Jesusknabe, das durchseelt werden sollte von der Christus-Wesenheit, vorher gewisse Schicksale in den geistigen Welten durchzumachen hatte. Um diese Schicksale kennenzulernen, müssen wir uns folgendes vor Augen führen.

Die meisten von Ihnen werden sich noch jener Vorträge erinnern, die hier einmal vor einigen Jahren gehalten worden sind über Anthroposophie, und in denen ich zunächst von den Sinnen des Menschen gesprochen habe. Ich habe damals ausdrücklich angegeben, daß die gewöhnlich aufgezählten fünf Sinne des Menschen nur ein Teil der gesamten Sinne sind, und daß der Mensch im Grunde genommen zwölf Sinne hat. Es soll jetzt darauf hier nicht näher eingegangen werden. Darauf aber sollte hingedeutet werden, daß das, was menschliche Sinne sind, was also in unseren physischen Leib als Sinne eingebettet ist, eigentlich zu einem Schicksal verurteilt gewesen wäre, das für die Menschen unheilsam geworden wäre, wenn nicht das erste Christus-Ereignis in den geistigen Welten in der alten lemurischen Zeit stattgefunden hätte, gleichsam der erste Vorläufer des Mysteriums von Golgatha. Der Mensch wurde ja in der lemurischen Zeit so verkörpert, daß er im wesentlichen die Anlage zu seinen Sinnen hatte. Aber wir wissen auch, daß in der lemurischen Zeit stattgefunden hat der Einfluß der luziferischen Mächte auf die menschliche Evolution. Dieser Einfluß der luziferischen Mächte hat sich auf alles in der menschlichen Organisation erstreckt. Hätte nun wirklich nichts anderes stattgefunden als das, wodurch der Mensch in der lemurischen Zeit zu seiner Erdeninkarnation geführt worden ist, und dann der luziferische Einfluß, so würden unsere Sinne ganz anders geworden sein, als sie nun geworden sind. Diese Sinne würden, man könnte sagen, überempfindlich geworden sein, übersensitiv. Sie würden so geworden sein, daß wir nicht gleichsam mit unseren Sinnen temperiert durch die Welt gehen, sondern es würde zum Beispiel eine rote Farbe auf das menschliche Auge den Eindruck gemacht haben, daß das Auge durch den Eindruck der roten Farbe gleichsam einen ganz bestimmten Schmerz empfunden hätte. Durch andere Eindrücke würden in anderer Weise die Sinne leidvoll berührt worden sein. Wie ausgesogen würde sich das Auge zum Beispiel gefühlt haben von der blauen Farbe. Und so mit allen anderen Sinnen. Man hätte müssen so durch die Welt gehen, daß die Sinne fortwährend in leidvoller Weise, oder auch wohl in übermäßiger und daher auch unheilsamer Lust, affiziert worden wären. Die Sinne wären stärker, als es ihnen heilsam ist, von allen äußeren Einflüssen beeindruckt worden. Das wäre durch den luziferischen Einfluß gekommen.

Das ist abgewendet worden von der Menschheit, jetzt nicht durch ein Ereignis, das im physischen Erdenbereich stattgefunden hat, sondern durch den Vorgang, der gewissermaßen der erste vorbereitende Vorgang für das Mysterium von Golgatha ist. In der lemurischen Zeit noch vereinigte sich dieselbe Christus-Wesenheit, die später durch die Johannestaufe im Jordan sich mit dem Leibe des Jesus von Nazareth vereinigt hat, mit einem Wesen, das damals noch in den geistigen Welten war: mit dem Wesen, das später geboren worden ist als der nathanische Jesusknabe, der aber damals noch in den geistigen Welten war. Wenn man von dem Palästina-Ereignis sagen kann, das Christus-Wesen verkörperte sich in dem Jesus von Nazareth, so müßte man gegenüber diesem ersten Christus-Ereignis sagen, es verseelte sich in der lemurischen Zeit in der geistigen Welt in einem Wesen, das später heruntersteig auf die Erde als nathanischer Jesus. So lebte denn in den geistigen Welten eine geistig-seelische Wesenheit, welche durch diese Tat des Sich-Verbindens, also der Christus-Wesenheit mit der Seele des späteren Jesus von Nazareth, und durch alles, was aus dieser Tat folgte, den menschlichen Sinnen das Unheil nahm, also von den geistigen Welten die Menschheit gleichsam so überstrahlte, damit nicht den Sinnen das Unheil geworden wäre, in so leidvoller oder in so übersensitiver Weise über die Erde gehen zu müssen. Zum Heil der Sinne geschah das erste vorbereitende Ereignis des Mysteriums von Golgatha. Daß wir in unserer jetzigen Art mit unseren Sinnen durch die Welt gehen können, ist eine Folge dieses ersten Christus-Ereignisses.

Im Anfange der atlantischen Zeit fand ein zweites Ereignis statt. Es bestand wieder darin, daß das Wesen, das später zum nathanischen Jesus geworden ist, durchseelt wurde von der Christus-Wesenheit. Dadurch wurde ein anderes Unheil von der menschlichen Natur abgewendet. Denn auch wenn die Sinne durch das erste Christus-Ereignis schon gesund geworden wären, so wäre doch durch den luziferischen und den späteren ahrimanischen Einfluß diese menschliche Natur so geworden, daß die sogenannten sieben Lebensorgane – ich habe bei Gelegenheit der Vorträge über Anthroposophie auch von den sieben Lebensorganen gesprochen; gefäßartige Organe sind sie im physischen Leibe, was ihnen aber zugrunde liegt, ist eigentlich eine Organisation des Ätherleibes – so geworden wären, daß wir wieder nicht so als Menschen durch die Welt gehen könnten, wie es jetzt mit Sympathie und Antipathie der Fall ist, sondern der Mensch würde abwechselnd wüste Gier und furchtbarsten Ekel empfunden haben in bezug auf das, was er mit seinen Lebensorganen genießt, was ihm Nahrung sein kann. Aber auch was an seine Atmungsorgane herantreten konnte, würde er so empfunden haben, daß er es entweder mit wilder Gier erfassen oder mit tiefstem Ekel abweisen wollte. Also auch die sieben Lebensorgane würden übermäßig tätig geworden sein durch den Einfluß von Luzifer und Ahriman. Da trat das zweite Christus-Ereignis ein, wiederum ein Ereignis in den übersinnlichen Welten. Durch dieses wurden die Lebensorgane des Menschen in die Möglichkeit gebracht, in gewissem Sinne mäßig, maßvoll zu sein. So, wie unsere Sinne niemals gleichsam in Weisheit hätten die Welt anschauen können, wenn nicht das erste Christus-Ereignis in der lemurischen Zeit stattgefunden hätte, so hätten unsere Lebensorgane nie mäßig sein können, wenn nicht das zweite Christus-Ereignis im Beginne der atlantischen Zeit geschehen wäre.

Aber noch ein drittes Unheil stand den Menschen bevor, ein Unheil, das sich auf seinen astralischen Leib bezog, auf die Verteilung von Denken, Fühlen und Wollen. Heute sind Denken, Fühlen und Wollen beim Menschen in einer gewissen Harmonie, und wenn diese zerstört ist, dann ist die Gesundheit des Menschen zerstört. Wenn Denken, Fühlen und Wollen nicht in richtigem Maße ineinanderwirken, dann kommt der Mensch entweder in übergroße Hypochondrie oder bis in Wahnsinnszustände hinein. Bis zu Wahnsinnszuständen hätten also die Menschen in vollkommener Unordnung in bezug auf Denken, Fühlen und Wollen kommen können, wenn nicht gegen das Ende der atlantischen Zeit das dritte Christus-Ereignis stattgefunden hätte. Das hat bewirkt – es ist wieder eine Durchseelung des noch in den übersinnlichen Welten befindlichen nathanischen Jesus mit dem Christus –, daß maßvolle Harmonie in die Seelenkräfte des Menschen, in Denken, Fühlen und Wollen, gebracht worden ist.

Diese drei Ereignisse, die ich jetzt angeführt habe, haben alle aus den geistigen Welten in den Menschen hineingewirkt; sie haben sich nicht vollzogen auf dem physischen Plan. Aber insbesondere von dem dritten Ereignis ist in den mythischen Vorstellungen ein gutes Andenken geblieben. Und wie in vielen Fällen uns die geistige Erkenntnis dahin führt, solche Zeichen, die in Sagen und Mythen sich erhalten haben, in der rechten Weise zu verstehen, sie sozusagen in der richtigen Weise zu vertiefen, so kann es auch mit diesem Zeichen sein. Wir alle kennen es ja, dieses Zeichen, welches ein übersinnliches Wesen darstellt – sei es der Erzengel Michael, sei es der heilige Georg – tottretend, überwindend den Drachen. Das ist die bildliche Darstellung des dritten Christus-Ereignisses: der Erzengel Michael oder Sankt Georg, der spätere nathanische Jesusknabe, durchseelt von der Christus-Wesenheit. Daher gibt es die erzengelhafte Gestalt in den geistigen Welten. Und die Überwindung des Drachens bedeutet die Unterdrückung desjenigen im menschlichen Denken, Fühlen und Wollen – also in der Leidenschaftsnatur des Menschen –, welches Denken, Fühlen und Wollen durcheinanderwerfen würde, in Unordnung bringen würde. Man kann es tief empfinden, wie in solchen gewaltigen Bildern, die gleichsam aufgerichtet sind, damit das, was nicht mit dem Verstande erfaßt, begriffen werden kann, wenigstens für das symbolische Anschauen und für das Gefühl vor die Menschenseele hingestellt werden, wie darin tiefe, tiefe Zusammenhänge sich aussprechen.

Wir haben bei früheren Gelegenheiten erwähnt, wie das Griechentum in seiner Götter- und Geisterwelt Abschattungen, gleichsam die Schattenbilder desjenigen gehabt hat, was sich in der atlantischen Zeit als wirkliche göttlich-geistige Wesenheiten gleichsam in der Welt unmittelbar über den Menschen befunden hat. Nun hatten die Griechen ein deutliches Bewußtsein gerade von dem dritten Christus-Ereignis, von jenem Christus-Ereignis, das sonst eben für die Menschenseele nur bildlich dargestellt wird durch Sankt Georg oder den Erzengel Michael, den Drachen überwindend. Die Griechen stellten dar den Christus, durchseelend den späteren nathanischen Jesusknaben, als ihren Apollo. Und in tief bedeutsamer Weise, man möchte sagen, in den Kosmos selbst hineingestellt ist Sankt Georg mit dem Drachen in Griechenland. Die Griechen hatten jenen kastalischen Quell am Parnassos, an dem sich eröffnete aus der Erde heraus ein Schlund, aus dem Dämpfe aufstiegen. Diese Dämpfe umgaben schlangenartig den Berg, so daß man in diesen schlangenartig den Berg umgebenden Dämpfen selber ein Bild hatte der wild stürmenden menschlichen Leidenschaften, die Denken, Fühlen und Wollen in Unordnung bringen. Über dem Erdschlund, an der Stelle, wo diese schlangenartigen Dämpfe herauskamen, in denen der Python lebte, errichtete man jene Orakelstätte, welche der Pythia geweiht war. Die Pythia saß auf ihrem Dreifuß über diesem Erdschlund und wurde durch die heraufsteigenden Dämpfe in einen visionären Zustand gebracht, und was sie in diesem Zustande sprach, das faßte man auf als den Ausspruch des Apollo selber. Und die, welche Ratschlüsse haben wollten, schickten zur Pythia und ließen sich von Apollo durch den Mund der Pythia Rat erteilen.

Die Anschauung lag also bei den Griechen zugrunde, daß Apollo zurückführt auf eine wirkliche Wesenheit. Jetzt kennen wir diese Wesenheit. Es ist der von dem Christus durchseelte spätere nathanische Jesusknabe, Apollo bei den Griechen genannt. Er nimmt dem, was aus der Erde in der Seele der Pythia aufsteigt, seine luziferisch-

ahrimanische Wirkung. Und weil in den Dämpfen das Opfer des
Apollo aufsteigt, so sind sie nicht mehr verwirrend, sondern weise
ordnend Denken, Fühlen und Wollen für die Griechen. So sehen wir,
wie in der Apollo-Idee der Griechen das lebt, daß in Denken, Fühlen
und Wollen der Menschen eingezogen ist der Gott, den wir später den
Christus nennen, der Gott, der damals sich geopfert hat, indem er in
die Seele des späteren nathanischen Jesusknaben eingezogen ist und
Harmonie ausgegossen hat in das, worauf der Einfluß von Luzifer und
Ahriman – in Denken, Fühlen und Wollen – in der Menschenseele
verwirrend wirken mußte.

So haben wir drei Christus-Ereignisse in den übersinnlichen Welten,
welche das Ereignis von Golgatha eigentlich vorbereiten. Wenn wir
nun nach der Bedeutung des Ereignisses von Golgatha selber fragen:
Was ist durch dieses Ereignis eigentlich bewirkt worden, was wäre in
Unordnung gekommen, wenn das Ereignis von Golgatha nicht eingetreten wäre? – dann wissen wir ja, daß in der vierten nachatlantischen Kulturepoche, der griechisch-lateinischen Zeit, die Menschheit
reif wurde, das Ich zu entwickeln. Zunächst war gerade jener Winkel
des Abendlandes reif, um das Ich zu entwickeln, der sich in West-
asien, Süd- und Mitteleuropa ausbreitete. Namentlich sollte das Ich
entwickelt werden durch den Zusammenstoß der romanischen Völker
mit den germanischen in Mittel- und Südeuropa. Das Ich sollte also
im vierten nachatlantischen Zeitraume entwickelt werden. Aber es
wäre in ungeordneter Weise entwickelt worden. Denn so, wie die
Sinne in ungeordneter Weise ausgebildet worden wären in der lemurischen Zeit, wenn nicht das erste Christus-Ereignis eingetreten wäre,
wie sich die sieben Lebensorgane in unrichtiger Weise entwickelt hätten, wenn nicht das zweite Christus-Ereignis im Beginne der atlantischen Zeit geschehen wäre, wie die drei Seelenbetätigungen des
Menschen – Denken, Fühlen und Wollen – in ungeordneter Weise
sich entwickelt hätten, wenn nicht das dritte Christus-Ereignis gegen
das Ende der atlantischen Zeit eingetreten wäre, so würde sich das
Ich ungeordnet entwickelt haben, wenn nicht das vierte Christus-
Ereignis in der griechisch-lateinischen Zeit, eben das Mysterium von
Golgatha, eingetreten wäre. Denn – das haben wir schon öfter hervor-

gehoben – zum Ich, zum Bewußtsein des Ichs waren die Menschen im vierten nachatlantischen Zeitraume gekommen.

Für diejenigen Menschen, welche nicht haben dazu kommen sollen, wurde zunächst eine andere Art von Offenbarung gegeben. Denn das ist der charakteristische Unterschied zwischen der Buddha-Offenbarung und der Christus-Offenbarung, daß die Buddha-Offenbarung an Menschen erging, welche nicht eigentlich zum Bewußtsein ihres durch die Inkarnationen durchgehenden Ichs kommen sollten. Der versteht den Buddhismus nicht, der nicht gerade dieses in der richtigen Weise auffaßt. Es wurde von mir öfter auf ein im späteren Buddhismus gebrauchtes Gleichnis hingewiesen, in welchem gesagt wird, daß der richtige Buddhist das, was von einer Inkarnation zur anderen übergeht, so ansieht, daß er es vergleicht mit der Mangofrucht, die, wenn sie in die Erde gelegt wird, einen neuen Baum hervorbringt, auf dem eine neue Frucht wächst. Name und Form sind es nur, was die neue Mangofrucht mit der alten gemeinsam hat. Das ist das Charakteristische des Buddhismus, daß von einem durch die Inkarnationen durchgehenden realen Ich nicht gesprochen wurde. Aus dem Grunde wurde nicht davon gesprochen, weil ein reales Ich bei den Völkern des Ostens nicht voll zum Bewußtsein gekommen ist. Heute noch kann man sehen: Wenn auf den Lehren des Ostens stehende Menschen Weltanschauungen des Westens begreifen wollen, so können sie nicht bis zu dem Punkte vordringen, wo das Ich einsetzt.

Das Ich sollte von den Völkern der vierten nachatlantischen Kulturperiode geboren werden. Es wäre aber ungeordnet geboren worden. Daß es ungeordnet geboren worden wäre, zeigt sich an einer Erscheinung, die sehr bedeutsam im vierten nachatlantischen Zeitraum auftritt. Wie ein signifikanter Ausdruck für die Geburt des Ichs steht da das Element der griechischen Philosophie. Aber wie eine Begleiterscheinung der griechischen Philosophie steht andererseits da das Sibyllentum, jenes Sibyllentum, von dem wir sagen müssen: Sibyllen sind alle diejenigen weiblichen Wesenheiten, welche nicht wie die Pythia durch Apollo in ihrem Seelenleben harmonisiert wurden, sondern die ihre Offenbarungen ungeordnet in Denken, Fühlen und Wollen wirken ließen. Durch diese sibyllinischen Offenbarungen, welche vom 8. vorchristlichen Jahrhundert an da waren und bis ins Mittelalter hinein reichten, strömte oft etwas von höchsten Wahrheiten, aber ungeordnet, durchsetzt mit allerlei sonderbarem Zeug. In dem Sibyllentum zeigt sich insbesondere, wie die Geburt des Ich-Bewußtseins zunächst verwirrend hätte wirken müssen, wie das Ich durch die luziferischen und ahrimanischen Einflüsse ebenso ungeordnet herausgekommen wäre, wie die zwölf Sinne in der lemurischen Zeit, wie die sieben Lebensorgane in der frühen atlantischen Zeit und wie die drei Seelenorgane in der späteren atlantischen Zeit ohne die drei ersten Christus-Ereignisse ungeordnet hätten herauskommen müssen. So hätte in der nachatlantischen Zeit das Ich ungeordnet herauskommen müssen, wenn nicht das Mysterium von Golgatha eingetreten wäre.

So sehen wir, wie dieses Mysterium von Golgatha gleichsam von einer geistigen Höhe, wo es sich als erstes Christus-Ereignis in der lemurischen Zeit abspielt, stufenweise heruntersteigt, bis es zum physischen Plan kommt, eben in unserem irdischen Mysterium von Golgatha. Das kann uns wiederum hinweisen auf die ganze Bedeutung dieses einzigartigen Ereignisses für die Erdentwickelung, kann uns darauf hinweisen, wie dieses einzigartige Ereignis aber wohlvorbereitet war aus den geistigen Welten heraus. Der Zusammenhang mit dem hohen Sonnenwesen, der öfter in bezug auf das Christus-Wesen von uns hervorgehoben worden ist, zeigt sich ja auch in der griechischen Apollo-Idee, da Apollo der Sonnengott ist.

Ich habe nur skizzenhaft angedeutet, was also hat herbeigetragen werden können zur völligen Erklärung der Bedeutung des Mysteriums von Golgatha. Alle diese Dinge könnten in allen Einzelheiten ausgeführt werden und würden dann die ganze ungeheure kosmische Größe dieses Mysteriums von Golgatha zeigen. So kann man sich diesem Mysterium von Golgatha nähern aus der Betrachtung des Kosmos heraus. Man kann sich ihm aber auch noch von einer anderen Seite aus nähern. Das kann etwa in der folgenden Weise geschehen.

Nehmen wir an, der Mensch geht in die geistige Welt, durch die Pforte des Todes oder durch die Initiation. Und bleiben wir jetzt bei dem, daß er durch die Pforte des Todes in die geistige Welt kommt, dann ist das erste, daß der Mensch seinen physischen Leib gleichsam als die äußerste Hülle ablegt. Dieser physische Leib wird den Erdenelementen übergeben. Nehmen wir einmal an, der Mensch würde aus der geistigen Welt, in der er ist, nachdem er durch die Pforte des Todes gegangen ist, zurückschauen auf das Schicksal seines physischen Leibes, wie er, verwest oder verbrannt, den physischen Elementen der Erde übergeben wird. Was der Mensch in diesen Prozessen sieht, wenn er von der geistigen Welt aus zurückschaut auf das Schicksal des physischen Leibes, das könnte man ein Naturereignis nennen wie ein anderes Naturereignis, ein Ereignis, bei dem man moralische Begriffe so wenig anwendet, wie man moralische Begriffe anwendet, wenn die Wolken sich bilden und der Blitz von einer Wolke in die andere fährt und dergleichen. So wie man auf diese Naturereignisse sieht, so hat man zunächst auf das zu sehen, was sich da auflöst als physischer Leib. Wir wissen aber weiter, daß der Mensch dann einige Tage verbunden bleibt mit seinem Ätherleibe und daß als eine Art zweite Loslösung die des Ätherleibes vom astralischen Leib und vom Ich geschieht.

Wenn der Mensch dann zurückschaut auf den abgelösten Ätherleib, so nimmt sich dieser schon anders aus in seinen Prozessen als der abgelöste physische Leib. Vor allem können wir nach dem Tode von der geistigen Welt aus auf den Ätherleib nicht so hinschauen, daß wir das, was der Ätherleib dann ist und was aus ihm wird, wie ein Naturereignis ansehen können. Das ist gar nicht der Fall, sondern dieser Ätherleib zeigt uns in seiner Eigenart, wie in ihn verwoben, was wir als Gesinnungen unserer Seele in uns getragen haben bis zu unserem Tode. Haben wir gute Gesinnungen gehabt, so sieht man das dem Ätherleibe an; haben wir tückische, schlechte Gesinnungen gehabt, so sieht man ihm das ebenfalls an. Ja, man sieht und fühlt ihm an, möchte man sagen, die ganze Stufenleiter von guten und schlechten Gefühlen und Empfindungen. Das alles ist in ihm ausgedrückt. Wir legen unsere innere Seelenverfassung, wie sie ist, in den Ätherleib hinein. Das sieht man darinnen, und das löst sich in einer komplizierten Weise in der ätherischen Welt auf, wird von dieser aufgesogen. Wenn wir daher so zurückblicken auf das Schicksal unseres ätherischen

Leibes, so blicken wir eigentlich auf ein Abbild dessen zurück, was wir selber im Erdenleben waren.

Wir können uns von dem, was wir da anschauen, noch etwas ganz Besonderes sagen. Wir können uns sagen: Hast du diese oder jene guten Empfindungen, diese oder jene Hingabe an die geistigen Welten gehabt, dann hast du dem allgemeinen Ätherkosmos etwas übergeben, was dort als Gutes weiterwirkt. Hast du schlechte Empfindungen, schlechte Gefühle gehabt und dich nicht befassen wollen mit den Schilderungen aus den geistigen Welten, so hast du dem Ätherkosmos etwas übergeben, was Schaden, Verheerung anrichtet in der ätherischen Welt.

Es gehört zum Schicksale unserer Seele, also unseres Astralleibes und unseres Ichs, was diese in der geistigen Welt sind, das anzuschauen, was man so selber angerichtet hat in dem Schicksale seines Ätherleibes, der nicht mehr geändert werden kann, wenn er von dem physischen Leibe losgelöst ist. Es ist sogar der hauptsächlichste Anblick, den man nach dem Tode hat. Wie man vorher in der Sinneswelt den Anblick von Wolken, Bergen und so weiter hatte, so hat man jetzt nach dem Tode, wie einen Hintergrund, den Anblick desjenigen, was man selbst durch seine Seelenverfassung und seine Gesinnungen in seinen Ätherleib hineingelegt hat. Das wird immer größer und größer, je weiter sich der Ätherleib auflöst, und wird tatsächlich so wie das Firmament, auf dem alles andere erscheint. Es gehört daher zum Schicksale des Menschen nach dem Tode, die Schicksale des ätherischen Leibes anzuschauen.

Dazu zeigt sich noch etwas anderes: daß dieser Ätherleib, der sich da auflöst, eigentlich, man könnte sagen, zweierlei Eigenschaften hat. Die eine Eigenschaft hängt mit etwas zusammen, was im Grunde genommen immer einen bedrückenden, einen betrübenden Eindruck nach dem Tode macht. Womit diese Eigenschaft da zusammenhängt, das wird uns am besten dadurch klar werden, daß wir ein wenig auf das Schicksal der physischen Erde hinweisen.

Dieses Schicksal der physischen Erde wird ja heute schon von den Physikern anerkannt. Es wird von den Physikern als richtig anerkannt, daß die Erde als physisches Wesen einmal dem sogenannten Wärmetod verfallen wird. Das Verhältnis der Wärme zu den anderen physikalischen Kräften der Erde ist so, daß einmal in einer gewissen Zukunft der Zeitpunkt eintreten wird – das ist heute schon ein physikalisches Ergebnis –, wo alles in eine gewisse gleichmäßige Wärme übergegangen sein wird. Dann wird nichts mehr da sein, was an Ereignissen und Verrichtungen auf der Erde geschehen könnte in ihrem physischen Bereich. Die ganze Erde wird dem Wärmetode verfallen sein.

Diejenigen, die Materialisten sind, müssen natürlich als selbstverständlich annehmen – denn sonst sind sie nicht konsequent –, daß mit diesem Wärmetode alles, auch was sie menschliche Kultur, menschliches Denken, Sinnen und Trachten nennen, aufhören müsse, daß das ganze menschliche Leben in der gleichmäßigen Erdenwärme verschwinden müsse. Wer die Verhältnisse durchschaut, wie sie die geisteswissenschaftliche Lehre geben kann, der weiß, wie dieser Wärmetod bedeutet, daß die physische Erde wie ein Leichnam abfallen wird von ihrem Geistigen, das zu ihr gehört, wie der menschliche physische Leichnam von dem abfällt, was vom Menschen durch die Pforte des Todes schreitet. Und wie der menschliche Leichnam mit dem Tode zurückbleibt von dem Geistig-Seelischen des Menschen, das durch einen Zwischenzustand zwischen Tod und neuer Geburt durchgeht, und wie der Mensch von einem Zustande zu anderen geht, so wird das Geistige der Erde, wenn ihr Erdendasein mit dem Wärmetode zu Ende gehen wird, zum Jupiterdasein übergehen. Dieses Jupiterdasein wird eine weitere Verkörperung alles desjenigen sein, was geistig mit der Erde in Verbindung steht.

Wenn wir so nach dem Tode zurückschauen können auf den Ätherleib, dann fällt wirklich auf durch eine gewisse Empfindung, die gegenüber diesem Ätherleibe da ist, daß ein Teil der Eigenschaften des Ätherleibes zusammenhängt mit alledem, was innerhalb des Erdenbereiches dem Wärmetode verfällt, was sich auflöst. Solche Kräfte sind in unserem Ätherleibe, welche die tätigen Kräfte sind, um die Erde in den Wärmetod hineinzuführen. Aber andere Kräfte sind noch da. Eine zweite Art von Kräften in diesem Ätherleibe ist zu bemerken, und diese verhalten sich zu allem Irdischen so, wie wenn man hinsehen würde auf den Pflanzenkeim und sehen, wie der Pflanzenkeim umgeben ist von einer solchen Pflanzensubstanz, aus der die nächste Pflanze neu entsteht. In ähnlicher Weise sieht man im Ätherleibe: da sind Kräfte, die nur tätig sein müssen für die Erde, solange die Erde besteht, bis die Erde dem Wärmetod verfällt. Dann aber sind junge Kräfte darinnen, die zusammenhängen mit dem, was die Erde wie Keimfähiges im Kosmos enthält, um hinübergeführt zu werden zur nächsten Inkarnation der Erde. Aber diesen gleichsam keimeskräftigen Teil des Ätherleibes kann man nur sehen – und damit berühren wir wieder ein sehr wichtiges Geheimnis der Geisteswissenschaft –, wenn man ein gewisses Verhältnis gewonnen hat zu der Christus-Wesenheit, zu dem Christus-Impuls. Denn dieser Teil ist durchdrungen von den Christus-Kräften, die sich durch das Mysterium von Golgatha in die geistige Erdensphäre ausgegossen haben. Da sind sie drinnen, in diesem Teil. Denn diese Christus-Kräfte stellen das dar, was auch von den Menschen das Keimfähige hinüberträgt zum Jupiter. Das befähigt uns also, unseren Zusammenhang mit dem Christus-Impuls, das Keimfähige, das Zukunftsfähige in unserem Ätherleibe zu schauen.

Wenn dies dann so angeschaut wird, dann hat man die Sicherheit, daß wirklich vom Mysterium von Golgatha das, was öfter angeführt worden ist, ausgeflossen ist in die Erdensphäre, und daß es etwas zu tun hat mit der Wiederbelebung des ganzen Geistigen der Erde, in das wir selber als Menschen eingebettet sind. Und zu den Erlebnissen, die ein Menschenwesen haben muß, welches ein richtiges Bewußtsein vom Ich hat, wie es der heutige Mensch des Westens hat, zu diesen Erlebnissen gehört geradezu, nach dem Tode beim Hinblick auf seinen Ätherleib diesen Ätherleib nicht ohne die Durchdringung mit dem Christus-Impuls zu sehen. Denn es ist ein unseliges Leben nach dem Tode, wenn man im Anblick seines Ätherleibes entbehren muß das Durchtränktsein des Ätherleibes mit dem Christus-Impuls. Das ist es, warum ich immer darauf hingewiesen habe, daß der Christus als eine Tatsache auf die Erde gekommen ist, und daß auch diejenigen Menschen, welche sich heute noch mit ihrem Oberbewußtsein sträuben gegenüber dem Christus-Impuls, nach und nach den Zugang zu dem Christus-Impuls finden werden, wenn sie ihn auch vielleicht um eine oder zwei Inkarnationen später finden werden als die Bevölkerung der westlichen Kulturgegenden der Erde.

Es macht des Menschen Seligkeit nach dem Tode aus, im Anblick seines Ätherleibes die Sicherheit des Christus-Impulses zu haben. Es macht des Menschen Unseligkeit nach dem Tode aus, am Ätherleibe nur das zu bemerken, was gewissermaßen dem Erdentode verfallen muß. Für denjenigen Menschen, der durch seine westliche Kultur eben ein deutliches Ich-Bewußtsein hat – die östlichen Menschen haben dieses Ich-Bewußtsein noch nicht deutlich –, für den Menschen, der mit dem deutlichen Ich-Bewußtsein, wie bei den westlichen Völkern, schon geboren ist, bedeutet es durchaus etwas Unseliges, hinzuschauen auf seinen Ätherleib und dort nur die für die Erdentwickelung zerstörenden Kräfte zu sehen, nicht aber ersehen zu können, daß dort der Christus-Impuls als eine Substanz drinnen ist. Es ist etwa so, wie wenn man fortwährend unter dem Eindrucke eines Erdbebens oder eines Vulkanausbruches leben müßte nach dem Tode, wenn man nicht die jungen Keimkräfte des Christus-Impulses im Ätherleibe schauen kann.

Diese jungen Keimkräfte des Christus-Impulses, was sind sie denn eigentlich? Nun, das eine, was dazugehört, habe ich schon seit Jahren bei verschiedenen Gelegenheiten erwähnt. Wir haben davon gesprochen, welche Rolle das Blut im physischen Leibe des Christus Jesus spielt. Das Blut gehört ja zu den physischen Substanzen des Leibes, und für den gewöhnlichen Menschenleib gehört es zu dem, was sich mit dem Tode physisch auflöst in die Elemente. Das war nicht der Fall, wenigstens nicht bei dem Teile des Blutes des Christus Jesus, der auf Golgatha aus den Wunden zur Erde floß. Dieser Teil des Blutes ätherisierte sich, wurde wirklich aufgenommen von den Ätherkräften der Erde, so daß das Blut, das damals aus den Wunden floß, zur Äthersubstanz wurde. Und diese Äthersubstanz erglänzt, erhellt, erflimmert in dem Ätherleibe und – man empfindet es so nach dem Tode – zeigt sich so, daß der Mensch weiß: Da ist frisch keimendes Leben, welches den Menschen lebensfähig der Zukunft entgegenführt.

Noch von einer anderen Seite kommen die Ingredienzien in den Ätherleib hinein, was uns zeigen kann, wie frischkräftiges Leben da-

204

drinnen ist. Gerade die Betrachtung aus dem Fünften Evangelium zeigt an – es gehört das zu den großen Eindrücken, wenn man dem nachgeht, was in dem Fünften Evangelium gegeben werden kann –, daß, nachdem der Leichnam des Christus Jesus in das Grab gelegt worden ist, wirklich etwas eintrat, wodurch zum Schluß die Dinge da sein konnten, wie sie so wunderbar genau das Johannes-Evangelium schildert: wie das Grab leer ist und wie die Tücher ringsherum lagen. So war es auch. Das zeigt uns das Fünfte Evangelium. Es war deshalb so, weil ein wellenartiges Erdbeben stattgefunden hatte mit einer Spaltung der Erde. In diesen Spalt fiel der Leichnam des Christus Jesus hinein. Dieser Spalt schloß sich dann wieder. Und durch das wellenartige Bewegen und Stürmen wurden tatsächlich die Leichentücher so herumgeworfen, wie sie dann im Johannes-Evangelium bei der Beschreibung des leeren Grabes in ihren Lagen geschildert werden. Das ist der große, zu Herzen gehende Eindruck, wenn man durch das Fünfte Evangelium diese Dinge erfährt und dann im Johannes-Evangelium die Bestätigung findet.

Noch etwas hat sich also in den Ätherleib hineinbegeben: Was da von dem Erdspalt aufgenommen worden ist, das durchdrang dasjenige, was wir das in der Äthersubstanz erflimmernde und erglitzernde Blut genannt haben, und dadurch wird das flimmernde und glitzernde Blut im Ätherleibe sichtbar; so daß man die Empfindung hat – ich sagte vorhin: es breitet sich der Ätherleib nach dem Tode aus und man erblickt ihn wie eine Art Firmament, von dem sich alles andere abhebt, es spannt sich aus in diesem sich ausbreitenden Ätherleibe wie eine Grundsubstanz der Leib, der blutentleerte Leib des Christus Jesus, der von dem Erdspalt aufgenommen worden ist und so in die Erde übergegangen ist und in dem ausgespannten Tableau des Ätherleibes wie diesen belebend erscheint.

Und dieser Anblick gibt die Gewißheit: Die Menschheit geht nicht zugrunde, sondern lebt als geistiger Inhalt der Erde weiter, wenn das Physische der Erde abfällt, wie der einzelne menschliche Leichnam von dem Geistigen des Menschen abfällt. Das Ich und der astralische Leib sind ja gewiß so, daß sie dem Menschen Freiheit und Unsterblichkeit verbürgen. Aber der Mensch würde allein für sich fortleben.

Er würde auf dem Jupiter ankommen und nicht zum Jupiterleben passen, wenn nicht das, was auf der Erde erlangt worden ist, zum Jupiter hinübergetragen würde: wenn nicht hinübergetragen würde, was durch den Christus-Impuls in die Erdensphäre hineingebracht worden ist.

Man kann sagen, die einzelnen Menschen würden kaum mehr bereichert, als sie schon in der lemurischen Zeit waren, in den Jupiter hinüberleben, arm würden sie in den Jupiter hinüberleben, wenn sie nicht hineingebettet wären in eine Erdensphäre, die durchchristet ist. Und diese Armut, die den Eindruck machen würde: Das Erdenleben ist eigentlich verloren –, sie würde als etwas Unseliges vor dem Menschen stehen im Leben zwischen Tod und neuer Geburt, während das, was der Christus-Impuls aus dem geistigen Teil der Erde gemacht hat, der Seele die Seligkeit gibt im Leben zwischen Tod und neuer Geburt: Ja, alles was die Seele erleben kann nach dem Mysterium von Golgatha, kommt durch das, was ausgeflossen ist durch den Christus-Impuls, in die geistige Erdenatmosphäre!

Hamburg, 16. November 1913

2.9.07

Es obliegt mir jetzt, zu sprechen von Dingen, die sich im Verlaufe unseres anthroposophischen Lebens ergeben haben, von den geisteswissenschaftlichen Forschungen, die aus der Akasha-Chronik gewonnen sind und sich beziehen auf das Jesus-Leben. In Kristiania habe ich schon einiges zusammengestellt über das Christus Jesus-Leben. Auch in anderen Städten habe ich verschiedenes mitgeteilt, und zu Ihnen will ich auch einiges sprechen, und zwar aus bestimmten Gesichtspunkten. Im allgemeinen betone ich, daß es nicht leicht wird, darüber zu sprechen, denn direkte Ergebnisse werden in der Gegenwart noch recht übel vermerkt, wenn auch allgemein zugegeben wird, daß es einen Geist gibt, von dem man abstrakt spricht. Wenn man aber konkrete Mitteilungen aus dem Gebiete der geistigen Entwickelung der Welt gibt, findet man nicht nur gutmütige Kritiker, sondern wildgewordene, so wie es war bei der Mitteilung über die zwei Jesusknaben, die für den objektiv Denkenden sehr einleuchtend ist. Deshalb bitte ich, die heutigen Mitteilungen pietätvoll zu behandeln, weil sie, wenn außerhalb unserer Zusammenhänge dargestellt, mißverstanden werden und üble Gegnerschaft erfahren könnten.

Aber es gibt auch Gesichtspunkte, nach denen man sich verpflichtet fühlt, diese Dinge mitzuteilen. Der eine Gesichtspunkt ist der, daß wahrhaftig in unserer Zeit notwendig ist eine Erneuerung des Christus Jesus-Verständnisses, ein erneuertes Hineinblicken in das, was eigentlich in Palästina geschehen ist, was als Mysterium auf Golgatha sich vollzog. Aber noch einen anderen Gesichtspunkt gibt es. Dieser ist der, daß gerade okkulte Einsicht verwoben sei mit der ganzen Gesinnung, die aus der Geisteswissenschaft fließt, und die uns die Erkenntnis bringt, wie unendlich gesundende und kräftigende Nahrung für die Menschenseelen es ist, wenn sie öfter denken können an das, was sie als zu den größten Ereignissen zugehörig betrachten können. Es kann diesen Seelen eine Hilfe sein, sich zu erinnern an das Mysterium von Golgatha, an die konkreten Dinge, an das, was man im einzelnen heute noch erforschen kann. Und man kann heute mit okkultem Blicke die Dinge noch erforschen. So möchte ich den seelischen Wert der Erinnerung an solche Ereignisse betonen und möchte auf einiges eingehen, was sich aus der Akasha-Chronik ergibt als eine Art Evangelium, als Fünftes Evangelium. Die vier anderen sind auch nicht gleichzeitig geschrieben; sie sind geschrieben aus Inspiration durch die Akasha-Chronik. Wir leben heute in einem Zeitalter, wo sich das Christus Jesus-Wort erfüllt: «Ich bin bei euch alle Tage.» In besonderen Zeiten steht er uns ganz besonders nahe, spricht Neues aus, was sich vollzogen hat zur Zeit des Mysteriums von Golgatha.

Heute will ich von dem sprechen, was man das Pfingstereignis nennt. Es war für mich selber der Ausgangspunkt des Fünften Evangeliums. Den Blick wendete ich zuerst in die Seelen der Apostel und Jünger, die nicht nur nach der Tradition, sondern wirklich versammelt waren zu dem Zeitpunkte des Pfingstfestes. Da sah man, daß etwas in ihren Seelen war, was sie empfanden wie ein merkwürdiges Zusichkommen. Denn sie wußten etwas, was mit ihnen vorgegangen war. Sie sagten sich: Wir haben etwas erlebt auf eine merkwürdige Weise. – Denn sie sahen zurück auf Erlebnisse, die sie wie in einem höheren Traume, in einem anderen Bewußtseinszustand durchgemacht hatten. In höherem Sinne war es so, wie es in niedrigem Sinne ist für den einzelnen Menschen, wenn er träumend etwas erlebt hat und sich daran erinnert und sich sagt: Ich habe diesen Traum durchgemacht und jetzt hinterher wird er mir vor dem Wachbewußtsein klar. – So war es auch auf dem Pfingstfeste, daß sie sich sagten: Es war ja, als wenn das gewöhnliche Bewußtsein eingeschläfert gewesen wäre. – Es tauchten die Ereignisse wie in der Erinnerung auf, von denen sie wußten, sie hatten sie erlebt, aber sie hatten sie nicht mit dem gewöhnlichen Tagesbewußtsein erlebt. Das wußten sie jetzt. So erinnerten sie sich jetzt: Wir sind einstmals herumgewandelt mit dem, der uns so teuer, so lieb und wertvoll war. Dann, zu einem bestimmten Zeitpunkte war es, wie wenn er uns entrückt worden wäre. Es kam ihnen vor, als ob die Erinnerung abriß an das Herumgehen mit Jesus auf dem physischen Plane, und wie wenn sie das Folgende wie traumwandelnd erlebt hätten.

208

Sie erlebten zurückgehend das, was man in der evangelischen Lehre als die Himmelfahrt beschreibt, und weiter zurückgehend erlebten sie, wie sie zusammen waren mit Christus Jesus in einer bestimmten Weise. Sie wußten jetzt: Wir waren zusammen, wir waren damals aber wie traumwandelnd; jetzt erst können wir voll wissen, wie wir mit ihm zusammen waren. – Sie erlebten die Zeit, die sie nach der Auferstehung mit ihm wie traumwandelnd durchgemacht hatten. Das erlebten sie jetzt in der Erinnerung. Dann ging es zurück und sie erlebten selber das, was die Auferstehung und der Tod am Kreuz war. Da darf ich sagen: Es gibt einen ungeheuren, tiefgehenden Eindruck, wenn man so zuerst sieht, wie am Pfingstfeste die Seelen der Apostel zurückschauend hinblicken auf das Ereignis von Golgatha. Und ich gestehe, daß ich zuerst den Eindruck hatte, nicht direkt hinblickend auf das Mysterium von Golgatha, sondern schauend in den Seelen der Apostel, wie sie es gesehen hatten, vom Pfingstfeste hin schauend: sie hatten es ja tatsächlich nicht mit dem physischen Auge durchgemacht, nicht im physischen Bewußtsein miterlebt, sondern sie kamen erst hinterher darauf, daß das Mysterium von Golgatha da war, denn ihr physisches Bewußtseinserlebnis hörte auf schon eine Zeitlang, bevor der Christus Jesus all das, was als Geißelung, Dornenkrönung und Kreuzigung beschrieben wird, durchzumachen hatte. Wenn der Ausdruck nicht mißverstanden wird, weil er im Verhältnis trivial ist, so möchte ich ihn doch gebrauchen: verschlafen, verträumt hatten die Jünger das, was geschehen war.

Es war ergreifend, zu sehen, wie zum Beispiel Petrus das vollbringt, was als Verleugnung geschildert wird. Er verleugnet Christus, aber nicht aus einem moralischen Defekt heraus, sondern wie traumwandelnd ist er. Vor seinem gewöhnlichen Bewußtsein steht tatsächlich der Zusammenhang mit Christus nicht da. Er wird gefragt: Gehörst du zu Christus Jesus? – Er weiß es in diesem Momente nicht, denn sein ätherischer Leib hatte eine solche Verwandlung durchgemacht, daß er den Zusammenhang in diesem Moment nicht kennt. Er macht die ganze Zeit durch und wandelt mit dem Auferstandenen herum. Das, was der Auferstandene in seiner Seele bewirkt, dringt tief in seine Seele ein, aber bewußt wird es erst am Pfingstfeste in der Rückschau.

Jetzt tönen einem die bedeutungsvollen Worte, die Christus Jesus spricht, anders in der Seele, die Worte, die er zu Petrus und Jakobus spricht, wie er sie mitnimmt auf den Berg: «Wachet und betet!» Und tatsächlich verfielen sie in eine Art von anderem Bewußtseinszustand, in eine Art von Traum-Trance.

Wenn sie unter sich beisammen waren und berieten, war auch Christus Jesus, ohne daß sie es wußten, im ätherischen Leibe unter ihnen, und er redete mit ihnen und sie mit ihm, aber bei ihnen geschah das alles wie im Traumwandel. Zum bewußten Ereignis wurde es erst am Pfingstfeste in der Rückschau. Zuerst wanderten sie mit, dann entschwindet das Bewußtsein und nachher wachen sie wieder auf. Sie dachten: Zuerst ging er zum Kreuzestod und starb am Kreuze, dann vollzog sich das, was die Auferstehung ist, und er kam wieder in seinem Geistleibe, verhandelte mit uns und ließ in unsere Seelen träufeln die Geheimnisse der Welt. Jetzt wird uns das alles Vorstellung, was wir in dem anderen Bewußtseinszustand erlebt haben.

Vor allem sind zwei Eindrücke tief bedeutsam. Da sind die Stunden vor dem Tode. Selbstverständlich liegt es nahe, allerlei naturwissenschaftliche Einwände zu machen; aber wenn Sie sich vorstellen, daß, indem man auf die Akasha-Chronik den Blick hinrichtet, die Ereignisse objektive Wirklichkeit sind, so darf man sie erzählen. Zunächst stellt sich eines dar. Vor dem Tode schaut man ein stundenlanges Sich-Ausbreiten einer Verfinsterung über die Erde, die für den hellseherischen Blick den Eindruck einer Sonnenfinsternis macht; es kann aber auch eine Wolkenverfinsterung gewesen sein. Dann kann man wahrnehmen, wie beim Sterben am Kreuze der Christus-Impuls, durch diese Finsternis hindurchgehend, sich mit der Erdenaura verbindet. Die Verbindung des kosmischen Christus-Impulses mit der Erdenaura schaut man bei dieser Verfinsterung vor seinem Tode. Dann hat man jenen großen, gewaltigen Eindruck, wie diese Wesenheit, die im Leibe des Jesus gelebt hat, jetzt sich ausgießt über die geistig-seelische Erdenaura, so daß die Seelen der Menschen nun fortan wie in sie eingezogen sind. So im Geiste zu schauen das Kreuz auf Golgatha, und den Christus durch die verfinsterte Erde sich ausgießen sehen über das Erdenleben, ist ein ungeheuer überwältigender Eindruck;

denn man sieht im Bilde das wirklich sich vollziehen, was für die Entwickelung der Erdenmenschheit sich vollziehen mußte.

Und nun die Grablegung: Da kann man natürlich verfolgen – ich
habe das schon im Karlsruher Zyklus erwähnt –, wie sich ein Naturereignis als äußerer Ausdruck des geistigen Ereignisses darstellt. Als
Christus im Grabe lag, kam ein gewaltiges Erdbeben mit einem Wir-
belwinde über die Erde. Da war es ganz besonders bedeutsam, daß
sich herausstellte auch durch Betrachtung der Akasha-Chronik, was
wir heute das Fünfte Evangelium nennen: daß nach dem Wirbelwind
die Tücher im Grabe lagen, wie es im Johannes-Evangelium treu geschildert ist. Was ich jetzt geschildert habe, das haben die Apostel,
rückwärtsschauend, in ihren eigenen Begegnungen mit Christus nach
der Auferstehung, als Mysterium von Golgatha erlebt. Am Pfingstfeste haben sie das, was sie wie traumwandelnd durchgemacht hatten,
zuerst erlebt für ihr Bewußtsein.

Christus Jesus war, als er das Mysterium von Golgatha vollbracht
hat, wirklich allein, denn seine Jünger waren nicht nur weggeflohen;
es war ihnen auch das Bewußtsein entflohen. Sie waren in einer Art
Traumzustand und erlebten die Ereignisse so, daß sie erst am Pfingstfeste im vollen Bewußtsein eine Rückschau hatten. Auf eine eigentümliche Weise erlebten sie diese Zusammenkunft mit Christus nach
der Auferstehung, so daß sie folgendes in Bildern sahen: Da und dort
waren wir mit ihm, er hat gesprochen; das wird uns jetzt erst klar. –
Nun erlebten sie aber etwas Merkwürdiges. Sie sahen die Bilder ihrer
Erlebnisse mit Christus so wieder, wie es ihrem Zusammensein nach
der Auferstehung entsprach. Aber so war es ihnen, wie wenn sich
immer in Abwechslung ein anderes zeigte: Immer zeigte sich ein Bild,
das ihnen eine Erinnerung gab an ein physisches Zusammensein, das
sie wie in Traum-Trance erlebt hatten. Aber immer zwei Ereignisse
stellten sich ihnen dar: ein Zusammensein nach der Auferstehung und 2
ein Zusammensein, bevor sie in Trance verfallen waren, da sie noch 1
im physischen Leibe mit Christus zusammen waren, für das physische
Bewußtsein erkennbar. Wie zwei übereinandergelagerte Bilder erschienen ihnen die Ereignisse. Das eine zeigte eine Erinnerung an ein 1
physisches Ereignis, das andere ein Wiedererwachen dessen, was sie 2

211

in einem anderen Bewußtseinszustande mit Christus durchgemacht hatten. Durch dieses Übereinanderfallen zweier Bilder wurde ihnen klar, was eigentlich in der Zeit sich vollzogen hatte. Was für die Erdenentwickelung sich vollzogen hatte, das stand am Pfingstfeste für sie deutlich da. Wenn man schildern will, was sie durchmachten, so wird man vor zwei grandiose und tiefe Ereignisse gestellt. Was sich zugetragen hatte, das stand vor ihrer Empfindung, ausgelöst durch das Pfingstereignis. Daß aber dasjenige, was früher im Kosmos war, jetzt auf Erden ist, das stellte sich ihnen dar. Es wird uns das alles erst klar, wenn man es in der Akasha-Chronik vor Augen hat.

Gehen wir aus von den Erlebnissen, die der Mensch hat. Der Mensch erlebt zunächst, bevor er zu einer neuen irdischen Inkarnation herabsteigt, geistige Tatsachen. Er macht dann den Keim- K zustand und die Geburt durch, geht durch den materiellen Leib in das physische Erdenleben über und kehrt endlich in die geistige Welt zurück. So ist seine Seelenentwickelung. Für jedes Wesen sind diese Stufen andere. Wir wollen versuchen, sie auf das Christus-Wesen zu übertragen.

Christus macht in anderer Weise seine Zustände durch. Von der Taufe bis zum Mysterium von Golgatha ist eine Art Keimzustand da. K Das Sterben am Kreuz ist die Geburt, das Leben mit den Aposteln nach der Auferstehung ist ein Wandern auf der Erde. Der Übergang in die Erdenaura hinein ist das, was für die Menschenseele der Übergang in die geistige Welt ist. Genau das Umgekehrte tritt für Christus auf. Das Umgekehrte sucht er sich für sein Schicksal. Die Menschenseele geht von der Erde in die geistige Welt, der Christus geht aus der Geisteswelt in die Erdensphäre hinein, vereinigt sich mit der Erde, um in die Erdenaura überzugehen durch das große Opfer. Das ist der Übergang des Christus zum Devachan. Und jetzt in der Erdenaura lebt der Christus sein selbsterwähltes Devachan. Der Mensch steigt von der Erde in den Himmel; der Christus steigt umgekehrt vom Himmel zu der Erde nieder, um mit den Menschen zu leben. Das ist sein Devachan.

Daß der Gott also in sein irdisches Dasein eingezogen ist, das trat[23] im Bilde der Himmelfahrt, eigentlich der Erdenfahrt, den Aposteln und Jüngern beim Pfingstfeste vor den Geist als eines der letzten Ereignisse. Damit war ihren Empfindungen klar, was geschehen war, was für ein Los der Erdenentwickelung gefallen war. Es fühlten sich beim Pfingstfeste die Apostel verwandelt und mit einem neuen Bewußtsein erfüllt: das war das Herabkommen des Geistes, das innere Aufleuchten einer geisterfüllten Erkenntnis.

Man kann selbstverständlich den Menschen erscheinen wie ein Schwärmer oder Träumer, wenn man diese Ereignisse erzählt, aber es ist ja auf der anderen Seite begreiflich, daß nichts Gewöhnliches ausdrücken können die großen Ereignisse, die im Erdenleben geschehen sind. Dann erblickten die Jünger rückwärtsschauend, jetzt erst verstehend, das dreijährige Leben des Christus Jesus von der Johannestaufe bis zum Mysterium von Golgatha. Über dieses Leben möchte ich einige Andeutungen machen.

Ausgehen möchte ich von einer Schilderung der Ereignisse, wie sie sich dem die Akasha-Chronik Beobachtenden darstellen. Vor der Johannestaufe im Jordan, da fällt der Geistesblick auf ein Ereignis ganz besonderer Art in das Leben des Jesus hinein, in welches der Christus sich noch nicht ergossen hatte. Da hatte Jesus in seinem dreißigsten Jahre ein Gespräch mit seiner Stief- oder Ziehmutter. Von seinem zwölften Jahre an war er nicht bei seiner leiblichen Mutter, aber es hatte sich ein immer tieferes Band des Jesus zu der Stiefmutter herausgebildet. Die Erlebnisse des Jesus von seinem zwölften bis achtzehnten, bis vierundzwanzigsten, bis dreißigsten Jahre habe ich auch schon erzählt. Es waren tiefgehende Ereignisse. Hier möchte ich anknüpfen an ein Ereignis, welches stattfand vor der Johannestaufe. Es ist ein Gespräch mit der Ziehmutter. Es war ein Gespräch, in welchem Jesus von Nazareth der Mutter gegenüber alles durch seine Seele ziehen ließ, was er vom zwölften Jahre an erlebt hatte. Da konnte er jetzt, so daß seine Worte durchdrungen waren von tiefen, gewaltigen Empfindungen, erzählen, was er, eigentlich im Grunde genommen mehr oder weniger einsam, in seiner Seele erlebt hatte. Er erzählte es anschaulich und eindringlich. Er sprach davon, wie in diesen Jahren, von seinem zwölften bis zum achtzehnten, wie eine Erleuchtung in seine Seele die hohen Gotteslehren eingezogen seien, die einstmals den

213

hebräischen Propheten geoffenbart worden waren. Denn das war es, was in der Zeit von seinem zwölften bis achtzehnten Jahre wie eine Inspiration über Jesus gekommen war. Angefangen hatte es, als er sich im Tempel unter den Schriftgelehrten befunden hatte. Es war eine Inspiration, wie sie in den großen alten Urzeiten den Propheten einstmals geoffenbart wurde. Es hatte sich ereignet, daß er Schmerzen leiden mußte unter dem Eindruck dieser inneren Erkenntnisse. Tief hatte es sich in seiner Seele abgelagert: die alten Wahrheiten wurden dem hebräischen Volke gegeben zu einer Zeit, da ihre Leiber so geartet waren, daß sie es verstehen konnten. Nun aber waren ihre Leiber nicht mehr wie zur Zeit der alten Propheten geeignet, das aufzunehmen.

Ein Wort muß ausgesprochen werden, welches das ungeheuer schmerzliche Erlebnis im Leben Jesu charakterisiert; abstrakt trocken muß man es sagen, obgleich es ein ungeheuer einschneidendes Wort ist. Es gab in der hebräischen Zeit eine Sprache, die aus dem geistig-göttlichen Reiche herunter kam. Jetzt stieg, aus der Seele aufleuchtend, die alte Sprache wieder auf, aber es war niemand da, der sie verstand. Tauben Ohren würde man predigen, wenn man von den größten Lehren sprach. Das war das größte Leid für Jesus; das schilderte er seiner Stiefmutter.

Dann schilderte er ein zweites Ereignis, das er erlebt hatte auf den Wanderzügen während seines achtzehnten bis vierundzwanzigsten Jahres in den Gegenden Palästinas, wo Heiden wohnten. Er zog herum und arbeitete im Schreinerhandwerk. Des Abends setzte er sich zu den Leuten. Es war ein Zusammensein, wie es die Leute mit keinem anderen erlebten. Durch den großen Schmerz hatte sich bei ihm etwas ausgebildet, das sich zuletzt verwandelte in die Zauberkraft der Liebe, die jedes Wort durchströmte. Diese Zauberkraft der Worte wirkte im Gespräch mit den Leuten. Was als Großes so wirkte, war, daß zwischen seinen Worten etwas wie eine geheimnisvolle Kraft sich ausgoß. Sie wirkte so bedeutsam, daß lange Zeit, nachdem er schon fort war, die Leute des Abends wieder zusammensaßen und es ihnen war, als ob er noch da sei, mehr da sei als bloß im Physischen. Die Leute saßen zusammen und hatten den Eindruck, hatten die gemeinsame Vision, als ob er wiedererschiene. So blieb er an zahlreichen Orten wie lebendig unter den Leuten, er war geistig da.

Einmal war er an einem Orte angekommen, wo ein alter heidnischer Kultaltar stand. Verfallen war der Opferaltar. Die Priester waren weggegangen, denn eine schlimme Krankheit hatte sich der Menschen dort bemächtigt. Als Jesus dahin kam, liefen die Menschen zusammen. Jesus kündigte sich durch den von ihm hervorgerufenen Eindruck schon an als etwas Besonderes. Die heidnischen Menschen waren herbeigeeilt, versammelten sich um den Altar und erwarteten, daß nun ein Priester wieder Opfer darbringen würde. – Das erzählte Jesus seiner Stiefmutter. Er sah klar, was aus dem heidnischen Opferdienst geworden war. Er sah, indem er die Menschen überblickte, was aus den heidnischen Göttern allmählich geworden war: böse, dämonenartige Wesenheiten, die sah er damals. Dann fiel er hin und erlebte jetzt in einem anderen Bewußtseinszustand, was bei den heidnischen Opfern vorging. Nicht mehr waren, wie in früheren Zeiten, die alten Götter da, sondern dämonische Wesenheiten traten in Erscheinung, die an den Leuten zehrten und sie krank machten.

Das hatte er erlebt in einem anderen Bewußtseinszustand, nachdem er hingefallen war. Jetzt erzählte er das alles, erzählte auch, wie die Menschen geflohen waren, wie er aber auch die Dämonen abziehen sah. Theoretisch kann man feststellen, daß das alte Heidentum verfallen war und nicht mehr die großen Weistümer der einstigen Zeit enthielt. Jesus aber erlebte dieses in unmittelbarer Anschauung. Jetzt konnte er der Mutter sagen: Käme auch die Himmelsstimme wieder herunter zu den Hebräern, wie sie einstmals zu den Propheten gekommen war, kein Mensch wäre da, sie zu verstehen; aber auch die heidnischen Götter kommen nicht mehr. An ihre Stelle sind Dämonen getreten. Auch die heidnischen Offenbarungen finden heute keinen Menschen, der sie aufnehmen könnte. – Das war der zweite große Schmerz.

In bewegten Worten schilderte er der Mutter den dritten großen Schmerz, den er erlebt hatte, als er zugelassen worden war zu der Essäergemeinde. Diese wollte durch Vervollkommnung der einzelnen Menschenseelen sich zum Schauen hinaufarbeiten und so aus den göttlichen Welten heraus das erfahren, was sonst wahrzunehmen unmöglich war für den Juden und Heiden. Aber nur einzelne Menschen konnten dieses erfahren, und das war zu erringen durch jene Lebensweise, welche unter den Essäern Platz gegriffen hatte. Doch hatte sich Jesus eine Zeitlang mit der okkulten Gemeinschaft der Essäer vereint. Als er sie verließ, sah er Luzifer und Ahriman vom Essäertor in die übrige Welt hinausfliehen. Auch hatte er in der Umfriedung der Essäer ein visionäres Gespräch mit Buddha gehabt. Und jetzt wußte er: eine Möglichkeit gibt es, hinaufzusteigen dahin, wo man sich vereinigt mit dem Göttlich-Geistigen, aber nur einzelne können es erreichen. Wollten es alle erringen, müßten alle verzichten. Auf Kosten der großen Menge können es nur einige erringen, indem sie sich frei machen von Luzifer und Ahriman; aber dann gehen Luzifer und Ahriman zu der anderen Menschheit. Weder nach der Juden- noch nach der Heiden- noch Essäerweise war es möglich, der allgemeinen Menschheit den wesenhaften Zusammenhang mit der göttlich-geistigen Welt zu eröffnen.

Während dieses Gespräch stattfand, war mit all dem Schmerze vereint die ganze Seele des Jesus. Die ganze Kraft seines Ichs lag in diesen Worten. Es ging etwas von ihm hinweg und zur Adoptivmutter hinüber, so stark war er verbunden mit dem, was er erzählte. Es ging mit dem Wort sein Wesen zur Mutter hinüber, so daß er wie außerhalb seines Ichs war, aus seinem Ich herausgetreten war. Die Mutter wurde dadurch etwas ganz anderes. Während aus ihm etwas hinausgegangen war, hatte die Mutter ein neues Ich erhalten, das sich in sie hineingesenkt hatte, sie war eine neue Persönlichkeit geworden.

Forscht man nun nach und sucht herauszubekommen, worin der Vorgang bestand, so stellt sich ein Merkwürdiges heraus: die leibliche Mutter dieses Jesus, die seit seinem zwölften Jahre in der geistigen Welt weilte, war nun mit ihrer Seele heruntergestiegen und durchgeistigte und erfüllte ganz die Seele der Adoptivmutter so, daß diese eine andere wurde. Ihm aber war, als ob sein Ich ihn verlassen hätte: das Zarathustra-Ich war in die geistige Welt hinübergegangen. Unter dem Drange, etwas zu tun, ging Jesus, durch die innere Notwendigkeit getrieben, nun nach dem Jordan zu Johannes dem Täufer, dem

Essäer. Und Johannes vollzog die Taufe im Jordan. Das Zarathustra-Ich war hinausgegangen und das Christus-Wesen senkte sich hernieder: Er war durchdrungen worden mit der Christus-Wesenheit. Die Adoptivmutter war durchdrungen worden von der Seele jener Mutter, die in der geistigen Welt geweilt hatte. Er aber wandelte nun herum auf Erden, in den Leibern des Jesus, er, der Christus. Diese Verbindung war nicht gleich vollständig da, beides geschah nach und nach.

Ich werde die einzelnen Ereignisse erzählen, aus denen gezeigt werden kann, wie der Christus anfangs nur lose verbunden war mit dem Jesusleibe und allmählich immer fester mit ihm verbunden wurde. Hat man kennengelernt die Leiden und Schmerzen des Jesus von dem zwölften bis zum dreißigsten Jahre, so lernt man erst jetzt die ungeheure Steigerung dieser Schmerzen des Jesus kennen, jetzt, da sich in den folgenden drei Jahren immer mehr mit dem Menschen der Gott verband. Diese fortdauernde, immer intensiver werdende Verbindung des Gottes mit dem Menschen war eine ebenso intensive Steigerung der Schmerzen. Das Unsagbare, das hat geschehen müssen, um der Menschheit den Aufstieg zu den geistigen Ursprungsmächten möglich zu machen, das zeigt sich an den Leiden des Gottes während der drei Jahre, die er auf Erden weilte.

Es ist nicht vorauszusehen, daß man in der Gegenwart viel Verständnis für diese Begebenheiten haben wird. Es gibt ein Buch, das wegen seiner Paradoxie gelesen werden müßte: «Vom Tode», von *Maurice Maeterlinck*. In diesem Buche wird gesagt, der Geist könne nicht leiden, nur der Körper kann leiden. In der Tat kann der physische Leib ebensowenig leiden wie ein Stein. Physische Schmerzen sind seelische Schmerzen. Leiden kann nur das, was seelisch ist, was einen Astralleib hat. Deshalb kann ein Gott viel mehr leiden als ein Mensch. Der Christus hat bis zum Tode Leiden erfahren, die intensivsten bei der Verbindung des Christus mit der Jesuswesenheit. Den Tod hat er überwunden, indem er in die Erdenaura überging.

Ich habe früher in mehr abstrakter Weise geschildert, wie das Christus-Ereignis im Mittelpunkt der Erdenentwickelung steht. Dieses wichtigste Ereignis verliert nichts, wenn man es in seiner konkreten Tatsächlichkeit betrachtet. Alles tritt lebensvoll hervor, wenn alle Tatsachen geschildert werden, nur muß es richtig geschaut werden. Wenn einmal das Fünfte Evangelium da sein wird – die Menschheit wird es brauchen, vielleicht erst nach langer Zeit –, da wird man in veränderter Weise dieses wichtigste Ereignis betrachten. Das Fünfte Evangelium wird ein Trost- und Gesundheitsbronnen, ein Kraftbuch sein. Am Schlusse des vierten Evangeliums stehen Worte, die darauf hinweisen, daß noch weiteres kommen wird: Es würde die Welt die Bücher nicht fassen, die zu schreiben wären. – Das ist ein wahres Wort. Da kann man auf andere Weise Mut bekommen, dann, wenn sich neue Tatsachen über Palästina ergeben, denn auch die vier Evangelien sind eigentlich auf dieselbe Weise entstanden wie das fünfte, nur daß dieses fünfte zweitausend Jahre später erscheint.

Wenn einmal das Fünfte Evangelium da sein wird, dann wird es sich in bezug auf die Entstehungsweise von den anderen nicht unterscheiden. Es werden aber Menschen da sein, die es nicht anerkennen werden, weil die Menschenseele egoistisch ist. Nehmen wir an, Shakespeares Werk «Hamlet» wäre unbekannt und es träte heute «Hamlet» auf: heute würden die Menschen über ihn schimpfen. So wird sich das Fünfte Evangelium durchzukämpfen haben. Die Menschen brauchen etwas, was jene, die verstehen wollen, wirklich verstehen werden. Man wird nur anerkennen müssen, daß, wie früher, die Offenbarungen allein aus dem Geiste kommen können. Die Mittel und Wege dazu sind aber andere. In dieser Beziehung hat unsere Zeit besondere Aufgaben.

In welche Zeit fiel das herein, was ich geschildert habe? Es konnte in keine andere Zeit hereinfallen, als in diejenige, in die es gefallen ist: in die vierte nachatlantische Periode. Wäre es zum Beispiel in die dritte oder in die zweite gefallen, dann wären zahlreiche Menschen dagewesen, die unterrichtet waren in der Urweisheit der Inder, für die die Weisheit ganz selbstverständlich da gelegen hätte. Man hätte Christus weniger verstanden in der persischen, noch weniger in der ägyptischen Zeit. Aber ganz vorbei war das Verständnis in der vierten Periode. Daher konnte die Lehre in die Gemüter eindringen nur als Glaubenstatsache. Es war die schlechteste Zeit für das Verständnis, von welchem die Menschen am meisten entfernt waren. Aber die Wirkungen des Christus hängen nicht ab von dem, was die Menschen verstehen können. Denn Christus ist nicht ein Weltenlehrer gewesen, sondern derjenige, der als geistige Wesenheit etwas verrichtet hat, der in die Erdenaura eingeflossen ist, um unter den Menschen zu leben. Sinnbildlich kann einem das vor die Seele treten, als die Frauen an das Grab kamen und ihnen von dem Geistwesen gesagt wurde: Der, den ihr suchet, ist nicht da!

Dieses wiederholte sich, als eine große Schar von Europäern in den Kreuzzügen hinüberzog nach dem Heiligen Grabe. Da zogen die Menschen in die physischen Stätten von Golgatha hinüber. Ihnen wurde auch gesagt: Der, den ihr suchet, ist nicht mehr hier! – denn er war ja nach Europa gezogen. Während es die Pilger aus dem Herzen heraus nach Asien trieb, begann Europa verstandesmäßig wach zu werden, aber das Christus-Verständnis kam ins Schwinden. Erst im 12. Jahrhundert trat das Verlangen nach Gottesbeweisen auf. Was bezeugt uns das für die neuere Zeit? Haben Sie je nötig, zu beweisen, wer der Dieb ist, wenn Sie diesen Dieb in Ihrem Garten erwischt haben? Sie brauchen Beweise nur dann, wenn Sie ihn nicht kennen. Gottesbeweise suchte man, als man das Verständnis verloren hatte; denn was man weiß, braucht man sich nicht zu beweisen.

Christus war da, durchzog die Seelen. Alles, was geschichtlich geschehen ist, ist unter dem Einfluß des Christus geschehen, weil die Seelen im Christus-Impulse lebten. Jetzt muß die Menschheit eintreten in ein bewußtes Ergreifen der Zeitereignisse. Darum muß die Menschheit den Christus noch besser kennenlernen. Damit verbunden ist die Erkenntnis des Menschen Jesus von Nazareth. Das wird immer mehr notwendig werden. Es ist nicht leicht, hierüber zu sprechen, aber es ist in gewisser Beziehung etwas, was sich in der Gegenwart als höhere Pflicht darstellt: gerade über den Menschen Jesus von Nazareth zu einigen Seelen zu sprechen, darüber zu sprechen, was wir das Fünfte Evangelium nennen können.

Stuttgart, 22. November 1913
Erster Vortrag

Wir haben öfter von der großen, einschneidenden Bedeutung des Christus-Impulses für die Menschheitsentwickelung der Erde gesprochen, und wir haben versucht, das ganze Wesen dieses Christus-Impulses, das wir gewöhnlich zusammenfassen in den Worten «das Mysterium von Golgatha», von den verschiedensten Seiten her zu charakterisieren. Nun war es in der letzten Zeit meine Aufgabe, einiges wesentlich Konkreteres über dieses Mysterium von Golgatha und das, was damit zusammenhängt, zu erforschen, und es haben gerade diese Forschungen sich mir so dargestellt, daß sie es mir zur Pflicht machen, im Kreise unserer Freunde gerade jetzt in dieser unserer Zeit von den Ergebnissen dieser Forschungen auch zu sprechen. Es ist mir gelungen, aus dem, was man die Akasha-Chronik nennt und wovon wir ja öfter gesprochen haben, einiges Wichtige herauszugewinnen in bezug auf das Christus Jesus-Leben.

Welche Umschwünge der Menschheitsentwickelung in unserer Zeit sich vorbereiten, darüber haben wir gerade hier bei unseren letzten Zusammenkünften mancherlei gesprochen, und es hängt wohl zusammen gerade mit diesen Umschwüngen, daß es notwendig ist, im gegenwärtigen Zeitpunkt an einzelne Menschenseelen, die sich zusammengefunden haben in der anthroposophischen Bewegung, wie wir sie auffassen, an einzelne Menschenseelen gewissermaßen neue Daten über das Christus Jesus-Leben heranzubringen. Nur bitte ich Sie, das, was ich gerade in dieser Beziehung zu sagen habe, besonders diskret zu behandeln und es eine reine Angelegenheit innerhalb unserer Zweige sein zu lassen. Denn schon das Wenige, was bisher hat veröffentlicht werden müssen über das Christus Jesus-Leben und was nicht bekannt war aus den Evangelien oder der Überlieferung, schon das hat – ich will nicht einmal von den sonderbaren Kritikern sprechen, die unserer Strömung übel wollen, sondern sogar bei denen, die in einer gewissen Weise wenigstens einmal dieser Strömung Wohlwollen entgegengebracht haben –, das hat eine gewisse Wildheit, eine wilde Leidenschaftlichkeit hervorgerufen, wie zum Beispiel die Geschichte der beiden Jesusknaben. Nichts scheint nämlich unserer Zeit so antipathisch, innerlich antipathisch zu sein, als das Aufmerksammachen auf wirkliche Ergebnisse der Geistesforschung, auf konkrete einzelne Ergebnisse der Geistesforschung. Man nimmt es noch hin, wenn vom Geistigen im allgemeinen gesprochen wird, wenn auch einzelne merkwürdige abstrakte Theorien über das Geistesleben vorgebracht werden. Aber man will es nicht mehr hinnehmen, wenn Einzelheiten aus dem geistigen Leben so vorgebracht werden, wie man Einzelheiten aus dem Leben des physischen Planes vorbringt. Mancherlei, was in Verknüpfung gesagt werden muß mit dem, was ich vorzubringen habe, wird noch gesagt werden. Jetzt möchte ich zunächst von einem Punkte ab mit der Erzählung selber beginnen, und ich bitte Sie, diese Erzählung hinzunehmen wie eine Art Fünftes Evangelium, das in unsere Zeit so hereinfällt, wie die vier anderen Evangelien in ihre Zeit hineingefallen sind. Nur das sei in wenigen Worten als Einleitung vorausgeschickt. Die weitere Motivierung wollen wir dann morgen besprechen.

Ich möchte beginnen mit dem Zeitpunkt, der im Lukas-Evangelium angegeben ist als das Auftreten des zwölfjährigen Jesus in Jerusalem unter den Schriftgelehrten, wo er diesen Schriftgelehrten auffällt durch die großen, gewaltigen Antworten, die er ihnen zu geben in der Lage war. So finden ihn, wie das Lukas-Evangelium dies erzählt, seine Angehörigen, die ihn verloren hatten. Wir wissen, daß dieses Auftreten darauf beruht, daß dazumal eine große, nur mit Hilfe der Geisteswissenschaft zu verstehende Veränderung in dem Jesus-Leben vor sich gegangen ist. Wir wissen – das sei nur kurz wiederholt –, daß ungefähr im Beginne unserer Zeitrechnung zwei Jesusknaben geboren worden sind, daß der eine abstammt aus der sogenannten salomonischen Linie des Hauses David, daß in diesem Jesusknaben inkarniert war der Geist oder das Ich, können wir sagen, des Zarathustra. Wir wissen, daß dieser Jesusknabe heranwuchs mit einer großen Begabung, die begreiflich erscheinen muß, wenn man eben die Tatsache kennt, daß dieser Jesusknabe in sich trug das Ich des Zarathustra. Wir wissen, daß ungefähr gleichzeitig der andere Jesusknabe geboren wurde aus der nathanischen Linie des Hauses David, daß dieser allerdings mit wesentlich anderen Charakterzügen den physischen Plan betreten hatte als der Jesusknabe aus der salomonischen Linie. Während dieser aus der salomonischen Linie besondere Begabung zeigte für alles, was aus seiner Umgebung herein so wirkte, daß es seinen Ursprung zeigte aus der Menschheitskultur, bis zu dem Punkte, wohin diese Menschheitskultur dazumal gekommen war, war eigentlich der andere Jesusknabe in bezug auf alles das, wozu es die Menschheit in ihrer Entwickelung gebracht hatte, unbegabt. Er konnte nicht recht sich hineinfinden in das, was man ihn lehren wollte von all dem, was die Menschen im Laufe der geschichtlichen Entwickelung sich erobert hatten. Dafür zeigte dieser Jesusknabe eine wunderbare Tiefe und Fülle des Herzens, des Gemütes, eine solche Fülle im Empfinden, daß sich ein Vergleich mit irgendeinem anderen Kinde bei demjenigen gewiß nicht finden wird, der den Blick hinlenkt Akasha-Chronik-mäßig auf die Stelle unserer Menschheitsentwickelung, wo dieses Kind zu finden und zu beobachten ist.

Dann wuchsen die beiden Knaben heran und eben in jenem Zeitpunkt, in dem sie beide ungefähr zwölf Jahre alt waren, da ging das Ich des Zarathustra aus dem einen Jesusknaben in den anderen hinüber, und jener Jesusknabe aus der nathanischen Linie war es dann, mit dem Ich des Zarathustra jetzt in sich, der die großen, gewaltigen Antworten vor den Schriftgelehrten in Jerusalem gab. Da hatten sich vereinigt also jene eigentümliche Natur – man kann nicht anders sagen – des nathanischen Jesusknaben und das Ich des Zarathustra. Wir wissen dann auch – das ist ja von mir dargestellt worden bei früheren Anlässen –, daß die leibliche Mutter des nathanischen Jesusknaben bald dahinstarb, ebenso der Vater des anderen, und daß nun aus der Mutter des anderen Jesusknaben – der salomonische Jesusknabe siechte auch bald dahin, weil er eigentlich ichlos war, wie verdorrt –, daß nun aus der Mutter des salomonischen Jesusknaben und dem Vater des nathanischen Jesusknaben eine Familie wurde. Die Stiefgeschwister, die abstammten von der Mutter und dem Vater der salomonischen Linie, die kamen auch herüber und lebten nun in

Nazareth, und innerhalb dieser Familie, also mit seiner Stief- oder Ziehmutter, wuchs nun der Jesusknabe mit dem Zarathustra-Ich in sich heran, ohne daß er selbstverständlich in diesem Alter wußte, daß er das Ich des Zarathustra in sich hatte. Er hatte die Fähigkeiten, die das Ich des Zarathustra haben mußte, in sich; aber er wußte nicht etwa zu sagen: Ich habe das Ich des Zarathustra in mir.

Dasjenige, was nun hervortrat, was sich schon angekündigt hatte in den großen Antworten, die er den Schriftgelehrten gegeben hatte, was aber immer mehr und mehr hervortrat, das war – so muß ich schildern das Leben dieses Jesusknaben, das Leben etwa vom zwölften bis achtzehnten Lebensjahre –, daß sich in seinem Inneren etwas wie eine innere Inspiration geltend machte, ein unmittelbares Wissen, das aufstieg in ihm, ein Wissen von ganz eigentümlicher Art, ein Wissen, das unmittelbar wie naturgemäß bei ihm so war, daß er in seiner eigenen Seele etwas vernahm, wie die alten Propheten in der Urzeit des Judentums ihre göttlich-geistigen Offenbarungen empfangen hatten aus göttlich-geistigen Höhen, aus geistigen Welten. Man war gewohnt worden, in der Erinnerung jene Mitteilung, die einstmals den alten Propheten aus der geistigen Welt gekommen war, zu bezeichnen als die große Bath-Kol, als die Stimme aus der geistigen Welt, die große Bath-Kol. Wie wenn die große Bath-Kol wiederum in ihm, aber jetzt in ihm allein auferstanden wäre, so kam es dem zwölf-, dreizehn-, vierzehn-, achtzehnjährigen Jesusknaben vor, eine seltene, wunderbare Reife der inneren Inspiration, ein Aufleben jener inneren Erlebnisse, die nur die alten Propheten gehabt hatten.

Was einem dabei besonders auffällt, wenn man den Blick Akasha-Chronik-mäßig auf diese Stelle der Menschheitsentwickelung hinrichtet, das ist das, daß innerhalb der ganzen Familie und innerhalb der ganzen Umgebung in Nazareth dieser Knabe in verhältnismäßiger Jugend mit dieser seiner inneren Offenbarung, die über alles hinausging, was dazumal andere wissen konnten, allein und einsam war. Auch die Stief- oder Ziehmutter verstand ihn in jener Zeit sehr schlecht, die anderen erst recht nicht. Und es kommt weniger darauf an bei der Beurteilung dieses Jesusknaben, sich allerlei Theorien zu bilden, sondern darauf, eine Mitempfindung zu haben, was es heißt, ein reifer Knabe zu sein zwischen dem zwölften und achtzehnten Lebensjahre, etwas völlig Fremdes in sich aufsteigen zu fühlen von Offenbarungen, die in der damaligen Zeit unmöglich waren für irgend jemand anderen, und ganz allein zu stehen mit diesen Offenbarungen, zu niemandem sprechen zu können, ja, was mehr war: das Gefühl haben zu müssen, daß einen niemand verstehen würde, wenn man zu ihm sprechen würde. Solche Dinge als Mann zu ertragen, ist schwierig; solche Dinge zwischen dem zwölften und achtzehnten Jahre zu erleben, ist etwas Ungeheures. Zu diesem Ungeheuren kam ein anderes.

Er hatte einen offenen Blick, dieser Jesusknabe, für das, was ein Mensch in seiner Zeit fähig war aufzunehmen. Er sah schon dazumal mit offenen Augen der Seele, was die Menschen durch ihre Natur in sich aufnehmen und in sich verarbeiten konnten geistig-seelisch, und was sie gehabt hatten im Laufe der Jahrhunderte aus dem, was den Juden geoffenbart worden war von den alten Propheten. Tief schmerzlich, mit allertiefstem Leid empfand er: Ja, so war es in Urzeiten, so hat die große Bath-Kol zu den Propheten gesprochen; das war eine ursprüngliche Lehre, von der spärliche Reste geblieben sind unter den Pharisäern und anderen Schriftgelehrten. Würde jetzt die große Bath-Kol zu irgendeinem Menschen sprechen wollen: kein Mensch wäre da, die Stimme aus der geistigen Welt zu verstehen. Anders ist es in der Menschheit geworden als zur Zeit der alten Propheten. Wenn auch jene großen, jene gloriosen Offenbarungen der Urzeit heute ertönen würden: die Ohren fehlten, sie zu verstehen. Das trat immer wieder und wiederum vor die Seele dieses Jesusknaben und mit diesem Leid war er allein.

Es ist unvergleichlich, das Gemüt hinzuwenden zu dem, was sich an Leiden, die so charakterisiert werden müssen, wie ich es eben getan habe, in diesem Jesusknaben abspielte. Und man darf durchaus sagen: Mögen wir oftmals noch so Bedeutsames mehr theoretisch über das Mysterium von Golgatha geäußert haben, es wird wahrhaftig die Größe der kosmischen oder historischen Gesichtspunkte gar nicht in den Schatten gestellt, wenn man die einzelnen konkreten Tatsachen immer mehr und mehr ins Auge faßt, wie sie sich darbieten eben nur in ihrer Tatsächlichkeit. Denn durch nichts als durch die Beobachtung dieser Tatsachen kann man so sehr ins Auge fassen, wie der Gang der Menschheitsentwickelung war, wie eine Urweisheit vorhanden war auch im jüdischen Volk und wie die Unmöglichkeit, diese Urweisheit zu verstehen, da war in der Zeit, als sie nur wie, man möchte sagen, probeweise in einer einzelnen Seele zwischen deren zwölftem und achtzehntem Lebensjahre neuerdings aufleuchtete, aber nur dieser Seele zur Qual, weil sie niemand hätte verständlich werden können, wie sich diese Bath-Kol geäußert hatte, wie für diese Seele diese Offenbarung nur zur unendlichen Qual da war. Ganz mit sich allein war der Knabe mit diesen Erlebnissen, die sozusagen das Leid der geschichtlichen Menschheitsentwickelung in einer solchen Konzentration darstellten.

Nun entwickelte sich in dem Knaben etwas, was man, ich möchte sagen, in seinen Rudimenten da und dort im Leben schon beobachten kann, was man sich nur unendlich vergrößert denken muß in bezug auf das Jesus-Leben. Schmerz, Leid, die aus ähnlichen Quellen heraus erlebt werden wie diejenigen, die jetzt geschildert worden sind, verwandeln sich in der Seele, verwandeln sich so, daß der, der solche Schmerzen, solches Leid erfahren kann bei sich, diese Schmerzen und dieses Leid wie selbstverständlich verwandelt in Wohlwollen, in Liebe, aber nicht bloß in Gefühle des Wohlwollens und Gefühle der Liebe, sondern in die Kraft, in eine ungeheure Kraft der Liebe, in die Möglichkeit, diese Liebe geistig-seelisch darzuleben. Und so entwickelte sich schon, indem der Jesus heranwuchs, in ihm etwas ganz Eigentümliches.

Trotzdem seine Geschwister, seine nächste Umgebung ihn anfeindeten, weil sie ihn nicht verstehen konnten und ihn als einen betrachteten, der nicht recht bei sich ist, so war doch das nicht abzuleugnen – denn es zeigte sich dazumal für das äußere physische Auge, es zeigt sich jetzt für den Akasha-Chronik-mäßigen Blick –, daß, wo dieser junge Knabe hinkam, mit irgend jemand sprach, wenn man ihn auch nicht verstehen konnte, man aber wenigstens einging auf das, was er sagte, daß da etwas wie ein tatsächliches Überfließen eines gewissen Etwas von des Jesus Seele in die andere Seele vorhanden war. Wie das

Hinübergehen eines Fluidums des Wohlwollens, der Liebe war es, was ausströmte. Das war das verwandelte Leid, der verwandelte Schmerz. Wie ein wohltuender Liebeshauch kam es heran an diejenigen, die mit dem Jesus in Berührung kamen, schon in der damaligen Zeit, so daß man empfand, man habe etwas Besonderes vor sich, indem man ihm in irgendeiner Weise gegenüberstand. Wie eine Art Schreinerhandwerk oder Zimmermannshandwerk war es, das er verrichtete im Hause des Vaters, in dem Jesus emsig arbeitete. Aber in den Stunden, in denen er zu sich kam, da spielte sich ab, was ich eben charakterisiert habe. Das waren – die innerlichen Erlebnisse sind dabei das Wesentliche – die inneren Erlebnisse des Jesus von Nazareth, sagen wir zwischen dem zwölften und sechzehnten oder achtzehnten Lebensjahre.

28.10.07   Dann fing für ihn an eine Art von Wanderzeit zwischen dem achtzehnten und vierundzwanzigsten Lebensjahre. Da wanderte er viel herum, arbeitete da und dort in dem Handwerk, das er auch zuhause trieb, kam in jüdische, kam aber auch in heidnische Gegenden. Schon dazumal zeigte sich in eigenartiger Weise etwas sehr Sonderbares als Wirkung seiner Erlebnisse in den früheren Jahren im Verkehr mit den Menschen, mit denen er zusammenkam. Und das ist wichtig, daß man dieses auch berücksichtigt, denn nur durch die Berücksichtigung gerade dieses Zuges dringt man tiefer ein in das, was dazumal eigentlich geschah in der Menschheitsentwickelung.

Er kam da arbeitend, ich möchte sagen, von Stätte zu Stätte da- und dorthin in die Familien. Nach Feierabend, wie wir heute sagen würden, saß er mit den Familien zusammen, und da verspürte man überall jenen Zug des Wohlwollens, der Liebe, von dessen Entwickelung ich gesprochen habe. Das empfand man allüberall, aber man empfand es sozusagen durch die Tat; denn überall, wo er war, hatte man dazumal in den Jahren, wo er herumreiste zwischen dem achtzehnten und vierundzwanzigsten Jahre das Gefühl: Da sitzt wirklich ein besonderes Wesen. – Man drückte das nicht immer aus, aber man hatte das Gefühl: Da sitzt ein besonderes Wesen unter uns. – Und das äußerte sich dadurch: wenn er wiederum fortgezogen war von dem Orte, so wurde nicht etwa bloß wochenlang nur davon gesprochen, was zwi-

226

schen ihm und den anderen geredet worden war, sondern häufig
stellte es sich so heraus. Wenn die Leute, während er fort war, dann
abendlich zusammensaßen, hatten sie das Gefühl, er komme herein.
Es war eine gemeinsame Vision. Sie hatten das Gefühl: Er ist wiederum unter uns. – Und das geschah an vielen, vielen Orten, daß er weggegangen war und doch im Grunde genommen noch da war, geistig
den Leuten erschien, unter den Leuten geistig lebte, so daß sie wußten:
Wir sitzen mit ihm zusammen.

Wie gesagt, es war eine Vision in bezug auf das Subjektive; in bezug auf das Objektive war es die ungeheure Wirkung der Liebe, die
er in der geschilderten Weise geäußert hatte, und die sich so äußerte,
daß der Ort seiner Erscheinung in gewisser Weise nicht mehr an den
äußeren physischen Raum gebunden war, an die äußeren physischen
Raumverhältnisse des menschlichen physischen Leibes gebunden war.
Es wirkt ungeheuer stark zum Verständnis der Jesus-Gestalt, dieses
immer wieder und wiederum zu sehen, wie er unauslöschlich bei denjenigen ist, bei denen er einmal eingekehrt war, wie er gewissermaßen
geistig bei ihnen blieb und wiederum zu ihnen zurückkehrte. Unter
denen er einmal war, die verloren ihn nicht wiederum aus ihren Herzen heraus.

Nun kam er bei dieser Wanderung auch in heidnische Gegenden,
sagte ich, und in einer heidnischen Gegend machte er nun eine ganz
besondere Erfahrung. Diese Erfahrung macht beim Akasha-Chronik-
mäßigen Hinblick auf diese Stelle der Menschheitsentwickelung einen
ganz besonders tiefen Eindruck. Er kam in eine heidnische Gegend.
Ich bemerke an dieser Stelle ausdrücklich: Wenn Sie mich fragen, wo
das war, wo er da hinkam, so muß ich Ihnen heute noch sagen: Das
weiß ich nicht. Vielleicht werden spätere Erforschungen ergeben, wo
das war, aber den geographischen Ort aufzufinden ist mir noch nicht
gelungen. Aber die Tatsache ist absolut klar. Es kann Gründe geben,
warum man nicht auf den geographischen Ort kommen kann, warum
aber die Tatsache selbst absolut klar sein kann. Ich möchte Ihnen
nämlich, gerade indem ich diese Dinge erzähle, in keinem Augenblick
vorenthalten auch das Eingeständnis dessen, was in dieser Sache noch
nicht erforscht ist, damit Sie sehen, daß es mir wirklich bei dieser

Sache darum zu tun ist, in exakter Weise nur das mitzuteilen, wofür ich durchaus einzustehen in der Lage bin.

Er kam also an einen heidnischen Ort. Da war eine verfallene Kultstätte. Die Priester dieses Ortes hatten längst den Ort verlassen; aber das Volk ringsumher war im tiefen Elend, von Krankheiten heimgesucht. Gerade weil eine böse Krankheit dort wütete, haben die heidnischen Priester aus diesen und anderen Gründen die Kultstätte verlassen. Das Volk fühlte sich nicht nur krank, elend, mühselig und beladen, sondern auch verlassen von den Priestern, die die heidnischen Opfer vollbracht hatten, und litt furchtbare Qualen. Nun kam er her in diese Gegend. Es war das gegen sein vierundzwanzigstes Lebensjahr. Es war damals schon in hohem Grade in ihm das der Fall, daß er durch sein bloßes Erscheinen einen ganz besonderen, einen gewaltigen Eindruck machte, auch wenn er gar nicht einmal sprach, sondern wenn man ihn nur herankommen sah. Es ist wirklich mit dieser Jesus-Erscheinung etwas ganz Besonderes für die damaligen Menschen, unter denen er auftrat. Man fühlte bei seinem Herannahen ganz Unglaubliches. Man muß damit rechnen, daß man es ja mit Menschen eines ganz anderen Zeitalters und einer anderen Gegend zu tun hat. Wenn er herankam, so sieht man die Menschen fühlen: Das ist etwas ganz Besonderes, da strömt aus von dieser Wesenheit etwas, was von keinem anderen Menschen ausströmt. – Das fühlte sozusagen fast jeder; der eine fühlte es sympathisch, der andere unsympathisch. Nun ist es nicht zu verwundern, daß sich da zeigte, daß gewissermaßen wie ein Lauffeuer sich verbreitete: Da kommt ein besonderes Wesen heran! – Und jene Menschen um den Opferaltar herum glaubten, irgendein alter Heidenpriester würde wiederum kommen oder er hätte einen anderen geschickt, damit der Opferdienst wieder verrichtet würde. Und immer zahlreicher wurde die Menge, die sich ansammelte; denn wie ein Lauffeuer verbreitete sich, daß da eine ganz besondere Wesenheit angekommen sei. Jesus hatte, als er die Menge sah, mit ihr ein unendliches Erbarmen, aber er hatte nicht den Willen, obwohl man es stürmisch verlangte, das Opfer wieder zu verrichten, nicht den Willen, dieses heidnische Opfer zu verrichten. Aber dafür, als er diese Menge sah, da lud sich auf seine Seele ebenso der Schmerz über das verfallene Heidentum, wie sich in den Jahren vom zwölften bis zum sechzehnten, achtzehnten Lebensjahre der Schmerz über das verfallene Judentum abgeladen hatte. Und als er hinsah über die Menge, da sah er unter der Menge überall, und endlich auch an dem Opferaltar, an dem er stand, dämonische elementarische Wesenheiten. Wie tot fiel er hin; aber dieses Hinfallen geschah nur aus dem Grunde, weil er in einen weltentrückten Zustand verfiel durch diesen schauervollen Anblick, den er gehabt hatte.

Während er so da lag, wie tot, ergriff das Volk Furcht. Die Menschen fingen an zu fliehen. Er aber hatte, während er in einem anderen Zustande da lag, die Erscheinung des Entrücktseins in jene geistige Welt, die ihm veranschaulichte, wie das uralte Heidentum war, als in den alten Mysterien in ihrer ursprünglichen heiligen Art die Urweisheit des Heidentums in den Opferhandlungen der Heiden noch vorhanden war. Ihm offenbarte sich, wie das Heidentum in der Urzeit war, wie es sich ihm früher auf die andere Art geoffenbart hatte, wie das Judentum war. Aber wie das auf geistig-seelische, unsichtbare Art geschah, wie da aufstieg das, was an Inspiration, wie sie zu den alten Propheten gekommen war, zu ihm sprechen wollte, so mußte er auf andere Art die Größe des Heidentums erfahren, mußte schauen das, was man nur so bezeichnen kann, daß man sagt: Er sah, wie er da lag, die heidnischen Opferstätten, die in ihrer Kulteinrichtung so waren, daß sie ein Ergebnis waren der ursprünglichen Mysterienoffenbarungen, eigentlich waren wie die äußere Darstellung der Mysterienhandlung. An diesen Opferstätten ergossen sich, wenn die Opfer verrichtet wurden, in die Gebete der Menschen hinein während der alten Zeiten, wo das noch in richtiger Gestalt vorhanden war, da ergossen sich hinein die Mächte jener geistigen Wesenheiten aus der Reihe der höheren Hierarchien, zu denen die Heiden sich erheben konnten. Gleichsam stand visionär vor seiner Seele: Ja, wenn einstmals an einem solchen Altar, in den Zeiten, in denen das Heidentum in seiner alten Blüte stand, Opfer verrichtet wurden, dann strömten herab in die Opferhandlungen hinein die Kräfte der guten heidnischen Götter. Aber jetzt – jetzt nicht durch eine Inspiration, sondern durch eine unmittelbare Imagination – mußte er in großer Lebendigkeit den Verfall des

Heidentums erleben. Das mußte er nun erleben, auch des Heidentums Verfall! Und statt wie früher in die Opferhandlungen hineinströmten die guten Mächte, lebten jetzt dämonische elementarische Wesenheiten auf, allerlei elementarische Sendlinge von Luzifer und Ahriman. Die schaute er jetzt, und das war die Art, wie ihm der Herabstieg des Heidentums vor das geistig-seelische Auge trat.

Das war die zweite Art des großen Schmerzes, daß er sich sagen konnte: Einstmals hatten die Heiden Kulthandlungen, welche die Menschheit verbanden mit den guten Wesenheiten gewisser Hierarchien. Das ist so in die Dekadenz, in die Korruption gekommen, daß es schon Stätten gibt wie diese, wo alle guten Kräfte sich in dämonische Kräfte verwandelt haben, daß es so weit gekommen ist, daß das Volk ringsherum verlassen war von den alten heidnischen Göttern. Also auf andere Art trat ihm der Verfall des Heidentums vor die Seele als beim Judentum, in innerlicher, viel anschaulicherer Weise.

Man muß in der Tat ein wenig den Unterschied kennen im Fühlen und Empfinden zwischen dem, wenn dieses Fühlen und Empfinden der Ausfluß ist eines solchen unmittelbaren imaginativen Erlebens oder eines theoretischen Erkennens. Man bekommt in der Tat durch das Hinrichten des Blickes an diesen Punkt der Akasha-Chronik den Eindruck eines unendlich bedeutungsvollen, aber unendlich schmerzlichen Erlebens der Entwickelungsgeschichte der Menschheit, die sich wiederum in diesen imaginativen Augenblick zusammendrängt.

Er wußte jetzt: So lebten göttlich-geistige Kräfte einstmals unter den Heiden; aber wenn sie auch jetzt lebten, es wären keine Menschen und keine Möglichkeiten da, daß die Menschen wirklich jenes alte Verhältnis wiederum herstellten. Diesen Jammer der Menschheit, in eine kurze Erfahrung konzentriert, zusammengedrängt, das erlebte er jetzt. Und als er sich so erhob zum Wahrnehmen dessen, was einstmals in den guten, in den besten alten Blütezeiten des Heidentums geoffenbart worden war, da hörte er Worte – so kann man es sagen –, welche ihm sich erfühlten wie das Geheimnis des ganzen Menschenlebens auf Erden und seines Zusammenhanges mit den göttlich-geistigen Wesenheiten. Ich konnte nicht anders, als das, was da in die Seele hereinsprach des hingefallenen, wie toten Jesus, der anfing, gerade in diesem Moment wiederum zu sich zu kommen, ich konnte nicht anders, als das in der folgenden Weise in Worte unserer deutschen Sprache zu bringen. Und ich mußte aus gewissen Gründen heraus diese Worte zuerst unseren damals versammelten Freunden mitteilen, als wir den Grundstein für unseren Dornacher Bau legten. Das, was dazumal gehört wurde, wie Urweisheit wird es sich in deutschen Worten so ausdrücken:

7. 5. 24

Amen
Es walten die Übel
Zeugen sich lösender Ichheit
Von andern erschuldete Selbstheitschuld
Erlebet im täglichen Brote
In dem nicht waltet der Himmel Wille
Indem der Mensch sich schied von Eurem Reiche
Und vergaß Eure Namen
Ihr Väter in den Himmeln.

Sie sehen, meine lieben Freunde, es ist etwas Ähnliches wie ein umgekehrtes Vaterunser, aber so muß man es haben:

Amen
Es walten die Übel
Zeugen sich lösender Ichheit
Von andern erschuldete Selbstheitschuld
Erlebet im täglichen Brote
In dem nicht waltet der Himmel Wille
Indem der Mensch sich schied von Eurem Reiche
Und vergaß Eure Namen
Ihr Väter in den Himmeln.

Nachdem ihm dies erschienen war wie das Geheimnis des Menschenseins auf Erden und seines Zusammenhanges mit dem göttlich-geistigen Sein, kam er wieder zurück zu sich und sah noch die fliehenden Dämonen und die fliehenden Menschen. Er hatte jetzt hinter sich einen großen Lebensaugenblick. Er wußte jetzt auch, wie es stand mit der Entwickelung der Menschheit in Beziehung auf das Heidentum. Er

231

konnte sich sagen: Auch in den weiten Gebieten des Heidentums ist absteigende Entwickelung. – Er hatte diese Erkenntnis nicht durch äußere Beobachtung, sondern durch Beobachtung der Seele gewonnen, diese Erkenntnis, die ihm zeigte: Heidentum wie Judentum bedürfen etwas ganz Neuem, eines ganz neuen Impulses!

Wir müssen festhalten, daß er diese Erfahrungen machte. Er hatte zwar das Zarathustra-Ich in sich; aber er wußte nicht, daß er es in sich hatte, auch dazumal noch nicht. So daß er Erfahrungen machte als Erfahrung, da nicht ein Lehrer da war, der es ihm theoretisch hätte erklären können; er machte diese Erfahrungen als Erfahrung.

Bald nachdem er diese Erfahrung in bezug auf das Heidentum gemacht hatte, trat er seine Heimreise an. Es war so um das vierundzwanzigste Lebensjahr. Als er nach Hause kam, da war ungefähr die Zeit, in der sein Vater starb, und jetzt lebte er mit der Familie und mit der Stief- oder Ziehmutter wiederum in Nazareth. Das Eigentümliche stellte sich heraus, daß ihn ja die anderen alle immer weniger und weniger verstanden. Nur seine Stief- oder Ziehmutter hatte sich doch immer mehr und mehr herangezogen zu einem gewissen Gemüts- oder Liebesverständnis für das Ungeheure – wenn es auch nicht besonders vollständig war in der damaligen Zeit –, das in dieser Seele vorging. Und so konnte zuweilen, wenn auch die Mutter noch weit davon entfernt war, ihn intimer zu verstehen, doch immerhin manches Wort zwischen ihnen gewechselt werden, auch wenn es in bezug auf das, was der Jesus fühlte, noch oberflächlich war, so daß die Mutter immer mehr und mehr heranwuchs zu dem, was in der Jesus-Seele lebte.

Während dieser Zeit machte er aber noch eine besondere Erfahrung, die ihm das dritte große Leid brachte. In der Zeit zwischen seinem vierundzwanzigsten und so gegen das dreißigste Jahr hin kam er immer mehr in Zusammenhang mit einer Gemeinschaft, die sich seit längerer Zeit schon gebildet hatte, mit der Essäergemeinschaft. Diese Essäergemeinschaft bestand aus Leuten, die erkannten, daß eine gewisse Krisis in der Menschheitsgeschichte da war, daß Judentum und Heidentum in ihrer absteigenden Entwickelung angekommen waren auf einem Punkt, wo die Menschen einen neuen Weg suchen müssen, um wiederum die Vereinigung zu finden mit der göttlich-geistigen Welt. Und es war im Verhältnis zu den alten Mysterienmethoden im Grunde genommen doch etwas Neues, was in der Lebensweise lag, die die Essäer suchten, um wiederum hinaufzukommen zur Vereinigung mit der göttlich-geistigen Welt. Besonders strenge Lebensregeln hatten diese Essäer, um nach einem entsagungsvollen, hingebungsvollen Leben, nach einem Leben, das weit hinausging über bloße seelische und intellektuelle Vervollkommnung, die Vereinigung mit dem Göttlich-Geistigen wiederum zu suchen.

Diese Essäer waren im Grunde genommen sogar ziemlich zahlreich in jener Zeit. Ihren Hauptsitz hatten sie am Toten Meere. Aber sie hatten überall einzelne Niederlassungen in den Gegenden Vorderasiens, und ihre Zahl vermehrte sich so, daß da und dort irgend jemand durch Verhältnisse, die ja auf solchem Gebiete immer kommen, ergriffen wurde von der Essäeridee, von dem Essäerideale sich gedrängt fühlte, sich zu den Essäern zu schlagen. Ein solcher mußte dann alles das, was sein Eigen war, hingeben an den Orden, und der Orden hatte für seine Mitglieder strenge Regeln. Ein Einzeleigentum konnte derjenige nicht behalten, der in dem Orden war. Nun hatte der eine da oder dort diese oder jene kleine Besitzung. Wenn er Essäer wurde, fiel diese Besitzung, die vielleicht weit weg war, den Essäern zu, so daß die Essäer solche Besitzungen überall hatten. Da schickten sie gewöhnlich jüngere Brüder hin, nicht denjenigen, von dem der Besitz stammte. Aus dem gemeinsamen Besitz konnte jeder jeden, der für würdig erachtet werden mußte, unterstützen, eine Maßregel, der man am allerbesten ansieht, daß zu verschiedenen Zeiten Verschiedenes der Menschheit frommt, weil eine solche Maßregel in unserer Zeit eine unendliche Härte wäre. Eine solche gab es aber für die Essäer. Die bestand darin, daß jeder befugt war, zu unterstützen aus dem gemeinsamen Gut Menschen, die er für würdig hielt, niemals aber solche, die mit ihm verwandt waren. Das war streng ausgeschlossen, nicht nächste und nicht ferne Verwandte. In dem Orden selbst gab es verschiedene Grade. Der höchste Grad war ein sehr geheimer Grad. Man konnte sehr schwer zu ihm zugelassen werden.

Es ist nun wirklich so, daß in dieser Zeit in bezug auf das Jesusleben Jesus schon so war, daß in ungeheurem Grade das bei ihm vorhanden war, was ich geschildert habe als ein Fluidum, das von ihm ausging, das auf die Menschen wirkte wie die verkörperte Liebe selber, möchte man sagen. Das wirkte auch auf die Essäer, und so kam es, daß er, ohne eigentlich formell Essäer zu sein, an die Essäergemeinschaft herangezogen wurde. Zwischen dem vierundzwanzigsten und dreißigsten Lebensjahre wurde er so sehr mit den Essäern bekannt, daß wir sagen können: Manches, was er mit ihnen erlebt und besprochen hat, was ihre tiefsten Geheimnisse waren, hatte er gelernt.

Was einstmals das Gloriose des Judentums war, von dem erfuhr er zwischen dem zwölften und achtzehnten Lebensjahre; was das Geheimnis der Heiden war, das lernte er kennen zwischen dem achtzehnten und vierundzwanzigsten Lebensjahr. So lernte er jetzt, indem er mit den Essäern unmittelbar umging, indem sie ihn teilnehmen ließen an ihren Geheimnissen, das Geheimnis des Essäers kennen, wie er sich hinaufentwickelte zu einer gewissen Vereinigung mit der göttlich-geistigen Welt. Da konnte er sich sagen: Ja, da ist etwas wie ein Weg, um wiederum zurückzufinden zu dem, was der Zusammenhang mit dem Göttlich-Geistigen ist. – Und man sieht wirklich, nachdem er zwiefach geplagt war, in bezug auf das Judentum und das Heidentum zwiefach geplagt war, wie ihm manchmal aufdämmerte, während er so unter den Essäern weilte, etwas wie die fröhliche Zuversicht, man könne doch wiederum einen Weg finden da hinauf. Aber von dieser fröhlichen Zuversicht sollte ihn die Erfahrung bald abbringen.

Da erfuhr er etwas, was wiederum nicht theoretisch erfahren wurde, wiederum nicht als Lehre erfahren wurde, sondern in unmittelbarem Leben. Als er einstmals ging, nachdem er eben mit den Essäern vereint war, durch das Tor der Essäer, hatte er eine gewaltige, eine tief in seine Seele eingreifende Vision. In unmittelbarer Gegenwart sah er, wie vom Tore der Essäer wie fluchtartig weggingen zwei Gestalten, von denen ihm damals schon in gewisser Weise klar war: Luzifer und Ahriman sind es; sie rannten gleichsam weg vom Tore der Essäer. Diese Vision hatte er dann öfter, wenn er durch Essäertore ging. Essäer waren damals ja schon ziemlich zahlreich, und man mußte auf sie Rücksicht nehmen. Nun durften die Essäer – es hing das zusammen mit der Art, wie sie ihre Seele prägen mußten – nicht durch die gebräuchlichen Tore gehen, die bemalt waren. Der Essäer durfte durch kein Tor gehen, das in der damaligen Weise bemalt war. Er durfte nur durch unbemalte Tore gehen. Ein solches Tor hatte man in Jerusalem, in anderen Städten auch. Durch ein bemaltes Tor durfte der Essäer nicht gehen. Es ist das ein Beweis, daß die Essäer damals ziemlich zahlreich waren. Der Jesus kam an einzelne dieser Tore, und da wiederholte sich ihm sehr häufig die Erscheinung. Bilder sind nicht da, sagte er sich; aber statt der Bilder sah er Luzifer und Ahriman am Tore stehen. Da bildete sich in seiner Seele – was man eben nur unter dem Aspekt des geistig-seelischen Erlebens nehmen muß, um es voll zu würdigen; indem ich es so sage, es theoretisch schildere, ist es natürlich leicht hinzunehmen, aber man muß eben bedenken, wie das Gemütserleben sich gestaltet, wenn man diese Dinge in unmittelbarer geistiger Wirklichkeit erlebt –, es bildete sich durch dieses Erleben in ihm heraus, lassen Sie mich das Wort wiederholen, das ich schon gebraucht habe: die Erlebnisüberzeugung, die nur so ausgesprochen werden kann, daß er sich sagen konnte: Es scheint, als ob der Essäerweg derjenige wäre, das hat sich mir verschiedentlich gezeigt, auf welchem man durch eine Vervollkommnung der individuellen Seele den Weg wiederum zurückfinden könnte in die göttlich-geistigen Welten; aber das wird auf Kosten dessen erlangt, daß die Essäer ihre Lebensweise so einrichten, daß sie sich ferne halten von allem, was in irgendeiner Weise Luzifer und Ahriman an sie herankommen lassen würde. – Sie richteten alles so ein, daß Luzifer und Ahriman nicht an sie herankommen konnten. So mußten Luzifer und Ahriman vor dem Tore stehen. Und jetzt wußte er auch, indem er das Ganze geistig verfolgte, wohin Luzifer und Ahriman immer gingen. Zu den anderen Menschen draußen gingen sie, die nicht den Essäerweg machen konnten! Das schlug furchtbar in sein Gemüt ein, ein stärkeres Leid noch gebend als die anderen Erlebnisse. Es schlug furchtbar ein, daß er sich erlebend sagen mußte: Ja, der Essäerweg konnte Einzelne hinaufführen, und zwar nur dann, wenn sich diese Einzelnen einem Leben widmen, das der ganzen Menschheit nicht zuteil werden kann, das nur möglich ist, wenn einzelne sich aussondern und Luzifer und Ahriman fliehen, die gerade dann zur großen Menge hingehen.

So lag es auf seiner Seele, wie wieder erleben konnten einzelne wenige, was die alten Propheten erlebt hatten aus der großen Bath-Kol, das, was den Heiden erschienen ist beim alten Opfer. Wenn das, was die Nachkommen der Heiden und Juden nicht mehr erleben können, wenn das einzelne auf dem Essäerweg erlangen würden, dann wäre die notwendige Folge diese, daß die große übrige Masse um so mehr von Luzifer und Ahriman und ihren Dämonen befallen würde. Denn die Essäer erkaufen sich ihre Vervollkommnung dadurch, daß sie Luzifer und Ahriman, die so fliehen, den anderen Menschen zuschicken. Auf Kosten der anderen erlangen sie ihre Vollkommenheit, denn ihr Weg ist so, daß er nur von einem kleinen Häuflein eingeschlagen werden kann. Das war das, was Jesus jetzt erfuhr. Das war der dritte große Schmerz, der sich ihm noch besonders dadurch befestigte, daß er wie heraus aus seinen Essäererfahrungen, in der Lebensgemeinschaft der Essäer selber drinnen, etwas wie ein visionäres Gespräch mit dem Buddha hatte, dessen Gemeinschaft, engere Gemeinschaft ja viel Ähnliches hatte mit dem Essäertum, nur um Jahrhunderte älter war –, daß ihm der Buddha damals offenbarte aus der geistigen Welt heraus: Eine solche Gemeinschaft kann doch eben nur da sein, wenn nicht alle Menschen, sondern nur ein kleines Häuflein an ihr teilnehmen. – Es nimmt sich wiederum fast primitiv aus, wenn man sagt: Der Buddha eröffnete dem Jesus, daß mit der Opferschale nur dann die Buddhamönche herumgehen können, wenn nur wenige solche Mönche da sind und die anderen es gewissermaßen büßen mit einem anderen Leben. Das nimmt sich primitiv aus, wenn man es so sagt. Aber etwas anderes ist es, wenn die verantwortliche geistige Macht, wie hier der Buddha, dieses in einer Lage offenbart, in der jetzt der Jesus von Nazareth war.

Und so hatte in dem Leben zwischen dem zwölften und dem dreißigsten Lebensjahre dreifach im Leiden erlebt der Jesus von Nazareth die Entwickelung der Menschheit bis ins einzelne herein. Was jetzt in seiner Seele lebte, was sich zusammengedrängt hatte in dieser Seele, das konnte er so nach dem neunundzwanzigsten Jahre, nachdem die Stief- oder Ziehmutter nach und nach sich zum Verständnis seines Wesens emporgerungen hatte, ihm nahegekommen war, in einem

236

Gespräch mit dieser Mutter entwickeln. Und wichtig, unendlich wichtig wurde nun ein Gespräch des Jesus von Nazareth so gegen sein dreißigstes Lebensjahr mit seiner Stief- oder Ziehmutter, ein Gespräch, das geführt worden war, in dem zum Ausdruck kam wirklich wie in wenige Stunden zusammengegossen alles das, was die Erlebnisse dieser Jahre des Jesus von Nazareth waren, und das bedeutsam wurde dadurch, daß es so war. Unter den geistigen Erfahrungen gibt es wenige, die so bedeutsam sind, wenigstens für eine gewisse Stufe des geistigen Erlebens, als diese, die man hat, wenn man den Blick hinrichtet auf das, was nun der Jesus von Nazareth mit seiner Stief- oder Ziehmutter zu sprechen hatte.

8.5.24

Wir haben heute zunächst zu reden von dem Gespräch Jesu mit seiner Ziehmutter, die sich nach und nach zu einem Verständnis ihres Sohnes durchgerungen hatte. Es war mit ihr eine gewaltige Veränderung vorgegangen. In sie hatte sich hereingesenkt der Geist der anderen Maria, der leiblichen Mutter Jesu aus den geistigen Welten. Den trug sie nun in sich. Von tiefer Bedeutung erweist sich das Gespräch Jesu mit seiner Mutter für das wirkliche Verständnis des Mysteriums von Golgatha vom Standpunkt der geisteswissenschaftlichen Forschung. Immer besser und besser verstand die Mutter Jesus. Eine Art von Empfindungsverständnis war es. Nun konnte Jesus sprechen über den dreifachen Schmerz, den er erfahren hatte. Was er sprach, war wie eine Art Zusammenfassung dessen, was seit dem zwölften Jahre in seiner Seele vorgegangen war. Er sprach zu seiner Mutter von seinen Erlebnissen vom zwölften bis achtzehnten Jahre. Er sprach von den großen Lehren der Bath-Kol. Er sprach davon, wie niemand ihn hatte verstehen können, wie er nicht sprechen konnte von dem, was ihn drängte, es jemand mitzuteilen. Er sagte der Mutter, wenn die alten Lehren auch dagewesen wären, die Menschen hätten gefehlt, sie zu verstehen.

Dann sprach er von der zweiten Art der schmerzlichen Erlebnisse. Er sprach von jenen Ereignissen vor dem verfallenen Opferaltar, er sprach davon, wie er eingedrungen war in die alten Mysterien, bei denen die göttlich-geistigen Wesenheiten unmittelbar herniedergestiegen waren, wie auch in dieser Beziehung ein Herabstieg stattgefunden hatte. Statt der guten alten Heidengötter waren es Dämonen, die teilnahmen an den Opferfesten. Er sprach von den großen kosmischen Ereignissen, von dem gewissermaßen umgekehrten Vaterunser. Es war ein außerordentliches Gespräch, das er da führte mit seiner Mutter. Er sprach davon, wie er hatte erkennen müssen, wie Luzifer und Ahriman flohen vor den Toren der Essäer und zu den anderen Men-

238

schen kamen, die die strengen Ordensregeln nicht mitmachen konnten. Von alldem sprach er. Es war wie ein Aufrollen seines bisherigen Lebens. Es war ein Gespräch, das dadurch seine Prägung bekam, daß die Worte nicht bloß Worte der Erzählung, daß in den Worten nicht bloß lag, was sonst in Worten liegt, sondern was er sagte, war in Worte geprägtes innerstes Erlebnis, in Worte gedrückter Schmerz und Leid, umgewandelt in unendliche Liebe, Schmerz, der sich in Liebe und Wohlwollen verwandelt hatte. Wie Realitäten strömten diese Worte hinüber zu der Mutter. Wie ein Stück Seele selbst erschien es, was da von Jesus weg und zur Mutter überging. In wenigen Stunden drängte sich zusammen alles das, was mehr war als ein bloßes Erlebnis. Ein kosmisches Erlebnis war es im wahrsten Sinne des Wortes. Es konnte Jesus von Nazareth nur Worte reden, aber es lag ein Teil seiner Seele in diesen Worten. Und vieles müßte man erzählen, wenn man charakterisieren wollte, was die Akasha-Chronik gibt. So kam es im Verlaufe dieses Gesprächs, daß es klar vor Jesus' Seele stand, an welchem Punkte die Menschheitsentwickelung angelangt war. Jetzt dämmerte in ihm auf ein immer deutlicheres Bewußtsein, daß die Zarathustra-Seele in ihm war. So fühlte er, wie er als Zarathustra die damalige Menschheitsentwickelung mitgemacht hatte. Was ich jetzt zu Ihnen spreche, waren nicht die Worte, die Jesus zu seiner Mutter sprach, sondern er drückte sich so aus, wie es für sie verständlich war. Was er da fühlte, machte ihm das Geheimnis der Menschheitsentwickelung klar. Unvergleichlich ist der Eindruck, wie Jesus das innerlich empfindet und erlebt, während er mit seiner Mutter spricht. Er redet der Mutter davon, wie jedes Menschenalter seine bestimmten Kräfte hat und daß dies von großer Bedeutung ist. Es gab einmal ein Menschheitszeitalter, die uralt indische Kultur, wo die Menschen ganz besonders groß waren dadurch, daß das ganze Leben durchglüht war von den kindlich sonnenhaften Kräften des ersten Kindheitsalters. Etwas von diesen Kräften ist heute noch in uns von unserem ersten bis siebenten Lebensjahr.

Dann kam eine zweite Periode, die uralt persische Zeit, die beseelt war von den Kräften, die heute beim Menschen wirken zwischen dem siebenten und vierzehnten Lebensjahr.

Dann lenkte Jesus den Blick auf das dritte Zeitalter, die ägyptische Zeit, in welcher die Kräfte herrschten, die jetzt beim Menschen wirken vom vierzehnten bis einundzwanzigsten Jahre, da wo die Empfindungsseele eine große Rolle spielt in der einzelnen Entwickelung. In dieser ägyptischen Zeit wurden die astronomischen und mathematischen Wissenschaften gepflegt.

Und nun stieg in Jesu die Frage auf: In welchem Zeitalter leben wir jetzt, was kann der Mensch erleben zwischen dem einundzwanzigsten und achtundzwanzigsten Lebensjahr? Und er empfand, daß das, was das äußere Leben beherrschte, die Kräfte waren, die ausgegossen waren über die griechisch-lateinische Kultur, daß das aber auch die letzten Kräfte waren. Der Sinn des einzelnen menschlichen Lebens stand in seiner ganzen Wucht vor den Augen des Jesus von Nazareth. Vom achtundzwanzigsten bis fünfunddreißigsten Jahre überschreitet der Mensch dann die Mitte des Lebens und beginnt seinem Alter entgegenzuleben. Da sind keine neuen Lebenskräfte mehr vorhanden; die ererbten Kräfte der Götter sind erschöpft. Die aufsteigenden Kräfte sind bis hierher da, sie werden aufgezehrt bis zur Lebensmitte. Was nun? Es zeigte sich nirgends etwas Neues, woraus Kräfte für die Menschheit entstehen könnten. Die Menschheit müßte verdorren, wenn nichts Neues geschieht. Diese Krisis mußte Jesus eine gewisse Zeit durchleben, und dann löste sich das Zarathustra-Ich, dessen Besitz ihm kurz vorher erst aufgeblitzt war. Er hatte sich gleichsam so identifiziert mit der Menschheitsentwickelung, daß das Zarathustra-Ich während seiner Worte an die Mutter wegging. Zurück blieben nur die drei Hüllen, und Jesus wurde wieder das, was er mit zwölf Jahren gewesen war, aber mit alldem, was er durch die Erlebnisse des Zarathustra hatte hereinsenken können. Nun war es wie ein Impuls, der ihn hinzog an den Jordan zu Johannes dem Täufer. Und dort senkte sich in den Jesus von Nazareth dasjenige, was verjüngend in den Menschheitsprozeß einfließen mußte, damit die Menschheit nicht verdorre: die Christus-Wesenheit. Dieser Christus-Impuls zog ein zu einer Zeit, als die Menschen zu seiner Aufnahme am schlechtesten vorbereitet waren. Mit dem Gemüte konnten die Menschen sich hingezogen fühlen zu Christus, aber von den Weisheiten und Kräften der

240

früheren Zeitalter war nichts mehr vorhanden. So wirkte Christus zunächst nur als Kraft, nicht als Lehrer. Aber auch heute noch ist die Menschheit nicht besonders weit im Verstehen des Christus-Impulses.

Die Wirksamkeit des Christus hing zunächst nicht ab von dem Verständnis, das ihm entgegengebracht wurde. Durch drei Jahre hindurch senkte sich in den Jesus von Nazareth die Christus-Wesenheit. Daß ein Gott in einen menschlichen Leib einzog, das war nicht nur eine Angelegenheit der Menschen, das war zugleich eine Angelegenheit der höheren Hierarchien. Inkarniert sein in einem menschlichen Leibe, das hatte bis dahin kein Gott erlebt. Das ist das Erschütternde: das Leben eines Gottes im Menschenleibe während dieser drei Jahre. Aber es war nötig, damit wieder ein Aufwärtskommen der Menschen möglich wurde.

Erst war die Christus-Wesenheit nur lose verbunden mit dem Jesus von Nazareth, aber immer dichter und dichter verband sie sich mit seinem Leibe bis zum Kreuzestode hin in fortwährender Entwickelung. An Verständnis in bezug auf geistige Dinge, hat die Menschheit seither nicht zugenommen. Unmöglich wäre sonst ein heutiges Vorkommnis, wie es das Buch *Maeterlincks* «Vom Tode» ist. Das ist ein dummes Buch. Darin wird gesagt: Wenn der Mensch entkörpert sein wird, dann sei er ja Geist, dann könne er nicht mehr leiden. – Das ist gerade das Gegenteil von dem, was wahr ist. Leiden muß immer der Geist, nicht der Leib. In dem Maße, als sich die Individualität steigert, steigern sich auch die Schmerzen, die Gefühle. Unmöglich ist daher auch für den heutigen Menschen das Verständnis für den erlittenen Schmerz des verkörperten Gottes.

Eine der Frauen wollte Jesus im Grabe suchen. Ein Geistleib war er. Nicht mit physischen Sinnen war Christus zu suchen. Wie eine Wiederholung dieses Suchens waren die Kreuzzüge im Mittelalter. Das war dasselbe vergebliche Suchen. Und gerade um diese Zeit der Kreuzzüge standen die deutschen Mystiker auf, welche wieder in der rechten Weise eine Verbindung mit Christus suchten. Christus wirkte auch da, wo seine Lehre nicht war; er wirkte als Kraft in der ganzen Menschheit.

Nach der Taufe am Jordan war der Christus noch lose gebunden an den Leib des Jesus. Der erste, der ihm begegnete, war Luzifer. Er ließ walten alle die Kräfte, die man in einer Wesenheit in bezug auf Hervorrufen des Hochmuts entfalten kann. «Wenn du mich anerkennst, will ich dir alle Reiche der Erde geben.» Rasch war diese Attacke zurückgeschlagen. Bei der zweiten Versuchung kamen Luzifer und Ahriman zusammen, indem sie in den Worten «Stürze dich hinab» bei Christus hervorrufen wollten Furcht und Angst.

Beim drittenmal erschien Ahriman allein mit seiner Aufforderung: «Sprich, daß diese Steine Brot werden.» Diese Frage des Ahriman ließ einen ungelösten Rest zurück; sie wurde nicht restlos beantwortet. Daß das nicht geschehen konnte, hängt zusammen mit den innersten Kräften der Erdentwickelung, insofern Menschen dazugehören.

Darin liegt etwas wie die Geldfrage. Diese hängt zusammen mit der ahrimanischen Frage. Ahriman behielt einen Teil seiner Gewalt über Christus Jesus. Das zeigte sich in dem Judas Ischariot. In dem Verrat des Judas wirkt diese ungelöste Frage nach.

Dann wurde noch davon gesprochen, daß es nur in der Finsternis möglich war, daß der Christus-Impuls sich beim Kreuzestod der Erde mitteilen konnte. Ob es eine Sonnenfinsternis war oder ob die Finsternis von etwas anderem herrührt, kann heute noch nicht bestimmt gesagt werden. Zuletzt sehr dringende Bitte um Geheimhaltung dieser Enthüllungen.

242

München, 8. Dezember 1913

Erster Vortrag

25.11.07

Es hat sich durch gewisse Pflichten, die einem aus der geistigen Welt heraus auferlegt werden, für mich die Notwendigkeit ergeben, in der letzten Zeit einiges zu erforschen in bezug auf das Leben des Christus Jesus. Sie wissen, daß es möglich ist, durch die sogenannte Akasha-Chronik-Forschung zu Ereignissen, die sich in der Vergangenheit vollzogen haben, Zugang zu gewinnen. So wurde denn versucht, einen Zugang zu gewinnen zu dem wichtigsten Ereignis der Erden-entwickelung, dem Ereignis, das zusammenhängt mit dem Mysterium von Golgatha. Mancherlei hat sich da ergeben, was ergänzend wirken kann zu den mehr geisteswissenschaftlichen Ausführungen, die Ihnen bei verschiedenen Gelegenheiten über das Mysterium von Golgatha gegeben wurden. Von anderer Art ist das, was jetzt aus der Akasha-Chronik-Forschung sich ergeben hat; es ist gewissermaßen mehr konkreter Art, eine Summe von Tatsachen, die sich auf das Leben des Christus Jesus beziehen. Es werden sich, wie zu hoffen ist, diese Tatsachen im Laufe der Zeit zusammenschließen zu einer Art von Fünftem Evangelium, und wir werden am nächsten Zweigabend darüber sprechen, warum es gerade in unserer Zeit notwendig ist, aus den okkulten Quellen heraus das zu holen, was man in gewisser Beziehung als ein Fünftes Evangelium bezeichnen kann.

Heute will ich zunächst einzelne Erzählungen geben, welche sich beziehen auf die Jugend des Jesus von Nazareth und welche gipfeln sollen in einem wichtigen Gespräch, das er mit seiner Stief- oder Ziehmutter geführt hat. Einiges von dem, was so als Fünftes Evangelium nunmehr zu besprechen sein wird, hat ja Fräulein *Stinde* einigen von Ihnen schon mitgeteilt; aber ich werde des Zusammenhanges wegen auch die Dinge kurz erwähnen müssen, welche so schon einigen von Ihnen vorgetragen worden sind.

Beginnen möchte ich heute in meiner Erzählung mit jenem Ereignis, das ich Ihnen schon öfter charakterisieren durfte, mit dem

Hinübergehen des Zarathustra-Ichs in die leiblichen Hüllen jenes Jesusknaben, der abstammt aus der nathanischen Linie des Hauses David. Kurz erwähnen will ich, daß nach der Akasha-Chronik-Forschung zwei Jesusknaben ungefähr zu gleicher Zeit geboren worden sind. Der eine ist geboren worden aus dem, was wir nennen können die salomonische Linie des Hauses David, der andere aus der nathanischen Linie des Hauses David. Sehr verschieden waren die beiden in bezug auf ihr ganzes Knabenleben. In dem Leibe, der abstammte aus der salomonischen Linie des Hauses David, war enthalten dasselbe Ich, das einstmals als Zarathustra über die Erde gegangen ist, und das war vorgerückt zu einem Geiste, der allerdings, wie es in solchen Fällen vorkommt, in den ersten zwölf Jahren kindlich wirkte, aber mit den allerhöchsten Gaben ausgestattet sich zeigte, der mit großer Schnelligkeit alles lernte, was die menschliche Kulturentwickelung bis in jenes Zeitalter hervorgebracht hatte. Einen Knaben von höchster Begabung würden wir – nach dem, was sich ergibt aus der Akasha-Chronik – diesen Knaben aus der salomonischen Linie des Hauses David nennen können. Den anderen Jesusknaben aus der nathanischen Linie können wir nicht mit solchen Prädikaten ansprechen. Er war im Grunde genommen das, was man unbegabt nennen möchte für alles das, was man durch die Errungenschaften der Erdenwissenschaften und Künste des Menschen erlernen kann. Er erwies sich sogar ziemlich abgeneigt, irgend etwas von dem zu erlernen, was sich die Menschheit errungen hat. Dagegen zeigte dieser Jesusknabe im höchsten Maße tiefe Genialität des Herzens; er strahlte schon im frühesten Knabenalter die wärmste Liebe aus, die sich denken läßt, nahm alles das auf an menschlich-irdischen Begriffen, was dazu führen kann, ein Leben in Liebe zu entfalten.

Wir wissen nun auch schon, daß, nachdem die beiden Knaben ungefähr zwölf Jahre alt geworden waren, das Ich des Zarathustra herausging, wie das ja in okkulten Vorgängen der irdischen Menschheitsentwickelung zuweilen vorkommt. Es ging heraus aus dem darnach absterbenden Leib des Jesusknaben aus der salomonischen Linie und ging hinüber in die leiblichen Hüllen des anderen Jesusknaben. Das Lukas-Evangelium deutet das dadurch an, daß es erzählt, wie

244

dieser Jesusknabe dann unter den Schriftgelehrten saß und seine staunenswerten Antworten gab und von seinen eigenen Eltern kaum wiedererkannt wurde. So haben wir fortan heranwachsend vom zwölften Lebensjahre an jenen Jesusknaben mit dem Genie des Herzens, der gleichsam die Summe aller menschlichen Gaben, die sich auf Gefühl und Gemüt beziehen, in sich vereinigt hatte; wir haben die Vereinigung des Ich des Zarathustra mit diesem Jesusknaben, der aber in dieser Zeit ja noch nicht wußte, was sich mit ihm vollzog: daß es das Ich des Zarathustra war, das den Leib des salomonischen Jesusknaben verließ und in ihn einzog und in seinen leiblichen Hüllen schon wirkte, so daß beide Elemente sich in höchster Vollkommenheit nach und nach durchdrangen.

Wir wissen auch, daß die leibliche Mutter des nathanischen Jesusknaben bald starb, ebenso der Vater des salomonischen Jesusknaben, und wir wissen, daß *eine* Familie wurde aus den beiden Familien, denen die zwei Jesusknaben entsprossen waren, so daß der nathanische Jesus aus der anderen Familie herüber Stiefgeschwister bekam und ihm die leibliche Mutter des salomonischen Jesusknaben zur Stief- oder Ziehmutter wurde. In dieser Familie wuchs er nun in Nazareth heran. Die außerordentliche Begabung, die er gezeigt hatte, als er im Tempel unter den Schriftgelehrten jene großen, gewaltigen Antworten gab, die alle in Erstaunen versetzte, das steigerte sich des weiteren. Es war etwas Wunderbares, was in der Seele dieses nathanischen Jesusknaben, in dem das Ich des Zarathustra enthalten war, vorging vom zwölften bis etwa zum achtzehnten Lebensjahre: Wie aus den untergründigen Tiefen seines Seelenlebens heraufkam etwas, was ein anderer Mensch in der damaligen Zeit nicht hat erleben können; eine ungeheure Reife des geistigen Urteils neben einer tiefen Ursprünglichkeit seiner seelischen Fähigkeiten machte sich geltend. Zum Staunen seiner Umgebung sprach zu seiner Seele immer deutlicher und deutlicher jene gewaltige göttliche Stimme aus den geistigen Regionen, welche man in den hebräischen Geheimlehren die große Bath-Kol nannte. Aber anders als zu den Schriftgelehrten, in erhabener Weise sprach zu diesem heranwachsenden Knaben die große Bath-Kol. Wie eine innere, wundersame Erleuchtung kam es herauf.

245

So kam es herauf, daß schon in dieser Jugend der Jesus von Nazareth sich in trauriger Stimmung sagen konnte: Was ist aus der hebräischen Menschheit geworden seit jenen Zeiten, seit diese Menschheit die alten Propheten vernommen hat, jene alten Propheten, welche noch selber durch ihre Inspirationen und Intuitionen die geistigen Geheimnisse aus höheren Welten herabbekommen haben? – Da ging diesem Jesus von Nazareth durch innere Erleuchtung auf, daß einstmals eine innige Kommunikation zwischen den alten hebräischen Propheten und den göttlich-geistigen Mächten da war; daß die größten Geheimnisse sich den alten Propheten offenbarten durch die heilig-ernste Stimme der großen Bath-Kol. Aber anders waren die Zeiten geworden bis zu der Gegenwart, in der damals Jesus von Nazareth lebte. Gelehrte, Schriftgelehrte waren da, auch einige Propheten, die nur Nachklänge, schwache Nachklänge erfassen konnten von dem, was einstmals die großen Propheten als Offenbarung erhalten hatten. Aber alles das, was in der Gegenwart erreicht werden konnte, war nur ein Schatten der alten Lehren. Was aber in den Schriften aufbewahrt war als Tradition, von dem fühlte und spürte Jesus – der es nun erhielt durch seine unmittelbare innere Inspiration, durch Lichter, die in ihm von Tag zu Tag immer mehr und mehr aufglänzten, daß es zwar da war, aber daß die Gegenwart nicht mehr geeignet war, es zu verstehen. Gewaltig war sein Leben in diesen Inspirationen.

Es ist ein ungeheuer starker Eindruck, den man bekommt, wenn man den geistigen Blick hinlenkt auf diese Stelle der Erdenentwickelung, wenn man das, was in uralten Zeiten gleichsam den urväterlichen Propheten geoffenbart war, wiederum aufleuchten sieht in der Seele des Jesus von Nazareth und sieht, wie einsam er dastand in der Menschheit, die ohne Verständnis war für das, was er erlebte. Er mußte sich sagen: Selbst wenn laut und vernehmlich die große Bath-Kol vom Himmel spräche, es sind keine Menschen da, die sie verstehen könnten. Was ist aus der Menschheit geworden? – Das legte sich als gewaltiger Schmerz auf seine Seele. So sehen wir den Knaben heranwachsen ins Jünglingsalter hinein. Von Woche zu Woche stiegen ihm neue Erkenntnisse auf, aber jede neue Erkenntnis verknüpfte sich für ihn mit einem immer mehr und mehr sich vergrößernden

Leid, mit tiefem, tiefem Schmerz über das, was die Menschheit verlernt, vergessen hat, was sie jetzt nicht mehr verstehen kann. Der ganze Niederstieg der Menschheit lud sich ab auf die Seele des Jesus von Nazareth. Man lernt mancherlei von Schmerz und Leid kennen, das Menschen auf der Welt zu erdulden haben, wenn man den geistigen Blick hinrichtet auf die Menschheitsevolution; aber ungeheuer ist der Eindruck, den man bekommt aus jener Seele heraus, die aus reinem Mitgefühl mit der Menschheit den höchstgesteigerten Schmerz, den konzentriertesten Schmerz empfand über den Niederstieg der Menschheit, über das, was die Menschheit nicht mehr fähig war aufzunehmen von dem, was für sie aus geistigen Welten bereitet war. Dieser Schmerz steigerte sich um so mehr, als in der ganzen Umgebung des Jesus von Nazareth zwischen seinem zwölften und achtzehnten Lebensjahr niemand war, mit dem er irgendwie darüber hätte sprechen können. Selbst die besten Schüler der großen Gelehrten wie *Hillel* verstanden das Große nicht, das sich in der Seele des Jesus von Nazareth offenbarte. Er war allein mit seinen Offenbarungen und allein mit seinem unendlichen, die Menschheit in grenzenlosem Mitgefühl umfassenden Schmerz. Diese Seelenstimmung möchte ich Ihnen vor allen Dingen charakterisieren in Jesus von Nazareth. Während er das alles innerlich durchlebte, während Welten sich abspielten in seinem Inneren, arbeitete er äußerlich anspruchslos im Geschäfte seines Vaters, das eine Art Schreinerhandwerk, Zimmermannshandwerk war. Und so reifte er heran bis zu seinem achtzehnten Lebensjahre. Dann sollte er nach dem Willen der Familie eine Art Wanderung durch die Welt machen, von Ort zu Ort ziehen, um da und dort eine Zeitlang zu arbeiten. So tat er es auch. Und damit kommen wir zu einer zweiten Epoche in der Jugend des Jesus von Nazareth, die etwa vom achtzehnten bis zum vierundzwanzigsten Lebensjahre dauerte.

Er zog herum an mancherlei Orten, Orten inner- und außerhalb Palästinas. In allerlei Gegenden der Heiden kam er; Juden und Heiden suchte er schon dazumal auf. Ein Eigenartiges konnte man bemerken in dieser Persönlichkeit, das immer zum Lehrreichsten gehören wird, wenn man versucht, die Geheimnisse der menschlichen Tiefen zu erforschen: Man konnte bemerken, daß der ungeheure Schmerz, den er in seiner Seele durchlebt hatte, sich verwandelte in ungeheure Liebe, wie er so oft es tut, wenn er selbstlos ist, in eine Liebe, die nicht nur durch Worte, sondern schon durch die bloße Gegenwart wirkt. Wenn er in die Familien eintrat, in deren Mitte er arbeiten sollte, so wußte man durch die Art, wie er sich gab, durch die Art, wie er eben war, daß die Liebe, die überhaupt nur aus einem Menschen kommen kann, aus dieser Seele herausstrahlte; eine Liebe, die allen wohl tat, in deren Atmosphäre alle leben wollten, die sie gewahrten. Und diese Liebe war verwandelter Schmerz, war die Metamorphose des Schmerzes. Vieles trug sich zu, was bei den Leuten, in deren Mitte er lebte, den Eindruck hervorrief, daß man es mit einem Menschen zu tun habe, wie er noch niemals über die Erde gewandelt war. Bei Tag arbeitete er; abends versammelten sich die Familien an den Orten, wo er arbeitete und da war er unter ihnen. Alles was von seiner Liebe ausstrahlen konnte, lebte in solchen Familien. Man glaubte mehr als einen bloßen Menschen vor sich zu haben, wenn er seine einfachen Worte sprach, die aber durchtränkt waren von dem, was er vom zwölften bis zum achtzehnten Lebensjahre durchlebt hatte. Und dann, wenn er wiederum weggezogen war von dem Orte, dann war es in diesen Familien, wenn sie sich zusammensetzten, so als ob sie ihn noch unter sich fühlten, wie wenn er gar nicht weg wäre. Man fühlte seine Gegenwart noch immer. Ja, es kam immer wieder und wiederum vor, daß alle zusammen eine reale Vision hatten: Während sie von dem sprachen, was er gesagt hatte, während sie innerlich frohlockten in dem, was sie nachfühlten von seiner Gegenwart, sahen sie, wie er zur Türe hereinkam, sich unter ihnen niedersetzte, fühlten seine liebe Gegenwart, hörten ihn sprechen. Er war nicht da in physischer Gegenwart, aber eine allen gemeinsame Vision war da.

So bildete sich allmählich in vielen Gegenden eine Gemeinsamkeit heraus zwischen Jesus von Nazareth und den Leuten, mit denen er in Berührung kam im Laufe der Jahre. Und überall erzählte man von dem Manne der großen Liebe. Mancherlei bezog man auf ihn, was in den heiligen Schriften stand. Die Schriften verstand man zwar nicht, auch ihn verstand man wenig mit dem Verstand; aber mit dem Herzen erfühlte man um so inniger seine Liebe, das Außerordentliche seines Daseins und seiner Wirkung. Er kam nicht nur in hebräische, sondern auch in heidnische Gegenden, auch außerhalb Palästinas. Sein Weg führte ihn merkwürdigerweise auch in solche heidnische Gegenden, wo die heidnischen Lehren in den Niedergang gekommen waren. Manche heidnische Orte lernte er kennen, deren alte Kultstätten verfallen waren.

Und da kam er eines Tages in einen Ort, der besonders unter dem Verfall der alten heidnischen Kultstätten, der alten heidnischen Priesterschaft gelitten hatte. Die heidnischen Kultstätten waren ja ein äußerer Abdruck dessen, was da oder dort in den Mysterien gepflegt worden war. Die Zeremonien in den Kultstätten waren Abbilder der Mysteriengeheimnisse. Aber das alles war im Niedergang begriffen, war in vielen Gegenden verfallen. Da kam denn Jesus von Nazareth an eine Kultstätte, wo auch die äußeren Bauanlagen aus ihm unbekannten Gründen in Verfall geraten waren. Ich weiß heute noch nicht, an welchem Orte diese Kultstätte war. Leider ist es nicht möglich gewesen, den Ort nach genauer Lage und Namen in der Akasha-Chronik zu ermitteln; aus irgendeinem Grunde ist der Eindruck des Ortes sozusagen auf der Landkarte der Erde verwischt. Was ich Ihnen erzähle, ist absolut richtig beobachtet, wie ich meine, nur ist es nicht möglich, den Ort anzugeben; aus irgendwelchem Grunde ist er nicht aufzufinden. Aber es war ein heidnischer Ort, eine verfallene Kultstätte, ringsherum das Volk traurig und krank und mit allerlei Krankheiten und Mühsalen beladen. Weil es beladen war mit solchen Krankheiten und Mühsalen, war die Priesterschaft fortgezogen, war geflohen. Die Kultstätte war verfallen. Das Volk fühlte sich unglücklich, weil seine Priester es verlassen hatten. Ein ungeheures Elend war da, als Jesus in dieser heidnischen Kultstätte einzog. Als er herannahte, wurde er von einigen bemerkt und gleich ging es wie ein Lauffeuer durch das Volk: Da zieht einer heran, der uns helfen kann! – Denn durch das, was als Kraft von seiner Liebe, die schon zu einer Art heiligender Liebe geworden war, ausstrahlte, fühlten die Menschen, wie wenn jemand Besonderer herankäme, wie wenn ihnen der Himmel selber geschickt hätte wiederum einen ihrer Kultpriester. In großen Scharen strömten sie zusammen; sie hofften, daß nun wiederum ihr Kult verrichtet werden könne. Jesus von Nazareth war nicht geneigt, den heidnischen Kult zu verrichten, wie das ja begreiflich ist; aber als er sich die Leute ansah mit seinem jetzt schon bis zu einer Art von Hellsehertum gesteigerten Blick, der aus Schmerz und Liebe geboren war, ging ihm schon etwas auf von dem Wesen des Verfalls des Heidentums. Da lernte er eben das Folgende erkennen. Er wußte: In uralten Zeiten, in denen einstmals die noch guten Priester gedient und geopfert haben, da neigten sich an diesen Kultstätten herab zu den heidnischen Opfern und Kulthandlungen gute geistige Wesenheiten aus der Sphäre der höheren Hierarchien. Aber nach und nach – das ging ihm auf – war das Heidentum verfallen. Während früher die Ströme der Barmherzigkeit und Gnade der guten, von den Heiden verehrten Götter auf die Opferaltäre herabgesendet wurden und sich verbanden mit dem Opfer, waren jetzt Dämonen, Sendlinge von Ahriman und Luzifer herabgekommen. Die schaute er unter dem Volke und er erkannte, daß diese dämonischen Wesenheiten eigentlich die Ursache der bösen Krankheiten waren, die unter dem Volke wüteten, das ihn jetzt in tiefster Seele erbarmte. Und als er diese geheimnisvollen Zusammenhänge wahrgenommen, als er so hinter das Geheimnis des niedergehenden Heidentums kam, fiel er wie tot hin. Furchtbar wirkte dieser Vorgang auf das Volk, das glaubte, ein vom Himmel gekommener Priester sei da. Es sah nun den Menschen hinfallen und floh, floh verstört hinweg von dem Orte, zu dem es noch eben hingeströmt war. Mit dem letzten Blicke, den er noch in seinem gewöhnlichen Bewußtsein hinrichtete auf das fliehende Volk, sah Jesus von Nazareth mit dem Volke fliehen die Dämonen; aber noch immer umgaben ihn andere Dämonen. Dann trat das alltägliche Bewußtsein zurück und er fühlte sich wie hinauf entrückt in eine höhere geistige Welt, aus der einstmals der Gnadesegen der Heidengötter geflossen war, die mit den Opfern sich vereinigt hatten. Und so, wie er sonst die Stimme der großen Bath-Kol vernommen hatte, so vernahm er jetzt die Klänge aus den göttlich-geistigen Reichen, aus jenen Hierarchien, welchen die heidnischen guten Götter angehörten. Menschliche Uroffenbarung vernahm er in diesem entrückten Zustand.

Ich habe versucht, in deutsche Worte zusammenzufassen, was er da hörte; so gut es mir möglich war, das wiederzugeben, was er gehört hat. Und charakteristisch ist es: Es war mir möglich, diese Worte zuerst bei der Grundsteinlegung unseres Dornacher Baues mitzuteilen. Es ist wie das umgekehrte christliche Vaterunser, das er dann erst viel später selber zu offenbaren hatte in der bekannten Art. Jetzt aber wirkte es auf ihn so, wie es einstmals vor dem Beginne der Erdenentwickelung hätte geoffenbart werden können als kosmisches Vaterunser. So klingt es, wenn man es in deutsche Worte überträgt:

Amen
Es walten die Übel
Zeugen sich lösender Ichheit
Von andern erschuldete Selbstheitschuld
Erlebt im täglichen Brote
In dem nicht waltet der Himmel Wille
In dem der Mensch sich schied von Eurem Reich
Und vergaß Euren Namen
Ihr Väter in den Himmeln.

Also so:

Amen
Es walten die Übel
Zeugen sich lösender Ichheit
Von andern erschuldete Selbstheitschuld
Erlebt im täglichen Brote
In dem nicht waltet der Himmel Wille
In dem der Mensch sich schied von Eurem Reich
Und vergaß Euren Namen
Ihr Väter in den Himmeln.

Was so aus den Regionen, aus denen einstmals die Götter der Heiden gewirkt hatten, zu ihm sprach, war ihm wie eine große, gewaltige Offenbarung. Diese Worte, die sich zunächst einfach anhören, enthalten in der Tat das Geheimnis des ganzen Eingekörpertseins des Menschen in die physisch-irdische Leiblichkeit, das Verbundensein mit der physischen Erdenleiblichkeit. Dieses Geheimnis enthalten sie. Man kommt immer mehr und mehr darauf, wie ich mich selbst überzeugt habe durch nach und nach erfolgende Meditation dieser Worte, zu erleben, welch ungeheure Tiefen in diesen Worten enthalten sind. Man möchte sagen, der ganze uralte heidnische Himmel, der sich in diesem Geheimnis der Menschheitwerdung wie in einem makrokosmischen Vaterunser aussprach, wirkte dazumal auf den hingefallenen Jesus von Nazareth, der in einem entrückten Zustand war. Und als er wieder zu sich kam, da sah er noch die letzten entfliehenden Dämonen, die an die Stelle der alten guten heidnischen Götter getreten waren, sah in weiter Ferne das Volk fliehen. Er aber hatte zu dem Schmerz, den er erlitten hatte durch die Offenbarungen der Bath-Kol, für die die Menschheit nicht mehr reif war, nun den zweiten Schmerz erlitten dadurch, daß er erkennen mußte: Auch das, was einstmals zu dem Heidentum gesprochen hatte, auch das, was göttlich-geistige Offenbarungen für das Heidentum waren, ist im Niedergang begriffen. Wenn auch alle Stimmen der Himmel heute ertönen würden: die Menschheit hätte nicht die Fähigkeit, sie aufzunehmen. – So mußte er sich sagen.

Es ist ein ungeheurer Eindruck, zu sehen, wieviel Schmerz notwendig war, der aufgehäuft werden mußte in einer Seele, damit das Mysterium von Golgatha vorbereitet werden konnte. Der Eindruck ist ein ungeheurer, zu erkennen durch diese Dinge, welch ein Schmerz einfließen mußte in jenen Impuls, den wir den Christus-Impuls für die weitergehende Erdenentwickelung nennen. So hatte Jesus auch das Wesen des Heidentums und das Wesen seines Verfalls kennengelernt.

Als er etwa vierundzwanzig Jahre alt geworden war, begab er sich nach Hause; es war ungefähr um dieselbe Zeit, da sein leiblicher Vater starb. Mit seinen Geschwistern, die alle seine Stiefgeschwister waren, und seiner Zieh- oder Stiefmutter war er nun allein. Jetzt stellte sich etwas Eigentümliches ein: Nach und nach entflammte die Liebe und das Verständnis der Stief- oder Ziehmutter für ihn immer mehr und mehr, während die Geschwister ihn nicht verstanden. Es keimte in ihr etwas wie ein Genie des Herzens auf. Sie konnte mit ihrem Gemüt den Einsamen, der das Leid der Menschheit in sich trug, nach und nach – wenn auch nur nach und nach – verstehen, während sich die Brüder nicht daran kehrten.

Zunächst aber sollte er noch etwas anderes kennenlernen: die Gemeinschaft, die ihm sozusagen den dritten Aspekt des Verfalls der Menschheit zeigte. Er sollte kennenlernen die Essäergemeinschaft. Diese Essäergemeinschaft, die ihren Hauptsitz am Toten Meer hatte, war damals in der Welt weit verbreitet. Sie war ein strenger, in sich geschlossener Orden, der anstrebte, durch ein gewisses geregeltes, entsagungsvolles Leben wieder hinaufzudringen zu jenen Stufen, über die die Menschheit bei ihrem Verfalle herabgestiegen war; durch Übungen der Seele hinaufzukommen zu jener Seelenhöhe, auf der wiederum etwas vernommen werden konnte von – gleichgültig, ob man es nun im jüdischen Sinne nennt die große Bath-Kol oder im heidnischen Sinne die alte Offenbarung. Durch strenge Trainierung der Seele und Abgeschlossenheit von dem, was sonst die Menschheit pflegte, wollten die Essäer das erreichen. Was sie erstrebten, hatte viele angezogen. Sie hatten mancherlei Besitzungen weithin über das Land. Wer Essäer werden wollte, mußte das, was er ererbt hatte oder noch ererben konnte, dem gemeinschaftlichen Besitz übergeben. Niemand durfte Eigentum für sich behalten. Viele Essäer hatten da oder dort ein Haus oder Landgut, das sie dem Orden verschrieben. Der hatte dadurch überall seine Niederlassungen zerstreut in den vorderasiatischen Gegenden, namentlich in Palästina, auch in Nazareth. Alles mußte Gemeingut sein. Große Wohltaten verrichtete der Essäerorden. Niemand besaß etwas für sich. Jeder durfte von dem gemeinsamen Besitz weggeben an jeden, den er für einen armen oder bresthaften Menschen hielt. Durch Übungen der Seele kam man zu einer gewissen Heilkraft, die ungeheuer wohltätig wirkte. Einen Grundsatz hatten sie, der heutzutage unmöglich wäre, der aber damals streng innegehalten wurde: Jeder konnte aus dem gemeinsamen Vermögen die Menschen, die er für würdig hielt, unterstützen, niemals aber seine Verwandten. Losgetrennt mußte er sich haben von all den Sinnesbanden, die mit der äußeren Welt zusammenhängen.

Jesus von Nazareth war wie Johannes, den er bei den Essäern flüchtig kennenlernte, nicht eigentlich ein Essäer geworden; aber durch das Ungeheure, was seine Seele barg, behandelte man ihn in dem Orden mit großem Vertrauen. Vieles was sonst nur Angehörigen der höheren Grade eigen war, besprach man mit ihm im Vertrauen auf die Art, wie seine Seele wirkte. So lernte er erkennen, wie sie auf einem steilen Wege wiederum hinaufstrebten zu den Höhen, aus denen die Menschen herabgestiegen waren. So konnte es ihm oftmals scheinen, als ob er sich hätte sagen können: Ja, es gibt noch Menschen unter uns, die wiederum hinaufsteigen zu dem, was einstmals der Menschheit in Urzeiten geoffenbart worden war, was aber die Menschheit im allgemeinen heute nicht versteht.

2.12.07

Da hatte er einstmals, nachdem er eben ein tiefgehendes Gespräch über die Weltengeheimnisse innerhalb der Essäergemeinschaft gehabt hatte, einen großen, gewaltigen Eindruck. Als er wegging durch das Tor hinaus, da sah er in einer Vision zwei Gestalten. Als Ahriman und Luzifer erkannte er sie und er sah sie von den Essäertoren hinwegfliehen. In die übrige Menschheit hinein, wußte er, fliehen sie. Solch einen Anblick hatte er nunmehr öfters. Es war bei den Essäern der Brauch, daß sie nicht durch die gewöhnlichen Tore einer Stadt oder eines Hauses der damaligen Zeit gehen durften, die irgendwie mit Bildwerken geschmückt waren. Vor solchen Toren mußten sie wieder umkehren. Da aber die Essäer in großer Zahl waren – es lebten so viele Essäer wie Pharisäer damals in Palästina –, so hatte man Rücksicht auf sie genommen und ihnen eigene, ganz einfache Tore gebaut. Die Essäer durften also durch kein Tor gehen, das irgendwelche Bildnisse aufwies. Das hing mit ihrer ganzen Seelenentwickelung zusammen. Daher gab es eben besondere Essäertore in den Städten. Jesus von Nazareth war des öfteren durch solche Essäertore gegangen. Immer sah er, wie da Luzifer und Ahriman in einer die Menschheit besonders bedrohenden Weise sich von den Toren entfernten. Ja, sehen Sie, wenn man solche Dinge theoretisch kennenlernt, machen sie gewiß schon Eindruck; wenn man sie aber so kennenlernt, wie man sie kennenlernen kann durch den Blick in die Akasha-Chronik, wenn man wirklich die Gestalten des Luzifer und Ahriman unter solchen Bedingungen sieht, wie sie Jesus von Nazareth gesehen hat, dann macht das noch einen ganz anderen Eindruck. Dann beginnt man, nicht nur mit dem bloßen Intellekt, mit dem Verstand, sondern mit der ganzen Seele tiefste Geheimnisse zu erfassen, die man nicht nur weiß, die man erlebt, mit denen man eins ist.

Ich kann nur mit armen Worten stammeln, was sich jetzt als ein dritter großer Schmerz auf die Seele des Jesus ablud: Er erkannte, daß es in seiner Zeit für einzelne Individuen zwar möglich war, sich abzusondern und höchste Einsicht zu erreichen, aber nur, wenn die übrige Menschheit um so mehr abgeschnitten wird von aller Entwickelung der Seele. Auf Kosten der übrigen Menschheit suchen solche Menschen, so sagte er sich, die Vervollkommnung ihrer Seele, und weil sie eine solche Entwickelung anstreben, durch die Luzifer und Ahriman nicht an sie herankommen können, so müssen diese fliehen. Aber indem diese einzelnen Menschen loskommen, fliehen Luzifer und Ahriman zu den anderen Menschen hin. Diese werden um so mehr in die Dekadenz gestürzt, je mehr solche Menschen in ihrer Absonderung hoch hinaufkommen. Das war allerdings ein furchtbarer Eindruck für Jesus von Nazareth, der ungeteiltes Mitleid mit allen Menschen fühlte, der nicht ohne den tiefsten, allertiefsten Schmerz empfinden konnte, daß einzelne in ihrer Seelenentwickelung steigen sollten auf Kosten der allgemeinen Menschheit. So bildete sich ihm die Vorstellung: Luzifer und Ahriman erhalten in der allgemeinen Menschheit eine immer größere Macht gerade dadurch, daß einzelne die Reinen, die Essäer sein wollen. Das war der dritte große Schmerz, sogar der furchtbarste Schmerz; denn jetzt entlud sich in seiner Seele manchmal etwas wie Verzweiflung an dem Schicksal der Erdenmenschheit. Das Geheimnis dieses Schicksals der Erdenmenschheit kam furchtbar über ihn. Er trug dieses Schicksal der Welt zusammengedrängt in seiner eigenen Seele.

So war es etwa in seinem neunundzwanzigsten, dreißigsten Lebensjahre, so war es, nachdem die Mutter, die seine Stief- oder Ziehmutter war, immer mehr und mehr ein Gemütsverständnis für ihn erlangt hatte, daß er einmal, als sie gegenseitig fühlten, daß die Seelen sich verstehen konnten, in ein Gespräch mit dieser Stief- oder Ziehmutter kam, in jenes, für die Entwickelung der Menschheit so unendlich bedeutungsvolle Gespräch. Jetzt, während dieses Gespräches, wurde Jesus von Nazareth gewahr, wie er wirklich in das Herz der

Stiefmutter hineingießen konnte, was er seit seinem zwölften Lebensjahre erlebt hatte. Jetzt konnte er allmählich ihr gegenüber in Worte
fassen, was er durchgemacht hatte. Und er tat es. Er erzählte, was er
gegenüber dem Verfalle des Juden- und des Heidentums, gegenüber den Essäern, gegenüber der Einsiedelei der Essäer gefühlt hatte.
Und es war so, daß diese Worte, die aus der Seele des Jesus zur Seele
der Stief- oder Ziehmutter hinübergingen, nicht wirkten wie gewöhnliche Worte, sondern so, als ob er jedem seiner Worte etwas hätte
von der ganzen Kraft seiner Seele mitgeben können. Sie waren be-
flügelt von dem, was er gelitten hatte, was unmittelbar aus seinem
Leid an Liebe, an Heiligkeit der Seele geworden war. Verbunden
war er selbst mit diesem seinem Leid, seiner Liebe, so daß etwas von
seinem Selbst auf den Flügeln seiner Worte hinüberschwebte in das
Herz, in die Seele dieser Stief- oder Ziehmutter.

Und dann, nachdem er erzählt hatte das, was er so durchlebt hatte, da
brachte er noch etwas vor, was sich ihm als Erkenntnis ergeben
hatte und was ich jetzt zusammenfassen will in Worte, die wir in der
Geisteswissenschaft gewonnen haben. Es wird dadurch allerdings das,
was Jesus von Nazareth zu seiner Stief- oder Ziehmutter gesagt hat,
nur seinem eigentlichen Sinne nach getreu gesagt werden, die Worte
werde ich aber so wählen, daß Sie sie leichter verstehen können, als
wenn ich unmittelbar in deutschen Worten stammle, was sich mir
aus Bildern der Akasha-Chronik ergab. Jesus von Nazareth sprach
zu seiner Stief- oder Ziehmutter, wie ihm an all seinem Schmerz aufgegangen war das Geheimnis der Menschheitsentwickelung, wie die
Menschheit sich entwickelt hatte. So sagte er zu ihr: Ich habe erkannt,
daß einstmals die Menschheit durchgemacht hat eine uralte Epoche,
in der sie, ihr unbewußt, in frischester Kindeskraft die höchsten
Weisheiten empfangen hat. – Er deutete mit diesen Worten an, was
wir in der Geisteswissenschaft bezeichnen als die erste nachatlantische
Kulturepoche, wo die heiligen Rishis des alten indischen Volkes ihre
großen, gewaltigen Weistümer an die Menschheit heranbringen konnten. Aber diese Weistümer, sie sah Jesus von Nazareth so, daß er
tich sagen konnte: Wie waren diese Weistümer von den heiligen
Rishis aufgenommen worden, welche Kräfte waren in den Seelen der

Rishis und im ganzen uralt indischen Volk tätig? Es waren Kräfte, die sonst nur in der Kindheit, zwischen der Geburt und dem siebenten Jahre im Kinde walten, die dann absterben für die Einzelmenschen, damals aber ergossen waren über die gesamten menschlichen Altersstufen. Dadurch, daß ausgebreitet waren über das gesamte menschliche Alter die Kindheitskräfte, dadurch flossen inspirierend, intuitierend diese uralten heiligen göttlichen Wahrheiten hernieder in das menschliche Gemüt. Aber mit dieser ersten Epoche der Menschheit in der nachatlantischen Zeit, die wir als die altindische Kulturepoche bezeichnen, die Jesus von Nazareth seiner Mutter gegenüber verglich mit dem ersten Kindesalter, mit dem Vorübergehen dieser Epoche war auch die Möglichkeit vorübergegangen, die Kräfte der Kindheit bis ins spätere Alter hinauf noch zu bewahren. Sie schwanden dahin und daher war die Menschheit nicht mehr imstande, das was ihr einstmals geoffenbart worden war, jetzt in sich aufzunehmen und sich das zu erhalten. Weiter sprach Jesus von Nazareth davon, daß dann eine Epoche folgte, welche sich vergleichen lasse mit dem menschlichen Alter vom siebenten bis zum vierzehnten Lebensjahr, wo aber die Kräfte, die sonst nur vom siebenten bis zum vierzehnten Lebensjahre da sind, über das ganze Menschenleben ausgegossen waren, so daß die Menschen sie noch als Greise erlebten. Dadurch daß das der Fall war, daß noch spätere Altersstufen von diesen Kräften durchsetzt sein konnten, war es möglich in dieser zweiten, der urpersischen Epoche, jene Weistümer zu erlangen, die wir als die Zarathustra-Weistümer anerkennen, die Jesus von Nazareth jetzt von der Menschheit durch Unverständnis zurückgewiesen sah. Über die dritte Epoche, in die Jesus von Nazareth zurückblicken konnte und von der er jetzt zu seiner Mutter sprach, war ausgegossen über alle Menschenalter das, was sonst zwischen dem vierzehnten und dem einundzwanzigsten Jahre erlebt wird, so daß die Menschen noch mit fünfzig, sechzig Jahren die Kräfte hatten, die sonst nur bis zum einundzwanzigsten Lebensjahre wirken. Dadurch waren erlangbar für diese dritte Epoche jene bedeutenden Wissenschaften vom Wirken der Natur, die wir so bewundern, wenn wir eindringen in die ägyptische, in die uralt chaldäische Wissenschaft, eindringen in die wahren Grundlagen ihres astrologischen Wissens, jenes tiefen Wissens, das nicht bloß von der Erde, sondern von den Weltgeheimnissen handelt in ihrer Wirkung auf die Menschen, und wovon die spätere Menschheit nur noch wenig verstehen konnte. Aber auch das dritte Zeitalter erblickte Jesus von Nazareth dahinschwindend. So wie der einzelne Mensch alt wird, sagte er, so ist die Menschheit älter geworden.

Die gewaltigsten Impulse hat die griechische Kultur durch die Mysterienweisheit erhalten, die in ihr eine Hochblüte des philosophischen Denkens und der Kunst hervorrief, aber auch den Übergang in die vierte Kulturperiode bewirkte, in der wir selbst leben, die schon an die Selbständigkeit des Menschen appelliert und neue soziale Gebilde schafft, die mit der Abhängigkeit vom alten Mysterienwesen brechen. Der Verfall der alten Mysterien beginnt mit dem Aufstieg der neuen Staatenwesen und deren Rivalitäten untereinander; aber auch der schnelle intellektuelle Aufstieg ist damit verbunden. Die Kräfte, die nur Geringstes erfassen können, wenn sie über das ganze Menschenalter ausgegossen sind, sind jetzt da. Wir leben innerhalb einer Menschheit, die nur noch begreifen kann mit den Kräften, die der Menschheit eigen sind zwischen dem einundzwanzigsten und achtundzwanzigsten Lebensjahre. Aber wenn diese Kulturperiode hingeschwunden sein wird, dann wird die Menschheit ihr mittleres Zeitalter erreicht haben; damit ist ein gewisser Höhepunkt erreicht, der nicht weiter gehalten werden kann. Der Abstieg muß, wenn auch zuerst langsam, beginnen. Die Menschheit tritt in ein Zeitalter ein, wo die Kräfte ersterben, in einer ähnlichen Weise, wie der einzelne Mensch in den Dreißigerjahren das Lebensalter erreicht, von dem an der Abstieg beginnt. Der Abstieg der ganzen Menschheit beginnt mit dem nächsten Zeitalter schon, so sagte Jesus von Nazareth, indem der ganze Schmerz über diesen künftigen Niedergang der Menschheit durch seine Seele zog. Die Menschheit selbst, sagte er, tritt in das Zeitalter ein, wo die ursprünglichen Kräfte erstorben sind. Während aber für den einzelnen Menschen gleichsam noch die Jugendkräfte weiterwirken können, kann das für die gesamte Menschheit nicht der Fall sein. Sie muß in ein unbesiegbares Greisenalter hineingehen, wenn keine neuen Kräfte in sie kommen. Verödet sah er im voraus die

Erdenkultur, wenn keine jungen Kräfte hineinkommen. Versiegt sind die natürlichen Kräfte, wenn die Menschheit in das Zeitalter eintritt, das für den einzelnen Menschen abläuft vom achtundzwanzigsten bis zum fünfunddreißigsten Lebensjahre. Wenn sich dann keine anderen Quellen öffnen, so würde die Menschheit vergreisen.

Solches zusammenfassend sprach Jesus von Nazareth zu seiner Mutter: Was soll aus der ganzen Menschheit werden, wenn sie dem Schicksal des einzelnen Menschen verfallen ist? – Vor der Wucht dieser Frage fühlte denn Jesus und mit ihm die Stiefmutter die Notwendigkeit eines neuen geistigen Impulses. Etwas müßte kommen, was nur von außen kommen könnte, was in der Menschheit selber nicht war, weil in dem Menschen etwas Neues an innermenschlichen, nicht mit der Sinneswelt zusammenhängenden Kräften nach diesem mittleren Lebensalter nicht mehr sich frei entfalten konnte. Es mußte etwas von außen erwartet werden, was sonst in der Zeit zwischen dem achtundzwanzigsten und fünfunddreißigsten Lebensjahre aus dem Inneren wächst. Und mit einer ungeheuren Gewalt, die mit nichts zu vergleichen ist, entrang sich der Seele des Jesus von Nazareth der Schmerz darüber, daß nichts in der Umwelt vorhanden sei, was Kräfte der Erneuerung in die verfallende Menschheit hineingießen könne.

So war dieses Gespräch vor sich gegangen und mit jedem Wort floß etwas wie vom eigenen Selbst hinüber in die Stief- oder Ziehmutter. Die Worte hatten Flügel und in ihnen drückte sich aus, daß sie nicht bloß Worte waren, sondern daß sich etwas herausrang aus der Leiblichkeit des Jesus von Nazareth, was eben wie sein Selbst war, was eins geworden war mit seinem Schmerz und seiner Liebemacht. In diesem Augenblick, da sein Selbst sich losrang, leuchtete in ihm für einen Augenblick auf, was dieses Selbst in Wahrheit war: das Bewußtsein von dem eigenen Ich als dem des Zarathustra. Erglänzend, wie einen Augenblick erglänzend fühlte er sich als Ich des Zarathustra. Doch war es ihm so, als ob dieses Ich aus ihm herausginge und ihn wieder allein ließe, so daß er wieder derjenige war, nur größer, gewachsen, der er in seinem zwölften Lebensjahre gewesen war.

Auch mit der Mutter war eine ungeheure Veränderung vor sich gegangen. Wenn man in der Akasha-Chronik forscht, was sich da zuträgt, so kommt man darauf, daß bald nachdem Jesus aus der nathanischen Linie das zwölfte Jahr erreicht hatte und in ihm das Zarathustra-Ich innewohnend geworden war, die Seele seiner leiblichen Mutter in die geistigen Regionen hinaufgestiegen war. Nun senkte sie sich als Seele wieder herab und beseelte seine Stiefmutter, die dadurch wie verjüngt wurde. So war nun durchgeistigt von der Seele seiner eigenen Mutter die Stief- oder Ziehmutter, die die leibliche Mutter des salomonischen Jesusknaben war. So wandelte von jetzt ab auch wiederum auf der Erde in einem physischen Leibe herum, im Leibe der Mutter des salomonischen Jesusknaben, die Seele der leiblichen Mutter des nathanischen Jesusknaben. Er selber aber war wie allein mit seinen drei Leibern, aber von all den Erlebnissen aufs höchste durchgeistigt, allein mit seinem physischen, ätherischen und astralischen Leibe; das Selbst jedoch war weggegangen. Es wohnte ja in diesem physischen, Äther- und Astralleib alles das, was aus dem Ich des Zarathustra stammte. Obwohl das Zarathustra-Ich sich herausgezogen hatte, waren alle seine Eindrücke zurückgeblieben. Das bewirkte, daß in dieser merkwürdigen Persönlichkeit, die Jesus von Nazareth jetzt war, nachdem das Ich des Zarathustra von ihm gewichen, etwas ganz Besonderes war. Und was da in ihr war, das stellte sich mir, als ich in diesem Fünften Evangelium den weiteren Fortgang erblicken konnte, so dar wie ich es schildere.

Nachdem das Gespräch mit der Mutter stattgefunden hatte, regte sich jetzt in Jesus von Nazareth, aus dem das Ich des Zarathustra fort war, etwas wie ein Drang, der sich wie ein mächtiger kosmischer Trieb ausnahm, der das, was jetzt von ihm da war, zu den Ufern des Jordan hindrängte, zu Johannes dem Täufer. Auf dem Wege dahin begegnete dieses merkwürdige Wesen – denn ein solches war jetzt der Jesus von Nazareth, ein Wesen, das höchste Menschlichkeit, wie sie sonst nur vereinbar ist bei voll entwickelten vier menschlichen Gliedern, nur in drei menschlichen Hüllen hintrug über den Erdboden, ein Wesen, das sich innerlich anders erfühlte als ein Mensch, das aber äußerlich die menschliche Gestalt hatte –, es begegnete dieses Wesen nach dem Gespräch mit der Mutter, nachdem es den Drang in sich verspürt hatte, zum Jordan hin zu Johannes dem Täufer zu gehen, zwei Essäern, zwei von jenen Essäern, die Jesus gut kannten. Sonderbar kam ihnen freilich vor, was da aus seinen Zügen sprach; aber sie erkannten ihn doch an der äußeren Gestalt, die sich nicht verändert hatte, die deutlich zu erkennen war. Aber sonderbar empfanden sie ihn. Durch die Veränderung, die mit ihm vorgegangen war, hatten seine Augen einen ganz besonderen Ausdruck bekommen. Es sprach etwas aus diesen Augen wie inneres Licht, das milde glänzte, wie die im Licht verkörperte, nicht irdische, sondern himmlische Menschenliebe. Einen alten Bekannten sahen die beiden Essäer in ihm. So empfanden sie ihn, daß sie sich nicht entziehen konnten dem ungeheuer milden, dem bis ins Unendliche gesteigerten milden Blick des Jesus, wie er jetzt war. Dann aber wiederum, wenn sie in diese Augen schauten, fühlten sie zugleich etwas wie einen Vorwurf, der nicht von ihm kam, der etwas war wie eine Kraft, die in ihrer eigenen Seele erquoll, hineinstrahlte in sein Auge und zurückstrahlte, gleichsam wie mildes Mondenlicht, aber wie ein ungeheurer Vorwurf über ihr eigenes Wesen, über das, was sie waren.

Nur mit solchen Worten kann ich schildern, was konstatierbar ist durch den Blick in die Akasha-Chronik, was diese Essäer in der Seele des Jesus von Nazareth sahen, die sie durch seinen Leib, also durch seinen physischen, ätherischen und astralischen Leib erfühlten, die sie auf sich blicken sahen, die sie vernahmen. Schwer war für sie seine Nähe auszuhalten; denn es wirkte unendliche Liebe, die aber doch gleichzeitig etwas wie ein Vorwurf für sie war. Tief anziehend empfanden sie seine Nähe, von der sie doch wiederum zugleich den Drang hatten, wegzukommen. Einer von ihnen raffte sich aber auf, da sie beide ihn aus vielen Gesprächen, die sie mit ihm gehabt hatten, kannten, und frug ihn: Wohin geht dein Weg, Jesus von Nazareth? – Die Worte, die Jesus dann sprach, könnte ich etwa so in Worte der deutschen Sprache übersetzen: Dahin, wohin Seelen eurer Art nicht blicken wollen, wo der Schmerz der Menschheit die Strahlen des vergessenen Lichtes finden kann! – Sie verstanden seine Rede nicht und merkten, daß er sie nicht erkannte, daß er nicht wußte, wer sie waren. An der befremdlichen Art seines Blickes, der gar nicht war wie ein Blick, der die Menschen anschaut, die er kennt, aus seinem ganzen Verhalten und aus der Art, wie er die Worte sprach, merkten sie, daß er sie nicht erkannte. Und da raffte sich noch einmal einer der Essäer auf und sprach: Jesus von Nazareth, erkennst du uns nicht? – Und dieser gab zur Antwort etwas, was ich eben nur in folgenden Worten der deutschen Sprache wiedergeben kann: Was seid ihr für Seelen? Wo ist eure Welt? Warum umhüllt ihr euch mit täuschenden Hüllen? Warum brennt in eurem Innern ein Feuer, das in meines Vaters Hause nicht entfacht ist? – Sie wußten nicht, wie ihnen geschah, wußten nicht, was mit ihm los war. Noch einmal raffte sich einer der beiden Essäer auf und fragte: Jesus von Nazareth, kennst du uns denn nicht? – Jesus antwortete: Ihr seid wie verirrte Lämmer; ich aber war des Hirten Sohn, dem ihr entlaufen seid. Wenn ihr mich recht erkennet, werdet ihr alsbald von neuem entlaufen. Es ist so lange her, daß ihr von mir in die Welt entflohen seid. – Und sie wußten nicht, was sie von ihm halten sollten. Dann sprach er weiter: Ihr habt des Versuchers Mal an euch! Er hat mit seinem Feuer eure Wolle gleißend gemacht. Die Haare dieser Wolle stechen meinen Blick! – Und sie empfanden, daß diese seine Worte etwas waren wie der Widerhall ihres eigenen Wesens aus seinem Wesen. Und dann sprach Jesus weiter: Der Versucher traf euch nach eurer Flucht. Er hat eure Seelen mit Hochmut durchtränkt! – Da ermannte sich einer der Essäer, denn er fühlte etwas Bekanntes, und sprach: Haben wir nicht dem Versucher die Türe gewiesen? Er hat kein Teil mehr an uns. – Darauf sprach Jesus von Nazareth: Wohl wieset ihr ihm die Türe; doch er lief hin zu den anderen Menschen und kam über sie. So ist er nicht um euch, so ist er in den anderen Menschen! Ihr schaut ihn überall. Glaubt ihr, daß ihr euch erhöht habt, indem ihr ihn aus euren Toren wieset? Ihr seid so hoch geblieben, wie ihr waret. Hoch scheint ihr euch geworden, weil ihr die anderen erniedrigt habt. In dem Verkleinern der anderen seid ihr scheinbar hoch gekommen.

Da erschraken die Essäer. In diesem Augenblick aber, wo unendliche Furcht über sie kam, war ihnen, wie wenn Jesus von Nazareth sich in Nebel aufgelöst hätte und vor ihren Augen verschwunden wäre. Dann aber waren ihre Augen gebannt von diesem verschwin-

denden Wesen des Jesus von Nazareth und sie konnten ihre Blicke
nicht abwenden von dort, wohin sie gerichtet waren. Da fiel ihr Blick
wie in kosmischer Ferne auf eine riesengroße Erscheinung, die wie
das ins Maßlose vergrößerte Gesicht des Jesus von Nazareth war, das
sie eben noch gesehen hatten. Was aus seinen Zügen zu ihnen gesprochen hatte, das sprach jetzt mit Riesengröße aus diesen ver-
größerten Zügen, die sie wie bannten. Sie konnten den Blick nicht abwenden von der Erscheinung, deren Blick wie aus weiter Ferne auf
sie gerichtet war. Dadurch senkte sich in ihre Seelen etwas wie ein
Vorwurf, was ihnen vorkam wie verdient auf der einen Seite, aber wie
unerträglich auf der anderen Seite. Wie in eine Fata Morgana am
fernen Himmel verwandelt, so erschien diesen beiden Essäern riesen-
haft vergrößert der Jesus, und auch die Verhältnisse, die in den Worten lagen, erschienen ins Riesenhafte vergrößert. Aus dieser Vision
heraus, aus diesem Gesicht, ertönten die Worte, die etwa in der folgenden Weise in deutscher Sprache wiedergegeben werden können: Eitel
ist euer Streben, weil leer ist euer Herz, das ihr euch erfüllet habt mit
dem Geiste, der den Stolz in die Hülle der Demut täuschend birgt.

Das hatte das Wesen gesprochen zu den ihm begegnenden Essäern,
nachdem das Ich des Zarathustra sich aus den leiblichen Hüllen des
Jesus herausgelöst hatte und Jesus wiederum das geworden war, nur
erwachsen, was er in seinem zwölften Jahre gewesen war, aber jetzt
durchdrungen mit alledem, was das Ich des Zarathustra und alles das
Erlebte, von dem ich erzählt habe, hineinsenken konnten in diesen
eigenartigen Körper, der seine Eigenart schon dadurch angekündigt
hatte, daß er gleich nach seiner Geburt wunderbare Worte der Weisheit sprechen konnte, in einer nur dem Gefühl der Mutter verständ-
lichen Sprache.

Das ist das, was ich Ihnen heute geben wollte in einer einfachen
Erzählung, die zunächst bis zu dem Wege geht, den Jesus von Nazareth nach dem Gespräch mit seiner Mutter zu Johannes dem Täufer,
zum Jordan hin nahm. Übermorgen wollen wir dann in der Erzählung fortfahren und versuchen, die Brücke zu schlagen zu dem, was
wir versucht haben zu begreifen als die Bedeutung des Mysteriums
von Golgatha.

Bevor ich fortfahren werde, Ihnen einiges Weitere aus dem Fünften Evangelium mitzuteilen, gestatten Sie mir einige Bemerkungen zu machen, die zusammenhängen mit der Bekanntgabe dieses Fünften Evangeliums. Es wird keineswegs im weiteren Kreise der Gegenwart schon die Bedeutung desjenigen erfaßt, was durch den Okkultismus, die Geisteswissenschaft an unsere Zeit herangebracht werden soll, denn es ist noch allzuwenig Neigung vorhanden in weiteren Kreisen, sich zu befassen mit (den niedergehenden) Kulturelementen unserer Zeit, namentlich den geistigen Kulturelementen und denen, die einen Aufstieg bedeuten und gewissermaßen der Anfang sind zu einer Erneuerung unseres geistigen Lebens, und die doch keine andere Gestalt annehmen können als die, welche zu einer, wenn auch heute noch so sehr verpönten Bekanntschaft mit den Tatsachen der konkreten okkulten Forschung führen.

Die Bitte vor allen Dingen möchte ich an Sie richten, im Zusammenhang mit dem eben Gesagten zu bedenken, daß solche Mitteilungen aus konkreter okkulter Forschung heute noch mit einer gewissen Pietät behandelt werden müssen. Unsere Zeit ist ganz und gar nicht geneigt, ohne weiteres solche Dinge aufzunehmen und nur das Mitleben, das Mit-ihnen-Empfinden aus Lebensimpulsen, die wir in uns aufnehmen in unserem anthroposophischen Zusammensein, macht unsere Seelen geeignet, diese Dinge im rechten Licht zu sehen. Wenn sie aber an Unvorbereitete übertragen werden, dann zeigt schon das, was durch den Druck der Öffentlichkeit übergeben werden mußte über die beiden Jesusknaben, wie wild auch die Gutmeinendsten wurden. Ich will ganz absehen von den zahlreichen törichten Angriffen, die gegen solche Dinge gerichtet werden. Wie wild und leidenschaftlich sind solche Dinge aufgenommen worden! Man kann sich heute nicht denken, daß aus der geistigen Welt heraus Erkenntnisse, die weniger einen abstrakten, die einen so konkreten Charakter haben wie die Forschungsergebnisse, die vorgestern mitgeteilt worden sind, wirklich als Erkenntnisse herausgeholt werden können. Das hängt zusammen – wenn es auch nicht ohne weiteres erkennbar ist, daß es zusammenhängt – mit jener gründlichen Oberflächlichkeit namentlich auch des Denkens und Vorstellens, welche unsere zeitgenössische Weltanschauungsliteratur ergriffen hat.

Nicht um überflüssigerweise kritisch zu sein, erwähne ich gerade innerhalb unserer Zweige das eine oder das andere, sondern um unsere Freunde aufmerksam zu machen, wie jämmerlich es steht auch mit der reinen Denklogik in unserer Zeit. Es ist in unserer Zeit nicht vorhanden Unterscheidungsvermögen. Man nimmt, mehr als man glaubt – namentlich da man immer schreit über das sich Emanzipieren von jeglicher Autorität –, gern und willig alles auf Autorität hin an, besonders in den Kreisen, die sich heute oft für die gebildetsten halten. Man erlebt solche Dinge immer wieder, die – selbst wenn es nur durch Inanspruchnahme der Zeit geschehen kann, die sonst besser zu verwenden wäre – erwähnt werden müssen, Dinge wie ich sie in Berlin erleben mußte bei einem Vortrag, den ich in einem Weltanschauungsbund über *Giordano Bruno* hielt und wo ich zu erwähnen hatte – es ist das lange her –, wie wenig unsere Zeit geeignet ist, sich in das Gedankengefüge großer Persönlichkeiten wie Giordano Bruno wirklich hineinzufinden. Ich machte damals aufmerksam auf die Denkverirrung, die mit einer Empfindungsverirrung zusammenhängt, in einem damals berühmten Buch, in *Harnacks* «Wesen des Christentums».

Ich habe gestern im öffentlichen Vortrag bemerkt, daß ich, wenn ich etwas erwähne, um es zu bekämpfen, nicht damit sagen will, daß die Kapazität, die Wissenschaftlichkeit dieser Persönlichkeit damit abfällig beurteilt werden soll. Ich will damit gerade zeigen, wie das Bedeutende zu gleicher Zeit verheerend wirkt durch die suggestive Wirkung. So mußte man dazumal die Erfahrung machen, daß diese Schrift, «Wesen des Christentums», von einem der berühmtesten Theologen der Gegenwart als etwas sehr Bedeutendes angesehen worden ist. Da geht man nicht ein auf Einzelheiten. Da wird in dieser Schrift vertreten zum Beispiel die Anschauung über die Auferstehung des

Christus Jesus, die etwa so lautet: Was auch geschehen sein mag damals in Palästina, das können wir heute nicht mehr wissen, so daß man den Auferstehungsbegriff nicht zu rekonstruieren braucht; aber ausgegangen ist von dieser Tatsache in Palästina der Glaube an die Auferstehung. An diesen Glauben halte man sich, gleichgültig was geschehen sein mag, das zu diesem Glauben geführt haben könne.

Der Vorsitzende dieses Weltanschauungsbundes sagte mir nach dem Vortrag, er habe Harnacks «Wesen des Christentums» genau gelesen, aber er habe diese Stelle in dem Buche nicht gefunden. Das wäre ja eine katholische Anschauung. Die Katholiken sagen: Es kommt nicht darauf an, ob das in Trier der Heilige Rock sei, sondern auf den Glauben, daß es der Rock sei. Er wandte sich zwar dagegen, erklärte aber, es stände nicht in dem Buch. Am nächsten Tag schrieb ich ihm die Seite, wo es selbstverständlich steht. Der gelehrte Herr liest einfach darüber hinweg. So verheerend ist heute alles das, was als Autorität suggestiv wirkt, daß man es nicht bemerkt, aber diejenigen, die sich im wahren Sinne Anthroposophen nennen, müssen so etwas merken, denn es ist das Allverheerendste in der heutigen Geisteskultur.

Der Name *Eucken* ist bekannt als der des Wiederherstellers des Idealismus. Eine berühmte Preisstiftung ist ihm zuteil geworden. Er soll darum nicht beneidet werden. Er schrieb ein Buch unter dem Titel: «Können wir noch Christen sein?» Da findet sich, daß auf einer Seite gesagt wird: Solche Dinge können wir als Gebildete der Gegenwart nicht mehr hinnehmen, daß Leute von Dämonen sprechen, wie zur Zeit als Christus auf der Erde wandelte. An Dämonen kann kein gebildeter Mensch der Gegenwart mehr glauben.

Wenn der «gebildete» Mensch der Gegenwart das liest, so fühlt er sich sehr geschmeichelt. Der ihm das Kompliment macht, ist sein Mann. Ob dieser Gebildete merkt, daß sich einige Seiten weiter in demselben Buche ein anderer Satz findet «Die Berührung von Göttlichem und Menschlichem erzeugt dämonische Mächte»? Das wird so hübsch hingenommen. Wenn man das anführt als Unsinn, hört man die Antwort: Das meint er nicht im Sinne des Dämonischen. –

Wenn man diese Antwort hört, muß man besonders betrübt sein, denn aus dieser Antwort wird vollständig klar, daß man heute die Worte in gewissenloser Weise braucht, ohne daran zu denken, ihnen den Sinn zu geben, den sie haben sollen. Das ist das Furchtbare.

Daher kann es auch nur kommen, daß eine so betrübende Erscheinung zutage getreten ist wie das Buch, das jetzt schon, trotzdem es drei dicke Bände umfaßt, eine zweite Auflage erlebt, das Buch «Kritik der Sprache» von *Fritz Mauthner,* der durch die Verfassung eines großen philosophischen Wörterbuches der Mann für viele geworden ist. Solche Erscheinungen müssen heute besprochen werden, wenn es auch nicht angenehm ist. Die «Kritik der Sprache» soll die letzte bedeutende Kritik alles philosophischen Weltanschauungsstrebens sein. Ganz bedeutend ist das Buch im Sinne der äußeren Gescheitheit der Gegenwart. Nicht bestritten soll werden, daß es ein bedeutendes Buch ist, voller geistreicher Aperçus. Abgekanzelt wird da die ganze Weltanschauungsvergangenheit der Menschheit. Bei der Abkanzelung einer Weltanschauungsströmung, die mir auch nicht sympathisch sein kann, gebraucht der Kritiker ganz ernsthaft folgendes Bild: Der da von dieser Weltanschauung spricht, ist wie ein Clown, der auf eine freistehende Leiter steigt und sie dann, oben angekommen, zu sich hinaufziehen wollte. Er wird herunterpurzeln. – Aber ich bitte Sie: Wie macht man das, wenn man eine Leiter senkrecht aufgestellt hat und hinaufgestiegen ist und dann oben sie zu sich hinaufzieht und dann herunterpurzelt? Wie vollzieht man einen solchen Gedanken, ohne gedankenlos zu sein? Diesen hohlen Gedanken bemerken die meisten Leute nicht, weil heute wenig Übung in der Logik da ist. Sonst würde man bemerken, daß heute in jedem zweiten Buch auf jeder zwanzigsten Seite solche Ungedanken sich finden. Das muß auch einmal erwähnt werden, weil es charakteristisch ist dafür, wie heute gedacht wird, wie das Denken suggestiv beeinflußt wird. Ich habe dieses Beispiel nicht ohne Bedeutung angeführt, denn für den der denken kann, ist das ganze Buch mit derselben Logik geschrieben, aber man merkt es nicht. Viele werden nicht einmal die Unmöglichkeit dieses Gedankens bemerken, sondern so, wie das Geistesleben heute nun einmal ist, wird eine solche literarische Erscheinung als etwas ungeheuer Bedeutendes ausposaunt und viele glauben, daß das so ist, studieren es, und aus der Summe derer, die in einer solchen Weise denken können, rekrutieren sich die Gegner der Geisteswissenschaft.

Ich finde es brutal, daß ich dieses zu sagen genötigt bin, aber es muß schon einmal gesagt werden, weil Sie nicht ungewarnt sein sollen vor dem, was heute passiert. Wenn auch nicht viele das Buch lesen werden, aber das, was davon abstammt, wandert in viele Bücher und Vorträge und figuriert als Logik. Daher kommt es ja, daß es so unendlich schwierig ist gegenüber dem unreifen Denken unserer Zeit, nicht nur mit geisteswissenschaftlichen Gedanken zu kommen, sondern mit den positiven Resultaten der Akasha-Forschung, von denen ich das letzte Mal sprach. Das nötigte mich zum Aussprechen der Worte, die eben gebraucht worden sind, daß wirklich von unseren Freunden empfunden werden sollte die Notwendigkeit, sich gründlich und tief zu durchdringen – gerade dann, wenn es sich darum handelt, Dinge zu behandeln, bei denen das gewöhnliche Denken nicht mehr ausreichen kann – mit der Anschauung von der Notwendigkeit eines streng geschulten Denkens. Sonst wird es selbstverständlich noch lange dauern, bis wir dahin kommen, daß wir gegenüber dem Denknebel unserer Zeit, der sich so kritisch gebärdet, mit positiver okkulter Forschung durchkommen. Selbstverständlich kann diese nur einer aufnehmen, der seine Seele durch die Ergebnisse der Geisteswissenschaft, die mehr in Gedanken geprägt werden können, erst vorbereitet hat. Zu solchen nur kann man sprechen von Dingen, in die man mit bloßen Gedanken nicht mehr hineinkommen kann, sondern die erzählt werden müssen, wie sie sich ergeben aus der Akasha-Forschung. Nicht unzusammenhängend – trotzdem es nur Erzählungen sind, was ich als Fünftes Evangelium gab – sind sie mit dem, was in strengem Gedankengefüge auch die Geistesforschung zu geben hat, wenn es auch nicht sogleich so erscheint.

Die Ablehnung dieser konkreten Forschungsresultate rührt von nichts anderem her als davon, daß das moderne Denken zu stumpf ist, um wirklich in die Ergebnisse der Geistesforschung einzudringen. Erkennen sollte man, daß es natürlich ist, daß ein Mensch, der solche

Gedanken formen kann wie sie angeführt wurden, gar nicht in der Lage ist, in die Geisteswissenschaft wirklich einzudringen. Das ergibt die Richtlinie, die wir einhalten sollen gegenüber dem, was sich heute vielfach als philosophische Weltanschauungsliteratur brüstet. Das macht notwendig, daß wir uns gerade bei Besprechung solcher Dinge durchdringen mit dem Gedanken von der Notwendigkeit, daß solche Dinge gegenwärtig wenigstens an einige Seelen herankommen, damit sie allmählich in der richtigen Weise in das Geistesleben der Gegenwart einfließen.

Nun habe ich öfter auf das Mysterium von Golgatha hingewiesen, *16.12.07* auf die Momente davon, welche durchaus einem strengen Denken begreiflich sein müssen, wenn dieses einsetzen will in der Betrachtung der geschichtlichen Entwickelung der Menschheit. Eine wirkliche Betrachtung der geschichtlichen Entwickelung der Menschheit haben wir im Grunde genommen gar nicht. Wir haben heute keine Geschichte, kein verständnisvolles Eindringen in das, was geschehen ist. Haben wir das einmal, dann wird man erkennen, wie in der Zeit vor dem Mysterium von Golgatha in der Tat die Menschheitsentwickelung eine absteigende war, und wie durch Golgatha ein Impuls eintrat, wodurch der Menschheit jene Verjüngung gegeben wurde, die die alt gewordenen Kulturkräfte influenzierte. Durch die Betrachtung der konkreten Ereignisse, die sich in Palästina abspielten, wird wahrhaftig dieser allgemeine Gedanke nicht herabgestimmt, er wird im Gegenteil erhöht durch Erkennen des Konkreten, das sich zugetragen hat.

Vorgestern bin ich in der Erzählung gekommen bis dahin, wo der Jesus von Nazareth nach dem Gespräch, das er mit seiner Ziehmutter hatte und wo das Ich des Zarathustra sich losgelöst hatte von den drei Leibern, die dann in einer eigenartigen Zusammenfügung ohne ein menschliches Erden-Ich waren, den zwei Essäern begegnete. Ich habe versucht, diese Szene zu schildern; geschildert habe ich sie bis zu dem Punkte, wo Jesus, nachdem er mit ihnen sprach, ihnen gegenüberstand, wie wenn er sich auflöste, und sie ihn erblickten wie eine Fata Morgana, aus der die Worte ertönten: Eitel ist euer Streben, weil leer ist euer Herz, weil ihr euch erfüllt habt mit dem Geiste, der den

269

Stolz in der Hülle der Demut täuschend birgt. – Als sie das gehört hatten, diese zwei Essäer, waren ihre Augen für eine Weile wie getrübt. Sie sahen ihn dann erst wieder, als er schon eine Strecke weitergegangen war. Ich konnte aus der Akasha-Chronik konstatieren, daß die beiden Essäer tief betroffen waren von dem, was sie erlebt hatten, und schweigsam wurden von diesem Tage an und den anderen Essäern nichts erzählten.

Als Jesus eine Strecke weitergegangen war, begegnete er einem Menschen, der den Eindruck machte des tiefsten Leides, des Gepreßtseins, des Bedrücktseins. Gesenkten Hauptes, auch physisch bedrückten Leibes ging der Betreffende dem Jesus entgegen. Da vernahm er, wie jene Wesenheit, die ich vorgestern gerade als den Jesus zu dieser Zeit charakterisierte, Worte zu ihm sprach, die wie aus tiefstem Quell dieser Wesenheit heraus tönten. Dieser gepreßte Mann hörte, daß Jesus sprach: Wozu hat deine Seele ihr Weg geführt? Ich kannte dich einst vor Jahrtausenden, vor vielen Jahrtausenden, da warst du anders. – Es fühlte sich dieser gepreßte Mensch gedrängt, gewisse Dinge auszusprechen vor dieser Erscheinung, denn als Erdenmenschen können wir eine solche Wesenheit, die nur aus dem physischen Leib, Ätherleib und Astralleib bestand, mit der Nachwirkung des Zarathustra-Ichs in diesen drei Leibern, nicht bezeichnen. Wir können sie nur eine Wesenheit nennen. Der in Verzweiflung befindliche Mensch fühlte sich gedrängt zu dieser Wesenheit zu sagen: Ich bin in meinem Leben zu hohen Würden gekommen, und stets, wenn ich zu neuen Würden gestiegen, fühlte ich mich so recht in meinem Element, und oft überkam mich die Empfindung: Was bist du doch für ein seltener Mensch, daß deine Mitmenschen dich so erhöhen, daß du es auf der Erde so weit bringen konntest. Was bist du für ein seltener Mensch! Ich war über alles glücklich. Dann aber ist es schnell gegangen, daß ich dieses Glück verlor. In einer Nacht ist das gekommen. Und eben als ich einmal eingeschlafen war, kam ein Traum so über mich, daß ich in den Traum das Gefühl hineinbrachte, daß ich mich vor mir selbst schämte, so etwas zu träumen. Ich träumte, daß ein Wesen vor mir stand, das mich fragte: Wer hat dich so groß gemacht, dich zu so hohen Würden gebracht? – Darüber schämte ich mich, daß überhaupt im Traum eine solche Frage an mich gerichtet werden konnte, denn es war mir so klar, daß ich eben ein seltener Mensch war und daß ich selbstverständlich durch meine großen Tugenden zu diesen Würden gekommen war. Und als das Wesen so zu mir gesprochen hatte, war ich im Traum ganz ergriffen von einem immer größer werdenden Schamgefühl vor mir selbst, im Traum –, so sagte dieser sich in Verzweiflung befindliche Mensch. Da ergriff ich die Flucht, aber kaum war ich entflohen, so stand die Erscheinung in veränderter Gestalt wieder vor mir und sagte: Ich habe dich erhöht, dich zu Würden gebracht. – Da erkannte ich in ihm den Versucher, von dem die Schrift erzählt, daß er im Paradiese schon der Versucher war. Da wachte ich auf und seit dem Augenblick habe ich keine Ruhe mehr. Ich verließ meine Würden, den Wohnort, alles, und irre seitdem tatenlos in der Welt umher. Und jetzt führt mich, irrenden Menschen, der ich mich durch Betteln ernähre, mein Weg vor dich. – Und in dem Augenblicke, wo der Mann das gesprochen hatte – so ergibt es die Akasha-Chronik –, da war die Erscheinung wieder vor ihm, stellte sich vor Jesus von Nazareth, der in dem Augenblicke wieder vor seinen Augen verschwand. Dann löste sich die Erscheinung auf, und der Mann war seinem Schicksal überlassen.

Jesus führte sein Trieb weiter. Er traf dann einen Aussätzigen und 3 mußte, als der an ihn herantrat, die Worte sagen: Wozu hat deine Seele ihr Weg geführt? Ich habe dich vor Jahrtausenden, vor vielen Jahrtausenden anders gesehen. Ja, damals warst du anders. – Der Aussätzige sagte: Mich haben die Menschen überall wegen meines Aussatzes verstoßen. Daher mußte ich in der Welt umherirren und niemand nahm mich auf. Froh war ich, wenn man mir Abfälle zur Tür oder zum Fenster herauswarf, die mich notdürftig nährten. Aber ich konnte nirgends stille sitzen, ich mußte von Ort zu Ort irren. Da kam ich einmal nachts in einen Wald. Da war es, wie wenn von ferne mir ein Baum, der wie eine Flamme war, entgegenleuchtete. Das Licht zog mich an. Als ich immer näher kam, trat aus dem leuchtenden Baum eine Gestalt in Form eines Gerippes und sprach zu mir die furchtbaren Worte: Ich bin du! Ich zehre an dir. – Da übermannte mich furchtbarste Angst; und da sie mich so durchschauerte, daß ich an mir spürte, wie die Aussatzschorfe aneinander stießen und wie aneinander knisterten, da fühlte das Wesen, was in mir vorging und sagte: Warum fürchtest du dich so vor mir? Du hast so manches Leben früher durchlebt, da liebtest du den Lebensgenuß, vieles, was dir Begierde in deinem Leben schuf, was dir Freuden des Alltags brachte, da konntest du schwelgen in den Freuden des Alltags; da liebtest du mich, mich liebtest du, tief liebtest du mich. Du wußtest es nicht immer, aber du liebtest mich, und weil du mich so liebtest, zog deine Seele mein Wesen an. Ich wurde du und darf nun an dir zehren. – Und meine Furcht wurde noch größer. Da verwandelte sich das Gerippe in einen schönen Erzengel; den schaute ich an. Ja, sprach er, du liebtest mich dereinst. – Da sank ich in tiefen Schlaf und morgens fand ich mich, erwachend, an dem Baum liegend, und irrte weiter in der Welt herum, und jetzt finde ich dich. Seit diese Erscheinung mir ward, ist der Aussatz immer schlimmer geworden. – Als er so sprach, stand das Totengerippe wieder da und verdeckte Jesus, der verschwand und seines Weges durch den in ihm waltenden Trieb weitergehen mußte. Der Mann mußte auch weitergehen.

Nach diesen drei Begegnungen – der Begegnung mit den beiden Essäern, mit dem Verzweifelten und mit dem Aussätzigen – die Jesus von Nazareth in der Gestalt, von der ich das vorige Mal erzählt habe, gehabt hatte, setzte er seinen Weg fort und kam an den Jordan zu Johannes. Es vollzog sich dasjenige, was aus den anderen Evangelien bekannt ist: Die Christus-Wesenheit stieg aus kosmischen Höhen herab, ergriff Besitz von den drei Leibern des Jesus, in denen die Christus-Wesenheit drei Jahre verbleiben sollte.

Das nächste, was mir obliegt zu erzählen, das ist die Versuchungsgeschichte. Da stellt die Akasha-Chronik die Sache genauer dar als die anderen Evangelien. Ich muß nur im voraus bemerken, daß ich sie so, wie sie sich mir ergeben hat, darstellen werde, daß es aber sehr leicht sein kann – weil es schwierig ist, solche Dinge zu erforschen und man vorsichtig sein muß –, daß später einmal die Korrektur nötig sein könnte, die drei Stufen der Versuchung, die ich erzählen werde, umzuändern. Denn die Aufeinanderfolge kann in der Beobachtung der Akasha-Chronik manchmal leicht durcheinandergeworfen werden, und da bin ich in der Reihenfolge nicht ganz sicher. Ich will nur erzählen in dem Ausmaße, wie ich es genau kenne.

Nachdem Christus Jesus – jetzt war ja der Christus in Jesus – in die Einsamkeit sich zurückgezogen hatte, trat zuerst an ihn heran jene Wesenheit, welche er sogleich empfand als Luzifer, denn in seiner Seele spielten sich zunächst zwei wichtige Empfindungen ab. Er erinnerte sich, jetzt mit dem Ich des Christus und dem Ätherleib und Astralleib des Jesus von Nazareth, wie Luzifer und Ahriman von dem Essäertor zu den anderen Menschen geflohen waren, als er nach einem Gespräch mit den Essäern durch das Essäertor getreten war. Daran mußte er denken. Die zweite Empfindung, die durch seine Seele zog, erinnerte ihn an den Verzweifelten, der ihm auf dem Gange zum Jordan begegnet war, den diese Gestalt verdeckte und ihn, Jesus, zum Weitergehen zwang. Er wußte jetzt, wie man in okkulter Wahrnehmung solche Dinge erkennt: Luzifer war es, den ich damals mit Ahriman fliehen sah vor dem Essäertore, Luzifer stand zwischen mir und dem Verzweifelten, er ist es, der jetzt wieder vor mir steht.

Durch diese Erzählung können wir eine Vorstellung bekommen, wie okkulte Wahrnehmungen gemacht werden, wenn sie sich auf die Vergangenheit beziehen. Sie sind wahrhaftig nicht so, daß man sie mit Kälte, Objektivität empfangen könnte wie anderes, was man etwa erzählt bekommt. Diese Dinge sprechen tiefe Weltengeheimnisse aus, treten in alle Kräfte unseres Seelenlebens hinein und berühren nicht nur unser Vorstellen und gewöhnliches Verständnis. Daher ist es so schwierig, die Worte in solche Entfernung zu bringen von den entsprechenden okkulten Wahrnehmungen, von diesen Forschungen, daß man nicht zu verstummen braucht, sondern das erschütternde Forschungsergebnis dennoch in Worte der gewöhnlichen Umgangssprache pressen kann. Nur wenn es notwendig ist, solche Dinge mitzuteilen, werden sie mitgeteilt.

So stand also Luzifer vor dem Christus Jesus. Es spielte sich ab, was ausgedrückt werden kann mit den Worten der anderen Evangelien – sie sind Umschreibungen der geistigen Vorgänge: Wenn du mich anerkennst, so will ich dir die Reiche dieser Welt geben.

So etwa sprach Luzifer zu Christus Jesus, in dem zwar jetzt die göttliche Wesenheit des Christus war, der den Luzifer verstehen konnte, aber zum Verständnis sich nun eben doch bedienen mußte des astralischen Leibes des Jesus von Nazareth, so wie er sich entwickelt hatte durch das Zarathustra-Ich, das den astralischen Leib des Jesus durchdrungen hatte, so daß er sich seiner als Werkzeug bedienen konnte. Deshalb hörte er die Worte sozusagen nicht wie ein Gott, sondern nur wie ein durchgotteter Mensch: Erkennst du mich an, so werden meine Engel alle deine Schritte bewachen.

Man muß jetzt zu Hilfe nehmen, was ich einmal in einem Vortragszyklus, der jetzt auch schon gedruckt erschienen ist, sagte: daß noch zur alten Sonnenzeit Luzifer eine Wesenheit war, die dazumal der Christus-Wesenheit gleichstand, so daß also die Christus-Wesenheit, die jetzt untergetaucht war in einen menschlichen Leib, den hohen kosmischen Rang fühlen mußte, den Luzifer hatte und ihn als ebenbürtig fühlen mußte trotz allem, was mit ihm vorgegangen war, bis er der Versucher wurde. So daß schon verstanden werden kann, wie Luzifer an ihn die Forderung richten konnte: Erkenne mich an. – Wenn Luzifer so etwas spricht, wirklich so sagt, daß es auf okkulten Wegen sich in die Menschenseele ergießt, da schwillt alles das gewaltig an, was in der Menschenseele an Kräften des Hochmuts, des Stolzes lebt. Daher gibt es kein anderes Mittel – wenn die allerstärkste Versuchung herantritt, den Gefühlen des Hochmutes und versteckten Stolzes zu verfallen –, als mit konzentriertester Seelenkraft dem zu widerstehen.

«Wenn du mich anerkennst, gebe ich dir alle die Reiche, die du jetzt in meinem Umkreis siehst.» Das sind weite Reiche von großer Herrlichkeit, das sind ganze Welten, die Luzifer in einem solchen Momente ausbreiten kann. Diese Reiche haben nur diese eine Eigentümlichkeit, daß man Begierde nach ihnen nur aus dem berechtigten oder unberechtigten Hochmut der Seele heraus empfinden kann. Und man entkommt sozusagen nur so, wie dazumal der Christus Jesus entkommen ist: wenn man das durchschaut. Denn in solchem Moment empfindet man nichts als Hochmut und Stolz, der in der menschlichen Seele ist; alle anderen Gefühle sind gelähmt. Aber dieser Versuchung entging Christus Jesus und stieß Luzifer von sich.

Dann erfolgte die zweite Attacke. Jetzt kamen ihrer zwei. Jetzt hatte Christus Jesus wiederum die Empfindungen, die ihn erkennen ließen, wer die zwei waren. Es tauchten auf wiederum die Empfindungen, wie sie in ihm aufgestiegen waren bei den zwei Fliehenden vor den Toren der Essäer, und auf dem Wege zum Jordan bei der Erscheinung im Gespräch mit dem Verzweifelten und dem Totengerippebild, das sich verwandelt hatte in den Erzengel. Er wußte, daß er jetzt die beiden Versucher vor sich hatte. Die Aufforderung, welche auch die anderen Evangelien richtig wiedergeben, erging an ihn: «Stürze dich hinunter, dir wird nichts geschehen!»

Bei solchen Versuchungen spricht sich in grandioser Weise im Menschen aus ein alle Furcht überwindender Mut, der den Menschen auch mutwillig machen kann. Auch diese beiden Versucher konnte Christus Jesus zurückschlagen.

Da kam eine dritte Attacke. Sie ging von Ahriman allein aus. Er stand jetzt allein vor Christus Jesus. Und da kam die Versuchung, die wiederum ausgesprochen werden kann mit den Worten der anderen Evangelien: «Mache mit meiner Kraft, daß diese Steine zu Brot werden.»

Was auf diese ahrimanische Frage zu erwidern war – das unterscheidet im Fünften Evangelium den weiteren Verlauf der Ereignisse von dem, wie ihn die anderen Evangelien berichten –, das konnte nicht beantwortet werden von dem Christus Jesus. Diese Frage blieb zum Teil unbeantwortet, blieb als letzter ungelöster Rest der Versuchung zurück. Daraus ergab sich ein Impuls, der für das weitere Erleben des Christus im Leibe des Jesus von Nazareth wirksam blieb. Denn daß er die letzte Frage des Ahriman bei der Versuchung in der Einsamkeit nicht vollständig beantworten konnte, das stellte den Zusammenhang her zwischen dem Christus Jesus und den irdischen Ereignissen, die mit Ahriman zusammenhängen.

Wenn Sie sich erinnern, wie Ahriman der Herr des Todes ist, wie er durch jene Art von Täuschung, die er hervorruft, indem er die Materialität vor der Seele ausbreitet, so daß die Seele das Materielle in der Täuschung hinnimmt, wenn Sie sich erinnern, was diesen Sommer gesagt wurde über die Taten Ahrimans in der Erdenentwickelung, werden Sie begreiflich finden, daß die Taten des Ahriman in der Erdenentwickelung eingebettet sind. Und so kam es, daß eine Verbindung entstand durch den unbeantworteten Rest dieser Frage zwischen dem Erdenwandel des Christus Jesus und der ganzen Erdenentwickelung. Gleichsam verbunden mit der Erdenentwickelung, insofern Ahriman hineinverwoben ist, wurde Christus Jesus durch diese nicht beantwortete Frage.

3,2.08   Manchmal muß man Dinge mit trivialen Worten bezeichnen; sie sind aber nicht trivial gemeint. Ahriman macht alles so, daß es in der Materialität erscheint und in dieser auch erhalten wird. Damit aber, daß dies von ihm so gehandhabt wird, ist ein solches Ereignis nicht möglich gewesen, daß Christus Jesus die Steine in Brot verwandelt hätte. Das verhinderte eben das ahrimanische Wirken. Es ist dieselbe Erscheinung, die bedingt, daß gewisse Stufen, die mit der Erdenentwickelung zusammenhängen, insofern sie mit Ahriman verknüpft sind, erst im gesamten Zeitverlauf und der totalen Durchchristung der Erdenevolution überwunden werden können.

Was im kosmischen Vaterunser gesagt wird: «Von andern erschuldete Selbstheitschuld, Erlebt im täglichen Brote», das drückt sich aus in den ahrimanischen Mächten, von denen gesagt wird in diesem Vaterunser: «In dem nicht waltet der Himmel Wille», sondern Ahrimans Wille, das muß also innerhalb der irdischen Gesetzmäßigkeit behandelt und kann nicht bloß geistig behandelt werden. Diese Dinge hängen zusammen mit diesem täglichen Brot. In der äußeren sozialen Welt drückt sich das darin aus, daß man in der Tat das Materielle in der Form des Geldes, des Mammons braucht, des gröbsten Bildes der ahrimanischen Fesselung, was dann verhindert, daß im sozialen Leben Steine zu Brot werden können, was notwendig macht, daß der Mensch auf der Erde verknüpft bleibt mit dem Ahrimanischen, dem Materiellen.

Sie müssen diesen Gedanken selbst weiterdenken: wie die Aufforderung «Mache die Steine zu Brot», zusammenhängt mit der Funktion des Geldes im sozialen Wirken. Daß aber so die ahrimanische Macht mit dem irdischen Wandel des Christus Jesus verbunden blieb, dadurch war Ahriman imstande, dann später einzufließen in die Seele des Judas, und auf dem Umwege über den Judas zu den in den anderen Evangelien gesagten Ereignissen zu führen, die auf dem Umwege durch Judas dann den Christus Jesus für seine Verfolger erkenntlich machten. Ahriman in Judas führte eigentlich Christi Tod herbei und daß er das konnte, rührt von der nicht vollständig beantworteten Frage bei der Versuchung her.

Nun muß man aber, um den ganzen irdischen Wandel des Christus Jesus zu verstehen, eines berücksichtigen. Die Christus-Wesenheit war in die drei Leiber eingezogen, aber nicht gleich so, daß dieses Christus-Ich so verbunden war mit diesen drei Leibern, wie ein menschliches Ich mit ihnen verbunden ist. Es war im Beginn des dreijährigen irdischen Wandels die Christus-Wesenheit zunächst nur lose verknüpft mit den drei Leibern des Jesus und dann wurde sie immer mehr in die drei Leiber hineingezogen. Darin bestand die Entwickelung in den drei Jahren, daß langsam und allmählich diese Christus-Wesenheit, die zuerst nur wie eine Aura die Jesus-Wesenheit durchsetzte, immer mehr in die drei Leiber hineingepreßt wurde. So dicht hineingepreßt wie ein menschliches Ich wurde diese Christus-Wesenheit erst kurz vor dem Tode am Kreuz. Dieses Hineinpressen war aber die drei Jahre hindurch ein fortwährendes Schmerzempfinden. Der Vorgang dieser völligen Menschwerdung, der drei Jahre dauerte und zum Mysterium von Golgatha führte, war dieses Hineingepreßtwerden in die drei Leiber, es war der Schmerz des Gottes, der auf der Erde empfunden werden mußte, damit das geschehen konnte, was notwendig war, um den Christus-Impuls in die Erdenentwickelung hineinzuführen. Zu dem, was ich über Jesu Schmerz und Leid in der Jugend erzählte, mußte noch dieses hinzukommen.

Wenn man von Gottesschmerz spricht, könnte es leicht sein, daß man heute schlecht verstanden wird. Bei *Maeterlinck* zum Beispiel, der in seinem ganz gewiß berühmt werdenden Buch «Vom Tode» manches so Schöne sagt, der immerhin bestrebt war, mit den Mitteln, die er hatte, Dinge des geistigen Lebens zu erklären, konnte es vorkommen, daß er zu sagen vermag, eine entkörperte Seele könne keinen Schmerz haben, Schmerz empfinden könne nur der sterbliche Leib. – Das ist der Gipfelpunkt des Unsinns, denn ein Leib empfindet keinen Schmerz, ebensowenig wie ein Stein. Schmerz empfindet der Astralleib mit dem Ich im physischen Leibe drinnen; außerdem gibt es ja auch seelische Schmerzen und daher hören die Schmerzen nicht auf nach dem Tode. Sie können nur nicht mehr verursacht werden durch Störungen im physischen Leibe, für die Seele aber brauchen sie dadurch nicht aufzuhören.

Was da vorging beim Durchpreßtwerden der drei Leiber des Jesus mit der Christus-Wesenheit, das war für die Christus-Wesenheit höchster Schmerz. Es wird nach und nach für die Menschheit notwendig sein zu begreifen, daß in der Tat, um von Golgatha an die Erdenentwickelung fortzuführen, diese Christus-Wesenheit durch den Schmerz einziehen mußte in die Erdenaura, und verbunden mit diesem Christus-Schmerz wird die Menschheit ihr Schicksal fühlen müssen. Immer konkreter wird werden müssen die Verbindung der Menschheit mit dem Christus-Schmerz. Dann wird man erst verstehen, wie in der Erdenaura dieser Schmerz in verjüngenden Kräften weiterwirkte für die Erdenentwickelung seit dem Mysterium von Golgatha.

Dieses Mysterium von Golgatha immer besser zu verstehen, wird die Aufgabe sein der fortschrittlichen geistigen Entwickelung. Manches was in der gegenwärtigen Kultur eine große Rolle spielt, wird allerdings überwunden werden müssen. Wir stehen gerade in der Gegenwart dem Verständnis des Christentums gegenüber in einer Krisis, in einer wirklichen Krisis. Ich spreche natürlich nicht etwa von dem, was von dieser oder jener landläufigen Theologie in bezug auf das Christentum vorgebracht werden kann. Ich möchte nur aufmerksam machen auf elementare Ereignisse des Unverständnisses in der Gegenwart. Bei einer von jenen Versammlungen im Jahre 1910, wo über den historischen Christus gesprochen wurde, sprach ein vielgenannter Theologe, um zu betonen, daß die Worte der Lehre des Christus Jesus nur zusammengefaßte Lehren seien, die auch schon früher dagewesen wären: Ich werde Ihnen dankbar sein, wenn mir nur ein einziger Satz unter den Aussprüchen des Jesus Christus nachgewiesen werden kann, der nicht schon früher in irgendeiner Form da war. – Wenn heute ein liberaler theologischer Forscher das belegen kann, was jener behauptet hat, ist er für unsere Zeitgenossen ein großer Mann, denn wie überzeugend muß das wirken, wenn man wirklich nachweisen kann, daß alle Aussprüche von Christus schon früher von anderen gesagt worden sind, daß sie also nichts Neues waren. Dem, der die Dinge durchschaut, erscheint ein solcher Ausspruch in anderem Lichte. Man denke sich, *Goethe* hätte ein Gedicht gemacht, noch nicht aufgeschrieben, nur gesprochen, und ein Kind, das zuhörte, hätte gerufen: Das sind ja alles Worte, die ich schon gehört habe. – Wie das Kind, so ist der Theologe, der nichts hört, als was er schon kennt und nicht merkt, worauf es ankommt, denn das steht über den Aussprüchen, die früher schon da waren, so hoch, wie ein Goethesches Gedicht über den einzelnen Worten, die das Kind schon gehört hat. Wenn man gar nicht weiß, was man als die Hauptsache ins Auge zu fassen hat, und glauben kann, man treibe heute echte Theologie dadurch, daß man sich in dieser Weise an Worte hält, sich daran hält, was wahr ist, daß die Aussprüche schon dagewesen sind, so wird damit angedeutet, daß wir in einer tiefen Krisis in bezug auf die Erfassung des Christentums stehen, aus der man schon wird begreifen können, daß wirkliches Christus-Verständnis erst dadurch in die Welt kommen kann, wenn die heutige Theologie, die das öffentliche Amt hat, über das Christus-Verständnis zu wachen, erst abstirbt. Das ist es, worauf es ankommt: daß man erfühlen lernt die ganze Größe der Tatsachen, die sich um Golgatha abspielten.

Noch anderes Bedeutsames zeigt uns die Akasha-Chronik: Da die Christus-Wesenheit nicht gleich eng verbunden war mit den Leibern des Jesus, sondern nur lose und äußerlich, so konnte in der ersten Zeit folgendes vorkommen: Zuweilen war die Christus-Wesenheit äußerlich verbunden mit den drei Leibern des Jesus von Nazareth, war in solcher Verbindung unter den Jüngern und nächsten Anhängern, sprach mit ihnen. Aber das war nicht immer notwendig. Es konnten die äußeren Hüllen an irgendwelchen Orten sein und die Christus-Wesenheit konnte sich von ihnen entfernen; sie konnte dann als geistige Wesenheit da oder dort weit weg erscheinen. Viele Erscheinungen des Christus sind so, daß nur die Christus-Wesenheit den

Jüngern, den Bekennern und auch anderen erscheint. Später wandelte er mit den Jüngern vielfach im Lande umher, lehrend, sprechend, heilend. Während er so mit zehn oder fünfzehn oder noch mehr Anhängern wandelte, und die Christus-Wesenheit sich immer mehr in seine Leiber hineinpreßte, kam wieder eine andere Erscheinung zum Vorschein. Da zeigte es sich mehrfach, daß der eine oder andere der Jünger sich plötzlich von Inspiration ergriffen fühlte. Dann verwandelte sich sein Gesicht, so daß man auch von außen sehen konnte, wie er eine ganz andere Physiognomie bekam. Und wenn so etwas eintrat und er die herrlichsten Christus-Worte sprach, da verwandelte sich die wirkliche äußere Erscheinung des Christus Jesus so, daß er wie der Schlichteste im Kreise ausschaute.

Das wiederholte sich immer wieder. So zeigt es die Akasha-Chronik. Das führte dazu, daß die Verfolger nie wußten, wer aus der herumziehenden Schar derjenige war, den sie eigentlich suchten, so daß sie vor der Gefahr standen, einen zu greifen, der gar nicht der Richtige war. Dann wäre der Richtige entkommen. Darum wurde der Verrat des Judas notwendig. So wie er gewöhnlich erzählt wird, ist er nicht sehr geistreich erzählt. Denn wenn man sich in die Situation hineindenkt, fragt man sich: Warum ist des Judas Kuß notwendig gewesen? Er war eben erst notwendig aus dem Grunde, den ich eben angedeutet habe.

Viel Geheimnisvolles ist mit dem irdisch-menschlichen Wandel des Christus verbunden, aber was den erschütterndsten Eindruck macht, zeigt sich, wenn man den Blick wendet auf seinen Tod. Da muß man das sagen, was ich ungescheut ausspreche, weil es für das okkulte Erkennen Tatsache ist: daß an wichtigsten Punkten des historisch-geistigen Geschehens das, was sonst getrennt fließt, moralische und physische Weltordnung, sich wiederum berühren. Als in der Erdenentwickelung dieses am stärksten der Fall war, trat das Mysterium von Golgatha ein.

Als Christus ans Kreuz geschlagen worden war, trat eine weit über die Gegend sich ausbreitende Verfinsterung ein. Aus der Akasha-Chronik war bisher noch nicht zu konstatieren, woher sie gekommen ist, ob sie irdischen oder kosmischen Ursprungs war. Aber sie war da, und was eine solche Verfinsterung bedeutet, kann okkult beobachtet werden bei einer Sonnenfinsternis. Ich will nicht sagen, daß es damals eine Sonnenfinsternis war, es könnte sich auch um eine bedeutende Wolkenverfinsterung gehandelt haben. Aber es ist etwas anderes, wenn die Sonne bei Tag verfinstert am Himmel steht, als wenn es einfach Nacht ist. Was eine solche allgemeine Verfinsterung aber für eine Wirkung hat, ist schon bei einer zum Beispiel durch den Mond eintretenden Sonnenbedeckung zu erkennen. Dabei gehen große okkulte Veränderungen bei allen Lebewesen, Menschen, Tieren und Pflanzen vor sich; das ganze Gefüge zum Beispiel zwischen physischem Leib und Ätherleib der Pflanzen verändert sich, die ganze Welt sieht ganz verändert aus und mit ihr die Erdenaura. Das letzte Mal hat es einen ganz besonders erschütternden Eindruck auf mich gemacht, als ich es beobachten konnte bei einer Sonnenfinsternis während eines kurzen Vortragszyklus in Stockholm. Es ist da tatsächlich so, daß für das Stück Erdenaura, wo die Verfinsterung am größten ist, große Veränderungen vor sich gehen. Und durch ein solcherart beeinflußtes Stück Erdenaura floß der Christus-Impuls damals in die Erdenentwickelung ein, als der Christus Jesus am Kreuze starb. Das ist das Wunderbare, das heilige Ereignis der Verfinsterung weithin um das Kreuz auf Golgatha.

Das andere ist das, was ich schon einmal in Karlsruhe angedeutet habe und was auch in dem gedruckten Zyklus von Karlsruhe steht, was auch das Fünfte Evangelium zeigt, wie der physische Leib des Jesus von Nazareth gleichsam aufgesogen wurde von der physischen Erde, denn als der Leichnam ins Grab gelegt war, hat in der Tat eine erdbebenartige Durchrüttelung der Erde stattgefunden, verbunden mit einem Sturm, so daß ein Erdspalt sich öffnete und den Leib aufnahm. Der Sturm wirbelte so, daß sich tatsächlich die eigentümliche Aufwickelung und Lage der Tücher ergab, die das Johannes-Evangelium schildert. Es schloß sich dann der Spalt, der sich durch das Erdbeben gebildet hatte, und so konnte der Leib natürlich nicht vorgefunden werden. Den Suchenden konnte nur die Antwort aus okkulten Regionen gegeben werden: Der, den ihr suchet, ist nicht mehr hier. – Ein ähnliches ereignete sich später, als sich viele in

Europa als Kreuzfahrer aufmachten, des Christus Gedächtnis in Golgatha zu suchen. Auch ihnen wurde, wenn auch für sie nicht vernehmlich, die Antwort: Der, den ihr suchet, ist nicht mehr hier.

Denn der Christus-Impuls geht geistig durch die Seelen der Menschen, er wirkt als Tatsache auch in denen, die ihn nicht verstehen. Nicht darf man bloß von dem großen Lehrer sprechen. Was geschah, wirkt als Tatsache und gab die großen Impulse für die fernere Menschheitsentwickelung. Das wird die Aufgabe der wirklichen okkulten Forschung auf diesem Gebiete sein, daß man immer besser wird verstehen lernen, anders den Christus zu suchen, damit einem nicht die Antwort gegeben werden müßte: Der, den ihr suchet, ist nicht mehr hier. – Aber wenn man ihn immer geistiger wird suchen wollen, wird man die wahre, der Wirklichkeit entsprechende Antwort finden können.

Dieses wollte ich Ihnen heute erzählen und in diesen Mitteilungen liegt, glaube ich, für die Schilderung des Mysteriums von Golgatha gegenüber den Abstraktionen der Theologen das große Schwergewicht. So wie diese Tatsachen in der Akasha-Chronik erscheinen, lassen sie erkennen, daß in jener Zeit ein Allerwichtigstes vorgegangen ist.

Der Okkultist ist von Folgendem überzeugt: Wenn einmal die Gemüter der Menschheit sich etwas in anderer Richtung als bisher werden erhoben haben über all das, was heute mit so viel Wissenshochmut und Unlogik die Seelen beherrscht, wie ich es anfangs charakterisieren mußte, wenn einmal die Gemüter von richtigem Denkvermögen sich werden durchzogen haben, dann werden – trotzdem manche glauben könnten: Was hat Denken zu tun mit dem Entgegennehmen solcher Mitteilungen und dem Versuch, sie zu erkennen? – dann werden sich die Gemüter dadurch reif machen, auch solche Dinge, die scheinbar mit dem Denken nichts zu tun haben, wirklich zu verstehen, weil gerade durch das wahre Denken die Seelen durchzogen werden von dem echten Wahrheitssinn, der das in diesen beiden Vorträgen Gegebene nicht als lächerlich empfindet, sondern als sorgfältig gemachte Forschungen aus der Akasha-Chronik hinzunehmen strebt.

DAS FÜNFTE EVANGELIUM

Köln, 17. Dezember 1913

Erster Vortrag

10.2.08

Es wird mir obliegen, gelegentlich des heutigen und morgigen Abends einiges zu sprechen über dasjenige, was wir gewohnt sind, das «Mysterium von Golgatha» zu nennen, und zwar wird der Versuch zu machen sein, in einer etwas anderen Form, als das bisher geschehen ist, davon zu sprechen. Ich möchte sagen, daß die bisherigen Erörterungen über dieses Mysterium von Golgatha einen, wenn auch okkultistischen, so doch mehr noch okkultistisch-theoretischen Inhalt hatten. Es wurde über das Wesen und die Bedeutung des Mysteriums von Golgatha für die Entwickelung der Menschheit gesprochen. Daß es gewissermaßen das Zentralereignis für die gesamte Entwickelung der Menschheit auf Erden ist, und inwiefern es dieses Zentralereignis ist, darüber wurden Gedanken gegeben. Diese sind ja durchaus aus den Quellen okkulter Forschung heraus geholt. Es sind diejenigen Gedankenquellen dadurch angebrochen worden, welche von dem Mysterium von Golgatha gleichsam ausstrahlen, weitergehen und verlebendigt sind in unserer irdischen Entwickelung. Aus dem, was in der Menschheitsentwickelung auf Erden lebt, kann, wenn es mit seherischem Blick erfaßt wird, das gefunden werden, was als die Bedeutung des Mysteriums von Golgatha angegeben worden ist.

Jetzt aber wird es mir obliegen, näher zu sprechen von dem, was sich ganz im Konkreten sagen läßt über die Ereignisse, die sich im Beginn unserer Zeitrechnung abgespielt haben. Über die Ereignisse werde ich zu sprechen haben, welche gewissermaßen in ihren Kräften das ausgestrahlt haben, was in der lebendigen Erdenaura weiterlebt und okkult beobachtet werden kann. Ich werde dann morgen einiges über die Gründe sprechen, warum diese Dinge gerade jetzt in diesem unserem Zeitalter innerhalb anthroposophischer Kreise besprochen werden sollen. Heute aber werde ich versuchen, einiges anzudeuten von dem, was sich im Beginne unserer Zeitrechnung in Palästina zugetragen hat. Und ich hoffe, daß in Ihren Herzen, in Ihren Seelen, das

283

Ereignis von Golgatha, wie es mehr in Ideenform charakterisiert worden ist, nicht an Bedeutung verliert dadurch, daß wir einmal direkt hinschauen auf das, was sich damals abgespielt hat, es gleichsam ganz konkret ins Auge fassen.

Ich habe ja schon bei Gelegenheit der Besprechung des Lukas-Evangeliums und jener Vortragsserie über das sogenannte Evangelium des Matthäus einiges Wesentliche über das Gebiet angedeutet, das hier in Betracht kommt. Es ist die Tatsache, daß zwei Jesusknaben ungefähr gleichzeitig geboren worden sind im Beginne unserer Zeitrechnung. Ich habe darauf hingewiesen, daß diese beiden Jesusknaben, die damals geboren worden sind, an Charakter und Fähigkeiten sehr stark voneinander verschieden waren. Der eine der Jesusknaben, dessen Schilderung noch wie durchleuchtet durch das sogenannte Evangelium des Matthäus, der stammt ab aus der salomonischen Linie des Hauses David. In ihm lebte die Seele oder das Ich desjenigen, den wir als Zarathustra kennen.

Wir müssen uns, wenn wir eine solche Inkarnation ins Auge fassen, zunächst insbesondere über eines klar sein: Selbst wenn eine so hohe Individualität sich wieder inkarniert, wie der Zarathustra es war – namentlich in der Zeit, als er in dem Jesus geboren worden ist –, mußte diese Individualität keineswegs im Kindes- oder Jünglingsalter wissen, daß sie diese Individualität ist. Nicht das Bewußtsein braucht vorzuliegen, das sich in den Worten aussprechen würde: Ich bin der und der. – Das liegt nicht vor. Wohl aber liegt vor in einem solchen Falle, daß jene erhöhten Fähigkeiten, die eine Menschenseele gewinnen kann dadurch, daß sie eine solche Inkarnation durchgemacht hat, sich früh bedeutsam zeigen und dann die ganze Grundstruktur des Charakters des betreffenden Kindes bedingen. So ist denn der salomonische Jesusknabe – so möchte ich ihn nennen –, in dem das Ich des Zarathustra lebt, mit hohen Fähigkeiten ausgestattet, und das ist das Charakteristische: er ist ausgestattet mit solchen Fähigkeiten, welche es ihm möglich machen, leicht einzudringen in das, was in seiner Umgebung lebt als Errungenschaft dessen, was sich die Menschheit auf Erden in der fortlaufenden Kultur erobert hat. In der Umgebung eines solchen Kindes lebte ja, besonders aber damals, die ganze Kultur der Menschheit in den Worten, den Gebärden, den Handlungen, kurz in alledem, was man sehen und hören konnte. Ein gewöhnliches Kind nimmt wenig auf von dem, was es sieht und hört. Dieser Knabe aber nahm auf mit einer großen inneren Genialität aus den spärlichsten Andeutungen, in denen sich das auslebte, was die Menschheit sich erobert hatte, kurz, er erwies sich als im höchsten Maße begabt für alles, was die Menschheitskultur bis dahin an schulmäßig Erlernbarem hervorgebracht hatte. Man würde einen solchen Knaben heute einen hochbegabten Knaben nennen. So war der salomonische Jesusknabe. Bis in sein zwölftes Jahr lernte er schnell, was er aus seiner Umgebung lernen konnte.

Ganz anderer Art war der andere Jesusknabe, der in bezug auf Charakter durchschimmert – mehr kann man nicht sagen – durch die Schilderungen des Lukas-Evangeliums. Er stammte ab aus der nathanischen Linie des Hauses David. Er war nun gerade unbegabt für das, was man äußerlich erlernen kann. Bis zu seinem zwölften Jahr zeigte er gar keine Interessen für irgend etwas, was man schulmäßig aus der Menschheitskultur bekommen kann. Dagegen zeigte er von frühester Kindheit an das im höchsten Grade, was man nennen könnte: Genialität des Herzens, Mitgefühl mit jeglicher Menschenfreude, mit jeglichem Menschenleid. Er zeigte sich darin ganz besonders genial, daß er weniger in sich lebte, weniger sich erwerben konnte solche Tüchtigkeit, die man auf Erden erwerben kann, sondern daß er fremdes Leid und fremde Freude von frühester Kindheit an als sein eigenes Leid und seine eigene Freude fühlte, sich in die Seelen anderer Menschen versetzen konnte; dieses zeigte er im höchsten Maße.

Es ist die denkbar größte Verschiedenheit zwischen den beiden Jesusknaben, so wie sie sich der Akasha-Chronik-mäßigen Beobachtung darstellen. Nun trat ja, nachdem die beiden Knaben das zwölfte Lebensjahr erreicht hatten, das Ereignis ein, das ich schon des öfteren charakterisiert habe: daß bei der Wanderung nach Jerusalem, welche die Eltern mit dem nathanischen Jesusknaben machten, das Ich des Zarathustra, das bisher in dem anderen, dem salomonischen Jesusknaben, verblieben war, aus dessen Leib herausging und Besitz nahm von den Leibeshüllen des nathanischen Jesusknaben. Daher kam es so, daß alles, was dieses königliche Ich sich hatte aneignen können, jetzt in der Seele des anderen, des nathanischen Jesusknaben, wirken konnte und dieser Knabe jetzt mit all der Kraft des Zarathustra, ohne es zu wissen, so wirken konnte, daß er das Erstaunen erregte der Schriftgelehrten, unter denen er lehrend auftrat, wie es auch die Bibel schildert. Auch das habe ich angedeutet, daß jener andere, der salomonische Jesusknabe, aus dem das Ich gewichen war, sehr schnell dahinsiechte und in verhältnismäßig kurzer Zeit starb.

Es muß durchaus bemerkt werden, daß keineswegs sofort die Lebensmöglichkeit aufhört für einen Menschen, der, wie jetzt für den salomonischen Jesusknaben geschildert worden ist, sein Ich aufgibt. Wie eine Kugel eine Zeitlang fortrollt, gleichsam durch ihre innere Kraft, so lebt ein solches Wesen eine Zeitlang fort durch die Kraft, die in ihm lebt; und für denjenigen, der nicht in feiner Weise Menschenseelen beobachten kann, ist der Unterschied kein sehr großer zwischen dem, was sich darbietet als eine solche Seele, die ihr Ich noch hat, und einer, die ihr Ich verloren hat. Denn im gewöhnlichen Leben wirkt nicht so sehr, wenn wir einer Seele gegenübertreten, unmittelbar das Ich. Was wir an einem Menschen erfahren, was wir von ihm gewahr werden, das ist im allergeringsten Maße eine unmittelbare Offenbarung des Ichs, das ist eine Offenbarung des Ichs durch den Astralleib. Den Astralleib aber behielt jener andere Jesusknabe; und nur der, welcher sorgfältig unterscheiden kann – und es ist dies nicht leicht –, ob alte Gewohnheiten, alte Gedanken weiterwirken in einer Seele, oder ob fortan noch Neues aufgenommen wird, der kann dadurch gewahr werden, ob das Ich noch da ist oder nicht. Aber ein Siechtum beginnt, eine Art Absterben, Abdorren, und so war es bei diesem Jesusknaben.

Durch eine gewisse karmische Schickung starb nun auch bald nach dem Hinübergange des Ichs des Zarathustra in den anderen Jesusknaben die leibliche Mutter des nathanischen Jesusknaben und auch der Vater des salomonischen Jesusknaben, und aus dem Vater des nathanischen und der Mutter des salomonischen Jesusknaben wurde ein Ehepaar. Der nathanische Jesusknabe hatte keine leiblichen Geschwister, und die Stiefgeschwister, die er jetzt bekam, waren eben

286

die Geschwister des salomonischen Jesusknaben. Aus den zwei Familien wurde eine, die fortan in dem Örtchen wohnte, das dann den Namen Nazareth bekommen hat; so daß wir, wenn wir jetzt von dem nathanischen Jesusknaben sprechen, in dem nun das Ich des Zarathustra lebte, den Ausdruck gebrauchen: Jesus von Nazareth.

Ich möchte nun auch hier heute einiges aus dem Jugendleben dieses Jesus von Nazareth, wie es Akasha-Chronik-mäßig erforscht werden kann, so erzählen, daß wir dadurch das Verständnis gewinnen können für einen gewissen bedeutsamen historischen Augenblick der Erdenentwickelung, welcher dann das Mysterium von Golgatha, auf welches wir morgen noch zu sprechen kommen werden, vorbereitete.

In drei für den Seher deutlich voneinander unterschiedenen Phasen spielt sich dieses Leben des Jesus von Nazareth ab. Hat sich doch schon in den Gesprächen mit den Schriftgelehrten gezeigt, daß in ihm aufgelebt war schon in seinem zwölften Jahr durch den Hinübergang des Zarathustra-Ichs eine innere Kraft, erleuchtet zu werden, Erleuchtung zu empfangen und sie zu verbinden mit dem, was als Fähigkeit in der Zarathustra-Seele lebte. Hatte sich schon gezeigt, daß eine ungeheure Kraft inneren Erlebens in dieser Seele war, so kann man jetzt in dem heranwachsenden Jesus vom zwölften bis zum siebzehnten und achtzehnten Jahr hin bemerken, wie, aus dem Inneren der Seele hervorkommend, die inneren Erleuchtungen immer reicher und reicher werden, und insbesondere sind es jetzt Erleuchtungen, die sich auf die ganze Entwickelung des althebräischen und überhaupt des hebräischen Volkes beziehen.

So wie Jesus von Nazareth hineingestellt war in das hebräische Volk, so war ja in diesem hebräischen Volk durchaus nicht mehr wahrzunehmen die Größe desjenigen, was einmal in den alten Zeiten der Propheten diesem Volk als unmittelbare Weltgeheimnisse gegeben war. Es hatte sich vieles von den alten Offenbarungen der Propheten fortgeerbt, aber die ursprünglichen Fähigkeiten, die geistigen Geheimnisse unmittelbar aus den geistigen Welten heraus zu bekommen, die waren längst verglommen. Aus den bewährten Schriften nahm man sie auf. Einige waren allerdings auch da, wie zum Beispiel der berühmte *Hillel,* welche durch ihre individuelle Entwicklung fähig waren, noch etwas zu vernehmen von dem, was den alten Propheten verkündigt worden war. Aber es war längst nicht mehr in diesen wenigen Menschen jene Kraft, die in der Urzeit des hebräischen Volkes, in der Zeit der Offenbarungen, da war. Es war durchaus ein Abstieg in der Geistesentwickelung des hebräischen Volkes zu bemerken. Das aber, was einmal da war, was geoffenbart worden war in der Zeit der Propheten, das tauchte jetzt wie aus den Tiefen der Seele des Jesus von Nazareth als innere Erleuchtung auf.

Aber weniger möchte ich Sie aufmerksam machen auf diese historische Tatsache, daß in einem einzelnen Menschen durch innere Erleuchtung wieder auftauchte, was einmal in der Prophetenzeit geoffenbart worden war. Vielmehr möchte ich Ihre Empfindungen hinlenken auf das, was es heißt, daß in unendlicher Einsamkeit eine so verhältnismäßig junge Seele, die Seele des dreizehn- bis vierzehnjährigen Jesus von Nazareth, in sich heraufkommen fühlt eine Offenbarung, welche alle anderen Menschen in seiner Umgebung nicht mehr heraufkommen fühlten, welche die Besten höchstens in einem schwachen Abglanz hatten. Versetzen Sie Ihre Empfindungen in das Leben einer solchen Seele, die mit einem Größten der Menschheit allein dasteht, und legen Sie Wert darauf, daß das Mysterium von Golgatha vorbereitet werden mußte dadurch, daß in der Seele des Jesus von Nazareth jene einsamen Gefühle und einsamen Empfindungen Platz greifen mußten. Wenn man so wie auf einer Seeleninsel dasteht mit etwas, was man so wie Er, der ja schon in seiner Kindheitszeit mit allen Menschen fühlen konnte, allen Menschen zuteil werden lassen möchte, aber nicht zuteil werden lassen kann, weil man sieht, daß die Seelen auf eine Stufe niedergestiegen sind, wo sie es nicht mehr aufnehmen können, wenn man dies alles empfindet: in Schmerz und Leid etwas wissen zu müssen, was die anderen nicht aufnehmen können, wovon man aber so gern wünschen möchte, daß es auch in ihren Seelen lebe, dann bereitet man sich für eine Mission vor. Dafür bereitete sich Jesus von Nazareth vor. Das gab seiner Seele die Grundnote, die Grundnuance, daß er sich immer wieder sagen mußte: Zu mir tönt eine Stimme aus der geistigen Welt. Wenn die Menschheit sie hören könnte, würde es ihr zu unendlichem Segen werden. In alten Zeiten waren Menschen da, die sie vernehmen konnten, jetzt aber sind keine Ohren mehr da, zu hören. – Dieses Leid des Alleinseins, das preßte sich immer mehr und mehr ein in seine Seele.

Das war das Seelenleben des Jesus von Nazareth etwa vom zwölften bis zum achtzehnten Jahr. Dadurch war er auch unverstanden von seinem leiblichen Vater und seiner Zieh- oder Pflegemutter, und nicht nur unverstanden von seinen Stiefgeschwistern, sondern oft verspottet, ja, als ein halb Wahnsinniger angesehen. Er arbeitete fleißig im Schreinerhandwerk seines Vaters. Aber während er arbeitete, lebten die Empfindungen, die ich eben ausgesprochen und angedeutet habe, in seiner Seele. Dann, als er so im achtzehnten Lebensjahre stand, ging er hinaus auf die Wanderschaft. Er durchzog, arbeitend in verschiedenen Familien, bei verschiedenen Handwerkern seines Handwerks Palästina und auch umliegende heidnische Ortschaften. Er wurde so durch sein Karma geführt. Indem er so herumwanderte durch Palästina, zeigte sich die ganze Eigenart seiner Natur bei allen denen, in deren Kreis er trat. Bei Tage arbeitete er, abends saß er mit den Leuten zusammen. Und die Leute, mit denen er zusammensaß, so von seinem neunzehnten bis zum zweiundzwanzigsten Jahr etwa, hatten alle bei diesem Zusammensitzen mit ihm das Gefühl, was sie sich nicht immer klar zum Bewußtsein brachten, aber um so deutlicher fühlten: daß da ein Mensch von einer ganz besonderen Eigenart unter ihnen war, wie sie einen solchen noch nie gesehen hatten, ja, noch mehr, wie sie sich nie vorstellen konnten, daß einer leben könnte. Sie wußten ihn nicht zu nehmen.

Wenn man dies verstehen will, muß man eines berücksichtigen, was überhaupt berücksichtigt werden muß, wenn man so recht eindringen will in verschiedene Geheimnisse der Menschheitsevolution: daß so etwas zu erleben, wie ich es angedeutet habe bei dem jungen Jesus von Nazareth, tiefsten Schmerz in der Seele verursacht. Aber dieser Schmerz wandelt sich um in Liebe. Und viele höchste Liebe, die im Leben lebt, ist umgewandelter Schmerz dieser Art. Tiefster Schmerz hat die Fähigkeit, sich in Liebe umzuwandeln, die nicht bloß wirkt wie gewöhnliche Liebe durch das bloße Dasein des liebenden Wesens, sondern die gleichsam ausstrahlt wie weithin wirkende aurische Strahlen. So daß die Leute, unter denen Jesus in dieser Zeit war, viel mehr als bloß einen Menschen unter sich zu haben glaubten. Und wenn er wieder von einem Orte weggezogen war, da wirkte das so, daß die Leute, wenn sie des Abends wieder zusammensaßen, wirklich das Gefühl von seiner Gegenwart hatten. Als wenn er noch da wäre, so empfanden sie. Und das trat stets ein, wieder und wieder, wenn er längst fortgezogen war von einem Orte, wo er sich aufgehalten hatte: daß die Leute, die abends um den Tisch saßen, gemeinschaftliche Visionen hatten. Sie sahen ihn hereintreten als Geistgestalt. Jeder einzelne hatte zugleich diese Vision, daß Jesus wieder unter sie gekommen wäre, daß er mit ihnen spräche, ihnen Dinge mitteilte, wie einst in leiblicher Gegenwart. So lebte er sichtbarlich unter den Leuten, wenn er längst schon fort war. Das war eben der in Liebe umgewandelte Schmerz, der ihn so wirksam machte. Die Leute, bei denen er war, fühlten sich dadurch in einem besonderen Maße mit ihm verbunden. Sie fühlten sich eigentlich niemals mehr von ihm getrennt, sie fühlten: er war bei ihnen geblieben und er kam immer wieder.

Aber er zog nicht nur in der Gegend von Palästina umher, sondern sein Karma führte ihn – die einzelnen Umstände, warum sein Karma ihn so führte, zu besprechen, das würde heute zu weit führen – auch in heidnische Orte. Dorthin also kam er, nachdem er kennengelernt hatte die niedergehende Entwickelung im Judentum. Und er lernte kennen, wie in den Kulthandlungen der Heiden, wie in den heidnischen Religionsverrichtungen ebenso wie im Judentum erstorben war das, was einstmals als Uroffenbarung im alten Heidentum gelebt hatte. So mußte er die zweite Phase erleben im Wahrnehmen des Herabstiegs der Menschheit aus einer einstmals geistigen Höhe. Aber auf eine andere Art als bei dem Judentum sollte er wahrnehmen, wie das Heidentum herabgestiegen war.

Die Art, wie er den Abstieg des Judentums vernahm, war mehr innerlich, durch innere Erleuchtung gewonnen. Da sah er, wie die Offenbarungen aus der geistigen Welt, die einst durch die alten Propheten verkündigt worden waren, aufgehört hatten, weil keine Ohren mehr da waren, zu hören. Wie es im Heidentum war, das wurde ihm klar an einem Ort, wo der alte heidnische Gottesdienst besonders verfallen war, wo sich auch in äußeren Zeichen der Verfall des Heidentums zeigte. Die Menschen waren an dem Ort, in den er jetzt kam, von Aussatz und sonstigen häßlichen Krankheiten befallen. Bösartig waren sie zum Teil geworden, zum Teil bresthaft, lahm. Sie waren gemieden von den Priestern, die geflohen waren von den Orten. Als man seiner ansichtig wurde, verbreitete sich wie ein Lauffeuer, daß da jemand ganz Besonderer käme. Denn er hatte jetzt auch in seinem äußeren Auftreten schon etwas erlangt, was eben wie umgewandelter Schmerz, wie Liebe war. Man sah, daß da ein Wesen herankam, wie es noch nie über die Erde gewandelt war. Das sagte der eine dem anderen. Rasch hatte es sich verbreitet, so daß viele herzuliefen, denn die Leute glaubten, daß ihnen zugeführt worden sei ein Priester, der wieder ihre Opfer verrichten würde. Waren doch ihre Priester geflohen! Da liefen sie herbei. So zeigt es die Akasha-Chronik, wie ich es Ihnen erzähle. Er hatte nicht vor, das heidnische Opfer zu verrichten. Aber jetzt zeigte sich ihm, wie in lebhaften Imaginationen, das ganze Rätsel vom Herabstiege auch der heidnischen Geistepoche. Er konnte jetzt unmittelbar wahrnehmen, was in die Geheimnisse der heidnischen Mysterien eingeflossen war, was in den heidnischen Mysterien gelebt hatte: daß die Kräfte hoher göttlicher Wesenheiten auf die Opferaltäre herabgeflossen waren. Jetzt aber strömten statt der Kräfte der guten Geister allerlei Dämonen, Sendboten des Luzifer und Ahriman, auf die heiligen Altäre herab. Nicht so innerlich durch Erleuchtung wie beim Judentum, sondern wie in äußeren Visionen, nahm er den Verfall des heidnischen Geisteslebens wahr.

Es ist noch etwas anderes, etwas ganz anderes, sozusagen die Dinge theoretisch kennenzulernen, als zu schauen, wie auf einen Opferaltar, auf den einstmals göttlich-geistige Kräfte herabgeflossen waren, jetzt Dämonen herabstiegen, die abnorme Seelenzustände, Krankheiten und so weiter bewirkten. Dies anzuschauen in Geistesschau ist etwas anderes, als theoretisch davon zu wissen. Aber Jesus von Nazareth sollte das in unmittelbarer Geistesschau erkennen, sollte sehen, wie die Sendboten von Luzifer und Ahriman wirkten; er sollte sehen, was sie unter dem Volke angerichtet hatten. Er fiel plötzlich wie tot hin. Die Menschen ergriffen erschrocken die Flucht. Er aber hatte, während er so wie entgeistert, wie entrückt war in eine geistige Welt, den Eindruck von alledem, was einstmals die Uroffenbarungen zu den Heiden gesprochen hatten. Und so wie er Geheimnisse vernommen hatte, die den alten Propheten verkündet worden waren und die jetzt nicht einmal mehr wie ein Schatten in der jüdischen Kultur lebten, so konnte er jetzt durch geistige Inspiration hören, in welcher Art diese Geheimnisse den Heiden verkündet worden waren.

Den tiefsten Eindruck machte auf ihn etwas, was versucht worden ist von mir zu erforschen, und was ich zum erstenmal mitgeteilt habe bei Gelegenheit der Grundsteinlegung unseres Dornacher Baues. Man könnte es nennen «Das umgekehrte Vaterunser», da es wie das Umgekehrte war von dem, was der substantielle Inhalt des Gebetes ist, das dem Christus Jesus von seinen Jüngern zugeschrieben wurde. Der Jesus von Nazareth nahm jetzt etwas wahr wie ein umgekehrtes Vaterunser, so daß er fühlen konnte, in diesen Worten ist wie zusammengepreßt das Geheimnis des menschlichen Werdens und das Verkörpertwerden in irdische Inkarnationen:

Amen
Es walten die Übel
Zeugen sich lösender Ichheit
Von andern erschuldete Selbstheitschuld
Erlebet im täglichen Brote
In dem nicht waltet der Himmel Wille
Indem der Mensch sich schied von Eurem Reich
Und vergaß Euren Namen
Ihr Väter in den Himmeln.

Das ist, mit stammelnden Worten wiedergegeben, dasjenige, was ausdrückt etwas wie die Gesetze des sich einkörpernden Menschen, der aus dem Makrokosmos in den Mikrokosmos kommt. Seit mir diese Worte bekanntgeworden sind, habe ich gefunden, daß sie eine außerordentlich bedeutsame Meditationsformel sind. Sie haben eine Kraft über die Seele, die ganz außerordentlich ist, und man merkt sozusagen um so mehr die starke Kraft, die diese Worte haben, je mehr man sie betrachtet. Und dann, wenn man sie auflöst und zu verstehen sucht, dann zeigt sich an ihnen, wie in der Tat in ihnen das Geheimnis des Menschen und das Schicksal der Menschheit zusammengepreßt ist, und wie aus dem Umkehren der Worte das mikrokosmische Vaterunser entstehen konnte, das dann der Christus seinen Bekennern verkündet hat.

Aber nicht nur dieses Geheimnis der heidnischen Uroffenbarung nahm Jesus wahr. Als er wieder aufwachte aus der Vision, lernte er kennen durch die fliehenden Menschen und Dämonen das ganze Geheimnis des Heidentums. Das war der zweite maßlose Schmerz, der sich in seine Seele senkte. Er hatte zuerst in so bedeutender Weise kennengelernt den Verfall des Judentums dadurch, daß er erkannte, was einst dem noch nicht verfallenen Judentum offenbart worden war. Jetzt lernte er ein Gleiches bei den Heiden kennen. Auf diese Weise brachte er sich zum bewußten Erleben die Empfindung der Tatsache, daß in seiner Umgebung die Menschheit leben mußte im Sinne der Worte: Sie haben Ohren und hören nicht das, dasjenige, was die Weltgeheimnisse sind. – So mußte er sich das unbegrenzte Mitgefühl erobern, das er mit den Menschen immer gehabt hatte und das in den Worten ausgedrückt werden kann: Jetzt konnte er schauen; die Menschheit sollte den Inhalt seines Schauens haben, aber wo sind die Wesen, es der Menschheit mitzuteilen?

Solche Erfahrungen mußte er bis zu seinem vierundzwanzigsten Lebensjahr etwa machen. Dann führte ihn sein Karma heim in der Zeit, als sein Vater starb. Er lebte dann mit seinen Stiefgeschwistern und mit seiner Zieh- oder Stiefmutter zusammen. Während die Stiefmutter ihn früher auch wenig verstanden hatte, machte sich jetzt immer mehr und mehr ein Verständnis von ihrer Seite bemerkbar für das, was er als großen Schmerz in sich trug. Und so folgten weitere Erlebnisse vom vierundzwanzigsten bis zum achtundzwanzigsten, neunundzwanzigsten, dreißigsten Lebensjahr, in denen er immer mehr und mehr – obwohl es auch hier schwer war – Verständnis fand bei seiner Stief- oder Ziehmutter. Es waren das zugleich die Jahre, in denen er mit dem Essäerorden näher bekannt wurde. Ich möchte heute nur die Hauptmomente andeuten, wie Jesus den Essäerorden kennenlernte. Es war dies ein Orden, in welchem Menschen sich vereinigten,

die sich von der übrigen Menschheit absonderten und die ein besonderes Leben des Leibes und der Seele entwickelten, um durch dieses
Leben sich wieder zu jener Uroffenbarung des Geistes, welche die
Menschheit verloren hatte, hinaufzuranken. In strengen Übungen und
in einer strengen Lebensweise sollten die aufsteigenden Seelen eine
Stufe erreichen, durch die sie wieder zusammengebracht werden konnten mit den geistigen Regionen, aus denen die Uroffenbarungen geflossen waren.

In diesem Kreise lernte Jesus von Nazareth auch Johannes den
Täufer kennen, aber sie wurden beide nicht im eigentlichen Sinn
Essäer. Das zeigt gerade die Akasha-Chronik auf diesem Gebiet. Aber
aus alledem, was ich geschildert habe, geht ja hervor, daß eine Men-
schenpersönlichkeit ganz besonderer Art da war, die auf jeden ganz
außerordentlich wirkte; hatte sie doch so außerordentlich, wie ich es
geschildert habe, bei den Heiden gewirkt, so daß auch die Essäer –
trotzdem sie sonst das, was sie für ihre Seelen errungen hatten, wie
das heiligste Geheimnis bewahrten, nichts davon verrieten an Außen-
stehende – harmlos sprachen mit Jesus über wichtige Ordensgeheim-
nisse, über Wichtigstes, was sie sich im Streben ihrer Seelen errungen
hatten. So lernte Jesus kennen, wie ein in jener Zeit gegenwärtiger
Weg für die Menschenseele da war, um hinaufzusteigen zu den Höhen, in denen die Urseelen der Menschen einmal geweilt hatten und
von denen sie herabgestiegen waren. Ja, das konnte er an den Essäern
merken, wie es den Menschen doch noch möglich sei, durch besondere
Übungen zu diesen Höhen wieder hinaufzuklimmen. Aber schon
machte es auf seine Seele einen tief, man möchte sagen, wenn das
triviale Wort in diesem Zusammenhang erlaubt ist, unbehaglichen
Eindruck, daß ein solcher Essäer, wenn er zu diesen Höhen aufsteigen wollte, von der übrigen Menschheit sich absondern, ein Leben
führen mußte außerhalb des Kreises der übrigen Menschen. Das war
ganz und gar nicht nach der Art von allgemeinster Menschenliebe, wie
Jesus von Nazareth sie fühlte, der nicht ertragen konnte, daß etwas an
geistigem Gut bestehen sollte, das nicht die ganze Menschheit sich aneignen konnte, sondern nur einzelne auf Kosten der ganzen Menschheit. Und oft ging er mit größtem Schmerz weg von den Stätten der

Essäer. Das, was er empfand, läßt sich mit den Worten ausdrücken: Auch da sind einzelne, und es können immer nur wenige sein, die den Weg zurückfinden zur Uroffenbarung, aber gerade wenn diese wenigen sich absondern, müssen die anderen um so mehr in Verfall leben. Sie können nicht hinaufkommen, denn sie müssen die grobe materielle Arbeit verrichten für die, die sich absondern.

Als er wieder einmal aus einem Tore der Ordensniederlassung herausging, da sah er im Geiste, wie zwei Gestalten von dem Tore wegflohen. Von diesen beiden Gestalten, die wir heute in unserer anthroposophischen Sprache Luzifer und Ahriman nennen, hatte er den Eindruck, daß die Essäer sich vor ihnen schützten, sie durch ihre Übungen, durch ihr asketisches Leben, durch die strengen Ordensregeln vertrieben. Nichts sollte von Luzifer und Ahriman an diese Seelen herankommen. Daher sah Jesus von Nazareth Ahriman und Luzifer wegfliehen, aber er wußte jetzt auch: gerade dadurch, daß eine solche Stätte geschaffen war, wo man Ahriman und Luzifer nicht zuließ, wo man nichts wissen wollte von ihnen, gerade dadurch zogen sie um so mehr zu den anderen Menschen hin, weil sie fliehen mußten von diesen Stätten. Das hatte er jetzt vor sich. Wiederum wirkt das ganz anders, wenn man es nur durch Theorie kennt, als wenn man sieht, was einzelne Seelen für ihre Förderung tun und wie dadurch Luzifer und Ahriman zu anderen Menschen hingeschickt werden, indem einzelne sie sich vom Leibe schaffen. Jetzt wußte er, daß das kein Heilsweg ist, den die Essäer gingen, sondern daß das ein Weg ist, der durch Absonderung auf Kosten der übrigen Menschheit nur die eigene Förderung sucht.

Ein unsägliches Erbarmen kam über ihn. Er empfand keine Freude an dem Aufsteigen der Essäer, da er wußte, andere Menschen mußten um so tiefer sinken, während einzelne stiegen. Das alles kam um so mehr über ihn, als er immer wieder auch an anderen Toren der Essäer – es gab mehrere solcher Stätten – das Bild sah des fliehenden Luzifer und Ahriman, die vor den Toren standen, aber nicht hineinkommen konnten in diese Ordensstätten. So wußte er, wie Ordenssitten und Ordensregeln – nach dem Muster der Essäerregeln – Luzifer und Ahriman den anderen Menschen zutreiben. Und dies war der dritte große, unendliche Schmerz, den er über den Herabstieg der Menschheit empfand und der sich so über seine Seele gebreitet hatte.

Ich sagte schon, daß seine Stief- oder Ziehmutter immer mehr Verständnis bekam für das, was in seiner Seele lebte. Jetzt trug sich das zu, was bedeutsam wurde als Vorbereitung für das Mysterium von Golgatha: Ein Gespräch fand statt – so ergibt es die Forschung in der Akasha-Chronik – zwischen Jesus von Nazareth und der Stief- oder Ziehmutter. So weit war ihr Verständnis schon vorgerückt, daß er zu ihr von dem dreifachen Schmerz sprechen konnte, den er über den Abstieg der Menschheit, den er auf dem Gebiete des Judentums und des Heidentums sowie des Essäertums durchgemacht hatte. Und indem er ihr schilderte seinen ganzen einsamen Schmerz, und was er erfahren hatte, sah er, daß dies auf ihre Seele wirkte.

Es gehört zu den großartigsten Eindrücken, die man auf okkultistischem Felde erhalten kann, gerade den Charakter dieses Gespräches kennenzulernen. Denn man kann eigentlich im ganzen Bereich der Erdenentwickelung etwas Ähnliches, ich sage nicht, etwas Größeres, denn natürlich: das Mysterium von Golgatha ist größer, aber etwas Ähnliches kann man sonst nicht sehen. Das, was er zu der Mutter sprach, waren nicht etwa bloß im gewöhnlichen Sinn Worte, sondern sie waren wie lebendige Wesen, die von ihm zu der Stiefmutter hinübergingen, und seine Seele beflügelte diese Worte mit ihren eigenen Kräften. Alles, was er so unendlich stark erlitten hatte, ging in dem Gespräch wie auf den Flügeln der Worte hinüber in die Seele der Stiefmutter. Sein eigenes Ich begleitete jedes Wort, und es war nicht bloß ein Worte- oder Gedankenaustausch, es war ein lebendiges Seelenwandern von ihm in die Seele der Stiefmutter, die Worte von seiner unendlichen Liebe, aber auch von seinem unendlichen Schmerz. Und so konnte er ihr alles wie in einem großen Tableau entwickeln, was er dreimal erlebt hatte. Was sich da abspielte, wurde noch dadurch erhöht, daß Jesus von Nazareth allmählich das Gespräch übergehen ließ in etwas, was sich ihm ergeben hatte aus dem dreifachen Leid des Menschenabstieges heraus.

Nun ist es wirklich schwierig, in Worte zu kleiden das, was er, wie zusammenfassend seine eigenen Erlebnisse, zur Stiefmutter jetzt sprach. Aber da wir ja geisteswissenschaftlich vorbereitet sind, so kann auch mit Zuhilfenahme geisteswissenschaftlicher Formeln und Ausdrücke versucht werden, den Schluß des Gespräches seinem Sinne nach zu schildern. Natürlich ist das, was ich jetzt zu sagen habe, nicht so gesprochen worden, aber es wird ungefähr eine Vorstellung hervorrufen von dem, was Jesus jetzt als Vorstellung in der Seele der Stiefmutter hervorrufen wollte: Wenn man so in die Entwickelung der Menschheit zurückblickt, dann stellt sich das gesamte Leben der Menschheit auf Erden so dar wie das einzelne menschliche Leben, nur verändert für die späteren Generationen, ihnen unbewußt. Das nachatlantische Leben der Menschheit, könnte man sagen, trat da vor die Seele des Jesus von Nazareth: wie zuerst nach dem großen Naturereignis eine urindische Kultur sich entwickelte, wo die großen heiligen Rishis ihre gewaltigen Weistümer an die Menschheit heranbringen konnten. Mit anderen Worten: es war eine spirituell-geistige Kultur da. Ja, so sagte er, so wie im einzelnen Menschen ein kindliches Alter da ist zwischen der Geburt und dem siebenten Jahr, wo ganz andere geistige Kräfte walten als im späteren Menschenleben, so wirkten geistige Kräfte in dieser urindischen Zeit. Weil diese Kräfte nicht nur bis zum siebenten Jahr da waren, sondern über das ganze Leben sich ergossen, so war die Menschheit in einer anderen Evolution als später. Damals wußte man das ganze Leben hindurch, was heute das Kind bis zum siebenten Jahr weiß und erlebt. Man denkt heute so zwischen dem siebenten und vierzehnten und dem vierzehnten und einundzwanzigsten Jahr, so wie man eben denkt, weil man die Kindheitskräfte verloren hat, die bei uns heute im siebenten Jahr abgestellt werden. Weil diese damals über das ganze Menschenleben ausgegossen waren, diese Kräfte, die heute nur bis zum siebenten Lebensjahr da sind, waren die Menschen in der ersten nachatlantischen Epoche hellsichtig. Höher stiegen sie mit den Kräften, die heute nur bis zum siebenten Jahre im Menschen leben. Ja, da war das Goldene Zeitalter in der Menschheitsentwickelung. Dann kam ein anderes Zeitalter, da waren die Kräfte in der ganzen Menschheit tätig, ausgebreitet über das ganze Leben, die sonst nur zwischen dem siebenten und vierzehnten Lebensjahr tätig sind. Dann kam die dritte Epoche, in der tätig waren die Kräfte, die heute zwischen dem vierzehnten und einundzwanzigsten Jahr wirken. Und dann lebten wir in einer Epoche, in der die Kräfte ausgegossen waren über das ganze Menschheitsleben, die sonst zwischen dem einundzwanzigsten und achtundzwanzigsten Jahre tätig sind. Da nähern wir uns aber schon, so sagte Jesus von Nazareth, der Mitte des Menschenlebens, die in den Dreißigerjahren liegt, wo für den einzelnen Menschen die Jugendkräfte aufhören aufzusteigen, wo er beginnt, den Abstieg zu vollziehen. Wir leben jetzt in dem Zeitalter, das entspricht dem achtundzwanzigsten bis fünfunddreißigsten Jahr des einzelnen Menschen, wo der Mensch den Abstieg des Lebens beginnt. Während beim einzelnen Menschen andere Kräfte noch da sind, die ihn weiterleben lassen, so ist in der ganzen Menschheit nichts mehr da. Das ist der große Schmerz, daß die Menschheit greisenhaft werden soll, ihre Jugend hinter sich hat, daß sie steht in dem Alter zwischen dem achtundzwanzigsten und fünfunddreißigsten Lebensjahr. Wo kommen neue Kräfte her? Die Jugendkräfte sind erschöpft.

In einer solchen Weise sprach Jesus zu seiner Stiefmutter über den Abstieg, der für das ganze Leben der sich fortentwickelnden Menschheit beginne, daß ein unsäglicher Schmerz in seinen Worten sich ausdrückte, so daß man sah, es war jetzt wie hoffnungslos, ganz hoffnungslos für die Menschheit. Die Jugendkräfte sind erschöpft, die Menschheit kann jetzt dem Greisenalter entgegengehen. Der einzelne Mensch, das wußte er, der führt gleichsam dadurch, daß ihm ein Rest der Kräfte verbleibt, zwischen dem fünfunddreißigsten Lebensjahr und dem Tode sein Leben weiter. Die Menschheit aber hatte so etwas nicht; in die mußte erst etwas hineinkommen: das, was dem Einzelleben eines Menschen notwendig ist zwischen dem achtundzwanzigsten bis fünfunddreißigsten Lebensjahr. Makrokosmisch mußte die Erde durchleuchtet werden von der Kraft, von der sonst der Mensch durchleuchtet werden muß da, wo er den Aufstieg des Lebens zwischen dem achtundzwanzigsten und vierunddreißigsten Jahr durchmacht.

Daß die Menschheit als solche alt wird, das ist der Gedanke, das ist die Empfindung, die man jetzt in der Akasha-Chronik sieht und während der Erzählung des Jesus von Nazareth fühlt. Während er so zu der Mutter sprach, während sozusagen der Sinn der Menschheitsentwickelung aus seinen Worten tönte, da wußte er in einem Augenblick, in dem gleichsam alles, was in seinem Selbst war, in seine Worte überfloß, daß mit ihnen aus seinem Eigenwesen etwas fortging, denn seine Worte waren dasjenige geworden, was er selbst war. Das war auch der Moment, wo jetzt hineinfloß in die Seele der Stief- oder Ziehmutter jene Seelenwesenheit, die in seiner leiblichen Mutter gelebt hatte, die nach dem Herausgehen des Zarathustra-Ichs in den Leib des anderen Jesusknaben der Erde abgestorben war und seit dem zwölften Lebensjahr des Jesus in geistigen Regionen lebte. Sie konnte von jetzt ab diese Seele der Stiefmutter durchgeistigen, so daß diese mit der Seele der leiblichen Mutter des nathanischen Jesusknaben lebte.

Der Jesus von Nazareth aber hatte so intensiv sich selbst verbunden mit den Worten, in die er all seinen Schmerz über die Menschheit geprägt hatte, daß dieses Selbst wie aus seinen Leibeshüllen verschwunden war, und seine Leibeshüllen jetzt wieder so waren, wie sie waren, als er ein kleiner Knabe war, nur durchtränkt von alldem, was er durchlitten hatte seit seinem zwölften Jahr. Das Ich des Zarathustra war weggegangen, und es lebte in seinen drei Hüllen nur das, was zurückgeblieben war durch die Macht der Erlebnisse. In diesen drei Hüllen machte sich jetzt ein Impuls geltend; der trieb ihn auf einen Weg, welcher ihn dann zu Johannes dem Täufer am Jordan führte. Wie in einer Art von Traum, der aber doch wieder kein Traum war, sondern ein höheres Bewußtsein, so ging er den Weg, und nur die drei Hüllen waren da, durchgeistigt und durchpulst von den Wirkungen der Erlebnisse seit dem zwölften Jahr. Das Ich des Zarathustra war weggegangen. Die drei Hüllen führten ihn so, daß er kaum etwas wahrnahm von dem, was um ihn war. Er lebte, gerade weil das Ich fort war, ganz im Anschauen des Schicksals der Menschen, in dem auch, was den Menschen fehlte.

24.2.08

Als er so dahinging auf dem Wege zu Johannes dem Täufer am Jordan, da begegneten ihm zwei Essäer, mit denen er oft Gespräche geführt hatte. So wie er jetzt war, erkannte er die beiden Essäer nicht, denn wie entrückt war seine Ichheit. Sie aber kannten ihn. Und darum sprachen sie ihn an: Wohin geht dein Weg, Jesus von Nazareth? – Das, was er zu ihnen sprach, habe ich versucht in Worte zu kleiden. Er sprach die Worte so, daß sie nicht wußten, woher sie kamen, sie kamen aus ihm und doch nicht aus ihm: Dahin, wohin Seelen eurer Art nicht blicken wollen, wo der Schmerz der Menschheit die Strahlen des vergessenen Lichtes finden kann.

Das waren die Worte, wie sie von ihm kamen. Und sie verstanden seine Rede nicht; sie merkten jetzt, daß er sie nicht erkannte. Und sie sprachen weiter: Jesus von Nazareth, kennst du uns nicht? – Und jetzt kamen noch merkwürdigere Worte. Es war, wie wenn er zu ihnen gesprochen hätte: Ihr seid wie verirrte Lämmer, ich aber war des Hirten Sohn, dem ihr entlaufen seid. Wenn ihr mich recht erkennet, werdet ihr bald von neuem entlaufen. Es ist lange her, daß ihr von mir in die Welt entflohen seid.

Die Essäer wußten nicht, was sie von ihm halten sollten, denn indem er so zu sprechen schien, nahmen seine Augen ein ganz besonderes Gepräge an. Sie waren wie nach außen und doch wieder nach innen blickend. Sie waren wie Augen, die in ihrem Ausdruck etwas hatten wie von Vorwurf für die angesprochenen Seelen. Es waren Augen, durch die es strahlte wie von milder Liebe, aber von einer Liebe, die für die Essäer zum Vorwurf wurde, der aus ihrer eigenen Seele kam. So etwa kann man charakterisieren, was die Essäer empfanden, als sie ihn hörten: Was seid ihr für Seelen? Wo ist eure Welt? Warum hüllt ihr euch in täuschende Hüllen? Warum brennt in eurem Inneren ein Feuer, das in meines Vaters Hause nicht entfacht ist?

Und es verstummten gleichsam ihre Seelen bei diesen Worten. Und er sprach weiter: Ihr habt des Versuchers Mal an euch, der traf euch nach eurer Flucht. Er hat mit seinem Feuer eure Wolle gleißend gemacht. Die Haare dieser Wolle stechen meinen Blick. Ihr verirrten Lämmer! Er hat eure Seelen mit Hochmut durchtränkt.

Als er die Worte gesprochen hatte: Gleißend ist eure Wolle geworden, die Haare dieser Wolle stechen meinen Blick –, da nahm einer der Essäer das Wort und sagte: Haben wir nicht dem Versucher die Türe gewiesen? Er hat kein Teil mehr an uns. – Da dies der Essäer gesprochen hatte, sagte Jesus weiter: Wohl wieset ihr ihm die Türe, doch er lief hin und kam zu den anderen Menschen. So greift er sie von allen

Seiten an. Ihr erhöht euch nicht, wenn ihr die anderen erniedriget. Ihr kommt euch doch nur vor, als wenn ihr euch erhöhet, weil ihr die anderen laßt verkleinert werden! Ihr bleibt so hoch, wie ihr seid, und nur weil ihr die anderen kleiner macht, so kommt ihr euch groß vor.

Jesus von Nazareth sprach so, daß es die Essäer merken konnten. Und da er dies gesprochen hatte, war es so bedrückend für die Essäer, daß sie nicht mehr schauen konnten. Ihre Augen verdunkelten sich, und Jesus von Nazareth war wie vor ihren Augen entschwunden. Dann aber, als er wie entschwunden war, da sahen sie wie von ferne sein Angesicht, aber ins Riesenhafte vergrößert, wie eine Fata Morgana vor sich, weit, weit weg, und wie aus dieser Fata Morgana sprechend, kamen Worte her, etwas, was sie empfanden wie: Eitel ist euer Streben, weil leer ist euer Herz, das ihr nur erfüllet habt mit dem Geiste, der den Stolz in die Hüllen der Demut täuschend birgt.

Dann war auch diese Fata Morgana entschwunden, und sie blieben bedrückt und bestürzt stehen. Als sie wieder schauen konnten, sahen sie, daß er schon ein Stück Wegs weitergegangen war, während sie das Gesicht gesehen hatten. Und sie konnten nichts tun, als das Bewußtsein haben, daß er schon ein Stück weitergezogen war. Bedrückt gingen sie weiter in ihre Essäerherberge, und sie erzählten niemals etwas von dem, was sie erlebt hatten, sondern schwiegen darüber zeit ihres Lebens. Sie waren dadurch allerdings die Tiefsten an Seele unter ihren Mitbrüdern geworden, aber sie schwiegen und wurden überaus stumme Brüder, die nichts redeten als das, was zur alltäglichsten Verständigung notwendig war. Ihre Brüder wußten nicht, warum sich ihr Wesen so verändert hatte. Bis zu ihrem Tod verrieten sie nichts von dem, was sie vernommen hatten. Sie erlebten daher in ganz besonderer Weise das mit, was sich ereignete als das Mysterium von Golgatha. Aber für die anderen war das, was sie erlebt hatten, wie unwahrnehmbar.

Als Jesus eine Weile des Weges weitergegangen war, da begegnete er einem Menschen, der in seiner Seele tief verzweifelt war. Aber, wie gesagt, wie entrückt war Jesus den irdischen Verhältnissen, so daß ihm unverständlich war, daß etwas wie ein Mensch an ihn herankam. Um so tieferen Eindruck machte sein Wesen auf diesen Menschen, der in seiner Seele so verzweifelt war, daß er den Eindruck allertiefsten Leides machte. Den mächtigen Eindruck, den diese Seele im Anblick des Jesus von Nazareth hatte, als er so daher kam, entlockte dem Jesus von Nazareth Worte, die etwa so gesprochen werden können: Wozu hat deine Seele ihr Weg geführt? Ich habe dich vor viel tausend Jahren gesehen; damals warst du anders!

Alles das hörte dieser verzweifelte Mensch wie gesprochen von der Erscheinung des Jesus von Nazareth, die eben herankam. Durch diese Worte fühlte sich der Verzweifelte getrieben, das Folgende zu sagen. Auf der einen Seite fühlte er das Bedürfnis seiner Seele, sich auszusprechen, auf der anderen Seite selbst seines Schicksals Antwort zu finden: Ich habe es in meinem Leben zu hohen Würden gebracht. Ich lernte immer; durch das Gelernte stieg ich unter meinen Mitmenschen zu immer höheren und höheren Würden. Jede Würde hat mich stolzer gemacht und oft sagte ich mir: Was bist du doch für ein seltener Mensch, so glänzend emporzusteigen über deine Nebenmenschen! Ich fühlte den Wert meiner Seele, die mehr wert sein mußte als die Seele anderer Menschen. Mein Hochmut stieg bei jeder neuen Würde. Da hatte ich einmal einen Traum. Ach, was war das für ein furchtbarer Traum! Nicht nur, daß ich träumte, sondern indem ich träumte, war meine Seele ausgefüllt von Schamgefühl. Denn ich schämte mich, so etwas zu träumen. Ich war in meinem Leben so stolz! Und jetzt träumte ich so etwas, was ich nie hätte träumen mögen, und das kam mir im Traum gut vor. Ich träumte, ich stellte mir die Frage: Wer hat mich groß gemacht? Und da stand ein Wesen vor mir, das sagte: Ich habe dich groß gemacht, ich habe dich erhöht, doch dafür bist du mein! – Das war, was ich als tiefste Schande fühlte, daß ich jetzt die Offenbarung erhielt, ich wäre nicht eine Seele, die auserlesen war, die durch eigene Kraft gestiegen war; eine andere Wesenheit hatte mich erhöht. Im Traume ergriff ich die Flucht. Ich habe, als ich erwachte, wirklich die Flucht ergriffen, habe alle meine Würden verlassen. Ich wußte nicht, was ich suchte, und so wandele ich, vor mir und vor dem, was ich erreicht habe, entfliehend, lange schon in der Welt herum, mich schämend alles dessen, was ich einst im Hochmut gedacht habe.

Als der verzweifelnde Mensch diese Worte gesprochen hatte, stand das Wesen, das zu ihm im Traum gesprochen hatte, wieder vor ihm, zwischen ihm und Jesus von Nazareth. Es deckte dieses Traumwesen die Gestalt des Jesus von Nazareth zu. Und als das Traumbild sich wieder verwandelt hatte, wie in Nebel zergangen war, da war auch Jesus schon weitergegangen. Als der Verzweifelnde sich umsah, sah er ihn schon ein ganzes Stück weiter. Da mußte er denn in seiner Verzweiflung seines Weges weiterziehen.

Dann kam Jesus von Nazareth ein Aussätziger entgegen, dessen Aussatz und dessen Leiden schon aufs höchste gestiegen waren. Und durch das, was diese Seele empfand, fühlte sich wiederum das Wesen des Jesus von Nazareth zu Worten gedrängt, die der Aussätzige hörte. Es waren wiederum die Worte: Wozu hat deine Seele ihr Weg geführt? Ich habe dich vor vielen Jahrtausenden gesehen, da warst du anders!

Durch diese Worte wurde der Aussätzige bestimmt, zu sprechen; wiederum in einer ähnlichen Weise, wie vorher der Verzweifelnde bestimmt worden war, zu sprechen. Der Aussätzige sagte: Ich weiß nicht, wie ich zu der Krankheit komme; sie trat allmählich an mich heran. Und die Menschen duldeten mich nicht mehr unter sich. Ich mußte in die Einöde wandern, konnte kaum vor den Türen das erbetteln, was die Leute mir hinwarfen. Da kam ich eines Nachts in die Nähe eines dichten Waldes. Da sah ich wie aus einer Lichtung mir entgegenkommend einen Baum, der, von selbst leuchtend, zu mir hinblinkte. Ich hatte den Drang, dem Baum, der so leuchtend mir entgegenblinkte, näherzutreten. Der Baum zog mich an. Und als ich in die Nähe des Baumes kam, da trat wie aus dem Licht des Baumes auf mich los ein Gerippe. Ich wußte: Der Tod ist es, der in dieser Form vor mir steht. Und der Tod sagte zu mir: Ich bin du; ich zehre an dir. Fürchte dich nicht! – Aber das Gerippe sprach weiter: Warum fürchtest du dich? Hast du mich nicht einst geliebt durch viele Leben hindurch? Nur wußtest du es nicht, daß du mich liebtest, denn ich war dir erschienen als ein schöner Erzengel; den glaubtest du zu lieben. – Und dann stand nicht der Tod vor mir, sondern der Erzengel, den ich oft gesehen hatte, und von dem ich wußte: Das war das Bild, das ich geliebt hatte. Dann war er verschwunden. Ich aber erwachte erst am nächsten Morgen, an dem Baume liegend, und fand mich so, daß ich noch elender war als vorher. Und ich wußte, daß alles das, was ich an Lebensgenüssen geliebt hatte, was an Eigenliebe in mir lebte, daß alles das zusammenhängt mit dem Wesen, das mir als Tod und als Erzengel erschienen war, das behauptete, ich liebte es, und ich wäre es selbst. Jetzt stehe ich vor dir, von dem ich nicht weiß, wer er ist. – Und jetzt erschien wiederum der Erzengel und dann auch der Tod und stellte sich zwischen den Aussätzigen und Jesus von Nazareth und verdeckte dem Blick des Aussätzigen den Jesus von Nazareth. Als der Aussätzige nur den Erzengel sah, verschwand Jesus, und dann verschwand auch der Tod und der Erzengel. Und der Aussätzige mußte weitergehen und sah nur, wie schon weiter fortgeschritten, den Jesus von Nazareth.

Das waren solche Ereignisse, die sich darboten auf dem Weg, wenn man ihn Akasha-Chronik-mäßig verfolgt, den Jesus von Nazareth gegangen war zwischen dem Gespräch mit der Mutter und der Johannestaufe im Jordan.

Wir werden dann morgen sehen, wie diese Ereignisse, die sich da abgespielt haben in der Begegnung mit den zwei Essäern, in der Begegnung mit dem Verzweifelnden und in der Begegnung mit dem Aussätzigen, weiterwirkten in den Hüllen des Jesus von Nazareth, wie das, was da an Berührungen mit der Welt, die der Jesus, welcher er wie entrückt war, kaum verstand, sich verquickte mit dem, was er empfing bei der Johannestaufe im Jordan.

Wem diese Ereignisse, die ich da erzählt habe, sonderbar oder wunderbar erscheinen, diese Ereignisse, die sich gerade zwischen dem Gespräch mit der Stief- oder Ziehmutter und der Johannestaufe abspielten, dem kann ich nur sagen: Sie mögen sonderbar erscheinen; sie stellen sich wahrhaftig dar bei dem Erforschen in der Akasha-Chronik. Sie stellen Ereignisse dar, die allerdings so einzig in ihrer Art sind, wie sie einzig sein müssen, da sie die Vorbereitung sind zu einem Ereignis, das auch nur einmal hat stattfinden können, zu dem Ereignis, das wir das Mysterium von Golgatha nennen. Wer nicht eingehen will auf den Gedanken, daß sich dazumal innerhalb der Entwickelung der Menschheit etwas ganz Besonderes abgespielt hat, dem wird der ganze Hergang der Menschheitsentwickelung schwer verständlich sein.

Bevor ich in der Betrachtung des Christus Jesus-Lebens weitergehe, möchte ich einige wenigstens andeutende Bemerkungen machen über die Art, wie solche Dinge gefunden werden. Es kann sich ja natürlich nur darum handeln, mit wenig Worten eine außerordentlich ausführliche Sache zu charakterisieren. Aber ich möchte doch, daß Sie eine Vorstellung haben von dem, was man okkulte Forschung nennen kann, die bis zu dem Grade geht, durch den man eindringt zu solchen konkreten Tatsachen, wie wir sie gestern zum Beispiel hier betrachten konnten.

Zunächst kann man ja gegenüber diesen Dingen sagen: Es beruhen diese Forschungen auf einem Lesen in der Akasha-Chronik. – In allgemeinen Zügen habe ich in den Artikeln, die in der Zeitschrift «Lucifer-Gnosis» unter dem Titel «Aus der Akasha-Chronik» erschienen sind, hingewiesen, wie ein solches Lesen in der Akasha-Chronik aufzufassen ist. Nun muß man sich klar darüber sein, daß die verschiedenen Tatsachen des Weltgeschehens und Weltenseins in verschiedener Weise gefunden werden müssen, und so möchte ich jetzt gleichsam das, was schon gesagt worden ist, noch genauer zum Ausdruck bringen. Es ist gut, festzuhalten, daß es im Grunde genommen im Weltenall doch nichts anderes gibt als Bewußtseine. Außer dem Bewußtsein irgendwelcher Wesenheiten ist letzten Endes alles übrige dem Gebiete der Maja oder der großen Illusion angehörig. Diese Tatsache können Sie besonders aus zwei Stellen in meinen Schriften entnehmen, auch noch aus anderen, besonders aber aus zwei Stellen: zunächst aus der Darstellung der Gesamtevolution der Erde von Saturn bis Vulkan in der «Geheimwissenschaft im Umriß», wo geschildert wird das Fortschreiten vom Saturn zur Sonne, von der Sonne zum Mond, vom Mond zur Erde und so weiter, zunächst nur in Bewußtseinszuständen. Das heißt, will man zu diesen großen Tatsachen aufsteigen, so muß man so weit aufsteigen im Weltengeschehen, daß man es zu tun hat mit Bewußtseinszuständen. Also man kann eigentlich nur Bewußtseine schildern, wenn man die Realitäten schildert. Aus einer anderen Stelle in einem Buche, das in diesem Sommer erschienen ist, «Die Schwelle der geistigen Welt», ist das gleiche zu entnehmen. Da ist gezeigt, wie durch allmähliches Aufsteigen der Seherblick sich erhebt von dem, was sich um uns herum ausbreitet als Dinge, als Vorgänge in den Dingen, wie das alles sozusagen als ein Nichtiges entschwindet und schmilzt, vernichtet wird und zuletzt die Region erreicht wird, wo nur noch Wesen in irgendwelchen Bewußtseinszuständen sind. Also, die wirklichen Realitäten der Welt sind Wesen in den verschiedenen Bewußtseinszuständen. Daß wir in dem menschlichen Bewußtseinszustand leben und von diesem Bewußtseinszustand keinen vollen Überblick über die Realitäten haben, das bewirkt, daß uns dasjenige, was keine Realität ist, als eine Realität erscheint.

Ich habe das vergleichsweise schon oft hervorgehoben. Sie brauchen sich nur die folgende Frage vorzulegen: Ist ein Haar, ein Menschenhaar, als solches eine Realität, auch nur im eingeschränktesten Sinne? Hat es einen selbständigen Bestand? Unsinn wäre es, zu sagen, ein Menschenhaar habe einen selbständigen Bestand. Einen Sinn hat es nur, es so anzusehen, daß man es als wachsend am Menschenleibe auffaßt, sonst kann es nicht vorkommen, es kann nicht für sich bestehen. Als Realität, die man nur im gewöhnlichen Leben im Auge hat, als selbständiges Wesen auch nur in diesem irdischen Sinne ein Haar anzusprechen, empfindet deshalb jeder als Unsinn, da nirgends ein Haar abgesondert entstehen kann. Die einzelne Pflanze empfindet man oft als ein einzelnes Wesen, und doch ist sie ebensowenig ein einzelnes Wesen wie ein Haar. Denn was das Haar am Kopfe, das ist die Pflanze am Organismus der Erde, und es hat gar keinen Sinn, die einzelne Pflanze zu betrachten. Die Erde muß man betrachten analog zum Menschen und alle Pflanzen auf der Erde als zur Erde gehörig, wie das Haar auf dem Kopfe des Menschen. So wenig wie außerhalb des Kopfes ein Haar für sich bestehen kann, so wenig kann eine Pflanze als selbständiges Wesen außerhalb des Organismus der Erde bestehen. Wichtig ist, zu berücksichtigen, wo man aufzuhören hat, wenn man ein Wesen als ein Wesen für sich ansieht. Aber im letzten Sinne, den der Mensch erreichen kann, ist alles das, was nicht in einem Bewußtsein wurzelt, kein selbständiges Wesen. Alles wurzelt in einem Bewußtsein, und zwar in verschiedener Weise.

Nehmen wir einmal einen Gedanken, also das, was wir als Menschen denken. Zunächst sind diese Gedanken in unserem Bewußtsein, aber sie sind nicht bloß in unserem Bewußtsein. Sie sind zugleich in dem Bewußtsein der Wesen der nächsthöheren Hierarchie, der Angeloi, der Engel. Während wir einen Gedanken haben, ist unsere ganze Gedankenwelt zum Beispiel Gedanke der Engel. Die Engel denken unser Bewußtsein. Und darum werden Sie erkennen, wie man, wenn man zum Sehertum aufsteigt, eine andere Empfindung gegenüber dem Anschauen der Wesen der höheren Welten entwickeln muß als in der gewöhnlichen äußeren Wirklichkeit. Wenn man so wie über die physisch-sinnliche Welt, über das irdische Dasein denkt, kann man nicht zu einem höheren Sehertum hinaufkommen. Man muß da nicht bloß denken, sondern man muß gedacht werden und ein Wissen davon haben, daß man gedacht wird. Es ist nicht gerade leicht, weil dazu Menschenworte heute noch nicht geprägt sind, genau zu charakterisieren, was man da für eine Empfindung gegenüber seinem Anschauen hat. Aber man kann etwa – man wähle einen Vergleich – so sagen, daß man allerlei Bewegungen ausführt und diese Bewegungen würde man nicht an sich beobachten, sondern man würde in das Auge eines Nebenmenschen blicken und dort das Spiegelbild der eigenen Bewegungen beobachten und sich sagen: Wenn man da beobachtet, so wisse man daraus, daß man dieses oder jenes mit den Händen oder dem Mienenspiel vollführt. Dieses Gefühl hat man schon bei der nächsten Stufe des Sehertums. Man weiß nur im allgemeinen, daß man denkt, aber man beobachtet sich im Bewußtsein der Wesen der nächsthöheren Hierarchie. Man läßt seine Gedanken von den Engeln denken. Man muß wissen, daß man nicht selbst seine Gedanken in seinem Bewußtsein dirigiert, sondern daß die Wesen der nächsthöheren Hierarchie diese Gedanken dirigieren. Man muß das Bewußtsein der Engel, einen durchwallend und durchwebend, fühlen. Dann erlangt man gleichsam einen Aufschluß über die fortlaufenden Impulse der Entwickelung, zum Beispiel über die Wahrheit des Christus-Impulses, wie er auch jetzt noch fortwirkt, nachdem er einmal da ist. Die Engel können diese Impulse denken; wir Menschen können sie denken und charakterisieren, wenn wir uns gegenüber unseren Gedanken so verhalten, daß wir sie hingeben den Engeln, daß diese in uns denken. Das erlangt man eben durch fortgesetztes Üben, wie ich es in meinem Buche «Wie erlangt man Erkenntnisse der höheren Welten?» beschrieben habe. Von einem gewissen Moment an verbindet man ein Gefühl, einen Sinn mit den Worten: Deine Seele denkt jetzt nicht mehr; sie ist ein Gedanke, den die Engel denken. – Und indem das für das einzelne menschliche Erleben eine Wahrheit wird, erlebt man in sich, sagen wir, die Gedanken der allgemeinen Christus-Wahrheiten oder auch andere Gedanken über die weise Führung der Erdenevolution.

Diejenigen Dinge, welche sich beziehen auf die einzelnen Epochen der Erdenentwickelung, auf die urindische Epoche, auf die urpersische Epoche und so weiter, die werden gedacht von den Erzengeln. Durch weiteres Üben kommt man dazu, nicht bloß von den Engeln gedacht zu werden, sondern von den Erzengeln erlebt zu werden. Man muß nur im weiteren Verlauf seines Übens dazu kommen, daß man weiß: Du gibst dein Leben dar für das Leben der Erzengel. – In dem Buche «Die Schwelle der geistigen Welt» ist einiges Genauere von diesen Dingen geschildert, nämlich, wie man das Gefühl bekommt, wenn man seine Übungen fortsetzt – auch in München habe ich davon gesprochen –, mit grotesken Worten, als wenn man den Kopf in einen Ameisenhaufen hineinstecken würde. Die Ameisen sind die Gedanken, die sich bewegen. Während man im gewöhnlichen Leben meint, man denke seine Gedanken, kommt man durch das Üben dazu, einzusehen, daß die Gedanken in einem denken, weil die Angeloi, die Engel, in einem denken. Und im weiteren Verlauf des Übens bekommt man das Gefühl, daß man in verschiedene Gebiete der Welt durch die Erzengel getragen wird und dadurch diese Gebiete kennenlernt. Wer in richtiger Weise die ägyptische Kultur, die indische Kultur schildert, der weiß erst einen Sinn zu verbinden mit dem, was es heißt: Deine Seele wird getragen von einem Erzengel in diese oder jene Zeit. – Es ist so, wie wenn die Säfte unseres Lebens wüßten, daß sie den Lebensprozeß unterhalten und im Organismus wie das Blut herumgeführt werden. So weiß der Seher: er wird von den Erzengeln im Lebensprozeß der Welt herumgeführt.

Aber die Dinge, die sich auf die Durchdringung der Seele eines einzelnen Erlebnisses beziehen, sie können erst erforscht werden, wenn die Seele einen Sinn verbindet mit den Worten: Die Seele reicht sich als Speise dar den Urbeginnen oder Archai, den Geistern der Persönlichkeit. – Das soeben Gesagte nimmt sich grotesk aus, aber wahr ist es, daß man solche konkrete Tatsachen wie das Leben des Jesus von Nazareth nicht erforschen kann, bevor man nicht einen Sinn mit den Worten verbindet: man werde als geistige Nahrung gegessen und diene so den Geistern der Persönlichkeit. Es ist etwas, das selbstverständlich für den Menschen, der heute in der äußeren Welt steht, sich wie Wahnsinn anhört. Selbstverständlich! Aber dennoch, so wahr der Bissen Brot, der in unseren Magen geht, unsere Nahrung wird – und wenn er es sich überlegen könnte, so würde er wissen, daß er einen Sinn und Lebenszweck hat, indem er durch uns Nahrung wird –, ebenso wahr ist es, daß wir Menschen den Sinn haben, den Archai zur Nahrung zu dienen. Während wir hier auf der Erde herumspazieren, sind wir zugleich Wesen, die fortwährend von den Archai verzehrt, gegessen werden. Nicht leugnen werden Sie, daß die Menschen das im gewöhnlichen Leben nicht wissen, daß sie das Wahnsinn nennen würden, wenn ihnen jemand so etwas sagte. Der Mensch ist gegenüber den Archai dasselbe, was das Weizenkorn für Sie als physische Menschen ist. Aber dies nicht nur theoretisch wissen, sondern so leben gegenüber den Archai, wie das Weizenkorn leben würde, wenn es zu Brei zermalmt durch unsere Zähne, durch Gaumen und Magen geht mit diesem Bewußtsein: Ich bin Speise des Menschen –, so auch wissen: Ich bin Speise den Archai, ich werde verdaut von den Archai, das ist ihr Leben, was ich lebe in ihnen – dies lebendig wissen, heißt, sich versetzen in das Bewußtsein der Geister der Persönlichkeit, der Archai, ebenso wie es heißt, sich versetzen in das Bewußtsein der Erzengel, wenn man weiß: Deine Seele wird getragen von den Erzengeln in diese oder jene Zeit –, und wie es heißt, sich versetzen in das Bewußtsein der Engel, wenn man weiß: Meine Gedanken werden gedacht von den Engeln.

Die Zustände des Erlebens müssen andere werden, wenn man lesend in die höheren Welten eindringen will. Notwendig ist, mit Wissen verzehrt zu werden von den Geistern der Persönlichkeit, wenn diejenigen Tatsachen erforscht werden sollen, die so konkret wie das Leben des Jesus von Nazareth in der Menschheitsentwickelung dastehen.

Vielleicht dienten die Bemerkungen, die ich gemacht habe, doch auch einigermaßen dazu, das ganz Andersartige dieser okkulten Forschung darzulegen gegenüber den Forschungen in der äußeren Welt. Denn das Bild können Sie durchaus durchdenken, und es gibt Ihnen richtige Anhaltspunkte: Sie können sich in das Weizenkorn versetzen, das zu Brei zermalmt wird, zwischen den Zähnen zerkleinert wird, um eine Vorstellung davon zu bekommen, was durchaus analogisch richtig ist, wenn es sich um ein Lesen im Bewußtsein der Archai handelt. Man muß auch da seelisch zermalmt werden und muß es fühlen. Das heißt, höhere Forschung ist nicht möglich ohne innere Tragik, ohne inneres Erleiden. So glattweg abstrakt, daß es nicht wehtut, so wie die Forschungen in der physischen Welt verlaufen, so ist eine Forschung in den höheren Welten nicht zu erlangen, wenn sie mehr sein soll als Phantasterei. Daher die Bemühungen, die ich gestern versuchte: abzulenken bei der Schilderung des Jesuslebens von abstrakten Begriffen, von abstrakten Schilderungen. Erinnern Sie sich, worauf ich in der Hauptsache Ihre Aufmerksamkeit lenkte als auf das, worauf es ankommt. Ich sagte: So war das Leben des Jesus von Nazareth zwischen dem zwölften, achtzehnten, zwanzigsten und bis zum dreißigsten Jahr. – Was man da schildert, das ist es weniger, worauf es ankommt. Worauf es ankommt, ist, ein lebendiges Fühlen zu bekommen von dem, was die Jesusseele durchgemacht hat, indem sie das erlebte, was geschildert worden ist, nachzufühlen den Schmerz der Einsamkeit, den unendlichen Schmerz, einsam dazustehen mit Urwahrheiten, für die keine Ohren da waren, zu hören. Hinweisen wollte ich auf das Empfindungsleben des Jesus von Nazareth. Den dreifachen großen Mitschmerz der Menschheit für die Zeit vom zwölften bis zum dreißigsten Jahr wollte ich darlegen. Nicht so sehr dadurch, daß Sie die Ereignisse, die ich versuchte anzudeuten, nun sich selbst oder anderen erzählen, wissen Sie etwas von der Bedeutung des Jesus-Erlebens als einer Vorbereitung zum Mysterium von Golgatha, sondern dadurch erst, daß Sie sich eine Vorstellung verschaffen, die tief Ihre Seele bewegt und erschüttert, eine Vorstellung von dem, was gelitten werden mußte von diesem Menschen Jesus von Nazareth, bis er herantreten konnte an das Mysterium von Golgatha, damit der Christus-Impuls in die Erdenentwickelung einfließen konnte.

Dadurch wird eine lebendige Vorstellung von diesem Christus-Impuls hervorgerufen, daß man dieses Leiden sich wieder erweckt, daß man die Tatsachen schildern muß, die sich auf solche Dinge beziehen, wie die jetzt betrachteten, indem man versucht, Empfindungen zu vergegenwärtigen. Das können Sie aus der Art der Akasha-Forschung entnemen, die ich in ein paar Worten zu charakterisieren versuchte. Je mehr es gelingt, diese wogenden, wellenden und webenden Empfindungen einer solchen Wesenheit, wie Jesus von Nazareth es war, wieder in sich zu empfinden, desto mehr dringt man in solche Geheimnisse ein.

Was nunmehr in diesem Jesusleben kommt – ich brauche es nicht zu schildern, es ist oft davon gesprochen worden –, daß durch die Johannestaufe im Jordan in die drei Hüllen des Jesus von Nazareth, nachdem sie durchgeistigt worden waren durch das Leben des Zarathustra-Ichs in ihnen, die Christus-Wesenheit eintrat, also eine Wesenheit aus dem Gebiete der geistigen Welt herabstieg und das weitere Schicksal hatte, nun durch drei Jahre in einem Menschenleibe zu sein, an einen Menschenleib gebunden. Wichtig ist es, daß wir uns klarmachen, was das eigentlich für eine Tatsache ist. Denn im Grunde genommen unterscheidet sich diese Tatsache ganz beträchtlich von allen anderen Tatsachen der Erdenentwickelung. Und in dem Augenblick, wo wir jetzt herantreten an das Ereignis, durch das in die Hüllen des Jesus von Nazareth die Christus-Wesenheit einzog, treten wir an etwas heran, was eigentlich nicht mehr bloß eine menschliche Angelegenheit der Erdenentwickelung ist. Das muß man sich auch einmal klarmachen.

Man kann diese Angelegenheit vom menschlichen Standpunkt betrachten. Dann sagt man: Es hat einmal einen Menschen gegeben, wie wir ihn geschildert haben. Er nahm auf die Christus-Wesenheit, den Christus-Impuls. – Aber man kann die Sache auch ganz anders betrachten, obwohl die Betrachtungen, die man dabei anzustellen hat, recht dünn an Vorstellungen verlaufen müssen; das macht aber nichts. Wir werden uns nach unserer geisteswissenschaftlichen Vorbereitung etwas dabei denken können.

Nehmen wir einmal an, wir säßen im Rate der Menschen nicht als Menschen und betrachteten das Mysterium von Golgatha, sondern wir säßen im Rate der höheren Hierarchien als ein Wesen der höheren Hierarchien und betrachteten das Mysterium von Golgatha. In geistiger Beziehung ist diese Änderung des Gesichtspunktes durchaus möglich. Es läßt sich dies vergleichen etwa damit: Wenn wir einen Berg vor uns haben, auf dessen mittlerer Höhe ein Dorf liegt, kann man das Dorf von unten sehen, man kann es aber auch vom Gipfel des Berges anschauen. Es ist ganz natürlich, daß man meistens das Mysterium von Golgatha vom menschlichen Standpunkte aus ansieht. Man kann aber auch einmal hinaufsteigen in die Sphäre der höheren Hierarchien. Wie würde man dann sprechen von dem Mysterium von Golgatha? Dann müßte man sagen: Als die Erde mit ihrer Entwickelung begonnen hat, da hatten die Wesenheiten der höheren Hierarchien mit den Menschen gewisse Absichten. Sie wollten die irdische Entwickelung in einer bestimmten Weise lenken. Aber in diese vorgesehene Lenkung der irdischen Angelegenheiten der Menschheit hat sich zunächst Luzifer hineingemischt. Da also schaut man als eine Wesenheit der höheren Hierarchien auf die Erdenentwickelung herab, wie man die Menschengeschicke leiten will – da verändert Luzifer die Richtung dieser Entwickelung, die man in anderer Form leiten wollte.

Jetzt sieht man weiter herunter auf die Menschheitsevolution und sagt sich: Nicht alles, was da unten geschieht, geschieht durch uns. Da mischt sich fortwährend Luzifer hinein. Dadurch, daß Luzifer sich hineinmischte und später auch noch Ahriman dazu kam, ist gegenüber den Taten der höheren Hierarchien ein fremdes Element in der Menschheitsentwickelung darin. Man kann in einer gewissen Weise es so ausdrücken, daß diese Wesenheiten der höheren Hierarchien sich sagten: Bis zu einem gewissen Grade ist das irdische Feld für uns verloren. Da sind Kräfte darinnen, die dieses irdische Feld mit den Menschenseelen uns entfernen.

Nun geschieht die Lenkung durch die höheren Hierarchien so, daß diese stufenweise, je nach ihren Kräften, an dieser Führung beteiligt sind, zunächst die niedrigsten. Die Angelegenheiten der Erdenentwickelung werden so geführt, daß zwar die hohen Wesenheiten bis hinauf zu den höchsten tätig sind, daß sie aber gewisse Angelegenheiten durch ihre Diener besorgen lassen, durch die Engel, Erzengel und Archai, so daß zunächst diese eingreifen in die Evolution.

Wir versetzen uns, so sagte ich – selbstverständlich in aller Demut –, in den Rat der höheren Hierarchien, nicht in den Rat der Menschen. Wir können dann sagen: Da sind unsere Boten, die Engel, Erzengel und Archai; sie könnten unsere Befehle so gut ausführen, wenn nicht in dem irdischen Felde fremde Kräfte darinnen wären. – Und da kommt dann der große Rat der Götter heraus, der etwa zu folgendem Resultat führt: Weil wir nicht in der Lage waren, Luzifer und Ahriman von der irdischen Entwickelung abzuhalten, dadurch haben unsere Diener, die Engel, Erzengel und Archai, die Möglichkeit verloren, von einem bestimmten Zeitpunkte an für die Menschen das zu tun, was in unserem Sinne getan werden müßte. – Und dieser Zeitpunkt war eben der, in den das Mysterium von Golgatha fiel.

Als dieser Zeitpunkt heranrückte, mußten sich die Götter der höheren Hierarchien sagen: Wir verlieren die Möglichkeit, daß unsere Diener in die Menschenseelen eingreifen. Dadurch, daß wir Luzifer und Ahriman nicht abhalten konnten, sind wir nur imstande, bis zu diesem Zeitpunkt zu wirken durch unsere Diener. Dann entstehen in den Menschenseelen Kräfte, die nicht mehr von den Engeln, Erzengeln und Archai dirigiert werden können. Die Menschen entfallen uns durch die Kräfte von Luzifer und Ahriman.

Das war tatsächlich – wenn wir so sagen dürfen – die «Stimmung im Himmel», als der Zeitpunkt herannahte, mit dem die neue Zeit als ihrem Beginne rechnet. Daß durch ihre Diener nicht mehr genügend gesorgt werden konnte für die Menschen von einem bestimmten Zeitpunkte an, das war die große «Angst» der Götter. Sie werden den Ausdruck nicht mißverstehen, denn Sie sind vorbereitet durch die Geisteswissenschaft, daß Ausdrücke einen anderen Sinn und Empfindungswert bekommen, wenn man sich ihrer bedient zur Charakterisierung der höheren Welten.

Diese Götterangst rückte heran; immer quälender und quälender und quälender wurde sie – wenn wir so sagen dürfen – in den Himmeln. Da entstand der Entschluß, den Sonnengeist herabzusenden, ihn hinzuopfern, indem man sich sagte: Er soll fortan ein anderes Los wählen, als im Rate der Götter zu sitzen; er soll einziehen auf den Schauplatz, wo menschliche Seelen leben. Wir opfern diesen Sonnengeist hin. Bis jetzt lebte er unter uns, in den Sphären der höheren Hierarchien; jetzt zieht er durch das Tor des Jesus in die Erdenaura ein.

So war es im Rate der Götter, als das Mysterium von Golgatha eintrat. So sieht die Sache von oben aus. Wir haben es also mit einer Angelegenheit der die Erde führenden Götter, nicht bloß mit einer menschlichen Angelegenheit zu tun. Die Sache kann so angesehen werden, daß man nicht bloß fragt: Was muß für die Menschheit geschehen, damit sie nicht auf der abschüssigen Bahn sich verliert? – sondern von der anderen Seite konnte so gefragt werden: Was haben wir Götter zu tun, um einen Ausgleich zu schaffen für das, was geschehen ist, indem wir Luzifer und Ahriman zulassen mußten bei der Erdenevolution?

Und nun kann man sich eine Empfindung davon verschaffen, daß das Mysterium von Golgatha noch etwas anderes ist als eine bloß irdische Angelegenheit, daß es eine Angelegenheit der Götter ist, ein Ereignis der Götterwelt. Wahrhaftig, bedeutender noch als es für die Menschen war, daß sie den Christus aufnehmen konnten, war es für die Götter, daß sie abgeben mußten den Christus an die Erde.

Und was ist eigentlich im Grunde genommen das Erkennen des Mysteriums von Golgatha noch außer dem, daß man darin das Mittelpunktsereignis der Erde erkennen kann? – Daß man, indem man hinschaut auf das Mysterium von Golgatha, es als eine Götterangelegenheit ansieht; daß die Götter da ein Himmelsfenster öffnen, daß sie ihre Angelegenheiten eine Weile vor den Augen der Menschen abmachen, und daß der Mensch zuschauen kann bei dieser Götterangelegenheit! Das muß man fühlen lernen, indem man hinblickt auf das Mysterium von Golgatha, daß es so ist, wie wenn man vor dem immer verschlossenen Himmelshause hinginge, und wie wenn man in diesem Punkte an einem Fenster vorbeiginge und durch dieses Fenster hineinsehen dürfte in das, was sonst immer hinter den Mauern des Götterwohnsitzes unsichtbar war.

So fühlt sich auch in Ehrfurcht der wirklich okkultistisch empfindende Mensch gegenüber dem Mysterium von Golgatha wie jemand, der um ein Haus herumschleicht, das überall verschlossen ist, nur ahnend, was darinnen vorgeht. An einer Stelle aber ist ein Fenster, durch das er Zeuge werden kann von einem kleinen Ausschnitt dessen, was darinnen vorgeht. Solch ein Fenster gegenüber der geistigen Welt ist für den Menschen das Mysterium von Golgatha. So muß man das empfinden, was da geschah, als die Christus-Wesenheit herabstieg in den Leib oder eigentlich in die drei Hüllen des Jesus von Nazareth. Immer tiefer und tiefer sollen wir uns mit dieser Idee durchdringen, daß wir Zuschauer sind durch das Mysterium von Golgatha bei einer Götterangelegenheit.

Wenn von solchen Dingen gesprochen wird, müssen die Worte in einer anderen Weise gebraucht werden als im gewöhnlichen Leben. Man muß von etwas sprechen, wie von der «Angst», der «Furcht» der Götter vor dem Zeitpunkt, der dann erfüllt werden mußte in der Erdenevolution mit dem Mysterium von Golgatha. Man muß die Worte für die heilig-geistigste Angelegenheit der Menschheit in umgeprägter Weise gebrauchen. Es ist unendlich leicht für alle diejenigen in der Welt, die nur allzusehr bereit sind, aus Torheit, aus Frivolität, aus Eitelkeit oder aus anderen Gründen, herabzuwürdigen, was im heiligsten Sinne gemeint ist. Man braucht ja nichts anderes zu tun, als irgend etwas, was als Wort geprägt ist, so umzudrehen, wie man das Wort im exoterischen Leben haben will. Und man hat die Möglichkeit, in ihr Gegenteil zu verkehren eine solche Sache, die der Menschenseele abgerungen ist, wenn sie ausgesprochen ist bloß aus der inneren Nötigung heraus, die Wahrheiten der geistigen Welt zu verkündigen, die so schwer sich der Seele entreißen. Man verkehrt sie, indem man sie lächerlich, teuflisch, satanisch findet, wenn die nötige Frivolität, die nötige Leichtfertigkeit in den Seelen vorhanden ist.

Diese ist in unserer Zeit nur allzusehr verbreitet in den Seelen. Und nur allzu gering ist die Wachsamkeit derer, welche da hüten sollten den Schatz der heilig-geistigen Wahrheiten, die gerade in unserer Gegenwart in die Herzen der Menschen einziehen sollen.

Wie groß ist die Bequemlichkeit, mit der man seinen Geist nähren möchte! Wie oft muß man Bejammernswertes sehen! Wenn nur ein wenig über den Materialismus hinaus vom Geiste gesprochen wird, so erklären sich die Leute dadurch leicht befriedigt, weil sie sich dabei nicht anzustrengen, besonders ihr Gemüt nicht anzustrengen brauchen. Man sollte fühlen, wie man dadurch, daß man an der heilig-geistigen Betrachtung der heiligsten Angelegenheiten der Erdenentwickelung teilnimmt, eine Verantwortlichkeit hat gegenüber dem Gut der Schätze des Wissens, die sich auf die geistige Welt beziehen. Die Frivolität unserer Zeit auf diesem Gebiete ist so groß und nimmt es so leicht. Sie werden sie da und dort immer wieder auftauchen sehen, vielleicht aber in ihrer ganzen Abscheulichkeit nur bemerken, wenn Sie wachsam genug sind und Ihre Herzen genug für das Heiligste der geistigen Wahrheiten entzündet sind. Vielleicht können Sie sie dann taxieren und dadurch gute Hüter der Geistesschätze sein, die wir alle zusammen zu hüten berufen sind.

Man kann ein so ernstes Wort vielleicht am leichtesten da sprechen, wo man auf so etwas Wichtiges hinzudeuten hat, wie das ist: daß das Mysterium von Golgatha nicht bloß eine menschliche Angelegenheit, sondern eine Götterangelegenheit ist, und daß wir wie durch ein Fenster hineinschauen in diese Angelegenheit der Götter. Aber gerade das, was zu solcher Charakteristik geschieht, es wird in einer solchen Weise entstellt werden, daß ich hier davon gar nicht sprechen mag. Dann wird vielleicht der Zeitpunkt für Sie alle kommen, wo Sie sich auf die Wahrheit besinnen müssen, daß wir Worte für die sinnliche Welt umprägen müssen, wenn wir sie für die übersinnliche Welt anwenden wollen, und daß es leicht ist, sie dann in anderem Sinne zu deuten.

Das populäre Christentum gab das, was ich jetzt angedeutet habe, mit den Worten: Der Vater opferte der Menschheit seinen Sohn! – In diese Worte geprägt liegt auch für Menschenherzen, die fühlen wollen, in populärer Art das angedeutet, wovon im wahren Sinne gesagt werden kann: Das Mysterium von Golgatha ist eine Götterangelegenheit! Und wenn wir das zusammennehmen, was ich ausgesprochen habe, so werden wir eine Vorstellung von dem bekommen können, was sich vollzog in der Tatsache, die wir als die Johannestaufe im Jordan bezeichnen. Auf sie folgte dann das, was ja auch in den Evangelien angedeutet wird: Die Versuchung. Vom Gesichtspunkte der Akasha-Chronik werden wir etwa sagen: Nachdem der Jesus von Nazareth die Christus-Wesenheit in sich aufgenommen hatte, mußte er in die Einsamkeit gehen. Und in der Einsamkeit hatte er jetzt visionäres Erleben, das annähernd richtig in den Worten der hellseherischen Evangelienschreiber geschildert wird. Man kann es in ähnlicher Weise aussprechen; es muß nur eben angedeutet werden, daß jetzt die Christus-Wesenheit mit den drei Leibern des Jesus von Nazareth wirklich in Verbindung war. Das heißt, sie war herabgestiegen aus den geistigen Höhen und nun an die Fähigkeiten der drei Leiber gebunden. Es wäre also falsch, wenn sich jemand vorstellen wollte, daß der Christus jetzt, weil er doch einer höheren Welt angehörte, aus der er herabgestiegen war, die höhere Welt gleich hätte anschauen können, Einblick in sie gehabt hätte. Das ist nicht der Fall. Wer das unverständlich findet, der soll doch einmal bedenken, was es heißt, daß einer ein Hellseher ist. Wer ist ein Hellseher? Sie alle sind Hellseher! Alle! Keiner ist da, der nicht ein Hellseher ist. Warum sieht er nicht hell? Weil er die Organe nicht ausgebildet hat, um sich der Kräfte, die in allen Menschen sind, zu bedienen. Es handelt sich nicht darum, daß wir Fähigkeiten haben, sondern darum, daß wir sie benützen können.

Die Christus-Wesenheit hatte alle möglichen Fähigkeiten, aber in den drei Hüllen des Jesus von Nazareth hatte sie nur die Fähigkeiten, die den drei Hüllen, den drei Leibern des Jesus von Nazareth entsprachen. Daher mußten sie auch so kompliziert vorbereitet werden, da die Fähigkeiten dieser drei Hüllen allerdings hohe Fähigkeiten waren, die mehr bedeuteten als die entsprechenden Fähigkeiten aller anderen Menschen auf der Erde. Aber der Christus war an sie gebunden, so wahr, als Ihre hellseherischen Fähigkeiten an die Organe gebunden sind, die Sie haben und nur noch nicht benützen können. Das war möglich durch die Fähigkeiten, welche die Zarathustra-Seele in den drei Leibern des Jesus von Nazareth zurückgelassen hatte, daß jetzt der Christus sich dieser Zarathustra-Fähigkeiten in ihrem Überreste in den drei Leibern bediente, um zunächst einer Wesenheit gegenüberzutreten, die allen Stolz, allen Hochmut, deren eine Menschenseele fähig ist, aufrütteln sollte. Dieser Wesenheit trat der Christus Jesus entgegen.

In diesem Augenblick verspürte er, was diese Wesenheit in ihm durch jene innere Sprache der Visionen auswirkte: Das, was in der Bibel geschildert ist mit den Worten: «Alle Reiche, die du um dich siehst», es waren die Reiche der geistigen Welt, «die können dein sein, wenn du mich als den Herrn dieser Welt anerkennst!» Wenn man es im Stolz, im Hochmut am höchsten bringt und mit diesem Stolze in die geistige Welt hineingeht, so kann man innerhalb dieser geistigen Welt, dadurch, daß der Hochmut alles überflutet, in den Besitz des Weltreiches des Luzifer kommen, wenn man alles andere zurückläßt, außer dem Hochmut. Man ist nur als Mensch nicht dazu organisiert; man würde einem furchtbaren Schicksal entgegengehen.

Vor diese Möglichkeit wurde der Christus Jesus gestellt. Und jetzt tauchten in seiner Seele zwei Bilder auf: ein Bild, das dem Erlebnis entsprach, das er auf dem Wege zum Jordan gehabt hatte mit dem Menschen, den ich Ihnen gestern als den Verzweifelten schilderte. Und vor dem Jesus von Nazareth stand wieder die Gestalt, die an den Verzweifelten herangetreten war im Traume. Diese Gestalt sah er wieder als den, der da sagte: Erkenne mich an als den Herrn der Welt. – Dann erkannte er auch wieder in der Gestalt denjenigen, den er vor den Toren der Essäer als Luzifer gesehen hatte. Dadurch wußte er jetzt, daß Luzifer zu ihm sprach, und – er wies seinen Angriff zurück. Er besiegte Luzifer.

Da traten zwei Wesen in einem zweiten Angriff an ihn heran, und das, was er als Eindruck bekam, entsprach wiederum ungefähr dem, was in der Bibel geschildert wird. Gesagt wurde ihm: Zeige deine ganze Furchtlosigkeit, deine Stärke, was du als Mensch vermagst, indem du dich hinunterstürzest von den Höhen und dich nicht vor Schaden fürchtest. – In einem solchen Falle soll in der Menschenseele alles erwachen an Kraftbewußtsein, an Mut, der den Menschen aber auch mutwillig machen kann. Zwei Gestalten standen vor ihm. Dadurch, daß Jesus den Eindruck vor den Essäertoren gehabt hatte, es seien Luzifer und Ahriman, die da fortflohen, und dadurch, daß er den Eindruck hatte, in der einen Gestalt verhülle sich das Wesen, das dem Aussätzigen, dem er auf dem Wege zum Jordan begegnet war, sich als der Tod gezeigt hatte, dadurch erkannte er jetzt Luzifer und Ahriman. So wurde das, was er auf jenem Wege erlebt hatte, wiedererlebt. Auch diese Attacke wies er ab. Er besiegte Luzifer und Ahriman!

Da kam Ahriman noch einmal heran. Und jetzt war auch das, was Ahriman als eine Art Versuchung vor dem Christus Jesus sagte, etwas, was sich wiedergeben läßt mit den Worten der Bibel: «Mache, daß diese Steine zu Brot werden, um Deine Macht zu zeigen.» Aber jetzt war es, daß der Christus Jesus nicht vollständig Antwort geben konnte auf das, was Ahriman forderte. Den ersten und den zweiten Angriff konnte er abschlagen: den Angriff des Luzifer allein und des Luzifer und Ahriman zusammen, die sich gegenseitig paralysierten. Aber jetzt konnte er den Angriff des Ahriman nicht abschlagen. Daß so der Angriff des Ahriman nicht ganz abgeschlagen werden konnte, das behielt eine Bedeutung für die Wirksamkeit des ganzen Christus-Impulses auf der Erde.

Ich muß schon in einer etwas populären, ja fast trivialen Form charakterisieren, was das heißt: Mache diese Steine zu Brot, daß sie Nahrung werden für die Menschen. – Ahriman ist zunächst durch die Wirksamkeit der höheren Hierarchien für den Rest der Erdenentwickelung bis zum Vulkan hin nicht vollständig aus dem Feld zu schlagen. Es wird niemals unmöglich sein, durch rein geistige Anstrengung die innere Versuchung des Luzifer zu besiegen: die von innen aufsteigenden Wünsche, Begierden, Leidenschaften, was aufsteigt an Stolz, an Hochmut, an Übermut. Luzifer läßt sich, wenn er allein den Menschen angreift, durch Geistiges besiegen. Auch wenn Luzifer und Ahriman, beide zusammen, von innen heraus den Menschen angreifen, so läßt sich durch geistige Mittel der Sieg erringen. Wenn aber Ahriman allein ist, versenkt er seine Wirksamkeit in das materielle Geschehen der Erdenevolution. Da ist er nicht ganz aus dem Felde zu schlagen. Ahriman, Mephisto, Mammon – es decken sich ja diese Begriffe –, sie stecken im Gelde, in alledem, was mit dem äußeren natürlichen Egoismus zusammenhängt. Indem immer notwendig ist, daß sich dem Menschenleben etwas von dem beimischt, was äußerlich materialistisch ist, muß der Mensch mit Ahriman rechnen. Sollte der Christus den Menschen auf Erden so recht helfen, so mußte er Ahriman wirksam sein lassen. Ahriman, das Materielle, muß mitwirken bis zum Schluß der Erdenevolution. Durch den Christus mußte die Wirksamkeit des Ahriman unbesiegt bleiben. Ahriman wurde nicht vollständig besiegt. Der Christus muß sich herbeilassen, bis zum Ende der Erdenentwickelung mit Ahriman zu kämpfen. Ahriman mußte dableiben.

Dasjenige, was wir im Inneren an Angriffen des Luzifer, an Angriffen von Luzifer und Ahriman zugleich haben, können wir als Menschen besiegen. Die Kämpfe in der materiellen Außenwelt müssen ausgekämpft werden bis zum Schlusse der Erdenentwickelung. Daher mußte der Christus den Ahriman zwar in Schach halten, aber ihn neben sich bestehen lassen. Daher konnte es geschehen, daß Ahriman auch neben dem Christus auf Erden wirksam blieb während der drei Jahre, die Christus im Leibe des Jesus von Nazareth wirkte, und daß er dann in die Seele des Judas hineinfuhr und tätig war in dieser Seele zum Verrat des Christus. Was durch Judas geschah, hängt zusammen mit dem, was die nicht ganz gelöste Frage der Versuchung ist nach dem Ereignis am Jordan.

Nach und nach erst, langsam und allmählich, verband sich die Christus-Wesenheit mit den drei Leibern. Das dauerte drei Jahre. Anfangs war sie nur lose verbunden, und erst allmählich preßte sie sich in die drei Leiber hinein. Erst als es zum Tode ging, war eine wirkliche Durchdringung der drei Leiber mit der Christus-Wesenheit da. Und all dem Leide und dem Schmerz gegenüber, die Jesus von Nazareth, wie ich Ihnen geschildert habe, in den drei Stadien seiner Entwickelung erlebt hat, ist unendlich viel größer das, was jetzt der Christus erlitt, indem er sich während drei Jahren nach und nach die Möglichkeit errang, ganz unterzutauchen in die drei menschlichen Hüllen. Das war ein fortgehender Schmerz, aber ein Schmerz, der wiederum sich verwandelte in Liebe und Liebe und Liebe. Und da kam das Folgende:

Wenn wir so im ersten, im zweiten und im dritten Jahr die Art betrachten, wie der Christus Jesus im Kreise seiner nächsten Schüler lebte, so ist das verschieden in den verschiedenen Jahren. Im ersten Jahr war der Christus, wie gesagt, nur lose verbunden mit dem Leibe des Jesus von Nazareth. Da kommt es alle Augenblicke vor, daß der physische Leib da oder dort ist, und die Christus-Wesenheit wandelt mittlerweile umher. Wo in den anderen Evangelien erzählt wird, daß da oder dort der Herr seinen Jüngern erschien, da war der physische Leib an einem anderen Aufenthaltsort, während der Christus im Geistigen herumwanderte im Lande.

Das war im Anfang. Dann verband sich immer mehr und mehr die Christus-Wesenheit mit dem Leibe des Jesus von Nazareth. Und dann geschah es später, wenn der Christus im Kreise seiner nächsten Schüler ging, daß diese mit ihm in innerer Weise verbunden waren so, daß er sozusagen nicht abgesondert von ihnen lebte. Je mehr er sich in seinen Leib einlebte, desto mehr lebte er sich in das innerste Wesen seiner Schüler ein. Jetzt ging er in der Schar seiner Schüler durch die Lande. Bald sprach er durch diesen, bald durch jenen Schüler durch die innige Gemeinschaft, wie er in die anderen sich einlebte, so daß, wenn sie über Land gingen, nicht mehr der Christus Jesus nur sprach, sondern einer der Jünger; aber der Christus sprach durch ihn. Und mit einer solchen Gewalt lebte er sich in die Jünger ein, daß sich der Gesichtsausdruck des Jüngers, durch den der Christus sprach, so veränderte, daß, wer außen zuhörte aus dem Volke, dem gegenüber, der da sprach, das Gefühl hatte, dieses sei der Meister. Der andere aber, welcher der Christus war, fiel so in sich zusammen, daß er gleichsam wie gewöhnlich aussah. So sprach er bald durch diesen, bald durch jenen im Lande umher. Das war das Geheimnis seiner Wirksamkeit in der letzten Zeit der drei Jahre.

Und wenn er so dahinzog mit seinen Jüngern und den Feinden immer gefährlicher erschien, dann sagten diese: Wie können wir ihm nachstellen? Wir können doch nicht die ganze Schar verhaften? Denn man weiß ja nie, wenn man den herausgreift, der da spricht, ob man den Richtigen hat oder den Falschen. Greift man den Falschen, dann ist der Richtige entkommen. Nie wußte man, ob man in dem, den man vor sich sah, nun auch den Richtigen hatte. Das war die große Angst! Man wußte, daß einmal der, einmal ein anderer sprach, und der Richtige war nicht zu erkennen, weil er die gewöhnliche Form von einem anderen annahm.

Es war etwas Wunderbares mit dieser Schar. Daher war es notwendig, daß ein Verrat geschah. Denn so, wie die Sache gewöhnlich dargestellt wird, so war sie nicht. Was sollte es denn heißen, daß der Judas dem einen Kuß geben mußte, welcher der Richtige war? Das wäre doch nach der gewöhnlichen Schilderung nicht schwer gewesen, den Jesus von Nazareth zu fassen. Der Kuß hätte keinen Sinn, wenn nicht einer, der da genau wissen konnte, welcher der Richtige war, ihn denen anzeigen mußte, die es nicht wußten. Aber aus dem angedeuteten Grunde wußten ja die Feinde nicht, wer der Richtige war.

Erst als die großen Leiden ihm unmittelbar bevorstanden, als das Mysterium von Golgatha eintrat, da war eine vollständige Verbindung der Christus-Wesenheit mit den Leibern des Jesus von Nazareth hergestellt. Da geschah dann dasjenige, was ja in schöner Weise in den anderen Evangelien geschildert ist. Vor allen Dingen ist für den Seherblick, der sich Akasha-Chronik-mäßig hinrichtet auf das, was damals geschehen ist, durchaus eine der wirklichen Tatsachen, daß, während der Christus am Kreuze hing, in der Gegend von Golgatha weitum die Erde so wie bei einer Sonnenfinsternis verfinstert war. Ich kann nicht sagen, ob es sich um eine Sonnenfinsternis oder um eine mächtige Wolkenverfinsterung handelte, aber eine solche Finsternis, wie sie sonst bei einer Sonnenfinsternis beobachtet werden kann, war um das Ereignis des Mysteriums von Golgatha herum.

Wenn der okkulte Blick das Leben auf der Erde bei einer solchen Verfinsterung ansieht, dann zeigt sich ihm alles Lebende ganz anders, als wenn eine solche Verfinsterung nicht da ist. Der Zusammenhang des Ätherleibes und des physischen Leibes ist bei den Pflanzen ein ganz anderer; und auch bei den Tieren stellen sich Astralleib und Ätherleib während einer solchen Verfinsterung ganz anders dar. Bei einer solchen Sonnenfinsternis ist es ganz anders auf der Erde, als wenn die Sonne einfach fehlt in der Nacht. Natürlich ist es nicht so, wenn im gewöhnlichen Sinne der Himmel mit Wolken bedeckt ist, sondern nur, wenn eine besonders dichte Verfinsterung eintritt, und eine solche war damals eingetreten. Wie gesagt, ich weiß noch nicht, ob es eine Sonnenfinsternis war, aber was zu sehen ist, das ist so wie eine Sonnenfinsternis. Während dieser Veränderung auf der Erde, auch im physischen Sinne, ging das, was wir die Christus-Wesenheit nennen, über in die lebendige Erdenaura. Die Erde hatte durch den Tod des Christus Jesus den Impuls des Christus empfangen.

Das Größte, was sich auf Erden zugetragen hat, muß man mit solch einfachen Worten stammeln, weil es eigentlich menschlichen Worten nicht möglich ist, dieses Größte irgendwie auch nur annähernd sinngemäß zu schildern.

Dann, als der Leib des Jesus herabgenommen wurde und in ein Grab gelegt war, ist das wiederum eine wirkliche Beobachtung, daß ein Naturereignis eintrat, wie etwas, was in das moralische Menschenleben hereintritt. Ein Wirbelwind entstand, ein Erdspalt bildete sich, der den Leib des Jesus aufnahm, während weggewirbelt wurden die Tücher von dem Leichnam. Erschütternd ist diese Beobachtung, daß die Anordnung der Tücher, wie sie im Johannes-Evangelium geschildert wird, sich wirklich dem anschauenden Blick ergibt.

Diese beiden Ereignisse: Erdenverfinsterung, Erdbeben und mächtiger Wirbelwind, sie zeigen uns so an einem Punkte der Erdenentwickelung, wie die Naturereignisse zugleich mit geistigen Ereignissen eintraten. Sonst findet etwas Derartiges nur bei lebenden Wesen statt, wie zum Beispiel einer Handbewegung der Willensentschluß und das Denken vorhergeht. Die Entwickelung der Erde ging so vor sich, daß wir es im gewöhnlichen Leben nur mit mechanischen Tatsachen zu tun haben. Nur in einem besonderen Augenblick haben wir es – auch bei anderen Tatsachen der Erde, aber bei dieser Tatsache im höchsten Maße – mit dem Zusammenfallen einer geistigen mit zwei physischen Tatsachen zu tun.

Ich glaube nicht, daß durch die Betrachtung dieser konkreten Tatsachen, die jetzt möglich ist, einer kleinen Anzahl von Seelen als eine Art Fünftes Evangelium zu erzählen, die große Idee beeinträchtigt werden kann, die wir uns mehr theoretisch von der Bedeutung des Mysteriums von Golgatha geschaffen haben. Im Gegenteil, ich glaube, wer versucht, immer tiefer und tiefer diese konkreten Tatsachen auf sich wirken zu lassen, fühlt das bekräftigt, was früher mehr theoretisch, mehr abstrakt, mehr gedankenmäßig über das Mysterium von Golgatha vorgetragen worden ist. Man wird aus der Art dieser Tatsachen erkennen, daß in diesem Zeitpunkt unserer Erdenentwickelung wichtige Ereignisse dieser Erdenentwickelung sich vollziehen werden.

Man wird vielleicht erst die richtige Empfindung und Seelennuance gegenüber dem Mysterium von Golgatha durch die Erkenntnis dieser konkreten Tatsachen erlangen, und diese Empfindungsnuance wollte ich durch das, was ich aus dem Fünften Evangelium mitgeteilt habe, in Ihre Seelen legen. Vielleicht werden die einen oder die anderen, die an anderen Zyklen teilnehmen können, oder auch wiederum einmal die Freunde hier in Köln, noch etwas anderes aus diesem Fünften Evangelium mitbetrachten können. Denn das müssen wir sagen: Ganz abgesehen davon, daß die Menschheit heute so wenig Neigung zeigt, solche Tatsachen entgegenzunehmen, wie die sind, von denen jetzt gesprochen worden ist, abgesehen davon war die größte Notwendigkeit vorhanden, daß solche Tatsachen gerade jetzt in die Erdenentwickelung einfließen. Daher werden sie mitgeteilt, trotzdem es wahrhaftig schwierig ist, über diese Dinge zu sprechen. Und trotzdem man, wenn man seiner Neigung folgen würde, nicht darüber sprechen möchte, werden sie mitgeteilt, aus einer inneren Verpflichtung heraus, solange sie Menschenseelen gesagt werden können. Man wird sie in der Menschheitsentwickelung brauchen. Die Seelen, welche sie jetzt aufnehmen, werden sie für die Arbeit, die sie in seelisch-geistiger Beziehung in der weiteren Menschheitsentwickelung zu leisten haben, ganz gewiß brauchen.

Sie sehen, nach und nach lernen wir durch unsere Betrachtungen dasjenige kennen, was in unseren Seelen aufleben soll, damit wir rechte Glieder in der fortschreitenden Menschheitsevolution werden. Das ist ja der Sinn der Menschheitsentwickelung auf der Erde, daß die Menschenseelen immer bewußter ihre Aufgaben erkennen.

Der Christus ist erschienen. Sein Impuls hat als Tatsache gewirkt. Lange Zeit konnte er als Tatsache mehr im Unbewußten wirken; dann mußte er wirken können durch das bisher Verstandene. Er wirkte durch das, was er war, nicht durch das Verstandene. Aber immer notwendiger wird es, daß die Menschen ihn auch verstehen lernen, den Christus, der durch die Leiber des Jesus von Nazareth in die Erdenaura und damit in das lebendige Menschengeschehen eingezogen ist.

Amen

Es wachen die Übel
Zeugen sich lösender Ichheit
Von Andern erschuldete Selbstheitschuld
Erlebet im täglichen Brode
In dem nicht waltet der Himmel Wille
In dem der Mensch sich schied von Eurem Reich
Und vergass Euren Namen
Ihr Väter in den Himmeln

Als er das Gespräch mit der Mutter geführt
hatte, da fühlte er sich vom Geiste getrieben
nach dem Jordan zu Joh. Auf dem Wege traf er
zwei Essäer, mit denen er oft Gespräche
geführt hatte. Und er kannte sie nicht. Sie aber
erkannten ihn sehr gut.
«Wohin geht dein Weg»
«Dahin, wohin noch Seelen eurer Art
nicht blicken wollen – Wo der Schmerz der Menschheit die Strahlen des
vergessenen Lichtes finden kann.»

Seine Augen – sie waren liebevoll, doch seine Liebe
wirkte wie wenn sie durch sie auf einem Unrecht
ertappt wären –
«Was seid ihr für Seelen?
Wo ist eure Welt? – Warum umhüllt
ihr euch mit täuschenden Hüllen? Warum
brennt in eurem Innern ein Feuer, das
in meines Vaters Hause nicht entfacht ist.» –

Und sie verstanden seine Rede nicht.
Und sie merkten, daß er sie nicht erkannte.

Jesus v. N. sprachen sie, kennst du uns nicht?
«Ihr seid wie verirrte Lämmer; ich aber war
des Hirten Sohn, dem ihr entlaufen seid. Wenn
ihr mich recht erkennet, werdet ihr alsbald von
Neuem entlaufen. Es ist so lange her, daß ihr
von mir in die Welt entflohen seid»

Und sie wußten nicht, was sie von ihm halten sollten.

Und er sprach weiter: «Ihr habt des Versuchers
Mal an Euch. Er hat mit seinem Feuer euere Wolle
glänzend und gleißend gemacht – die Haare dieser Wolle
stechen meinen Blick. – Der traf euch nach Euerer Flucht.
Er hat eure Seelen mit Hochmut durchtränkt».

Da nahm einer der Essäer das Wort und sagte:
«Haben wir nicht dem Versucher die Türe
gewiesen. Er hat kein Teil mehr an uns».

Und Jesus sprach:
«Wohl wieset ihr ihm die Türe; doch er lief
hin und kam zu den andern Menschen.
So grinst er euch an von allen Seiten. Ihr
erhöht euch nicht, wenn ihr die andern
erniedrigt. Ihr kommt euch hoch nur
vor, weil ihr die andern verkleinert.»

Da erschraken sie, in dem Augenblicke
aber war es ihnen, als ob er vor ihren
Augen verschwand: in der Ferne
aber erblickten sie sein riesenmäßig
vergrößertes Antlitz – und hörten
die Worte:
«Eitel ist euer Streben; weil leer ist euer
Herz, die ihr euch erfüllet habt mit
dem Geiste, der den Stolz in die Hülle der Demut
täuschend birgt.»

Und sie sahen dann längere Zeit nichts; als
sie wieder zu sich gekommen waren, da war
er des Weges weiter gegangen – von ihnen.
Sie überbrachten, was sie vernommen hatten, den
andern Essäer *nicht,* sondern schwiegen darüber zeit
ihres Lebens. –

Dann begegnete Er einem, der verzweifelt war;
nachdem J. gefragt: wozu hat deine Seele ihr Weg
geführt: ich habe dich vor Äonen
gesehen, da warest du anders –
sprach dieser: Ich war in hohen Würden; stets wenn
ich eine Würde erhielt, da sagte ich: was für ein
seltner Mensch bist du doch; deine hohen Tugenden
erheben dich über alle andern Menschen; ich war
im Glücke; da kam mir schlafend einmal wie
im Traume eine Frage, die ich im Wachen nie
gestellt hätte: denn ich fühlte, wie ich mich im
Traume vor mir selbst schämte, daß ich die Frage
gestellt hatte: «Wer hat mich groß gemacht». Da
stand vor mir ein Wesen, das sagte: «ich habe dich
erhöht, doch bist du dafür mein – da mußte ich
die Flucht ergreifen: ich irre umher, suchend und
nicht wissend, was ich suche.

Als er so sprach, stand das Wesen wieder da:
es deckte mit seiner Gestalt J. zu – der entschwand
dem Leidtragenden –

Dann kam des Weges ein Aussätziger –
Der sagte, nachdem J. gefragt; mich haben die
Menschen verstoßen –
da irrte ich einmal des Nachts durch einen Wald;
ein leuchtender Baum zog mich an – ich trat auf
ihn zu; da stand in Gerippeform der Tod vor
mir – der sagte: ich bin du; ich zehre an dir –

da fürchtete ich mich; er aber sprach: warum fürchtest
du dich; hast du mich nicht einst geliebt; und ich
wußte, daß ich ihn nie geliebt hatte, da verwandelte er sich in den schönsten Erzengel – und

verschwand – ich verfiel in Schlaf und fand mich
des Morgens an dem Baum erwachend – da
wurde mein Aussatz stets schlimmer –

Als er so gesprochen hatte: erschien der EE
deckte J. zu – der entschwand.

Der vorliegende Band der Rudolf Steiner Gesamtausgabe umfaßt alle Vorträge, die Rudolf Steiner unter der Bezeichnung «Das Fünfte Evangelium» gehalten hat, ausgenommen die Vorträge in Nürnberg, 9. und 11. November 1913, Bremen, 11. Januar 1914, von denen keine Nachschriften existieren; ferner den Vortrag in Hannover, 7. Februar 1914, von dem lediglich unzureichende Notizen vorliegen.

In verschiedenen Vorträgen dieses Bandes weist Rudolf Steiner darauf hin, daß zu diesem Fünften Evangelium noch weitere Forschungsergebnisse dazugehören, die von ihm an andern Orten dargestellt worden sind. Eine Art Zusammenschau der verschiedenen hier in Betracht kommenden Teile der Akasha-Forschung bildet der Vortrag Paris, 27. Mai 1914, enthalten in Bibl.-Nr. 152 «Vorstufen zum Mysterium von Golgatha», Gesamtausgabe Dornach 1964.

Zu den *Textänderungen* in einzelnen Vortragsreihen gegenüber früheren Ausgaben:

Kristiania: Dieser Vortragsreihe liegt die stenographische Nachschrift von Fritz Mitscher zugrunde. Die Textverbesserungen in der vorliegenden Ausgabe konnten vorgenommen werden durch einen Vergleich mit verschiedenen anderen Nachschriften und Notizen, die dem Archiv der Rudolf Steiner-Nachlaßverwaltung seither zugekommen sind. – Der vierte und fünfte Vortrag waren in der Ausgabe von 1963 irrtümlich mit 4. und 5. anstatt mit 5. und 6. Oktober 1913 datiert.

Berlin: Diese Vortragsreihe ist gedruckt nach der stenographischen Nachschrift von Walter Vegelahn, Berlin. Textveränderungen ergaben sich beim ersten Vortrag, für den bei der Ausgabe von 1963 nur eine andere, weniger ausführliche Nachschrift vorlag. Nunmehr konnte auch für den ersten Vortrag die Nachschrift von Walter Vegelahn zugrundegelegt werden.

Hamburg: Keine Textänderungen.

Stuttgart: In die vorliegende Ausgabe konnten nun auch Notizen vom zweiten Stuttgarter Vortrag aufgenommen werden, die erst mehrere Jahre nach Erscheinen der Ausgabe von 1963 dem Archiv der Rudolf Steiner-Nachlaßverwaltung zugekommen sind.

München: Für diese beiden Vorträge standen für die neue Ausgabe ebenfalls bessere Nachschriften zur Verfügung.

Köln: Keine Textänderungen. Nachschrift von Rudolf Hahn, Reinach.

Bei den Vorträgen in Hamburg, Stuttgart und München sind die Nachschreiber nicht bekannt.

Die in den Vorträgen genannten *geschriebenen* Werke von Rudolf Steiner sind alle innerhalb der Gesamtausgabe erschienen. Siehe die Übersicht am Schluß des Bandes.

Zu dem Wortlaut des makrokosmischen Vaterunser:

In der 1. und 2. Auflage der Kristiania-Vorträge wurde das Gebet, beginnend mit «AUM, Amen...» wiedergegeben. Dieses «AUM» findet sich in der vorliegenden Ausgabe deshalb nicht mehr, weil sich aus der Prüfung sämtlicher zur Verfügung stehenden Unterlagen ergeben hat, daß es weder in einer der zahlreichen Vortragsnachschriften noch in den verschiedenen handschriftlichen Niederschriften (vgl. die Faksimile-Wiedergabe Seite 326) und auch nicht in den Notizbucheintragungen Rudolf Steiners auftritt.

Jedoch bei der Ansprache Rudolf Steiners zur Grundsteinlegung des Dornacher Baues am 20. September 1913 begann, laut der vorliegenden Nachschrift, das Gebet mit «AUM», und findet sich auch so gedruckt in den «Anweisungen für eine esoterische Schulung», Bibl.-Nr. 42/245, Gesamtausgabe Dornach 1973. Das «AUM» steht somit in Verbindung mit dem makrokosmischen Vaterunser und wurde auch so vom Sprechchor des Goetheanum unter Marie Steiner gesprochen und von ihr in dem Erstdruck der Kristiania-Vorträge 1948 hinzugefügt. In die vorliegende Aufgabe wurde es aus den oben angeführten Gründen nicht mehr aufgenommen.

Es sei noch erwähnt, daß sich in unveröffentlichten Notizen vom Vortrag Berlin, 28. Januar 1907, über das Vaterunser die Bemerkung findet: «Das Wort Amen ist entstellt aus einem alten Mysterienwort.» Dasselbe ist jedoch entweder nicht gesagt oder vom Nachschreibenden nicht festgehalten worden. Es kann sich aber wohl nur um das «AUM» handeln, denn: «Aum ist das Original von Amen... Amen bedeutete in grauer Vorzeit nahezu dasselbe wie Aum», heißt es in H. P. Blavatskys «Geheimlehre», 3. Band, S. 450 der deutschen Ausgabe. – Auf einem Notizzettel (Nr. 3147) erläutert Rudolf Steiner das «AUM»:

Ich bekenne mich zu *mir:* a ⎫
Ich bekenne mich zur *Menschheit:* u ⎬
Ich bekenne mich zum *Leben:* m ⎭

Zu Seite:

12 *Homer,* 9. vorchristliches Jahrhundert. Seine Dichtungen «Ilias» und «Odyssee» sind die beiden ältesten griechischen Epen, die den Sagenkreis des großen trojanischen Krieges behandeln.

Sokrates, 469–399 v. Chr.

Plato, 427–347 v. Chr.

Aristoteles, 384–322 v. Chr.
Vgl. Rudolf Steiner «Die Rätsel der Philosphie in ihrer Geschichte als Umriß dargestellt», Bibl.-Nr. 18, Gesamtausgabe Dornach 1968 und Taschenbuchausgabe (tb 610 u. 611) Dornach 1974.

13 *Celsus:* 2. Jahrhundert n. Chr., Platoniker. «Die wahre Lehre» war das erste gegen die Christen gerichtete philosophische Buch. Von Origenes widerlegt.

14 *Mark Aurel,* 121–166 n. Chr., seit 139 Cäsar. Schrieb in griechischer Sprache seine oft übersetzten «Selbstbetrachtungen».

15 *Tertullian,* um 160 bis nach 220 n. Chr. in Karthago; um 190 Christ, ab 205 Führer der Montanisten in Afrika. Schuf in polemischen, apologetischen und disziplinarischen Schriften das Kirchenlatein.

    Origenes, um 185 bis um 252 n. Chr. Griechischer Kirchenschriftsteller aus Alexandrien. Begründer der christlichen Gnostik, bahnbrechend in Exegese, Apologetik (gegen Celsus) und Dogmatik. Auf dem 5. allgemeinen Konzil zu Konstantinopel wurde seine Lehre als ketzerisch verurteilt.

17 *Kopernikus ... auf dem Index:* Nikolaus Kopernikus, 1473–1543. Seine schon 1507 konzipierte Lehre «De revolutionibus orbium coelestium libri VI.», gewidmet

Papst Paul III., 1543 gedruckt, kam 1615 auf den Index, auf dem sie auch noch bei den Einschränkungen von 1757 verblieb. Erst 1822 wurde das Werk vom Index gestrichen, als das Hl. Offizium erklärte, daß die Herausgabe von Werken, welche von der Bewegung der Erde und dem Stillstand der Sonne handeln, nicht verboten sei.

Giordano Bruno, 1548–1600, italienischer Dominikaner. Wurde als Ketzer nach siebenjähriger Kerkerhaft zum Tode verurteilt und verbrannt.

Ernst Haeckel, 1834–1919, deutscher Naturforscher. Schloß sich als einer der ersten der Darwinschen Lehre an und baute sie zu einem wissenschaftlichen System aus.

18 *daß es einen ganz konsequenten Weg gibt von Haeckel in die Geisteswissenschaft hinein:* Vgl. Rudolf Steiners Vortrag «Haeckel, die Welträtsel und die Theosophie» in «Die Welträtsel und die Anthroposophie», Bibl.-Nr. 54, Gesamtausgabe Dornach 1966.

in dem kleinen Schriftchen von mir über «Reinkarnation und Karma»: «Reinkarnation und Karma vom Standpunkt der modernen Naturwissenschaft notwendige Vorstellungen.» Enthalten in «Luzifer-Gnosis. Grundlegende Aufsätze zur Anthroposophie und Berichte aus der Zeitschrift ‹Luzifer› und ‹Lucifer-Gnosis› 1903–1908», Bibl.-Nr. 34, Gesamtausgabe Dornach 1960. Auch als Einzelausgabe erschienen.

Charles Darwin, 1809–1882, englischer Naturforscher. Begründer des Darwinismus, d.h. der Deszendenz- und Selektionstheorie durch den Kampf ums Dasein.

19 *Ist man aber von seinem guten Geiste verlassen, dann kann man glauben, wenn man zurückgeht und ein Anhänger der Reinkarnationsidee ist, man habe selber einmal als Affe gelebt:* Bezieht sich auf die Publikation Besant/Leadbeater, «Man: Whence, How and Whither», London 1913.

31 *daß etwa ein Ernest Renan, der ja das eigenartige «Leben Jesu» geschrieben hat:* Vgl. Ernest Renan «Vie de Jésus», 2 Bde., Paris 1863, deutsche Ausgabe Berlin 1863.

38 *albernes Märchen über meine Zusammenhänge mit gewissen katholischen Strömungen:* Annie Besant hatte bei der Generalversammlung der Theosophical Society in Adyar (Indien) im Dezember 1912 die Behauptung aufgestellt, Rudolf Steiner, der «Generalsekretär der deutschen Sektion, der von den Jesuiten erzogen wurde, war nicht fähig, sich von diesem verhängnisvollen Einfluß genügend freizumachen, um Meinungsfreiheit innerhalb seiner Sektion walten zu lassen.» Vgl. «The Theosophist», London, Februar 1913. Rudolf Steiner fühlte sich daraufhin veranlaßt, eine Darstellung seines Lebenslaufes zu geben. Vgl. Vortrag Berlin, 4. Februar 1913 in «Briefe I», Dornach 1955.

44 *Wir wissen gerade aus einem Vortragszyklus, den ich hier gehalten habe:* Rudolf Steiner «Die Mission einzelner Volksseelen im Zusammenhange mit der germanisch-nordischen Mythologie», Kristiania (Oslo) 1910, Bibl.-Nr. 121, Gesamtausgabe Dornach 1962. Taschenbuchausgabe (tb 613) Dornach 1974.

45 *Paulinische Wort:* 1. Kor. 3.

47 *Ich meine das Buch Maurice Maeterlincks «Vom Tode»:* Maurice Maeterlinck, 1862–1949, belg.-franz. Dichter, Dramatiker und Essayist, Nobelpreis 1911. «La mort», 1913, deutsch: «Vom Tode», Jena 1913.

56   *Anlässe, wo kleine Teile aus dem Fünften Evangelium schon mitgeteilt worden sind:* Vgl. Hinweis zu S. 98.

58   *die Bath-Kol:* Bath = Tochter, Kol = Stimme, vgl. z. B.: Strack-Billerbeck, «Kommentar zum Neuen Testament», 1922, I, S. 125f.

59   *Rabbi Elieser ben Hirkano:* lebte um 90 n. Chr.

     einen Karobbaum: Carob = Ceratonia Siliqua, Johannisbrotbaum.

64   *... die ich zum ersten Male mitteilen durfte, als wir vor kurzer Zeit den Grundstein legten für unseren Dornacher Bau:* Am 20. September 1913 erfolgte in Dornach/Schweiz die Grundsteinlegung zum ersten Goetheanum. Vgl. «Anweisungen für eine esoterische Schulung», Bibl.-Nr. 42/245, Gesamtausgabe Dornach 1973.

77   *... der gute alte Hillel:* 75 vor bis 4 nach Chr.

97   *«Mitteilungen»:* Bezieht sich auf die Auseinandersetzungen mit Annie Besant und ihren Anhängern, die damals in den internen «Mitteilungen für die Mitglieder der Deutschen Sektion der Theosophischen Gesellschaft» behandelt wurden.

     Sie kennen ja auch die merkwürdige Tatsache: Vgl. Hinweis zu S. 98.

     unsere Lehre bodenlos gefälscht worden ist: Rudolf Steiner bezieht sich hier auf Max Heindel, 1865–1919, der in den Jahren 1907/08 unter dem Namen Grashof zahlreiche Vorträge Rudolf Steiners in Berlin anhörte und abgeschrieben hat, die er dann in seiner Schrift «Rosicrucian Cosmo-Conception or Christian Occult Science» verarbeitet hat.

98   *diese sonderbare Literatur:* Gegnerische Literatur von Hans Freimark, Kuno v. d. Schalk, Ferdinand Maack.

     ... als etwas von dem Geheimnis der beiden Jesusknaben in die Öffentlichkeit gedrungen ist: Erstmals sprach Rudolf Steiner in den Vorträgen in Basel vom 15. bis 26. September 1909 über «Das Lukas-Evangelium», Bibl.-Nr. 114, Gesamtausgabe Dornach 1968, von den beiden Jesusknaben. Dann in drei öffentlichen Vorträgen im Juni 1911 in Kopenhagen, die in Buchform in erster Auflage in Berlin erschienen unter dem Titel «Die geistige Führung des Menschen und der Menschheit», Bibl.-Nr. 15, Gesamtausgabe Dornach 1974, Taschenbuchausgabe Dornach 1974.

99   *Rudolf Eucken:* 1846–1926, erhielt 1908 den Nobelpreis für Literatur, «Können wir noch Christen sein?». Leipzig 1911. S. 216 bzw. 228 wörtlich: «Welche unüberwindliche Kluft der Welten empfinden wir Neueren, wenn noch in der Gegenwart bischöfliche Erlasse von ‹Dämonen› sprechen und die Leugnung solcher als einen Ausfluß ungläubiger Gesinnung behandeln.»

100   *Da erklären denn die gescheiten Theologen:* Zum Beispiel der Assyriologe Peter Jensen in «Hat der Jesus der Evangelien wirklich gelebt?», Vortrag, Marburg 1910.

103   *den üblichen Vorstellungen und dem Vortragszyklus in München:* Bezieht sich auf die damals alljährlich in München stattfindenden Mysterienspiele, an die sich jeweils ein Vortragszyklus anschloß. Im August 1913 war dies der Zyklus «Die Geheimnisse der Schwelle», Bibl.-Nr. 147, Gesamtausgabe Dornach 1969.

     Grundsteinlegung unseres Baues: Vgl. Hinweis zu S. 64.

     zum erstenmal seit längerer Zeit: Seit dem 10. April 1913.

110 *die zweite meines Buches:* «Welt- und Lebensanschauungen im neunzehnten Jahrhundert», Band I 1900, Band II 1901. Eine neue und erweiterte Ausgabe erschien 1914 unter dem Titel «Die Rätsel der Philosophie in ihrer Geschichte als Umriß dargestellt», vgl. Hinweis zu S. 12.

113 *Anselmus, Erzbischof von Canterbury:* 1033–1109. Über den Gottesbeweis siehe sein «Monologium» und sein «Proslogion».

wo von theologischer Seite: Zum Beispiel von dem evangelischen Theologen Albert Kalthoff, 1850–1906, in «Das Christus-Problem», Grundlinien zu einer Sozialtheologie, Leipzig 1902.

114 *In einer sehr bekannten Wochenschrift:* «Die Zukunft» XXI. Jg., Nr. 50 vom 13. September 1913 in dem Artikel von Jakob Fromer «Die Erneuerung der Philosophie».

Baruch Spinoza: 1632–1677.

115 *Rudolf Eucken:* Vgl. Hinweis zu S. 99.

116 *... in dem Buche von Adolf von Harnack,* 1851–1930, «Das Wesen des Christentums». Sechzehn Vorlesungen ... an der Universität Berlin, Leipzig 1901. Darin S. 102: «Was sich auch immer am Grabe und in den Erscheinungen zugetragen haben mag – eines steht fest: *von diesem Grabe her hat der unzerstörbare Glaube an die Überwindung des Todes und an ein ewiges Leben seinen Ursprung genommen.»*

117 *Ernest Renan:* Vgl. Hinweis zu S. 31.

140 *Hillel:* Vgl. Hinweis zu S. 77.

148 *Wenn die Münchner Vorträge aus diesem Jahre einmal gedruckt sein werden:* Siehe Hinweis zu S. 103.

161 *... die jetzt in dem Leipziger Vortragszyklus besprochen sind:* Rudolf Steiner «Christus und die geistige Welt – Von der Suche nach dem heiligen Gral». Sechs Vorträge in Leipzig vom 28. Dezember 1913 bis 2. Januar 1914, Bibl.-Nr. 149, Gesamtausgabe Dornach 1960.

162 *Chrestien de Troyes,* um 1143 bis um 1190; lebte an den Höfen der Champagne und Flanderns. Begründer und bedeutendster Vertreter der höfischen Epik des Mittelalters. «Perceval» u.a. Dichtungen.

Wolfram von Eschenbach, um 1170 bis um 1220. Größter Epiker der deutschen höfischen Dichtung. Hauptwerk «Parzival».

171 *Richard Wagner,* 1813–1883. ... «*Parsifal*»: Vgl. Rudolf Steiners Vortrag, Kassel, 16. Januar 1907 «Die Musik des Parsifal als Ausdruck des Übersinnlichen» in «Das christliche Mysterium», Bibl.-Nr. 97, Gesamtausgabe Dornach 1968.

173 «*Die Geheimnisse der biblischen Schöpfungsgeschichte*»: Bibl.-Nr. 122, Gesamtausgabe Dornach 1961.

179 *Ich habe schon öfter über diese Mission des Paulus gesprochen:* Vgl. z.B. «Von Jesus zu Christus», Bibl.-Nr. 131, Gesamtausgabe Dornach 1974, und «Die Bhagavad Gita und die Paulusbriefe», Bibl.-Nr. 142, Gesamtausgabe Dornach 1960.

180 *Zyklus, den ich neulich in Leipzig gehalten habe:* Vgl. Hinweis zu S. 161.

185– *Kepler-Zitate:* Nach Ludwig Günther «Kepler und die Theologie», Gießen 1905,
188 S. 109–112, 116/117.

Zu Seite:

188 «*Wenn jetzt der Dinge Bilder...*»: Stammbuchblatt von Kepler, einem Tübinger Studienfreunde, Jacob Roller, gewidmet, als er im Begriffe war, nach Steiermark abzureisen, um die Professur in Graz anzutreten. Das Blatt stammt aus dem Frühjahr 1594 und befand sich im Original im Besitze des verstorbenen Professors Moriz Carrière in München. Von Rudolf Steiner zitiert nach Ludwig Günther, «Kepler und die Theologie», Gießen 1905.

191 *Das Mysterium von Golgatha schließt sich an drei andere an:* Vgl. hierzu die Vorträge Rudolf Steiners «Vorstufen zum Mysterium von Golgatha», Bibl.-Nr. 152, Gesamtausgabe Dornach 1964.

192 *Die meisten von Ihnen werden sich noch jener Vorträge erinnern:* Vgl. «Anthroposophie – Psychosophie – Pneumatosophie», Bibl.-Nr. 115, Gesamtausgabe Dornach 1965.

211 *... ich habe das schon im Karlsruher Zyklus erwähnt:* Siehe Rudolf Steiner «Von Jesus zu Christus», Bibl.-Nr. 131, Gesamtausgabe Dornach 1974.

217 *Es gibt ein Buch, das wegen seiner Paradoxie gelesen werden müßte:* Vgl. Hinweis zu S. 47.

222 *... das ist ja von mir dargestellt worden bei früheren Anlässen:* Im 5. Vortrag des Zyklus «Das Lukas-Evangelium», (15.–26. September 1909), Bibl.-Nr. 114, Gesamtausgabe Dornach 1968.

231 *als wir den Grundstein für unseren Dornacher Bau legten:* Vgl. Hinweis zu S. 64.

243 *Fräulein Stinde:* Sophie Stinde, 1853–1915. Von 1902/03 an Leiterin des Münchner Hauptzweiges. 1907–1913 Hauptorganisatorin der Münchner Festspielveranstaltungen und Mitbegründerin und erste Vorsitzende (1911–1915) des Bauvereins. «Ihr danken wir, neben dem Aufbau der Arbeit in München, die Bühnenverwirklichung der Mysteriendramen Dr. Steiners. Und im Anschluß daran die Verwirklichung des Baugedankens» (Marie Steiner). Vgl. auch Rudolf Steiner über Sophie Stinde in «Unsere Toten», Bibl.-Nr. 261, Gesamtausgabe Dornach 1963.

264 *was durch den Druck der Öffentlichkeit übergeben werden mußte:* Vgl. Hinweis zu S. 98.

265 *Giordano Bruno:* Vgl. Hinweis zu S. 17.

       Harnacks «Wesen des Christentums»: Vgl. Hinweis zu S. 116.

266 *Der Name Eucken:* Vgl. Hinweis zu S. 99.

267 *das Buch «Kritik der Sprache»:* Fritz Mauthner, 1849–1923, österreichischer Schriftsteller und Kulturphilosoph. «Beiträge zu einer Kritik der Sprache», 1. Auflage 1901/02, 2. Auflage 1909–13.

       eines großen philosophischen Wörterbuches: Mauthner, «Wörterbuch der Philosophie – Neue Beiträge zu einer Kritik der Sprache», 2 Bände 1910/11.

       Mauthner-Zitat: Wörtlich: «Tragikomisch wäre der Clown, der im Zirkus bis zur Spitze einer freistehenden Leiter emporkletterte und dann versuchen wollte, seine Leiter zu sich emporzuziehen. Er würde das Schicksal der Philosophen teilen und herunterfallen.» In «Beiträge zu einer Kritik der Sprache». 3. Band, S. 632 der 3. Auflage Leipzig 1923.

274 *Was ich einmal in einem Vortragszyklus sagte:* Siehe «Der Mensch im Lichte von Okkultismus, Theosophie und Philosophie», Bibl.-Nr. 137, Gesamtausgabe Dornach 1973.

RUDOLF STEINER GESAMTAUSGABE

A. SCHRIFTEN

I. *Werke*

Einleitungen zu den Naturwissenschaftlichen Schriften Goethes (1883/97)

Grundlinien einer Erkenntnistheorie der Goetheschen Weltanschauung (1886)

Wahrheit und Wissenschaft (1892)

Die Philosophie der Freiheit (1894)

Friedrich Nietzsche, ein Kämpfer gegen seine Zeit (1895)

Goethes Weltanschauung (1897)

Die Mystik im Aufgange des neuzeitlichen Geisteslebens
und ihr Verhältnis zur modernen Weltanschauung (1901)

Das Christentum als mystische Tatsache und die Mysterien des Altertums (1902)

Theosophie. Einführung in übersinnliche Welterkenntnis
und Menschenbestimmung (1904)

Wie erlangt man Erkenntnisse der höheren Welten? (1904/05)

Aus der Akasha-Chronik (1904/08)

Die Stufen der höheren Erkenntnis (1905/08)

Die Geheimwissenschaft im Umriß (1910)

Vier Mysteriendramen (1910/13)

Die geistige Führung des Menschen und der Menschheit (1911)

Anthroposophischer Seelenkalender (1912)

Ein Weg zur Selbsterkenntnis des Menschen (1912)

Die Schwelle der geistigen Welt (1913)

Die Rätsel der Philosophie in ihrer Geschichte als Umriß dargestellt (1914);
erweiterte Neuausgabe des Werkes: «Welt- und Lebensanschauungen
im neunzehnten Jahrhundert» (1900/01)

Vom Menschenrätsel (1916)

Von Seelenrätseln (1917)

Goethes Geistesart in ihrer Offenbarung durch seinen «Faust»
und durch das Märchen von der «Schlange und der Lilie» (1918)

Die Kernpunkte der sozialen Frage in den Lebensnotwendigkeiten
der Gegenwart und Zukunft (1919)

Aufsätze über die Dreigliederung des sozialen Organismus
und zur Zeitlage 1915–1921

Kosmologie, Religion und Philosophie (1922)

Anthroposophische Leitsätze (1924/25)

Grundlegendes für eine Erweiterung der Heilkunst nach geisteswissenschaftlichen
Erkenntnissen (1925). Von Dr. Rudolf Steiner und Dr. Ita Wegman

Mein Lebensgang (1923/25)

II. *Gesammelte Aufsätze*

Aufsätze aus den Jahren 1882–1902

Aufsätze aus den Jahren 1903–1908

Aufsätze aus den Jahren 1911–1925

III. *Veröffentlichungen aus dem Nachlaß*

Wahrspruchworte, Fragmente, Entwürfe, Briefe und Aufzeichnungen

B. VORTRÄGE

I. *Öffentliche Vorträge*

II. *Vorträge vor Mitgliedern der Anthroposophischen Gesellschaft*

Vortragszyklen und Vorträge allgemein-anthroposophischen Inhalts

Vorträge zur Geschichte der anthroposophischen Bewegung
und der Anthroposophischen Gesellschaft

III. *Vorträge und Kurse zu einzelnen Lebensgebieten*

Vorträge über Kunst: Eurythmie, Sprachgestaltung, Musik, bildende Künste
und Kunstgeschichte

Vorträge über Erziehung

Vorträge über Medizin

Vorträge über Naturwissenschaft

Vorträge über das soziale Leben und über die Dreigliederung des sozialen
Organismus

Vorträge für die Arbeiter am Goetheanumbau

Das Vortragswerk umfaßt annähernd 6000 Vorträge,

von denen zum größten Teil Nachschriften vorliegen

C. REPRODUKTIONEN UND VERÖFFENTLICHUNGEN
AUS DEM KÜNSTLERISCHEN NACHLASS

Die Bände sind nicht numeriert, jedoch in den einzelnen
Gruppen einheitlich ausgestattet. Sie sind einzeln erhältlich

───────────

Rudolf Steiner · Das literarische und künstlerische Werk
Eine bibliographische Übersicht 1961/1966